园丁集

增订版

新结构经济学实验班
研习交流实录

林毅夫 著

北京大学出版社
PEKING UNIVERSITY PRESS

图书在版编目（CIP）数据

园丁集：新结构经济学实验班研习交流实录 / 林毅夫著 . — 增订版 . — 北京：北京大学出版社, 2024.4
（林毅夫讲习录）
ISBN 978-7-301-34925-0

Ⅰ.①园… Ⅱ.①林… Ⅲ.①经济学 Ⅳ.①F0

中国国家版本馆 CIP 数据核字（2024）第 058458 号

书　　　名	园丁集：新结构经济学实验班研习交流实录（增订版）
	YUANDINGJI: XINJIEGOU JINGJIXUE SHIYANBAN YANXI JIAOLIUSHILU（ZENGDINGBAN）
著作责任者	林毅夫　著
责 任 编 辑	闫静雅
标 准 书 号	ISBN 978-7-301-34925-0
出 版 发 行	北京大学出版社
地　　　址	北京市海淀区成府路 205 号 100871
网　　　址	http://www.pup.cn
微信公众号	北京大学经管书苑（pupembook）
电 子 邮 箱	编辑部 em@pup.cn　总编室 zpup@pup.cn
电　　　话	邮购部 010-62752015　发行部 010-62750672　编辑部 010-62752926
印 　刷　 者	北京中科印刷有限公司
经 　销　 者	新华书店
	787mm × 1092mm　　16 开本　　28.75 印张　　522 千字
	2022 年 5 月第 1 版　2024 年 4 月第 2 版　2024 年 4 月第 1 次印刷
定　　　价	89.00 元

未经许可，不得以任何方式复制或抄袭本书之部分或全部内容。
版权所有，侵权必究
举报电话：010-62752024　电子邮箱：fd@pup.cn
图书如有印装质量问题，请与出版部联系，电话：010-62756370

学问之道,讲其所未明,习其所未熟。

增订版序
PREFACE

《园丁集》作为"林毅夫讲习录"的一个分册出版于2022年5月,收录了我与北京大学首届新结构经济学实验班的学生在第一个学年以多种形式论道切磋的文字材料,书中内容始于2020年秋季实验班设立之前,我在网络平台上对新结构经济学理论创新以及我国即将迎来世界级经济学大师辈出时代的介绍,止于黄卓楷同学2021年9月提交的作为代后记的《如何学习做好新结构经济学研究》的心得文章。新结构经济学实验班的学生来源于北京大学本科生入校一个学年后的二次招生,本科学制四年,在实验班的时间为三年。学生进入实验班以后的第一个学期选修我教的"中国经济专题"和"中国经济专题小班讨论"两门课,同学们每个星期都有和我交流互动的机会,在其后的学期里,我按照招生宣讲会上的承诺,仍然每个月以午餐会的形式和同学们交流切磋。午餐会前同学们书面提交一个月来学习的心得体会和希望交流的问题,会上口头互动,会后我对同学们提交的材料给予书面反馈。《园丁集》出版后的第二、第三个学年的午餐会又积累了十多万字的材料,作为我与首届新结构经济学实验班学生三年切磋内容和这种切磋互动的教学方式的一个完整记录,现将这些新材料收录于《园丁集(增订版)》中。

在《园丁集》的序中我引用韩愈的名言"师者,所以传道受业解惑也",并强调经由授业、解惑来帮助学生掌握"道"的重要性。这个认识也体现在教育部委托我牵头的经济学领域本科教育教学改革试点的工作中。为贯彻《关于加强基础学科人才培养的意见》,教育部启动了基础学科相关领域本科教育教学改革试点工作计划("101计划"),我荣幸地作为经济学"101计划"的首席专家,组织来自全国20家教育部经济学拔尖学生培养计划2.0基地的老师们来落实这项工作。"101计划"以培养有理论创新能力和解决中国式现代化进程中面临的实际问题能力的拔尖人才为目的。为了培养学生的这两种能力,我提出了以"道正""术高""业精""实求""事达"作为经济学"101 计划"课程、教材、师资培训、实践项目的设计理念。"道正"指学生需要有正确的人生观、世界观和方法论;"术高"指学生需要掌握现代经济学研究的前沿数理、计量、行为与实验方法;"业精"指学生既要学会最前沿的专业理论知识,又要拥有批判性思维,以见微知著,发现理论创新的机会;"实求"指学生要能够实事求是,以"常无"的心态观察真实世界的现象以验证现有理论或进行理论创新;"事达"指学生要能学以致用,实现"知成一体",贡献于国家社会进步。北京大学新结构经济学实验班作为教育部 20 家经济学拔尖学生培养计划 2.0 基地之一,是经济学"101 计划"五大理念的先行先试者。

目前国内一般大学本科的课程以教育学生学习掌握现成理论的"业精"为要求。自然科学和社会科学的理论都来自对现象或问题的观察和总结,其作用都在于帮助人们认识世界、改造世界,理论的适用性则取决于理论的前提条件是否被满足。自然科学的理论具有普适性,其道在于自然现象或问题产生的原因和前提条件不会因为不同的国家或一个国家在不同的时代而不同。作为社会科学的经济学理论则不同,经济学的任何理论都只在模型中保留了理论提出者认为是所要解释的现象或所要解决的问题的重要因变量,并舍象了理论提出者认为不重要的其他社会经济变量,那些事实上存在但被舍象的社会经济变量就成了一个理论的暗含前提。如果其中的某些变量从"量变"发生"质变",原来盛行一时的理论,就会失掉认识世界、改造世界的作用,而被新的理论取代。所以,社会科学的理论和自然科学的理论不一样,并不是"放诸四海而皆准""百世以俟圣人而不惑"的真理。

我国现在大学本科阶段所用的经济学教材一般为盛行于美国的教科书的中译本或以此为蓝本来编写,所教的理论来自对欧美发达国家的现象或问题的总结。然而发展中国家的发展阶段不同于发达国家,其社会经济条件和发达国家不仅存在"量"的差异也会有"质"的区别,因此,来自发达国家的经济学理论发挥作用的前提条件在发展中国家经常不能满足,生搬硬套容易出现"淮南为橘,淮北为枳"的缺憾。在我国的经济学教育中需要让学生了解所学到的理论产生的时代背景以及暗含的前提条件,培养学生了解我国的经验现象或现实问题背后的原因和条件的实事求是("实求")的能力。同学们拥有了这个能力以后,在研究我国实际现象或问题时,若能以严谨、规范的方法("术高")来进行并表述,其成果就是学术文章，而且，我国是一个发展中、转型中国家，条件和发达国家不同，提出的解释很可能是不同于现有理论的创新。如果将研究所得用于政策实践，也能够较好地解决我国现代化进程中出现的问题，为以中国式现代化推动中华民族伟大复兴做出贡献（"事达"）。

"事达"是建立在认识世界的基础上，任何社会经济现象都可以从不同的角度以不同的理论来解释，但是，要改造好世界，所秉持的理论则必须是真正揭示了所要解释的现象或解决的问题的根本决定因素，这样才能实现"事达"的目标。2016年5月17日习近平总书记在哲学社会科学工作座谈会上指出："人们必须有了正确的世界观、方法论，才能更好观察和解释自然界、人类社会、人类思维各种现象，揭示蕴含在其中的规律。马克思主义关于世界的物质性及其发展规律、人类社会及其发展规律、认识的本质及其发展规律等原理，为我们研究把握哲学社会科学各个学科各个领域提供了基本的世界观、方法论。"

回顾我自己从20世纪80年代以来研究中国改革开放、参与政策咨询的诸多经验，这些经验无不印证了总书记提出的在社会科学的理论研究上需要有正确的世界观、方法论的看法。1987年我从美国学成归来，开始时总觉得自己学习了最先进的经济学理论，可以对中国的改革开放"指点江山"，然而1988年我国以行政手段砍投资、砍项目来治理整顿1949年以来的首次高通货膨胀，而不是用我所学到的西方主流理论主张的提高利率的市场方法。这让我认识到，我国在改革开放进程中存在许多对国防安全、经济运行、社会稳定至关重要但是需要银行的低息贷款补贴才能存活的资本密集型国有企业，提高利率后，这些企业会亏损累累，如果不让这些企业倒闭则需要大量的财政补贴，政府会出现巨额赤字，结果只能用增发货币来弥补，货币增发后又会导致高通货膨胀，在这样的限制条件下，用行政手段砍投资、砍项目的治理整顿其实是最优的选择。发达国家则不存在大量需要政府以低息补贴才能存活的企业，所以，发达国家用提高利率来治理通货膨胀是好办法。这个经验让我悟到任何理论都有其前提条件，中国作为发展中、转型中国家，面临的许多现实条件和发达国家不同，从此以后我对于出现在中国的各种经济社会现象，总是自己去了解这些现象在我国存在的具体条件，并逐渐积累形成了具有马克思辩证唯物主义和历史唯物主义特征的新结构经济学自主创新的理论体系。

新结构经济学以"一个中心，三个基本点"为其研究经济现象的分析视角，其中"一个中心"体现了辩证唯物主义所强调的物质第一性，指一个经济体在每个时点给定、随时间可变，作为生产生活等各种经济活动的最小组成元素的资本、劳动、土地是内生于该经济体中各种结构的根本决定因素。"三个基本点"则体现了历史唯物主义"经济基础决定上层建筑，上层建筑反作用于经济基础"的观点。其中，第一个基本点是指一个经济体在每个时点的生产结构（包括产业结构和每个产业所用技术的结构）内生于该时点的要素禀赋结构，基础设施结构和上层制度结构则内生于生产结构。生产结构决定一个经济体在每个时点可能达到的生产力边界，基础设施和上层建筑则决定实际的生产力是否可以达到生产力边界。第二个基本点是指一个经济体中的扭曲内生于各种内生结构调整的难易程度和速度的差异所造成的实际结构和内生结构的背离以及政府对各种结构的干预所造成的实然结构和内生的应然结构的背离，这些背离会使实际的生产力偏离可以达到的生产力边界。第三个基本点是指不同发展程度的国家生产结构的内生性和扭曲的内生性导致不同国家经济运行除有共性之外也有特殊性。现代主流经济学的各种理论自觉或不自觉地把发达国家的各种结构作为其理论的暗含结构，新结构经济学的"一个中心，三个基本点"是对现代经济学的一场结构革命，也是把现代经济学马克思主义化的一个努力。

有理论创新能力和解决中国式现代化进程中面临的实际问题能力的拔尖人才，除了要有符合马克思主义基本原理的世界观和方法论，也必须有正确的人生观，把经由认识世界来改造好世界作为学习的初心，而不是为了成绩、为了学位、为了发表文章、为了将来有一个好工作，这样才会不畏困难去深入了解中国的现实，提出符合中国实际的创新性理论和能解决实际问题的政策主张，这是因为新的理论经常会难以被理解接受，写成的论文难以发表，甚至会遭受接受了旧理论的人的打压，同学们要有"苟利国家生死以""自反而缩，虽千万人，吾往矣"的道德勇气，这样才能涵养成为有理论创新能力和解决中国式现代化进程中面临的实际问题能力的拔尖人才。所以，在经济学"101 计划"的五大理念中以"道正"为首要，这也是在《园丁集》中收录的和同学们三年交流切磋的主要目的。

首届新结构经济学实验班学生在 2023 年 6 月毕业时，我应北京大学经济学院的邀请，在毕业典礼上做了致辞。在致辞中我谈到北京大学是在中国遭逢三千年未有之大变局，从一个文明鼎盛的国家沦为西方列强的半殖民地时，为了民族的复兴而设立的高等学府。在中国共产党的领导下，经过几代人齐心协力的努力，

增订版序

中国从一个"人为刀俎，我为鱼肉"的落后国家，发展成为世界第二大经济体、第一大贸易国，世界经济格局因而改变。随着世界经济格局的变化，当今世界出现百年未有之大变局，在中华民族伟大复兴的新征程中，来自外部的打压随时可能加剧，我们需要准备应对各种风高浪急甚至惊涛骇浪的挑战。作为专门为民族复兴而设立的学府的毕业生，北京大学的毕业生更有一份不可推卸的责任，当国家社会面临各种内外挑战时，需要不计个人利害，发挥各自的聪明才智，为克服各种挑战贡献一份力量。这样，在各位同学四五十岁的黄金年龄将会见证近代以来几代中国知识分子孜孜以求的中华民族伟大复兴目标的最终实现，中国将会成为一个先进的社会主义现代化国家，中国将会恢复千百年来的历史地位，成为世界的政治经济文化中心。回顾古今中外的历史，世界政治经济文化中心，必然是世界级的大政治家、大企业家、大学者辈出的中心。同学们作为北京大学的毕业生，要有当今天下舍我其谁的气概。北京大学新结构经济学实验班是为培养这样的学生而设立，现在首届学生要毕业了，我很高兴看到三年来同学们气质的变化，我希望实验班的同学不忘所学，力行"因行得知，用知践行，以成证知，知成一体"的理念，实验班的同学是时代的佼佼者，我有信心各位一定可以在风高浪急的挑战中承担中国知识分子的责任，抓住时代的机遇，成就个人的抱负，贡献于中华民族伟大复兴目标的最终实现！

林毅夫

2023 年 9 月于朗润园

第一版序
PREFACE

唐时韩愈曰："师者，所以传道受业解惑也。"在各门各派的学问中，道是学问的根本，业是道在具体情况下的运用。道如老子所云"玄之又玄"，学者不易把握。古时老师之所以能够经由授业、解惑来传道，在于当时为师者通常一段时间里只教导几位弟子，弟子拜师学习老师所专攻的术业，并经由业的学习来体悟道，师生朝夕相处，老师不时提问以了解弟子对所授之业是否掌握、是否融会贯通，弟子对所学之业有疑问随时提出以求解于老师，在学习交流和日常相处之中，老师经由孔子所主张的"不愤不启，不悱不发"的适时点拨来启迪弟子对道的开悟。

现代社会为普及教育，授业的方式从传统的师徒制转变为课堂制。受限于课时，课堂教育侧重课业的知识传授。尤其有些课，学生人数众多，师生互动交流很受限制，老师难以为学生解惑，更遑论愤启悱发的启迪。以我在北京大学多年教授的"中国经济专题"为例，一个班通常有四五百位学生参加，每周两学时，课上难以互动，课后交流也不易有效进行。而且，中国发展改革过程中的各种现象总是有许多理论可以解释，学生学习渠道多元，每种理论读来都头头是道，孰是孰非？如何取舍？学生对所受之业的疑惑难免时时有之。我自己则常常为有些学生因"一傅众咻"，修完课、考完试就忘了我所授的理论或是临事无法自如应用而感到挫折。

2020年年初新冠疫情肆虐，春季学期的"中国经济专题"课改为网上授课。我要求学生在每堂课前先自行学习我在2016年上这门课时录制的视频，授课时改为网上答疑，稍微弥补了难以为学生解惑之憾。然而，这种方式缺乏直接互动，仍然无法做到传道所必需的"不愤不启，不悱不发"。朱熹《读论语孟子法》引用程子所言："读《论语》《孟子》而不知道，所谓'虽多，亦奚以为'。"未能帮助多数学生掌握所学之道，一直以来是我作为老师的最大遗憾。

2020年秋季北京大学新结构经济学研究院和经济学院合办"新结构经济学实验班",第一期学生从北京大学各院系入学一年的学生中二次招生,九位优秀学生入选。"中国经济专题"作为实验班第一学期的必修课,每周安排两个小时的授课时间,另外,每两周安排一次两个学时的讨论。每周授课时除了讲解课程内容,我着重阐述如何观察中国的经济现象,如何分析、归纳、总结现象背后的因果逻辑以产生课程内容所讲授的那些理论、观点、政策主张,以及如何检验和批判性地学习各种竞争性的理论和观点。由于是只有九位学生的小班,同学们有不能理解之处,课中可以随时提问,而且,同学们对课程内容可能有的许多疑惑在根据2020年春季"中国经济专题"网课中同学们的提问编辑而成的《解惑集》一书里已有解答,因此,我把每两周一次的小班讨论课的重点放在"道"的切磋上。同学们在课前先书面提交两周以来的学习心得和希望请教的两个问题,课上同学们口头汇报学习心得,我当场给予点拨,课后再对同学们提交的心得和问题逐一给予书面点评作答。这样的课程安排要求修课学生投入大量的时间和心力,让我深受感动和鼓舞的是同学们问道之心切而学道的潜力大,四次作业表现出同学们在所学之道上一次比一次精进。一个学期下来,同学们已经从懵懵懂懂的门外汉"登了堂",快要接近"入室"了,若能坚持以"必有事焉而勿正"的困知勉行来修习所学之道,假以时日,我确信这九位同学的成就可期。

近代以来中国受辱于西方列强。为了民族的复兴,中国知识精英普遍怀有"西天取经"的心态,认为西方之所以富强一定有其道理,只有诚心学习、努力践行这些道理,才能够推动中国的工业化、现代化,实现民族的复兴。为此,大学教育以西方理论为本,学生需要诵读熟悉,即使论文课也是以用西方现有的理论来解释中国的现象或是用中国的数据来检验西方现有的理论为要求。学生们从言必称孔孟转而以言必称希腊、罗马为傲,在应试教育中"过关斩将"胜出的北大学生更是擅长此道。

理论的适用性取决于理论的前提。自然科学理论的前提不会因时因地而不同,可以"放诸四海而皆准"。然而,社会科学主流理论来自对西方社会的经验总结或为了解决出现于西方社会的问题,出于简约的要求,每个理论只从复杂的经济社会政治文化变量中抽象出几个因变量来建立因果关系而舍象其他经济社会政治文化变量,那些被舍象的变量就成了每个理论的暗含前提。因此,每个西方主流的社会科学理论必然是内嵌于产生这个理论的国家当时的发展阶段和相应的经济社会政治文化变量之中，当那些被舍象的变量发生关键性变化时，盛行一时的理论就会被新的理论所取代。所以，社会科学的理论不管多么盛行，都不是"百世以俟圣人而不惑"的真理。中国作为一个转型中的发展中国家，经济社会政治文化变量和发达国家有质的差异，来自西方发达国家的理论在西方国家既然做不到"百世以俟圣人而不惑"，自然在中国也难以做到"放诸四海而皆准"。其实任何社会科学理论都是"刻舟求剑"，如果不能从学习现有的理论中掌握学问之道，以提升自己从观察到的现象或问题中了解背后的因果逻辑并自己提出理论来解释现象、解决问题的能力，那么学习的理论再多，也如程颢所言"虽多，亦奚以为"。

我于1987年回国，是改革开放以来第一位在海外留学后返回大陆工作的经济学博士。在研究探索中国发展转型的现象时，我一再体认到在中国若直接套用西方发达国家盛行的理论来解释现象、解决问题必然会有"南橘北枳"的局限。因此，1994年我在北京大学创办中国经济研究中心，1995年开始开设"中国经济专题"时，就抛弃既有主流理论，以自己求索理解中华民族复兴之路上诸多现象问题的研究心得为讲授内容。这些内容时间跨度大，涉及面广，自成一以贯之的理论体系。诸多分析论断，在提出时常常有悖于主流学界的定论，然而一再为中国后来的发展所证实，并且逐渐深化成为这几年我倡导的探索中国和其他发展中国家经济发展、转型和运行理论的新结构经济学理论的根源。任何理论都是"刻舟求剑"，当然包括我提出的理论，中国又在不断发展。若要使"中国经济专题"这门课有助于同学们认识世界、改造世界，就要求学生经由这门课的学习体悟到所学之道，并能够从现有理论知识的被动接受者蜕变为新的理论知识的主动创造者。如果同学们能够实现这个飞跃，实验班培养从中国经济发展转型的奇迹所蕴藏的理论创新富矿中创新理论、做到"知成一体"的新时代人才的目的也就能够实现。

1995年《经济研究》创刊40周年时我应邀写了祝贺文章《本土化、规范化、国际化》。文中指出，每一个经济学理论都是一个简单的因果逻辑，理论的重要性取决于所解释现象的重要性。重要国家的经济现象就是重要的现象，解释重要国家现象的理论就是重要的理论。因此，作为世界经济中心的国家必然成为世界经济学的研究中心、引领世界经济学理论新思潮的大师辈出的中心。那篇文章也预判，随着中华民族伟大复兴目标的最终实现，21世纪的世界经济中心会转移到中国，世界经济学的研究中心和大师辈出的中心也必然随之转移到中国。这是时代赋予中国经济学工作者的百年不遇的机遇。新结构经济学实验班也是为了不辜负这个时代的机遇而设立，希望为我国培养出能够抓住这个时代机遇的人才。

作为以传道授业解惑为职志的经济学教育工作者，我感谢身处这个从"西潮"渐变为"东风"、让我有底气可以推动理论创新的时代。我也感谢北京大学经济学院的董志勇院长、锁凌燕副院长和新结构经济学研究院的胡博老师、颜建晔老师、王勇老师、徐佳君老师以及两院其他同仁能够认同我的理念，志同道合地为创建新结构经济学实验班做出许多默默无闻的奉献，为我提供这个传道授业解惑的平台。我更感谢本科实验班第一期的毕斯源、郭若菲、黄卓楷、赖端仪、吴梦、叶子欣、赵佳雯、赵祥瑞、钟睿煊九位同学，在新结构经济学还没有像西方主流经济理论那样成熟的体系、实验班没有像现有专业那样完备的课程安排时，愿意承担诸多风险，勇敢地加入了第一届新结构经济学实验班，并且在课上付出了比其他专业的同学更多的努力来学习。作为创立者，我相信就像我在 2020 年 6 月 30 日和第一届新结构经济学实验班的同学们见面时所宣讲的，新结构经济学实验班将会像延安抗日军政大学一样，虽然条件很差，但是同学们不仅将参与推动一个属于中国经济学家的世纪的到来，而且许多同学也将抓住这个时代机遇，引领时代的新思潮。这是我的承诺，也是我鞭策自己和实验班的同学们携手一起不断努力前进的目标。

本书初稿分成两个部分：第一部分收录了三篇文章，涵盖我在新结构经济学实验班成立之前对实验班的宗旨、目的的宣讲，在实验班宣讲会上对同学们提出的问题的解答，以及在第一届实验班的师生见面会上的讲话。第二部分则包括实验班小班课的四次作业和我的反馈。将这些内容整理成书，原因有二：一是学问之道需要反复玩味，参与这门课的九位同学随着学习和研究经历的加深，再回过头来阅读，每次会有不同的收获。二是如朱熹在《读论语孟子法》中引用程子之言："学者须将《论语》中诸弟子问处便作自己问，圣人答处便作今日耳闻，自然有得。虽孔孟复生，不过以此教人。若能于《语》《孟》中深求玩味，将来涵养成甚生气质！"未来读此书的其他学子若能设身处地体会第一届实验班九位同学的心得，问处便作自己问，那么也将如亲自参与这门课矣！

林毅夫

2021 年 2 月 11 日庚子年腊月三十

补记： 2021年春季学期，我和新结构经济学实验班的同学如约每个月进行一次午餐会，多数同学提交了他们一个月来的学习心得和疑问，我也提供了我的反馈意见，现将这些交流内容补充于本书第二部分。在春季学期时，我也常在微信群里提出一些问题和同学们讨论，内容都和本书探讨的如何观察现象、如何分析问题相关，因此，将这些专题讨论作为第三部分收录在本书中以供参考。最后，黄卓楷同学在9月8日写了一篇《如何学习做好新结构经济学研究》的学年心得，体会很到位，正好附在全书最后，作为"代后记"，也作为全年师生探讨交流学问之道的总结。

林毅夫

2021年9月21日辛丑年中秋

目录
CONTENTS

第一部分　给新结构经济学实验班的寄语和交流

新结构经济学和迎接世界级经济学大师在中国辈出时代的到来　3
新结构经济学实验班招生宣讲会实录　18
你们选择了致力于引领未来世界经济学理论新思潮的事业　42

第二部分　林毅夫教授指点学问之道

入门：第一次学习心得与反馈　51
后发优势与后发劣势——关于技术与制度的思考　52
以史为鉴，独立思考　60
心存经世济民格局，踏实走好漫漫前路　64
关于思考问题方式的几点体会　68
前行的力量——读《解读中国经济》第一讲　71
认识事物本质，拥抱"常无"心态　75
从理想到现实问题的思考　79
我辈责任，始于足下　84
后发优势与后发劣势　87

求索：第二次学习心得与反馈   93
    重工业优先战略、计划经济与经济发展   94
    如何抓住问题的本质？   104
    学术门前的殷殷嘱咐   109
    审问慎思，追本溯源   112
    世无常势，学恒有道   116
    反思近代中国社会的落后与赶超   121
    关于"一分析，三归纳"方法的体会   129
    经济学研究之"道"   133
    关于新结构经济学研究方法的思考   136

体悟：第三次学习心得与反馈   141
    关于国有企业改革理论的思考   142
    从"知"到"悟"的求索   148
    拨开迷雾的思想力   152
    "常无"心态与新结构经济学思想方法   158
    关于比较优势与改革的一些思考   162
    关于激励问题与理论建构的思考   165
    道术并重，反思历史   170
    思考问题的新角度和新方法   175
    再品"一分析，三归纳"   179

精进：第四次学习心得与反馈   183
    对经济学作为一门科学的反思   184
    从认识世界到改造世界   190
    现象需要逻辑精练   194
    深思经济学研究方法   199
    认清问题本质，保持独立思考能力   205
    从真实世界来，到真实世界去   206

反思理论假设，辨析关键概念　　211

保持"常无"心态，做有意义的经济学研究　　216

对新结构经济学的哲学思考　　221

第三部分　午餐会交流

道正篇　　231

术高篇　　265

业精篇　　272

实求篇　　341

事达篇　　361

第四部分　微信群内的专题讨论

关于贫穷本质的讨论　　383

关于俄罗斯转型失误的讨论　　394

关于中国改革开放奇迹与政府角色的讨论　　405

关于自动化对美国比较优势的影响的讨论　　414

关于"假如《山海情》发生在印度会怎么样？"的讨论　　416

关于27家中美名校借阅榜对比的讨论　　418

代后记　如何学习做好新结构经济学研究（一）　　420

如何学习做好新结构经济学研究（二）　　428

参考文献　　434

第一部分

CHAPTER 01

给新结构经济学实验班的寄语和交流

新结构经济学和迎接世界级经济学大师在中国辈出时代的到来[①]

林毅夫

观看直播的高三同学们：大家好！我是北京大学教授林毅夫。今天非常高兴来和各位谈谈我倡导的新结构经济学与大家所处的时代。各位所处的将会是一个非常好的时代，它将是实现中华民族伟大复兴的时代，也将是一个经济学大师在中国辈出的时代。这是我想讲的核心观点。

现在大家在家里抗击新冠疫情，同时又在非常辛苦地准备高考。大家是年轻人，毛主席说你们像早上八九点钟的太阳，你们是国家未来的希望。高考结束后，你们将面临人生中非常重要的一次选择，你们的选择不仅会决定自己的一生，而且也会决定国家的未来。

我国每年有将近1 000万人准备高考，其中有超过100万人会进入经济管理学科，仅学习经济学的大概就会有25万人。我要恭喜这25万人，因为你们抓住了一个大好的时代，你们当中有很多人将来可能会成为引领世界经济学理论思潮的大师。

各位也许知道，经济学是在1776年亚当·斯密出版《国富论》以后，才从哲学中分离出来，成为一门独立的社会科学。从1776年一直到20世纪30年代，世界上著名的经济学大师基本上不是英国人，就是在英国工作的外国人。这些大师中，亚当·斯密、李嘉图、马歇尔、凯恩斯等都是英国人；马克思是德国人，在英国工作。

[①] 本文根据2020年3月28日晚8点林毅夫在"云开讲"直播课"新结构经济学和迎接世界级经济学大师在中国辈出时代的到来"上的演讲整理。

到第二次世界大战以后,世界上著名的经济学大师基本上不是美国人,就是在美国工作的外国人,弗里德曼、萨缪尔森、科斯、哈耶克等都是大家耳熟能详的例子。

为什么这些世界著名的经济学大师会集中出现在同一个国家,而且集中在同一个时代?这是由经济学作为一门社会科学的本质决定的。经济学作为一门社会科学,每个理论都是几个很简单的变量之间的因果逻辑体系,而且这个逻辑体系越简单越好。

既然理论、逻辑越简单越好,怎么能说这个理论是重要的,那个理论不是那么重要?决定因素是这个理论所解释的现象的重要性。一个现象越重要,解释这个现象的理论就越重要。什么叫重要的现象?发生在重要国家的现象就是重要的现象。

我们知道工业革命发生在18世纪中叶的英国,也就是亚当·斯密出版《国富论》的前后。此后直到第一次世界大战之前,英国引领工业革命,是当时世界上最大的经济体,是世界经济中心。发生在英国的现象就是最重要的现象。

在解释经济现象的时候,有所谓"近水楼台先得月",这是因为经济现象很错综复杂,怎么从中抽象出几个变量来构建一个理论?通常只有生长在这个国家,或者是工作于这个国家的经济学家才能够比较好地把握。这就是为什么当英国是世界经济中心的时候,英国也是世界经济学的研究中心,是经济学大师辈出的中心。

到了一战之后,美国崛起,逐渐取代英国在世界经济中的地位。到二战以后,美国的经济占当时全球经济总量的50%,美国的经济现象就成为世界上最重要的经济现象。在20世纪五六十年代,报纸上经常用的一个比喻是,美国经济打个喷嚏,世界上其他国家的经济就会患重感冒。研究美国经济怎么"打喷嚏",会比研究其他国家的经济怎么"患重感冒"的影响更大,所以世界经济学的研究中心就转移到美国。

同样,由于"近水楼台先得月",从二战以后到现在,世界上著名的经济学大师基本上不是美国人（如弗里德曼、萨缪尔森），就是在美国工作的外国人（如科斯、哈耶克）。

沿着这个规律，我相信世界经济学的研究中心会转移到中国来。大家知道，中国的经济、社会、文化曾领先于全世界。但是18世纪工业革命发生之时，中国没有赶上，在很短的时间内就从一个文明鼎盛的国家变成"人为刀俎，我为鱼肉"的落后的发展中国家。

中国的知识分子历来是以天下为己任，追求中华民族的伟大复兴是鸦片战争以后每一代知识分子的共同追求。经过几代人的努力，1949年中华人民共和国成立，1978年年底开始改革开放，中国经济实现了从1979年到2019年年均9.4%的增长率。在人类历史上，还不曾有任何国家、任何社会以这么高的增长率持续发展这么长的时间。

过去这四十多年中国的变化真的是翻天覆地。根据世界银行、国际货币基金组织的统计指标，按照购买力平价计算，中国在2014年已经超过美国，成为世界最大的经济体。我在这里解释一下，什么叫购买力平价呢？同样1美元在不同的国家能够购买的东西不一样。举一个具体的例子，一份麦香鸡汉堡包套餐，在中国可能需要15元人民币（约合2.2美元），在美国可能需要5美元，所以中国的物价比美国低，同样的1美元在中国能买的东西比在美国多。在比较各个国家实际的经济规模时，经济学家就根据各个国家的物价水平计算每个国家用同样的1美元能买到的东西（称为购买力平价），用它来衡量每个国家的经济规模。按照购买力平价计算，我国在2014年超过美国，成为世界最大的经济体。

而且面向未来看，中国的经济还会比发达国家更快速地发展。我想各位在读书的时候应该也注意到了，中国的经济增长率原来是每年超过9%，从2010年开始就逐渐下滑到近年来的6%左右。但是6%左右的增长率是什么概念呢？发达国家过去一百多年的平均经济增长率是3%，从2008年国际金融经济危机发生开始，它们的经济增长也下了台阶，现在的增长率是2%左右。

中国即便保持每年6%左右的增长，增长率也比发达国家高了4个百分点，所以国际上有很多研究机构（如世界银行、国际货币基金组织）预测，最迟到2035年中国建成社会主义现代化国家的时候，即使按照不调整物价水平的汇率计算经济规模，中国也会变成世界最大的经济体。在人口这么多、底子这么薄的一个国家，怎么有办法取得这样持续的快速增长？国内外都称这是一个奇迹。所谓奇迹是什么？就是不能够用现有理论来解释的现象。但事情的发生一定有道理啊！

从二战后到现在，有两百多个发展中经济体都像中国一样希望实现工业化、现代化。但是成功从低收入进入高收入的，目前为止只有两个，一个是中国台湾地区，一个是韩国。中国大陆预计很快就会变成二战以后第三个从低收入进入高收入的发展中经济体。而且更重要的是我前面讲的，到2030年前后中国将毫无疑义变成世界最大的经济体，发生在中国的现象会是最重要的经济现象。了解这个现象背后的原因所提出来的理论将是最重要的理论。

2030年是什么概念呢？今年是2020年，大家在准备高考。你们进了大学，读四年本科，再读五年左右的研究生，拿到博士学位，如果继续从事经济学研究，那正好是你们的时代啊！因为那时候中国会是世界最大的经济体，中国会是影响世界经济发展的最重要的国家。了解中国的经济现象、解释其背后原因的理论将是最重要的理论。提出这样理论的经济学家就会是引领世界经济学理论思潮的大师。你们很幸运处于这样一个时代啊！就像毛主席说的："世界是你们的，也是我们的，但是归根结底是你们的。"

但是更重要的不是成名成家，而是你们提出的理论将会贡献于中华民族的伟大复兴。同时我们知道，现在生活在发达国家的人口占世界总人口的比重只有16%，还有将近85%的人（包括我们自己）生活在发展中国家。你们提出来的理论也会帮助世界上其他发展中国家实现他们和我们的共同追求：工业化、现代化、追赶上发达国家。

理论的功能是什么？是帮助我们认识世界和改造世界。我想各位在读高中的思想政治课时都学了这个道理。二战以后，很多发展中国家摆脱了殖民地半殖民地的地位，开始在自己国家的领导人带领下追求自己国家的工业化、现代化。它们的知识精英同我们一样，都觉得对国家、对社会负有责任。

当时整个发展中国家的知识界，包括我自己都有一种"西天取经"的心态，认为发达国家那么成功一定有道理，把那些道理学会了就可以回来改造自己的国家，让我们过上同发达国家一样富足的生活。这是有责任感的年轻人共同的愿望。确实有很多发展中国家的知识精英到英国、美国去学习，包括我自己。

但是作为一名经济学家，也作为一名对历史感兴趣的知识分子，我想说的一点是，到目前为止，我没有看到任何一个发展中国家按照发达国家的理论实践成功的。少数几个成功追赶上发达国家的发展中经济体，它们的政策在推行的时候，从发达国家的理论来看都是不正确的。

以我们自己的国家为例。中国1978年开始改革开放，当时国际上主流的经济学理论是新自由主义。新自由主义怎么解释二战以后发展中国家努力追求工业化、现代化，付出那么大的代价，但不成功的现象呢？新自由主义的看法是，这些发展中国家（不管是社会主义国家还是非社会主义国家）的政府对经济干预太多，造成的经济扭曲太多。这种政府对经济的干预造成了资源的错误配置。政府对经济的扭曲创造了很多所谓的租金，社会上出现寻租，也就是腐败。

有资源的错误配置，又有腐败，经济当然发展不好，所以新自由主义认为发展中国家付出那么大的代价没赶上发达国家是由于政府失灵。那么，发展中国家要改善它们的经济，就应该和发达国家一样有完善的市场经济体系，政府从经济当中退出，作为一个"守夜人"，除了教育、卫生、社会治安，其他事都不要管，交给市场就好了。

那么，怎样才能建立一个完善的市场经济体系呢？新自由主义认为价格应该由市场决定，要市场化，所有企业都应该是私有的，这些发展中国家的国有企业都应该私有化，然后要自由化，政府不要干预市场的运行。

这个理论非常严谨，非常有说服力。有一个笑话经常被用来揶揄经济学家，就是拿一个问题问五个经济学家，经济学家们往往会给出六个答案，每个答案都头头是道,谁也说服不了谁。但是在 1992 年,当时世界银行的高级副行长兼首席经济学家劳伦斯·萨默斯(他后来当过美国财政部部长、哈佛大学校长)写了一篇文章。这篇文章提到,经济学家对经济问题一般会有各种不同的看法,但是对于社会主义国家或者是像拉丁美洲那样政府干预太多的国家,经济学界有一个共识,就是这些国家的经济转型要成功,就必须根据新自由主义的"华盛顿共识",用休克疗法,把市场化、私有化、自由化这些市场必须有的制度安排一次落实到位。

中国从 1978 年开始的转型不是这么做的。我们是"摸着石头过河",采用渐进的双轨制。所谓双轨制就是"老人老办法",原来的国有企业继续保持国有,政府继续给予保护补贴;"新人新办法",有很多新的劳动密集型的加工出口产业,允许乡镇企业、民营企业进入,而且还积极招商引资,按照市场的方式来配置资源。所以在双轨制下,既有市场在配置资源,也有政府在配置资源。

在 20 世纪八九十年代,国际上的共识是,政府必须退出,让市场来配置资源,只有这样经济转型才会成功,认为像中国那样的既有市场又有政府的制度安排是最糟糕的,比原来的计划经济还糟糕。因为政府的干预会带来大量腐败的机会,有了腐败以后就会有收入分配的不平等,就会有各种社会问题,所以主流经济学界当时认为这是最糟糕的制度安排。

但是 40 年过去了,我们回过头来看,主流经济学界讲的腐败现象有没有?确实有。收入分配不平等的问题有没有?确实有。但是我国是过去 40 年中全世界经济发展最快的国家,而且是唯一没有出现系统性的金融经济危机的国家。少数国家像越南、柬埔寨,采取了和中国一样的被认为是最糟糕的渐进转型的方式,维持了经济稳定和快速发展。

回过头来看,苏联、东欧、拉丁美洲国家是按照当时国际主流的新自由主义所倡导的"华盛顿共识",以休克疗法来实施转型。但是,它们出现了经济崩溃、停滞、危机不断,中国的稳定和快速发展它们没有。中国出现的腐败与收入分配问题,它们有没有?不仅有,而且普遍比中国还严重。

从这种经验比较来看,新自由主义在分析、预测中国作为一个转型中国家存在的问题时头头是道,认为政府的干预会造成资源错误配置,造成寻租腐败,道理很清楚。但是按照新自由主义的建议去转型的国家,结果更糟糕。

不仅在转型问题上是这样,在经济发展问题上也是如此。二战以后,很多发展中国家取得了政治独立,摆脱了殖民地、半殖民地的地位,开始追求工业化、现代化,希望能赶上发达国家。

当时从主流经济学中分出一个独立的子学科,叫发展经济学。第一代发展经济学称为结构主义。结构主义的看法是什么?发展中国家的目标不就是赶上发达国家,实现民富国强吗?为什么发展中国家现在那么穷?因为生产力水平低。为什么发达国家的生产力水平高,发展中国家的生产力水平低?因为发达国家当时有先进的资本密集的重工业和大规模的产业,发展中国家普遍的产业是农业以及小规模的制造业或者矿产资源产业,生产力水平很低,所以经济落后,收入水平低。

发展中国家要赶上发达国家,就应该在生产力水平上赶上发达国家,这样其收入水平才能赶上发达国家。生产力水平要赶上发达国家,就应该去发展和发达国家一样先进的现代化资本密集型大产业,这个道理是不是很清楚,很有说服力?可是主流经济学界发现这种现代化资本密集型大产业在市场经济中不能自发地发展起来,所以就认为市场不起作用,存在市场失灵。当时盛行的宏观经济理论是凯恩斯主义,强调政府的作用。在这样的理论思潮影响下,发展经济学的理论就提出发展中国家必须由政府主导,直接动员资源、配置资源来发展现代化资本密集型大产业。

发展中国家原来都是出口农产品、矿产资源产品,进口工业制成品,现在要去发展现代化的制造业,自己生产,这种发展方式也被称为进口替代战略。二战以后,绝大多数发展中国家听到这个理论都觉得很有说服力,所以基本都这么做。但是这么做的普遍结果怎么样?跟中国一样,中国当时实行计划经济的目的也是发展现代化资本密集型大产业。这些国家在政府的动员与支持下,会有一段时间的投资拉动的经济快速增长,但是把这些产业建立起来以后,这些产业都没竞争力,经济就停滞了,停滞了一段时间后就出现危机。因此,这些国家与发达国家之间的差距不仅没有缩小，而且在扩大。

那些主流的思潮——结构主义的发展经济学或者凯恩斯主义——在解释发展中国家的问题上很有力量。但是按照这些理论的建议去制定政策的发展中国家，不仅没有实现追赶上发达国家的目标，而且与发达国家之间的差距越来越大。二战以后，有少数几个东亚经济体没有这么去做，在五六十年代发展的产业都不是现代化的资本密集型大制造业，而是传统的小规模的劳动密集型加工业。当时从结构主义的理论来看，发展传统、落后、小规模的加工业，生产力水平那么低，怎么能赶上发展现代化的大规模的先进制造业的发达国家？

但是现在回过头来看，成功缩小与发达国家之间的差距，甚至赶上发达国家的正是那些在20世纪五六十年代推行了从当时的结构主义来看是错误的发展政策的经济体。为什么会出现这种情况？我们学习理论的目的是什么？是认识世界，改造世界。但是现在从发达国家学来的这些理论，在认识世界上很有力，可以把发展中国家存在的问题及其原因解释得一清二楚，可是按照这些理论的建议去制定政策的发展中国家基本上都失败了，道理在什么地方呢？

主要的原因是社会科学理论和自然科学理论一样，是不是适用取决于理论的前提条件，只有前提条件成立，这个理论才适用。这一点对自然科学来说不成问题，自然科学可以"放诸四海而皆准"。自然科学，比如说物理学，拿一个圆球放在一个斜坡上一定往下走，不会从下往上跑；在海平面上烧水，达到100摄氏度一定会沸腾。不管在美国还是在中国，一定都是这样的。因为自然科学、自然现象的前提条件不会因为时间、地点而变化。

但是社会科学理论是怎么来的？社会科学理论是来自对重要国家的社会经济现象的总结。正如我前面讲到的，从亚当·斯密到凯恩斯，世界上著名的经济学家绝大多数不是英国人就是在英国工作的外国人；二战以后，世界上著名的经济学家绝大多数不是美国人就是在美国工作的外国人。他们的理论都是解释所在国家的重要经济现象，理论模型里只有一两个变量，某个是因，某个是果。可是一个国家、一个社会有很多社会经济变量，包括产业是什么，社会组织是什么，以及文化、价值体系、政治体系是什么，为了理论模型的简化，就把那些变量舍象了。所谓舍象是指那些变量是存在的，但是和解释这个现象没有直接的关系，所以就暂时存而不论。存而不论的这些变量就变成这个理论的暗含前提。

如果这些被舍象的变量中比较重要的变量发生了变化，理论也会发生变化。这就是为什么在发达国家经济学理论会像时装一样，流行几年，过一段时间以后就会被另外一个理论取代。因为作为理论暗含前提的条件在发达国家发生了变化。

各位想想看，如果发达国家的理论在发达国家都不是"百世以俟圣人而不惑"的真理，拿到发展中国家来怎么能"放诸四海而皆准"呢？理论是有前提的，都"内嵌"（embedded）于提出这个理论、产生这个理论现象的国家的社会、经济、文化结构当中，将这个理论运用于这些暗含前提不一样的国家，就会出现"淮南为橘，淮北为枳"的问题。那些理论看起来都很漂亮，好像很有说服力，但是由于前提条件不一样，拿到发展中国家来苍白无力，应该是显然的。

在座的高三同学大概会有100万人读经济管理学科，在经济管理学科里有一门最重要的课程叫金融经济学。现在大学的金融经济学课程都会教现代金融。什么是现代金融？股票市场、风险资本、大银行、公司债，金融经济学认为这是现代的，是有效的。

但是各位想想看，金融的目的是什么？是服务实体经济。这些大银行、股票市场、风险资本、公司债在发达国家很合适，因为发达国家的资本很丰富，它们所从事的产业资本很密集，它们的生产活动需要大量的资本，它们的技术必须要自己发明，有大量的风险。大银行、公司债和股票市场可以动员大量资本，风险资本、股票市场则有利于分散风险，所以，这样的金融安排在发达国家很合适。

可是在发展中国家，百分之七八十的就业都是在农户和中小微型企业。它们所用的资本非常少。它们当然有风险，但是最大的风险是什么？最大的风险是企业家、经营者的能力。这样的农户、企业能不能到股票市场去上市？能不能发公司债？能不能用风险资本？跟大银行借钱，大银行会借给它们吗？在座的很多同学可以去问长辈，如果他们在经营中小企业，可不可以到股票市场上市，可不可以发公司债，跟大银行借钱容易不容易。在这种情况下，如果按照发达国家的金融经济学所教的这些现代金融知识去制定金融制度安排，就会出现金融没有办法服务实体经济的问题。

在亚当·斯密之后出现了很多经济学大师，这些大师都来自最发达的国家，研究最发达国家的经济现象，总结背后的道理，在这个过程中，就把这些最发达国家的经济、社会、文化、政治条件作为暗含前提。如果把这些理论直接拿到发展中国家来用，难免出现"淮南为橘，淮北为枳"的现象！

正因为认识到这一点，我这些年来倡导自主理论创新的新结构经济学。我们作为知识分子要贡献于国家和社会的发展，必须要有理论的指导，但是所用理论必须是根据我们自己国家的经验总结的。

新的理论来自新的现象，中国的现象是发达国家不曾有过的。但是怎样来总结中国的现象并形成新的理论呢？我提倡的新结构经济学认为必须以马克思的历史唯物主义为指导。历史唯物主义主张经济基础决定上层建筑，经济基础是由生产力和由生产力所决定的生产关系共同组成的。

中国作为发展中国家，生产力水平比发达国家低，生产关系与发达国家不会一样，与这样的生产力和生产关系相适应的上层建筑，包括我前面讲的金融以及货币、财政等制度安排都不会一样。而且，由于制度安排不一样，经济运行的规则也会不一样。所以，在总结中国的经验和现象时，新结构经济学以历史唯物主义为指导。

在研究方法上，新结构经济学则是用现代经济学通用的研究方法，把现象背后的逻辑弄清楚以后，必须用严谨的数学模型来表述，用严格的统计数据来检验理论的各种假说，这是我这些年倡导的新结构经济学的内涵；以历史唯物主义为指导，让我们了解到发达国家与发展中国家的经济基础不一样，和经济运行相关的上层建筑不一样；然后用现在国际经济学界通用的方法来研究中国自己的经验，当然也包括其他发展中国家的成功与失败的经验，进而总结出新的理论。

对于这一点，我是在1988年就认识到的。1986年我在美国芝加哥大学拿到博士学位，之后到耶鲁大学做了一年博士后，1987年回国。当时我是抱着"西天取经"的心态，认为我学了世界上最先进的经济学理论，可以回来"指点江山"。但是1988年出现了中华人民共和国成立以后的第一次高通货膨胀——通货膨胀率达到18.5%。过去比较高的年份是1985年（通货膨胀率达到8%），在其他年份中国基本没有出现通货膨胀。

按照我在芝加哥大学学到的理论或者国际上通行的理论，治理通货膨胀就应该提高利率。利率提高以后，投资的成本增加，投资需求就会减少。利率提高了，储蓄的意愿就会增加，当前的消费就会减少。投资和消费减少，总需求就会下降，通货膨胀不就下来了吗？而且当时这被认为是一种好办法。如果提高利率，投资的成本增加了，只有好的项目付得起高成本，会被保留下来。那些差的项目付不起高成本，就会被淘汰掉，这样还有利于资源的配置。

当时中国没有按照这个理论去做，而是采用了"治理整顿"的方式，用行政办法砍投资、砍项目。从经济学理论来讲，用行政办法砍投资、砍项目一定会出现"乱指挥"的情形，会有不少好的项目被砍掉，这样就会没有效率。在当时看来，好像确实有很多这种情形。比如1988年国内旅馆非常少，当时在北京二环路附近有一个新大都饭店正在盖一个新楼，原来的设计是18层，但盖到13层的时候这个项目就被砍掉了。在北京二环路的黄金地段新盖的一个高楼，盖到13层就被砍掉，变成一个烂尾楼了，这是多大的资源浪费啊！

当时我有很强烈的冲动，想写一篇文章指出有更好的办法，可以聪明一点，提高利率，用价格配置资源的方式来治理通货膨胀。可是后来我又反思了一下，如果中国政府像这个理论所认为的那么不理性，那么中国经济一定搞得一塌糊涂！可是从1978年到1987年的9年间，中国平均的经济增长率是9%。一个发展中国家要取得一年9%的经济增长都很不容易，而中国取得了9年的高速增长，而且又是在转型期。其他很多转型中国家的经济都崩溃了，中国经济不仅没有崩溃，而且还高速增长，这说明中国的政府一定是非常理性的。

这对我来讲是一个开悟。为什么呢？因为中国大量的国有企业资本很密集，违反了当时中国资本短缺的要素禀赋结构所决定的比较优势，企业没有自生能力，它们的生存有赖于政府的低利率补贴。如果把利率提高了，它们的成本增加了，就会亏损得非常厉害。用现在常用的观点来看，它们中很多都是"僵尸企业"。让它们关了可不可以啊？这样做行不通，原因有几个方面：第一是有大量的就业依靠它们，如果把它们关了，大量的失业会造成社会不稳定。第二是其中很多国有企业都与国计民生有关，不能把电力公司全部关了，不能把通信企业全部关了，没有电力、通信，经济怎么运行啊？第三是很多国有企业与国防安全有关，如果把它们全部关了，就没有国防安全了。

这些资本很密集的产业存在，是违反我国的比较优势的，但它们又是与国计民生、国防安全有关的，不能让其中的企业倒闭，有亏损就必须给予补贴。如果提高利率，企业亏损增加，财政必须弥补，财政赤字就会非常高，国家就要增发货币来弥补财政赤字。增发货币，通货膨胀就又来了。

发达国家没有这个问题，因为发达国家的资本很多，关乎国计民生、国防安全的资本密集型产业符合比较优势，企业在市场里自己能生存，不依赖政府的保护补贴来维系，碰到通货膨胀就能够使用提高利率的方式来治理。它们的前提条件跟我们不一样，所以适用的理论跟我们也不一样。从那时起，我基本上就不照搬西方盛行的理论来看中国。面对中国的现象和问题，我会按照中国的实际状况来想这个问题是怎么产生的、要怎么解决。

1994年，我和蔡昉、李周合作出版了《中国的奇迹》。在那本书里，我们解释了中国为什么会实行计划经济体制，怎样转型，在转型过程中怎样取得稳定和快速发展。并且那本书做了一个预测：如果沿着解放思想、实事求是、与时俱进的道路来转型，按照购买力平价计算，中国的经济规模在2015年的时候会超过美国；按照市场汇率计算，中国的经济规模到2030年的时候会超过美国。

那时大家都认为我们太乐观了。我很高兴的是，按照购买力平价计算，中国的经济规模在2014年时就已经超过美国了；按照市场汇率计算，中国2030

年将超过美国已经是世界上绝大多数发展机构的共同认识了。更让我高兴的是，这本书里面分析了中国改革的道路会遇到什么问题、怎么解决，基本上过去这二十多年我国就是这么一路走过来的。

2007年我应英国剑桥大学的邀请去做在国际经济学界影响巨大的年度马歇尔讲座，我就用上述来自中国经验总结的理论解释二战以后中国以及其他社会主义国家和发展中国家的发展和转型实践，为什么绝大多数失败，只有少数成功。

2008年，我很幸运到世界银行担任高级副行长兼首席经济学家。这是第一次由来自发展中国家的经济学家担任这样的职务，过去都是由来自发达国家的著名经济学家担任，包括前面讲的劳伦斯·萨默斯，还有得过诺贝尔经济学奖的斯蒂格利茨。

在工作中我发现世界银行的同事很令人敬佩，他们中有很多人来自发展中国家，受过很好的经济学训练。他们也都想帮助其他发展中国家发展经济、消除贫困。从1945年成立到现在，世界银行是世界上最重要的发展机构，我领导的经济学家有一千多位，都受过很好的训练，也有很好的意愿。这些发展中国家也普遍跟我国一样，有发展经济、消除贫困、追赶发达国家、实现繁荣的梦想。但实际上，如果把中国改革开放以后减少的八亿多贫困人口剔除，世界贫困人口总数不仅没有减少，而且还在增加。

和在国内的经验一样，在世界银行的工作让我发现，单单有良好的意愿是不够的，单单有很漂亮的理论也是不够的。这些经济学家和我过去一样，**接受**的都是来自英国、美国的主流经济学理论，都用这样的经济学理论来看发展中国家的现象，讲它们的问题都可以头头是道。但是按照那样的理论去实践，基本都不成功。这个工作经验让我觉得有必要把我自己过去二三十年探索中国的改革开放和经济发展所总结出的新理论正式命名为新结构经济学，以区别于主流的经济学，也区别于第一代结构主义发展经济学。新结构经济学强调经济发展过程是一个技术、产业、基础设施和制度安排等结构不断变迁的过程。从低生产力水平的结构转变成高生产力水平的结构，需要以历史唯物主义为指导才能认识清楚，需要从发展中国家自己的经验来总结提出新的理论才能适用于发展中国家，需要用现在主流经济学的方法来进行研究才能和国际经济学界交流。

在担任世界银行首席经济学家一周年的时候，我正式提出了新结构经济学。2010年我应邀到耶鲁大学去做库兹涅茨讲座（国际经济学界的另一个非常重要的讲座），正式把新结构经济学向国际经济学界推出。

2012年，我在世界银行的任期结束，回到北京大学后就积极推动成立专门研究新结构经济学的机构。2015年，北京大学新结构经济学研究院成立。这是我国第一次有一个机构专门来研究、深化依据我国经验总结出来的自主创新理论体系。

理论是为了认识世界，更是为了改造世界，所以，我提出理论应该达到"知成一体"，不仅要帮助我们认识世界，而且要能够帮助我们成功地改造世界。只有能够帮助人们成功地改造世界的理论，才是真正帮助我们认识世界的理论。

根据这样的指导思想，在北京大学我们不仅是在做经济学的理论研究，还在做经济学的实践。我很高兴非洲有不少国家请我去为它们做咨询，这些非洲国家在二战以后和中国有共同的追求，过去走了很多弯路，付出很多代价但不成功。现在我在埃塞俄比亚、卢旺达、塞内加尔、贝宁这些国家做实践，我很高兴根据来自中国经验的理论形成的政策在那些国家取得了立竿见影的效果。

而且我很高兴根据该理论制定的政策不只是在非洲的发展中国家取得了立竿见影的效果。波兰是东欧率先转型的国家，转型开始以后也是按照新自由主义的理论，政府退出，有很多问题解决不了。2015年，波兰的法律与公正党成为1989年后第一个在选举中获得议会过半数席位、可以单独组阁的政党。该政党上台以后，正式宣布以新结构经济学作为波兰经济政策的基础。波兰的人口占欧盟的十分之一左右，2017年波兰在制造业的新增就业占欧盟新增就业的70%，成效显著。

新结构经济学是第一个来自中国，也是第一个来自发展中国家的经济学理论体系的自主创新，也可以说是社会科学理论体系的自主创新。它以发展经济学为切入点研究经济发展和转型，但实际上涉及关系现代经济运行的货币、财政、金融、产业、区域、环境等每一个子学科，是对现代经济学的一场革命。这场革命要改变亚当·斯密以来发展中国家都抱着"西天取经"的心态去学西方的主流理论但是经济发展不成功的现状，这场革命的理论是来自中国自己的成功与失败经验的总结。中国作为发展中国家，条件与其他发展中国家比较接近，因此这样的理论对其他发展中国家也应该有更大的参考借鉴价值。我在非洲和东欧的实践印证了这一点。

今年北京大学经济学院和新结构经济学研究院共同创建了新结构经济学实验班，用两个学院最优秀的师资力量来办这个班。这是为了改变现在大学里的经济学教科书和理论都来自发达国家的现状，我们希望这个班所教的理论来自我们自己的创新。

中国现在正在倡导这样的办学方向。2018年教育部印发了《教育部关于加快建设高水平本科教育 全面提高人才培养能力的意见》等文件，强调发展新工科、新医科、新农科、新文科，新结构经济学实验班是新文科建设的一个重要基地。教育部也在推动新时代国家基础学科拔尖人才培养项目，新结构经济学实验班也是新时代国家基础学科拔尖人才培养项目之一。2016年5月17日，习近平总书记召开了哲学社会科学工作座谈会，邀请了学界十位代表去汇报，我很高兴代表经济学界做汇报，汇报的内容就是本次讲座谈到的这些观点。我很高兴在这个会上听到习近平总书记的号召。习近平总书记指出："这是一个需要理论而且一定能够产生理论的时代，这是一个需要思想而且一定能够产生思想的时代。我们不能辜负了这个时代。"新结构经济学实验班就是响应习近平总书记的号召，为不辜负这个时代而创建的。欢迎有志于抓住这个时代的机遇，以理论创新来贡献于民族的伟大复兴、引领世界经济学的新思潮、成为经济学大师的时代青年，报考北京大学经济学院，参加北京大学新结构经济学实验班！谢谢各位！

新结构经济学实验班招生宣讲会实录①

陈仪老师（主持人）：

欢迎大家来到北京大学新结构经济学实验班宣讲会。新结构经济学实验班是北京大学经济学院和新结构经济学研究院共同推出的二次招生的本科项目。本次宣讲会流程如下：

首先，由新结构经济学实验班首席教授、新结构经济学研究院院长林毅夫老师为大家介绍新结构经济学实验班的办班宗旨和为什么同学们要选择新结构经济学实验班。

随后，由经济学院院长董志勇老师为大家介绍新结构经济学实验班的特色。

之后，由经济学院2015级优秀本科生、新结构经济学研究院直博项目研究生张皓辰为大家分享他当初放弃众多机会选择到新结构经济学研究院读博深造的决策考量，以及在新结构经济学研究院学习的体验。

最后是问答环节，新结构经济学研究院学术副院长王勇老师、经济学院副院长锁凌燕老师以及两个学院的教学科研管理团队精锐尽出，我们将尽可能地对大家的问题做出准确的答复。

林毅夫老师：

感谢陈仪老师！也非常高兴董院长、各位老师和同学来参加今天的宣讲会。作为新结构经济学和新结构经济学实验班的倡导者，我很高兴利用这个机会给同学们简单说明一下为什么要办新结构经济学实验班，以及为什么我鼓励同学们参加。

---

① 本文根据2020年4月24日第一届新结构经济学实验班线上宣讲会整理。

简单地说,办新结构经济学实验班是为了培养能够深化新结构经济学理论创新以及能够将新结构经济学应用于实践的人才,以践行新结构经济学所提出的新的哲学理念——"知成一体"。各位为什么要参加新结构经济学实验班?我的回答是,各位将会迎来引领世界经济学新思潮的大师在中国辈出的时代,新结构经济学的理论创新会更好地帮助有志于从事经济学研究的同学抓住时代的机遇;对于将来准备从政从商的同学,学习理论是为了认识世界、改造世界,新结构经济学理论能够更好地帮助同学们认识世界、改造世界,成为推动国家发展、经济繁荣、社会进步的成功政治家或企业家。

让我再进一步阐释以上两个问题。

一、为何要举办新结构经济学实验班

在座的各位参加这个宣讲会,至少听说过新结构经济学,或许也知道新结构经济学是作为第三代发展经济学提出的来自中国的自主理论创新体系。发展经济学在现代经济学中是一个比较年轻的子学科,是二战以后为了帮助两百多个摆脱了殖民地半殖民地地位的发展中经济体,在其各自政府的领导下从事工业化、现代化建设,实现民富国强、赶上发达国家的目标而产生的。

二战以后,发展经济学刚出现时,一般经济学家和知识分子认为发展中国家收入水平低、国家弱是因为它们的产业大多为生产率水平低的传统农业或自然资源产业,发达国家收入水平高、国家强则是因为发达国家有资本很密集、技术很先进、生产率水平高的现代化大产业。这个认识很符合当时的实际情形。他们认为,要实现民富国强则需要发展和发达国家一样先进的现代化大产业,但是那些先进的大产业没办法自发在市场中建立起来,因此,他们就认为是文化、体制等结构性原因导致发展中国家在现代化产业的建设上出现市场失灵。既然存在市场失灵,他们提出的政策建议就是由政府主导,以国家直接动员、直接配置资源的方式去投资建设现代化大产业。

这个理论被称为结构主义,在认识世界上逻辑性很强,很有说服力。二战以后的社会主义国家和绝大多数其他发展中国家都按照这样的发展思路去推动工业化建设，也普遍能够取得五至十年的快速增长。但是这些现代化产业建立起来以后，这些国家经济就出现了停滞，危机不断，和发达国家之间的差距不仅没有缩小，反而不断扩大。

有趣的是，有少数几个东亚经济体，像韩国、新加坡、中国台湾、中国香港，它们在二战以后推行的是从传统的劳动密集型的小产业开始的工业化，而不是结构主义主张的现代化大产业。从结构主义的理论来看，发达国家的现代化大产业的生产率水平那么高，传统的落后产业的生产率水平那么低，发展这种传统产业怎么能够赶上发达国家？所以，那些东亚经济体推行的政策在当时被认为是错误的，但是，事后来看，二战以后成功赶上发达国家的却是那几个推行了从主流的结构主义发展经济学理论来看是错误政策的发展中经济体。

由于结构主义所带来的发展失败，到了20世纪七八十年代我国开始改革开放时，其他发展中国家也都在改革开放。结构主义作为第一代发展经济学也被作为第二代发展经济学的新自由主义所取代。新自由主义认为发展中国家的经济绩效差是因为政府干预太多导致政府失灵，发展中国家要改善发展绩效，政府应该退出，采用休克疗法推行市场化、私有化、自由化，一次性地建立起和发达国家一样的、完善市场经济所应该有的体制。这个"药方"成了主流经济学界的共识，内部逻辑也非常严谨、非常有说服力，苏联、东欧、拉丁美洲、非洲的国家普遍根据这套新自由主义的政策建议来转型，但是它们普遍遭遇了经济崩溃、停滞、危机不断，经济增长率比转型前低，危机发生的频率比转型前高。

在20世纪八九十年代，中国和越南、柬埔寨等少数几个转型中国家维持了经济稳定和快速发展，它们没有按照主流的新自由主义所倡导的休克疗法，而是采用渐进的双轨的方式，保留了国有企业和原来的不少政府干预与扭曲，同时放开一部分市场，允许民营企业、外资企业进入。20世纪八九十年代经济学界有一个共识：转型是因为政府主导的经济效率低，转型要成功，就必须把市场运行的基本制度一次性建立起来；渐进的、同时允许政府和市场来配置资源的方式则是最糟糕的转型方式，会出现资源错配、腐败、收入分配差距扩大，经济运行的效率会比原来还低。但回过头来看，少数几个在转型中维持稳定和发展的国家，比如中国、越南、柬埔寨、毛里求斯，推行的都是当时被认为是错误的转型方式。并不是说这种转型方式没有问题，新自由主义认为会有的资源错配和寻租腐败问题确实存在，但是在推行休克疗法的苏联、东欧、拉丁美洲、非洲国家，这些问题也存在，而且更加严重。

所以，从发展经济学的角度来看，不管是第一代的结构主义还是第二代的新自由主义，在认识世界上都非常有力量，但是在改造世界上则显得苍白无力。最主要的原因是这些理论来自发达国家，一般总结于发达国家的经验，或是以发达国家有什么、能做好什么作为参照，例如结构主义所主张的建立和发达国家一样的先进产业，以及新自由主义所主张的建设和发达国家一样的完善的市场经济体制。但理论的适用性取决于理论的前提条件是否存在，发达国家有什么、能做好什么是发达国家的发展阶段、历史、文化、政治、价值体系的反映，在这些条件上发展中国家和发达国家有许多差异，将这些理论拿到发展中国家来指导实践也就难免出现"淮南为橘，淮北为枳"的问题。

其实，我们作为知识分子，稍微想一下也就会发现，来自发达国家的理论在发达国家并不是"百世以俟圣人而不惑"的真理，随着发达国家条件的变化，盛行一时的理论会被新的理论所取代。例如，宏观经济学是凯恩斯在20世纪30年代提出的，当时发达国家出现经济大萧条，存在大量的失业和过剩产能，凯恩斯主义因此主张由政府以积极的财政政策和货币政策来进行投资，创造就业，推动经济发展。到了60年代，实行凯恩斯主义政策的国家出现了"滞胀"现象。到了70年代，凯恩斯主义就被芝加哥大学提出的反对政府采用积极的财政政策和货币政策的理性预期学派所取代。为什么？因为二战以后到了五六十年代，发达国家的经济基本恢复均衡，不存在过剩产能和失业，政府的财政和货币刺激带来的只是通货膨胀的加剧而不是经济增长。如果来自发达国家的主流理论在发达国家随着条件变化而变化，尚不能做到"百世以俟圣人而不惑"，发展中国家有许多条件和发达国家不同，将其用于发展中国家又怎么能够做到"放诸四海而皆准"？作为发展中国家的知识分子，我们要推动自己国家的发展与进步，赶上发达国家，那就需要自己总结发展中国家成败经验背后的道理，提出适用于发展中国家条件的新理论。新结构经济学就是在这样的背景下产生的。

经济发展的表征是收入水平的不断提高、国家实力的不断强大，其前提是劳动生产率水平不断提高，而劳动生产率水平的不断提高则有赖于技术的不断创新和产业结构的不断升级，同时，也需要不断完善硬的基础设施和软的制度安排来使技术和产业所蕴含的生产力能够释放出来。为什么发展中国家的产业总是集中在生产率水平低的自然资源产业或者劳动密集型产业，发达国家则拥有生产率水平高的先进现代化资本密集型产业？其背后的道理是什么？不同发展程度的国家的产业是由什么因素决定的？是什么因素推动一个国家从传统的生产率水平低的产业转型到生产率水平高的产业？发展中国家的成败经验能够给我们什么启示？

由于经济发展的过程是一个产业、技术、硬的基础设施和软的制度安排等结构不断变迁以提高生产力进而提高收入水平的过程，我提出用现代经济学的方法来研究一个国家各种结构和结构变迁的决定因素和影响。按照现代经济学的命名原则，应该称之为"结构经济学"，但第一代发展经济学是结构主义，为了区别于结构主义，因此称之为"新结构经济学"。

新结构经济学是作为继结构主义和新自由主义后的第三代发展经济学提出的，但是，把不同发展程度的国家结构的差异性和内生性引进以后，它影响的不仅是发展经济学的理论，而且是关系一个国家经济运行方方面面的现代经济学的各个子领域，包括货币理论、财政理论、金融理论、人力资本理论、产业组织理论、空间布局理论，等等。例如，在座的同学将来可能有人会读金融，目前的金融经济学理论总结自发达国家的经验，主张一个国家应该发展现代金融，包括股票市场、风险资本、公司债、大银行等，这些都适合满足在发达国家的实体经济中占主导地位的资本密集、技术先进的大公司运行和技术创新的融资需求。可是在发展中国家，即使是今天的中国，虽然也有一些大公司和创新型企业的融资需求可以由股票市场、风险资本、公司债、大银行来满足，但是，经济中百分之六七十的 GDP 是由农户和中小微型企业创造的，百分之八十以上的就业是由农户和中小微型企业来提供的。如果金融体系中只有这些现代金融，其结果是经济中非常重要的农户和中小微型企业得不到金融支持，造成金融和实体经济脱钩。在中国这样发展程度的国家，金融要服务实体经济，需要各地有合适的中小银行。从新结构经济学的角度来看，不同发展程度的国家实体经济的产业技术结构不同，规模经济和风险特性不一样，合适的金融结构也应该不一样。同理，现代经济学的每个子学科都要把结构的差异性及其对经济运行的影响研究清楚，提出新的理论，所以，新结构经济学实际是从结构的视角切入，对整个现代经济学的一场革命。

作为这场现代经济学结构革命的倡导者，我希望"星星之火，可以燎原"，不仅和优秀的学子分享最新的研究成果，而且有一批优秀的年轻学者加入这个阵营，不断深化新结构经济学的理论创新，用这个新的理论来指导实践，践行新结构经济学提出的"知成一体"的哲学理念，将认识世界和改造世界结合起来。新结构经济学提出，只有能够帮助我们改造好世界的理论才是真正帮助我们认识世界的理论。就像前面谈到的结构主义和新自由主义，在认识发展中国家存在的问题上可以说是分析得头头是道，但是，按照这些理论来改造世界则总是事与愿违，而且经常带来更为糟糕的后果。我们希望新结构经济学理论创新的不断深化不仅能够帮助学习者了解中国和其他发展中国家在经济发展、转型和运行上为什么成功、为什么失败，而且用于实践时能够获得成功，帮助中国实现民族复兴，帮助其他发展中国家实现工业化、现代化，追赶上发达国家。新时代呼唤着这样的新人才。培养这样的新人才是新结构经济学研究院的愿望，也是经济学院的愿望，所以两个学院携手创办新结构经济学实验班。

二、为何同学们要参加新结构经济学实验班

各位同学也许会问，北京大学有那么多院系，单单经济学相关领域就有那么多选择，我为什么要参加这个实验班？原因就像习近平总书记在 2016 年哲

学社会科学工作座谈会上所讲:"这是一个需要理论而且一定能够产生理论的时代,这是一个需要思想而且一定能够产生思想的时代。我们不能辜负了这个时代。"新结构经济学是来自我国的第一个社会科学自主理论创新体系。同学们参加新结构经济学实验班是为了抓住来自我国的理论创新的机遇,不辜负时代所给予的机遇。

作为国家的精英人才,北京大学的学生应该引领这个时代,不辜负这个时代。记得我在1995年《经济研究》创刊40周年的纪念专刊上就曾预测,21世纪会是中国经济学家的世纪,21世纪会是引领经济学理论新思潮的世界级大师在中国辈出的世纪。各位同学参加新结构经济学实验班也是为了迎接这个时代的到来,抓住这个时代所给予的机遇。

对经济学感兴趣的同学们应该清楚,经济学是在1776年亚当·斯密出版《国富论》以后才从哲学中分离出来,成为一门独立的社会科学。我们从经济学说史中可以了解到,从亚当·斯密到20世纪30年代的凯恩斯,世界上大师级的经济学家不是英国人就是在英国工作的外国人,包括马克思。20世纪40年代以后,世界上大师级的经济学家基本上不是美国人就是在美国工作的外国人。为什么引领世界经济学理论新思潮的大师会在时间和空间上出现这种相对集中的现象?我想背后的道理是:经济学理论和任何理论一样,都是解释世界现象的一套简单的因果逻辑体系,而且这个因果逻辑越简单越好。既然逻辑越简单越好,怎么决定一个理论是重要的,另外一个理论不是那么重要?其实,重要的理论是解释重要经济现象的理论。什么是重要的经济现象?发生在重要的国家的现象就是重要的经济现象。

自18世纪中叶工业革命以后一直到一战,英国是世界最大的经济体,是世界经济中心,因此发生在英国的经济现象就是最重要的经济现象。一战以后,世界经济中心逐渐转移到美国,到了二战以后美国成为全球经济中最为举足轻重的国家,在20世纪五六十年代美国国力正强的时候,人们经常用的比喻是,美国经济打个喷嚏,世界上其他国家的经济都会患重感冒。研究美国经济如何"打喷嚏"就比研究其他国家的经济如何"患重感冒"的理论贡献更大。在提出理论来解释经济现象时会出现"近水楼台先得月"的情形，因为任何理论都只是一个简单的因果逻辑，在众多的经济社会变量中到底哪个是因、哪个是果、哪几个变量应该保留在理论中，只有生活、工作在发生这个现象的国家的经济学家才能把握得准。这也就是为什么当英国是世界经济中心时，英国是世界经济学的研究中心，引领经济学理论思潮的世界级大师大多出自英国；当美国是世界经济中心时，美国成为世界经济学的研究中心，引领经济学理论思潮的世界级大师大多出自美国。

各位知道，世界正面临百年未有之大变局。随着改革开放以后中国经济的快速发展，中国经济在世界经济中的比重不断提高。按照购买力平价计算，中国的经济规模在2014年已经超过美国；按照市场汇率计算，中国的经济规模也应该会在2030年左右超过美国。世界经济中心正不可逆转地向中国移动，发生在中国的经济现象将会成为世界上最重要的经济现象，解释这个现象背后道理的理论就会成为最重要的理论，所以，中国即将变成世界经济学的研究和理论创新中心，引领世界经济学理论思潮的大师即将在中国辈出。新结构经济学为中国经济学家理解中国经济现象、提出新的理论构建了一个新的框架，把总结于发达国家的现象，以发达国家的经济、社会、政治、文化结构为暗含和最优结构的二维理论体系转变成不同发展程度的国家各有其不同结构的三维理论体系。各位同学掌握了这个三维的理论框架，就能够更好地了解中国现象背后的道理，提出新的有别于二维体系的理论，推动理论创新，引领新的理论思潮。

北京大学其他经济学相关项目用的教科书都是现在西方主流的、我称之为二维体系的教科书。在新结构经济学实验班，学生除了掌握那些二维体系的理论，还会学习在现代经济学的各个子领域扩张为三维的理论体系，以了解发展中国家和发达国家结构的差异性，各种不同发展程度的国家结构差异性产生的原因，这些差异性为经济发展和运行提供的新的理论视角，进行理论创新的机会，等等。所以，新结构经济学实验班实际上是为有志于从事经济学研究的同学抓住时代机遇，进行理论创新，引领世界新的理论思潮做准备。

当然，有些同学将来有志于从政从商而不打算从事理论研究。对于这些同学，学习新结构经济学也会为各位将来事业的成功打下一个更好的基础。学习理论的目的是认识世界、改造世界。现有的西方主流理论在解释像中国这样的发展中国家的问题时，总是可以讲得头头是道，但在解决发展中国家的问题时总是显得苍白无力。对于发展中国家的知识分子来说，学习来自发达国家的理论可以成为一名社会批评家，但对于解决实际问题的帮助则有限。新结构经济学强调"知成一体"，能够更好地帮助有志于从政从商的同学们抓住时代的机遇，成为大企业家、大政治家。

新结构经济学实验班是为准备成为大师、大政治家、大企业家所开设的班，是"黄埔一期"。欢迎各位抓住这个时代所给予的机遇，来引领这个时代！谢谢！

董志勇老师：

感谢林毅夫先生！感谢各位同学！

2019年8月，时任教育部部长陈宝生同志在"一线走访问计专家 检视问题聚焦发展"活动中，专门来到北京大学和林毅夫先生商讨中国高等教育教学改革的一些事情。当时谈及拟在北京大学设立新结构经济学实验班。经过紧锣密鼓的筹备，今天这个教学改革项目正式启动。我们把它命名为"北京大学新结构经济学实验班"（林毅夫班，简称"林班"）。它是由北京大学经济学院和新结构经济学研究院共同主办的，是北京大学的一个新文科教学改革项目。

实验班的创立是为了培养一批能够掌握新结构经济学的理论体系，引领我国经济学理论自主创新，引领世界经济学理论新思潮的有理想、有本领、有担当的拔尖型创新人才。我们用一流的师资、一流的课程、一流的模式、一流的教材、一流的管理来培养一流的人才。目前新结构经济学实验班每年招生人数不超过30人。

"林班"有以下几个特色：

第一，时代机遇号召，国家战略引领。我们想通过这个实验班深挖中国发展经验这座理论创新的金矿，书写中国故事，创新中国经济学理论，提升中国在全球的文化影响力。这是一个非常伟大的时代，林毅夫先生也说了希望我们都不要辜负这个伟大的时代。

第二，结构体系引领，自主理论创新。实验班着眼于创新性、高阶性、挑战度，培养学生系统掌握新结构经济学的学术思想、结构视角，树立理论自信，引领经济学领域的国际新思潮。

第三，学术大师引领，特色模式培养。这个班由林毅夫先生领衔，由北京大学经济学院和新结构经济学研究院精干的教师团队授课并担任导师，由数十名包括诺贝尔经济学奖获得者在内的国际顶尖学者来担任学术顾问。学生通过大师的言传身教，获得学术引领和人生指导，以一对一的方式接受学术指导和学科设计，从而培养创新性、批判性、开放性思维。

第四，理论实践结合，知成一体新风。在对学生的培养过程中，我们将通过经验分享、实地考察、现场教学、案例讨论等方式帮助学生认识世界，了解世界，拓展视野。

第五，本土留学探索，奖助体系完备。在对学生的培养过程中，我们将通过"走出去"和"请进来"的方式，为学生搭建国际化交流平台。另外，实验班还设立了一系列的奖学金、助学金、国际交流的专门经费等。

有一些具体问题，一会儿大家可能会提及，例如大家可能非常关心林毅夫先生是否亲自给大家上课。林毅夫先生非常重视这个实验班。他亲自给大家开设"中国经济专题""新结构经济学导论"等课程，而且全是小班上课。他甚至承诺每个月安排一次和实验班学生共进晚餐或者午餐的机会。

林毅夫先生的基本情况大家都比较了解。他现在是北京大学新结构经济学研究院院长、南南合作与发展学院院长，曾任世界银行高级副行长兼首席经济学家，作为"经济体制改革理论的探索者"，获"改革先锋"称号，同时也是经济学院杰出校友。

我在2018年新结构经济学研究院成立仪式上有个简单致辞，当时我说林毅夫先生是一个特别怕辜负时代、辜负别人甚至辜负学生的人。在过去40年中，林毅夫先生9次"创业":1979年从台湾到大陆,1980年在北京大学经济学系(现经济学院)求学,1982年师从舒尔茨教授在芝加哥大学攻读博士,1987年到耶鲁大学攻读博士后,1994年创立中国最重要的智库和经济研究咨询机构中国经济研究中心(CCER),2008年CCER改名为国家发展研究院,同年林毅夫先生赴世界银行担任高级副行长兼首席经济学家,2015年新结构经济学研究中心成立,2018年新结构经济学研究院挂牌……我觉得北京大学新结构经济学实验班的成立,可以说是林毅夫先生的第10次创业。这是一个新的历程、新的"地标"。有林毅夫先生的耳提面命,大家何其幸也!希望通过我们的改革和努力,培养出具有中国特色,志向远大,德才兼备,有天下己任之志,谋经世济民之才,有扎实的学术功底、明锐的学术思维、突出的实践能力、广阔的国际视野,有能力从新结构经济学的视角出发思考社会经济问题、总结中国经验、讲好中国故事的学子。让我们一起努力!谢谢大家!

张皓辰:

很高兴今天能够作为学生代表跟大家分享几点我关于新结构经济学和新结构经济学实验班项目的看法和体会。关于新结构经济学的价值、理论贡献,前面林老师都讲得比较详细了。我主要尝试着从同学们的角度谈几点我的想法。

首先,我非常羡慕大家,能够有这样一个机会,在大一、大二这么早的时候就加入新结构经济学这样一项具有时代意义的事业中来。我们北大的本科生有不一样的格局、胸怀,也有不一样的历史责任。我不知道大家选择经济学这个专业或者对这个学科感兴趣的原因是什么,或者说初心是什么,但我猜肯定很多同学的理想都不仅仅是让自己未来过上好的生活,而是要改造世界,要让老百姓过上好日子。这样的初心是非常宝贵的,但能够坚守这种初心也是不容易的。我们应该用什么样的路径来实现自己的理想呢?我在本科二年级的时候决定了走学术研究这条路,当时有一种非常流行的观点(当然现在也很流行),

就是如果要做学术，就一定要出国去读博士，所以我当时的目标就是在本科毕业或者硕士毕业之后，申请到哈佛大学、MIT（麻省理工学院）这样的学校的经济系博士项目。后来大三的时候，我去MIT经济系访学半年，那是世界最前沿的经济学阵地，也就是在那里我逐渐改变了自己的想法，或者说我开始重新思考自己的初心。因为我看到，在世界最前沿的经济学阵地，经济学确实很像一门科学，但是在那边研究发展中国家的问题，要么把经济发展的根本原因归结为一些上层建筑层面的东西，要么强调通过随机控制实验的方法研究如何摆脱贫困。当时我就在想，这样的一些研究固然非常"美"，或者说方法上很严谨，但真的能够达到改造世界的目的吗？恐怕不一定。因为中国四十多年的发展经验绝不是靠随机控制实验做出来的，而做随机控制实验的多数经济学家也没有来中国做很多的实验。就在这个时候，正好我看到了新结构经济学研究院第一年招收博士生的通知，我就来报名了，成为新结构经济学研究院第一届独立招收的博士生。前面讲这些，主要是想让大家根据自己的初心来做选择，因为新结构经济学的发展是中国经济学科发展的大势所趋，这件事情刚才林老师也详细地讲了。而中国成为世界经济的中心和世界经济学研究的中心，这个历史使命将由谁来完成呢？很可能是由我们这一代人完成。具体到经济学，承担这个历史使命的很可能是新结构经济学，至少目前来看是这样。因为新结构经济学强调从发展中国家本身的经济现象出发，实现自主理论创新，而不是直接套用来自发达国家的理论。新结构经济学的精神实质是实事求是地研究发展中国家的发展问题，至于"实事求是"这四个字的含义，同学们在日后学习和研究新结构经济学的过程中会有越来越深的体会。所以成为第一届新结构经济学实验班的学生，对大家来说是一个机遇。当然，不确定性肯定是有的，但对于任何事情来说，如果所有人都明确地认为这是一个好的机会，那么这个机会的价值也就没有了。

前面说的是初心和大趋势的问题。此外，同学们可能也对自己面临的现实问题比较关切，那么我就同学们可能存在的几点疑虑谈一谈。

有同学说自己现在才大一、大二，还没有确定自己以后要不要走学术研究这条路，即使从事学术研究，也不确定自己想研究什么方向或者领域。这是非常正常的事情。很少有人能在这个时候就确定自己以后要不要做学术研究，或者做哪个领域的学术研究。这里我想讲的就是，新结构经济学实验班同样是厚基础、宽口径的。因为新结构经济学不是一个具体的研究领域，而是一个框架、一个视角，在这个视角下可以研究各种各样的问题，可以对很多研究对象提出新的研究假说并进行实证检验。比如，宏观经济增长、创新、产业政策、国有企业改革、劳动力市场、贸易、金融、环境资源、政治经济学等很多问题或者领域都可以引入结构的视角来研究，所以不管你以后对哪个问题真正感兴趣，都是可以的。因为本科高年级大家的路径才会逐渐分开，而在这之前学习的东西都是一样的，比如基础课的学习以及经济学研究思维的培养。在这些方面，新结构经济学也是非常重视的，特别是经济学研究思维的培养。林老师经常强调研究中如何贯彻"本体与常无"的方法，这一点大家日后在和林老师或者和新结构经济学研究院的成员交流的时候，会有很深的体会。即使你以后不做学术研究，这种思维的培养也是共通的，一个好的决策者的思维和一个好的经济学家的思维基本上是一致的。

说到厚基础，首先，新结构经济学实验班依托经济学院，有非常扎实的基础课程以及体现新结构经济学特点的本科高年级课程，能够给大家未来的学习奠定很好的基础。而最终学术研究选择哪个方向和领域，主要看兴趣，但兴趣是内生的，是在不断的尝试和学习中体会出来的，一个内生的东西本身是不足以作为决策的出发点的。在新结构经济学实验班，大家可以较早地深度参与新结构经济学的研究，和新结构经济学研究院的老师和博士生进行合作，就有了一个比较明确的进行自己学术研究的抓手，可以利用这个机会，了解经济学学术研究的基本方式是什么样的，论文是怎么写的。前面我也提到新结构经济学不是一个具体的研究领域，各个领域的东西都可以放到这个框架下来研究。所以，我们非常欢迎大家加入新结构经济学实验班。加入之后，大家就是新结构经济学实验班项目"黄埔一期"的学生，就是新结构经济学这个学科的建设者。

问答环节

问：各位老师好！我很认同新结构经济学对经济问题的认识，但现在将一部分学生组织起来，在本科阶段就围绕新结构经济学的范式进行专门的学习和研究，能做到"厚基础、宽口径"吗？是符合客观规律的吗？一个完全围绕新结构经济学展开的本科教学项目，能营造一个健康的、有竞争性和创造性的学术环境吗？

林毅夫老师：这位同学很敏锐，提的问题很好。我先谈谈对这个问题的认识。张皓辰刚才谈自己的心得时已经解释了，现在大学里所教的理论都来自发达国家，来自发达国家的理论总结于发达国家的经验，必然内嵌于发达国家的社会、经济、政治、文化、价值等结构之中，自觉或不自觉地以这些结构为暗含前提，并且以发达国家的这些结构为唯一的、理想的结构。发展中国家存在的问题则被映射到发达国家的结构平面来讨论，任何和发达国家不同的结构都被认为是扭曲、低效率的。这样的理论体系实际上是一个二维的理论体系。新结构经济学则认为不同发展程度的国家有不同的结构，在经济发展、转型和运行上会有许多不同于发达国家的特性，所以，新结构经济学是一个三维的理论体系。在新结构经济学实验班，同学们不仅需要知道现有的二维的主流理论，而且要掌握新的三维的理论。三维的体系自然比二维的体系更宽更广，并且能够更好地帮助同学们认识世界和改造世界。

"厚基础、宽口径"的指导思想主张同学们掌握各种不同知识，这是作为一名现代知识分子所应该具备的条件。同时，各位同学也需要知道"生也有涯，而知无涯""博学于文，约之以礼""知者不博，博者不知"的道理，在学习各种知识以及各种流派的理论时必须有一个比较好的认识现象、分析问题的框架，才能知道如何准确地对待各种纷乱的甚至是相互矛盾的知识。作为发展中国家的知识分子，尤其应该知道现有的社会科学理论绝大多数来自发达国家，总结于发达国家的经验或试图解决发达国家的问题，这样的知识必然反映了发达国家的经济、社会、政治、文化和时代特征。作为发展中国家的知识分子，必须了解发达国家和发展中国家的结构差异，以及发达国家的结构变化如何影响到其自身理论的发展，才能够让我们在面对问题时不会简单地照搬发达国家的理论和经验，把来自发达国家的理论、知识、经验作为真理。例如，最近面对新冠疫情，美国和欧洲的一些发达国家纷纷采用量化宽松的货币政策，量化宽松政策在2008年以前的宏观经济学理论中被认为是错误的政策，但是2008年美国的雷曼兄弟投资银行破产引爆国际金融经济危机时，美国的货币当局发现，如果不直接印钞票注入资金来挽救金融体系，金融体系崩溃的代价更大，于是开始把增发货币的量化宽松政策作为应对措施。

这次新冠疫情出现后，发达国家又发现这是避免经济陷入大萧条的必要的几个可用措施之一，我相信将来量化宽松政策会成为新的宏观经济理论的一个重要内容。但是，是否因为量化宽松是一种新的货币政策，中国或其他发展中国家就可以采用这种政策？美国和欧洲可以采用量化宽松，甚至是无限量宽松的货币政策是因为它们的货币是国际储备货币，增发的货币可以在全世界流通，国内不会因此出现高的通货膨胀，换句话说，量化宽松政策所带来的通货膨胀压力可以由全世界的各个国家来共同分担。像中国这样的发展中国家，货币不是国际储备货币，如果也采用量化宽松政策，增发的货币只在国内流通，结果流动性泛滥会导致高通货膨胀，并且可能引发经济金融危机。所以，在新结构经济学实验班，我们不仅会教授大家各种新的、旧的主流理论，而且也会提醒同学们不同发展程度的国家条件是不一样的，适合发达国家的理论和政策不能简单照搬到发展中国家。这样说起来，新结构经济学实验班的课程不仅比其他经济学相关项目的口径更宽，基础更厚，也能够帮助各位同学学会如何取舍和运用学到的知识。

这里我再补充一点。各位同学也许会认为新结构经济学是局限于经济发展的理论。新结构经济学确实是作为继结构主义和新自由主义之后的第三代发展经济学理论而提出的。不过，新结构经济学其实是对整个现代经济学的结构革命。仔细想来，亚当·斯密的《国富论》研究的是国民财富的性质和决定因素，所以亚当·斯密研究的切入点也就是发展经济学，但是，《国富论》实际上开启了整个现代经济学的各个分支领域。新结构经济学也同样是以发展经济学作为切入点，但新结构经济学实验班的课程会包含现代经济学各个子学科的内容，包括新结构宏观经济学、新结构金融经济学、新结构劳动经济学、新结构产业组织学、新结构空间经济学、新结构环境经济学、新结构政治经济学等。

胡博老师： 我对更细节的问题做一点补充。新结构经济学实验班的整个课程设计是非常标准的，有标准的经济学课程，比如说经济学原理、宏观经济学、微观经济学、计量经济学和数理经济学等，经济学院和新结构经济学研究院开设的所有其他课程也都是对"林班"开放的。我们不是一开始就规定学生们学什么，而是给学生们提供一些体现新结构经济学思想的专业课程，使大家在这些课程里去体会更多的关于新结构经济学看待世界、看待经济现象的方法。我们开设的课程，比如新结构国际贸易或者新结构国际经济学，会讲授国际贸易里基础的理论、经典的理论。但我们的面铺得比较宽，包括货币、财政、宏观、微观的问题。我们欢迎大家跨学科去学习，我们的项目里面会有导师来根据大家的兴趣为大家推荐合适的课程。因此，我们是在原有课程的基础上为大家提供一个新的视角。

锁凌燕老师：这位同学问的问题，我觉得特别到位。刚才林老师和胡老师都从学科的角度来回应，我补充一个视角。北大的本科教学一直是主张"厚基础、宽口径"。经济学院所有的教学改革都是立足于这个基本的主张。同学可能也关心这一点在我们的培养方案里面怎么体现。我简单地把培养方案的一些核心特征和同学们解释一下。刚才董老师介绍了一些主要的方面，我稍微补充一些细节。培养方案是当时新结构经济学实验班论证过程的重中之重，先后经过了学院的项目指导小组、学院的教学指导委员会、学部的教学指导委员会、学校的教学指导委员会的讨论。核心原则仍然坚守，具体是这样体现的，基础是一定要有的，因为我们这个项目最后授予的还是经济学的学士学位，那经济学的基础课程是必须有。

培养方案的第一个模块是公共课模块，包含的课程是全校的必修课，大家都一样。第二个模块就是经济学的基础课程模块，经济学原理、政治经济学、宏观经济学、微观经济学和计量经济学是必须有的。这些基础课程在我们全院都是这样的要求，非常扎实。第三个模块是专业核心课程模块，其中除了数理经济学，还要再加入中国经济专题（林老师主讲）和新结构经济学导论的课程，实际上就是引导同学在基础课程之上，再做一个新的、专业方向的学习和探索。新结构经济学导论的课程口径也比较宽，所以在专业核心课程模块里有一些新结构经济学特色的部分。同时，考虑到培养目标，我们专门给同学们安排智库实践的课程，也是希望同学们能够把学到的原理和实践结合起来。之前我们在和新结构经济学研究院的同事讨论课程内容和大纲的时候，强调新结构经济学的同学对经典的理论和范式也是需要掌握的，这样才能有提高和创新的空间。第四个模块是选修课模块，给大家拓宽知识面，所以宽口径也是可以保证的。整个培养方案确实有一定挑战性，我们也是首先从本科的"厚基础、宽口径"的宗旨出发，然后再结合新结构经济学的培养特点来设计，所以我觉得学术环境肯定是健康的，而且是激励同学去创造和创新的。另外，就培养方案的特色来看，刚才林老师和董老师已经讲了，对学生的针对性指导肯定也是非常重要的。如果能够在老师的引导下合理选择课程，相信同学在自己感兴趣的领域也可以有更深入的钻研。

孙艳峰：我是经济学院 2019 级的博士生，非常有幸参加了经济学院和新结构经济学研究院的联合培养项目。当初我选择参加这个联合培养项目的时候，就向我的第一导师就是董志勇老师汇报，董老师非常鼓励我来参加。

我第一次见到林老师是在一次会议上，他跟我说要学好"三高"（高级微观经济学、高级宏观经济学、高级计量经济学）。当时我已经在经济学院修这三门课程，林老师说，如果精力允许，可以来学习新结构经济学研究院的"三高"。我后来旁听新结构经济学研究院的"三高",其中也会讲授主流经济学理论,可以为大家打下很好的基础。所以大家不用担心我们是不是只学习新结构经济学理论,不学习西方主流经济学理论。其实大家也知道,林老师是在芝加哥大学毕业的博士,那里可是西方主流经济学的一个非常重要的阵地,所以大家不用担心这一点。

问: 老师们好!我一直对国际组织充满向往,林老师曾经担任世界银行首席经济学家,所以想请教林老师,您认为如果想要进入国际组织,应该着重于哪些能力的培养呢?您能否推荐一些培养这些能力的途径呢?

林毅夫老师: 非常好的问题。我到世界银行担任高级副行长兼首席经济学家,直接领导的是发展理论和政策研究部,有三百多名经济学家,世界银行其他部门的经济学家也间接归我领导,总共加起来有一千多名经济学家。这些经济学家有的来自发展中国家,有的来自发达国家,普遍都有欧美大学的经济学博士学位,到世界银行来工作,都有很强的使命感,希望能够帮助发展中国家发展经济,摆脱贫困。世界银行的梦想是"A world free of poverty"(一个没有贫困的世界)。我这些同事的学历都非常优秀,抱负都非常令人敬佩。

二战以后摆脱殖民地半殖民地地位的两百多个发展中经济体都有实现工业化、现代化的梦想,在其政府和社会精英的推动下进行了许多努力。二战以后世界银行、国际货币基金组织和世界贸易组织等机构成立,以帮助发展中国家实现这个目标,其中世界银行是最主要的机构。七十多年过去了,现在回头来看,如果把中国改革开放以后减少的8亿多贫困人口排除在外,世界上的贫困人口不仅没有减少而且还在增加。这代表什么呢?世界银行的同事有那么高的学历、那么好的情怀,又有那么多的资金去帮助发展中国家,但结果是绝大多数发展中国家并没有解决贫困问题,和发达国家之间的差距不仅没有缩小,而且还在扩大。原因是世界银行等国际发展机构所用的理论都来自发达国家。这些理论对发展中国家的问题可以说得头头是道,但是,按照它们去制定政策基本都不成功。这就是为什么我在2009年在世界银行当首席经济学家一周年的时候,开了一个内部研讨会,把我1987年从美国回到中国后思考探索中国发展转型问题形成的理论体系正式命名为新结构经济学,来取代当时在世界银行和其他国际发展机构内盛行的新自由主义。

我1986年在芝加哥大学拿到博士学位,去耶鲁大学做了一年博士后,1987年回到中国。开始的时候我的认识和我后来在世界银行领导的那些经济学家一样,觉得自己学习了最先进的理论,可以用这种理论去"指点江山"。1987年我回国之后,发现中国的改革开放有很多做法从主流观点来看是错误的,但是,中国能够维持稳定和快速发展,按照主流理论去制定政策的转型中国家却出现了经济崩溃、停滞、危机不断。如果现象和理论不一致，那肯定是理论有问题，不会是现象有问题。于是，我在思考中国的问题时开始摆脱主流理论的束缚，直接思考中国出现的问题是什么，解决这个问题要达到的目标是什么，有什么资源可以动用，有哪些限制条件，有哪些可行的方案，在这些方案中哪个是最优的。这一系列研究的成果是1994年我和蔡昉、李周合作出版的《中国的奇迹》。当时国际上盛行的是中国崩溃论，而在那本书中我们预测：如果沿着1978年以来的"解放思想、实事求是"的道路推动改革开放，中国可以维持稳定和快速发展。按照购买力平价计算，在2015年时中国的经济规模会超过美国；按市场汇率计算，在2030年时中国的经济规模会超过美国。这本书初步构建了新结构经济学的分析框架，中国后来的改革和发展也基本沿着这本书的逻辑展开。

所以，你要去世界银行等国际组织工作，我觉得非常好。去工作不只是一份职业，代表你有"己立立人，己达达人"的情怀，你有帮助其他发展中国家发展经济、摆脱贫困的愿望。我相信你不仅想帮助人，也希望受你帮助的这些发展中国家能够像中国那样成功地发展经济、摆脱贫困。但是我们知道，二战以后到现在，七十多年过去了，那么多受到良好教育的、有抱负的年轻人到这些国际发展机构去工作，并没有成功实现帮助发展中国家摆脱贫困、追赶上发达国家的目标，问题的关键在于思路决定出路。我相信你到一个国际机构去，不想成为那些在理论上可以夸夸其谈，但是按照那样去做却没有效果，或把事情搞得更糟的国际机构官员。我相信你希望成为的是在道理上能够讲得清楚，并且按照那样去做能把事情做好的官员，新结构经济学能够为你提供这样的理论准备。

新结构经济学倡导的是"知成一体"。我在世界银行工作时就开始按照新结构经济学的思想理念在非洲搞试点，我很高兴这些试点取得了立竿见影的效果。比如埃塞俄比亚是非洲最贫穷的国家，而且还是个内陆国家。我们知道，如果经济要发展，收入水平要提高，一定要从传统的农业经济转变成现代化的制造业经济。埃塞俄比亚过去尝试了依据各种主流理论去制定政策，但经济发展一直不成功。新结构经济学主张经济结构转型必须找准具有比较优势的产业，在政府的因势利导之下，帮助企业把比较优势变成在国内国际市场上的竞争优势。按照主流的新自由主义思想，政府不应该有产业政策，政府不能针对特定产业、特定地区去提供帮助，只要把全国的基础设施、营商环境搞好了，有竞争力的产业就会自发地发展起来。但是，发展中国家的软硬基础设施都很差，如果按照主流理论，要把全国的基础设施和营商环境都完善好，要等到猴年马月？按照新结构经济学的思想以及中国的经验，政府应该"集中优势兵力打歼灭战"，针对具有比较优势的产业的需要，在局部地区设立工业园或经济特区，把园区里的基础设施和营商环境完善好，就能够迅速把具有比较优势的产业变成具有竞争优势的产业，产生星火燎原的效果，从局部地区开始，不断扩展到全国。埃塞俄比亚本来是非洲最没有希望的国家，但是从 2012 年开始按照新结构经济学的理论和思路发展，迅速变成了非洲发展最快、吸引外商投资最多的国家，创造了大量就业并且增加了出口，解决了就业和外汇短缺两大难题。

在东欧也是如此。波兰是东欧第一个转型国家，1989 年转型以后按照新自由主义的理论，政府退出，不再干预，但是在这样的治理方式下新的产业难以出现，无法解决就业问题，大量的波兰人到欧洲寻求就业。2015 年 10 月波兰的法律与公正党成为 1989 年之后第一个在选举中获得议会过半数席位、可以单独组阁的政党。法律与公正党上台之后提出要制订国家发展计划，开始时国内舆论一片哗然，以为要回到计划经济。负责制订国家发展计划的副总理兼财政部和发展部部长莫拉维茨基公开撰文说，波兰的国家发展计划是按照林毅夫教授提出的新结构经济学既强调有效市场也强调有为政府的原则来制订，将使波兰具有比较优势的产业迅速变成具有竞争优势的产业。该计划实行的效果非常好。波兰现在是欧盟的成员国之一，人口 3 800 万，约占欧盟人口的十分之一，2017 年时，波兰新增加的就业占欧盟新增就业的 70%。2017 年 12 月莫拉维茨基升任波兰总理，2019 年给我在波兰出版的一本书作序，在序中，他回顾波兰的发展经验时提到，波兰在计划经济时代只强调政府的作用，吃了很多亏，在转型后则只强调市场的作用，也遭受了很大的挫折，法律与公正党在上台之前就开始寻找到底有什么新的理论可以来指导波兰的实践，发现新结构经济学最适合波兰的实际需要，能够真正帮助波兰实现包容、可持续的发展。

你打算到国际组织工作，这是一个很好的志向。这样的工作可以让你有机会到世界各地去了解不同的风俗人情，更重要的是可以给你提供"己立立人，己达达人"的机会。新结构经济学能够提供一个理论框架，让你了解根据各个国家的实际条件，经济发展合适的产业是什么，合适的金融结构是什么，合适的教育体系是什么，而不是像现在的主流经济学那样，以发达国家做参考，如果和发达国家不一样，就认为是扭曲，让发展中国家按照发达国家有的、能做好的去做，出发点是好的，但是效果可能会非常差。新结构经济学正好相反，强调从发展中国家现在有什么出发，根据现在有的、能做好的，然后在政府的因势利导下帮助企业在市场中把能做好的做大做强。参加新结构经济学实验班可以提高有志于到国际组织工作的同学们在国际组织中做好工作的能力，帮助这些国际机构实现成立的初衷。

问：请问"林班"的同学和经济学院的其他同学在课程和课余活动中，有多少是共同参与的？或者说区分度有多高？2018 级同学报名"林班"是要降转（降级转系）吗？请问"林班"有具体的培养方案吗？什么时候能公布完整的培养方案呢？"林班"的课程体系是怎么样的？"林班"对学生出国交流有什么支持呢？有相关的交流项目吗？保研有相关的政策吗？"林班"是学术导向，学生未来的去向是留在新结构经济学研究院读博吗？是否允许学生在校期间实习？

锁凌燕老师：【2018级降转】首先需要明确一下今年的"林班"培养方案。原则上讲这个培养方案是针对大二学生来设计的，所以我们的建议是，学生在大一结束的这个学期进行申请，大二就正式进入"林班"学习，这样就更有条件完成我们全部的培养方案。从2021年起，新结构经济学实验班只接受大一学生的平级转系申请。今年这样设置是因为项目是第一年，我们考虑到可能有些同学愿意降转，那么我们也允许这类同学参与到申请之中，所以2018级的同学也可以降转。但是本院（经济学院）的同学有一点需要注意，如果在本院，学籍是没有降转这个选项的，所以大家在未来两年内很难完成培养方案的全部课程要求。

【考核方式与招生考试】关于选拔方面，第一，新结构经济学实验班面向其他院系的选拔与面向经济学院的选拔是同期进行的。根据学校下发的指标，每年从经济学院和其他院系选拔出的总人数上限是30人。第二，没有学过政治经济学和经济学原理的同学是可以报名和参加选拔的，但是如果大家对这个感兴趣，应该事先有一些思维上的培养。第三，我们对于绩点没有硬性的标准，大一选修的课程里目前只有对数学课的要求，同学们可以参看招生说明。

关于考核方式，目前有两种预案：（1）如果在规定的时间内同学们能够返校的话，就采取笔试加面试的方式（先笔试，笔试合格后再进行差额面试）。（2）如果在学校的工作时间内，同学们无法返校的话，就采用线上面试的考核方式。会有面试专家组来和同学们连线进行在线的考核，考核的范围可能涉及同学们的经济学能力和外语等综合能力。

【培养方案与课程安排】同学们可以放心，培养方案一定有。我们已经准备了简要版的培养方案，会在之后分享给同学们。简要说明一下我们的课程地图：（1）同学们在低年级都可以完成政治经济学和经济学原理课程。（2）数学的要求是B类及以上，可以从上往下替代。（3）在大二下学期的时候，会有数理经济学以及其他量化的课程，帮助同学巩固数理基础，所以对同学们的数学有一定的要求。（4）在大二上学期的时候，会导入蓝色的模块，会给同学们设置一些新结构经济学的特色必修课程，并且在暑期安排新结构经济学的智库实践。（5）在三年级的时候，会给同学们安排新结构产业经济学以及新结构金融学的相关课程。同时我们开始导入本科生科研模块，理论上讲，同学们可以自主选择。因为我们这个项目非常重视科研导向，所以我们会在科研模块给同学们更多的引领。（6）在三年级和四年级也会安排一些专业选修课程。其中专业选修模块涉及两大方面，一类是经济学院的特色课程，另一类是新结构经济学的特色课程，新结构经济学的课程更多的是采用小班教学模式。（7）从课

新结构经济学
实验班课程地图

程地图上可以看到，红色课程和绿色课程基本上是两院同学共同参与的，而蓝色的核心课程是林班的专业核心课程，本来这类课程主要是开设给"林班"的同学，但是如果有些非"林班"的同学对某门课感兴趣，在资源允许的条件下，也是可以来选修的。

【**国际交流项目**】常规的交换项目和国际会议，各位同学都是有条件参与的。"林班"的同学还有机会参加教师团队的一些国家的高端智库课题，特别是在"一带一路"相关国家的新结构经济学合作机构，大家可以参与新结构经济学的相关调研和访问。同时，"林班"的同学还有机会参加新结构经济学研究院举办的一些国际交流会议，获得国际高端学术讨论的机会。

【**未来发展规划**】我们可能有相当多的同学继续深造，同学们会更关注保研等相关政策。关于保研，需要明确两点：第一，保研政策需要遵从国家的指引和教育部的安排。第二，同学们是否能够成功保研更多地取决于大家能否找到合适的接收单位。而能否成功找到接收单位取决于同学们在本科阶段以什么样的态度和质量完成了自主学习和课程学习，是否提高了自己的能力，能否通过接收单位的考核。我们相信，如果同学们接受了实验班扎实的学术训练，在保研过程中就能够更有把握。关于就业，我们也会根据同学们的需要进行单独指导。

问："林班"这个项目是不是特别强调学术导向？学生们在其他方向的发展是不是会受到限制或不被特别鼓励？

林毅夫老师：正如刚刚张皓辰同学提到的，新结构经济学实验班的目标是培养引领时代的杰出人才，包括理论界、政治界和产业界的人才。新结构经济学强调"知成一体"，"知"是理论的工作，"成"则是实践的工作。从"知"来说，新结构经济学实验班希望能够摆脱过去把西方经济学理论作为经典的教育方式，培养学生能够从不同发展程度的国家结构的差异性和内生性作为切入点来总结发展中国家自己的成败经验，提出创新性的理论。随着中国的国际经济地位的提高，总结于中国经验的理论的影响会增大，新结构经济学实验班希望成为培养有能力引领经济学理论新思潮的大师们的摇篮。同时，从"成"来说，新结构经济学主张只有能够帮助人们改造好世界的理论才是真正帮助人们认识世界的理论。为了验证新结构经济学的理论是否真正能够帮助人们改造好世界，在新结构经济学研究院，除了教学科研系列的设置，还有智库系列的设置，包括：国内智库部，给部委和地方政府提供政策咨询；国际合作部，给其他国家的政府提供政策咨询；企业发展部，给企业的战略决策提供咨询。①附带说明一点，新结

---

① 2021年国际合作部、国内智库部和企业发展部合并为国际发展合作部和国内发展合作部。

构经济学研究院和国家发展研究院同为我国首批的 25 家国家级高端智库。所以，对于打算从政从商和到国际机构工作的学生们来说，新结构经济学实验班的教育同样会为他们提供最好的训练，使他们有能力成为各自所在领域的领军人物。

问：新结构经济学作为一个新的话语体系，被了解和认可的程度有多高呢？从理论到实践的进程又发展到哪一步了呢？

林毅夫老师：新结构经济学是我从 1988 年开始探索，聚沙成塔而逐渐形成的一个体系。从 1990 年到 2000 年，我在国际学术期刊上发表的论文在全世界的经济学家中排名第 237 位，在华人经济学家中排名第二，仅次于石寿永教授；引用率则排名第 205 位，在华人经济学家中排名第一。我 2007 年应邀到剑桥大学做经济学界顶级的讲座——马歇尔讲座。马歇尔讲座从 1946 年开始，每年邀请一位经济学家主讲，我是第 61 位。在我之前的 60 位主讲者中有 15 位后来获得了诺贝尔经济学奖。诺贝尔经济学奖在 1969 年才设立，而且不给已经过世的经济学家，所以在我之前的主讲者中有资格获得诺贝尔经济学奖的应该超过 15 位。2011 年我也应邀到耶鲁大学做年度库兹涅茨讲座，这也是经济学界非常有影响的一个讲座。2005 年我膺选为发展中国家科学院（原第三世界科学院）院士，是第一位获此荣誉的华人经济学家。2010 年我又膺选为英国科学院外籍院士，是至今国内唯一入选的经济学家。从这些荣誉来看，我提出的新结构经济学是得到国际经济学界的肯定的。

我也很高兴现在国内已经有二十多所大学设立了新结构经济学研究中心、新结构金融学研究中心、新结构知识产权研究中心、新结构产业经济学研究中心等，在国外，波兰大学和非洲的几所大学也设立了新结构经济学研究中心。

从政策实践来说，前面已经提到，非洲、中亚、南亚的许多发展中国家的领导人请我去提供政策咨询，而且取得了立竿见影的效果；波兰也正式宣布以新结构经济学作为该国发展政策的理论基础，我想这是中国现代史上第一个来自我国的自主创新的理论体系被外国正式采用作为指导政策实践的理论。

无须讳言，作为一个 2009 年才正式命名的新的理论和话语体系，与现有的西方主流理论和话语体系相比，新结构经济学只能算是"星星之火"。然而，就像量子力学的开创者马克斯·普朗克所说的："一个新的科学真理不能通过说服她的反对者而使其理论获胜，她的获胜主要由其反对者终于死去而熟悉她的新一代成长起来了。"我希望到了你们这一代成长起来时，新结构经济学就会成为"燎原之火"，成为一个新的主流理论和话语体系。

王勇老师：我主要回答一下同学们关于未来选择和出路的问题。我们设置新结构经济学实验班是希望能够培养"知成一体"的人才。从这方面来讲，北大新结构经济学研究院内部除了学术教学团队也有很多的实践团队，比如国内智库部、国际合作部以及企业发展部。目标就是使大家学习新结构经济学之后,能够和企业对接,和国内政策对接,和国际实践发展对接。所以我们也在新结构经济学实验班的培养方案中加入了智库实践这一模块,而这一模块确实和其他学校、其他学院的实践是不一样的,我们的层次相对更高。新结构经济学在非洲的很多国家以及波兰都成为国策,在国际上的影响力也越来越大。我们也希望新结构经济学实验班的同学们能够和我们的智库团队一起,参加国际上的智库实践或实习。

我们希望培养的人也不局限于做理论研究。如果大家对实践有兴趣、有热情和比较优势,我们非常鼓励同学们把新结构经济学研究带入实践。无论大家毕业后选择什么方向,大家都可以通过新结构经济学实验班对新结构经济学有充足的了解与把握,这能够为大家带来各种优势。和其他的经济学项目比起来,大家可以获得更多的视角。无论是在理论研究、政策实践还是规划企业发展方面,相信大家都会有很大的收获。

另外,有同学问到新结构经济学的影响力。目前国内有五十多家高校加入了新结构经济学研究联盟,清华大学、武汉大学、浙江大学、南开大学、中山大学等都已经成立(或即将挂牌成立)新结构经济学研究中心,它们也在推广新结构经济学的课程。同时,我们在国际上也已经成立了全球经济结构转型研究联盟,目前也已经有几十家国际机构加入。发展中国家和发达国家的一些政策机构和学术机构也都在积极地宣传新结构经济学理论。我们希望同学们能够利用好这些国内和国外的优质平台,去展示自己的才能,以后有很多的机会去结合中国和其他发展中国家的发展实践,做出自己的理论贡献;也希望大家能够在政策实践的过程中基于这种新的理念,把政策做得更好。

问: 新结构经济学理论作为新兴理论,请问师资储备情况如何?

林毅夫老师: 这位同学提出师资储备这个问题是有的放矢的。从师资储备来说,新结构经济学是以马克思主义为指导,借鉴现代经济学的研究方法来总结中国和其他发展中国家的经验。新结构经济学研究院的老师以及经济学院的老师都受过完整的现代经济学的训练,同时也都学习了马克思主义,所以在研究方法上都有扎实的基础。在新结构经济学实验班任教的老师在研究上会有意识地根据上述指导思想和方法,从自己的研究领域来总结中国和其他发展中国家的现象,提出新的理论,这些工作应该还处于起步阶段。在授课的时候,老师们会一方面介绍自己研究领域里的主流理论,另一方面思考引进不同发展程度国家的结构差异性和内生性以后,这些主流的理论需要怎么修改,会有哪些新的视角。新结构经济学实验班则鼓励老师以及同学们沿着这些新的视角深入研究,发表论文,以收教学相长之效。

新结构经济学是一个新的理论体系,是对主流经济学的一场结构革命,这个革命尚处于萌发阶段。和西方主流经济学从亚当·斯密到现在两百多年的历史比，新结构经济学不可能在每个领域都像主流经济学那么完备，熟练掌握这个新理论的师资也不可能有那么多。其实，任何引领新思潮的理论在起始阶段总是不完备的。例如，凯恩斯主义刚刚提出来的时候也是不完的，后来经过希克斯等许多经济学家的努力才不断完善；科斯的交易费用理论也是如此，1937年科斯发表了《企业的性质》那篇论文，开启了新制度经济学、交易费用经济学，但其理论在刚刚提出来的时候也仅仅是一个视角，沿着这个视角研究，现在则已经有六七位经济学家获得了诺贝尔奖。新结构经济学还处于新兴的阶段，理论体系不完备，师资储备有限，然而，在新结构经济学实验班，用新结构经济学的理论框架来观察现实世界的现象会有许多新的视角，深入挖掘这些视角，老师和同学们会有许多做出原创性的理论贡献的机会。即便将来有些同学不从事理论研究，而是到政府或企业中去工作，新结构经济学的视角也能够帮助同学们更好地认识问题、解决问题，抓住时代的机遇。

所以，总的来讲，新结构经济学实验班就像黄埔军校。开始时，黄埔军校的师资储备和各种条件比西点军校差，甚至和保定军校比都有差距，学生也只训练了三个月就上战场了，但是黄埔军校却培养出了非常多的优秀将领，影响了一个时代。原因就在于黄埔军校顺应了历史的潮流，抓住了时代的机遇。同样的情形，延安抗日军政大学（延安抗大）的师资和条件也远不如黄埔军校，不过延安抗大培养了许多将领，在中国共产党领导下打败了国民党军队，建立了中华人民共和国。

问：可以简单介绍一下智库实践吗？

林毅夫老师：新结构经济学研究院除了从事教学和研究的老师，还有智库实践部门。智库实践部门设有国际合作部、国内智库部和企业发展部。国际合作部目前给不少国家提供了政策咨询，帮它们设计发展方案。这些国家包括埃塞俄比亚、塞内加尔、贝宁、尼日利亚、乌兹别克斯坦、老挝等。国内智库部也参与了许多国家级和地方政府的项目，例如，国家发展和改革委员会、财政部、自然资源部委托我们做"十四五"规划相关的项目，广州、绍兴、大同、北京和雄安新区等地方政府则委托我们进行当地发展相关的政策研究。企业研究部则和国内的不少企业合作培训管理者，解决企业发展的问题。新结构经济学主张"因行得知，用知践行，以成证知，知成一体"，新结构经济学理论必须在实践中加以印证，并且从实践中得到进一步丰富。

（会议记录整理：赖端仪）

你们选择了致力于引领未来
世界经济学理论新思潮的事业[①]

林毅夫

欢迎 9 位参加第一届北京大学新结构经济学实验班的同学！这 9 位选择加入第一届新结构经济学实验班的同学，就像 1924 年选择参加黄埔军校第一期，以及 1936 年选择参加延安抗大第一期的有志青年。记得 4 月 24 日新结构经济学实验班招生宣讲会上，有位同学提问新结构经济学实验班是否像其他院系开设的主流经济学本科生班那样有完善的教学和课程体系，我当时的回答是没有，因为新结构经济学是一个新开创的理论体系，不像已经发展了两百多年的主流经济学那样体系完善、课程完备，就像 1924 年黄埔军校开班时各种条件都不如已经发展了将近二十年的保定军校，1936 年延安抗大的各种条件也不如已经非常有影响的黄埔军校。可是，后来黄埔军校出现了一批北伐和抗战的名将，延安抗大则出现了一批开国将领，甚至是开国元勋。那些 1924 年参加黄埔军校、1936 年参加延安抗大的青年，选择的不是完善的教学设施和课程体系，而是选择了参与、推动和引领一个新时代到来的事业。新结构经济学是刚提出不久的首个来自我国的社会科学自主理论创新体系。各位选择加入第一届新结构经济学实验班，选择的也是参与和推动这个自主理论创新体系的深化、完善和推广运用。我相信和黄埔军校以及延安抗大一样，各位和其他未来参加新结构经济学实验班的同学中一定会出现一批影响时代、影响未来的引领世界经济学理论新思潮的大师。

记得在 1995 年《经济研究》创刊 40 周年的时候，我应邀写了一篇《本土化、规范化、国际化》的祝贺文章。在那篇文章中我做了一个预测，我说 21 世

[①] 本文根据 2020 年 6 月 30 日林毅夫教授在第一届北京大学新结构经济学实验班师生见面会上的讲话整理而成。

纪中国将会是世界经济学的研究中心，21世纪会是经济学大师在中国辈出的世纪。当时我为什么会有这样的判断？我们知道，自1776年亚当·斯密出版《国富论》，经济学从哲学当中分离出来，成为一门独立的社会科学以来，一直到二战前，英国是全世界的经济学研究中心，在那将近两百年的时间里面，引领世界经济学思潮的大师基本上不是英国人就是在英国工作的外国人，其他国家和地区也有，但是数量非常少。从二战以后到现在，世界经济学的研究中心在美国，引领世界经济学理论新思潮的大师同样不是美国人就是在美国工作的外国人，其他国家和地区也有，但是数量同样非常少。为什么世界经济学的研究中心和引领世界经济学理论思潮的大师在时间和空间上会有上述的集中性？其实这是由经济学作为一门社会科学的本质决定的。

经济学的理论，像任何理论一样，都只是一个简单的因果逻辑，而且，这个逻辑是越简单越好。既然是逻辑越简单越好，那么，如何决定哪个理论是重要的理论？哪个经济学家是大师级的经济学家？其实，重要的理论是解释重要现象的理论，提出重要理论的经济学家就是重要的经济学家。

什么是重要的现象？发生在重要国家的现象就是重要的现象。1776年《国富论》出版时，英国已经开始了工业革命，此后一直到一战，英国是世界经济中心，英国的经济现象就是最重要的现象，解释英国经济现象的理论就是最重要的经济学理论。在了解英国的现象上，英国的经济学家"近水楼台先得月"，所以，当世界经济中心在英国时，英国成为世界经济学的研究中心，引领世界经济学理论思潮的大师也集中在英国。一战以后，世界经济中心逐渐转移到美国，到了二战结束时美国的经济总量占全世界经济总量的将近一半，出现在美国的经济现象就成了最重要的经济现象。在了解美国的经济现象上，美国的经济学家同样"近水楼台先得月"，所以，提出新理论来解释美国经济现象的经济学家，不是美国人就是在美国工作的外国人。进入21世纪以后，世界经济中心正往中国转移。按照购买力平价计算，2014年中国已经是世界上最大的经济体；即使按照市场汇率计算，应该在2030年左右，中国也会变成世界上最大的经济体；到21世纪中叶中国建设成为社会主义现代化强国时，中国的经济规模很可能会是美国的两倍。等中国成为世界经济中心时,中国的经济现象必然是世界上最重要的经济现象,解释这些现象的经济学家就会变成引领世界经济学理论思潮的大师。2050年左右正好是各位第一届新结构经济学实验班的同学的知天命之年,正是你们学术生涯的黄金年代。所以,这个时代的机遇是属于你们的。

时代和机遇就在那里,如何才能够抓住这个时代的机遇?新理论来自新的现象,各位要抓住这个时代的机遇,就必须有能力直接观察现象,了解现象背后的因果逻辑,提出简单的逻辑体系来解释现象。这样做学问的方式和大家长期以来所受的教育是不一样的。发展中国家的学生,尤其是中国的学生普遍接受的是"西天取经"式的教育,习惯于学习发达国家的所谓的"先进"理论,并以这样的理论来解释自己国家的现象,解决自己国家的问题。但是,如果想抓住时代所赋予我们的理论创新的机会,则不能用现有的主流理论来解释出现在中国的新现象。

上述做学问方式的转变很不容易,而且会有很多诱惑不去做这种转变。随着改革开放的深入,中国的经济规模越来越大,对世界的影响越来越大,现在国际主流经济学期刊上也经常刊登有关中国经济的论文。到目前为止,这些论文绝大多数是用中国的数据来检验国际上的主流理论,或是用已有的主流理论来解释中国在发展和转型中出现的问题。这样的论文国际主流经济学期刊的审稿人容易看懂,因此容易被接受和发表,但是这样的论文只是印证现有的理论,并没有创新之处,不可能推动经济学理论的发展,发表这样的论文的经济学家也就不可能成为引领理论新思潮的大师。反过来说,如果根据中国的现象提出新理论,这样的理论和国际现有的主流理论处于竞争的地位,一般已经接受了现有理论的学者不容易接受新的理论,尤其是由于发展阶段、生活环境、文化、历史背景的差异,他们对中国的现象很难理解,就更难接受那些处于竞争地位的、自己不能完全理解的理论,遑论认识到这种新理论的重要性。所以,即使各位克服困难完成了做学问方式的转变,做出有原创性的理论,在论文发表上也会遭遇筚路蓝缕的艰辛。在"publish or perish"(不发表就出局)的压力下,有不少中国经济学者可能会受不了诱惑而选择用中国的数据来检验现有的理论或是用现有的理论来解释中国的现象这条顺风顺水的道路，从而放弃了总结中国的现象来进行理论创新的机会。

怎样才能够克服这种诱惑？必须了解我们为什么学习、研究经济学，我们的初心是什么。作为一名中国知识分子，我们学习理论、研究理论是为了认识世界、改造世界，而且是为了把我们的国家、社会改造好。任何经济现象都可以用许多不同的理论来解释，实践是检验真理的唯一标准，只有能够帮助人们改造好世界的理论，才是真正帮助人们认识世界的理论。用"西天取经"得到的现代主流经济学理论，对发展中国家包括中国的现象和问题似乎都可以分析得头头是道，但是，了解现代史的同学会发现，事实上还没有一个发展中国家按照发达国家的理论去制定政策而取得成功的，少数几个成功的经济体，像日本、"亚洲四小龙"以及改革开放以后的中国内地，其政策在推行时一般从主流理论来看是错误的。为什么在发展中经济体根据主流理论来制定政策不成功，而成功的政策从主流理论来看是错误的？主要的原因就是前面谈到的，从亚当·斯密以来，世界经济学的研究中心首先在英国，后来转移到美国，来自这些世界经济学研究中心的主流理论都是研究当时英国或是二战以后的美国的经济现象，从那些现象中总结出一个具有简单的因果逻辑并且可以解释那些现象的理论，但是，任何国家的社会、经济、政治、文化变量成千上万，有各自的发展阶段、产业结构、政治制度、价值取向、意识形态等属于经济基础和上层建筑的变量，在这些变量中仅有几个被保留在理论模型中，其他的就被舍象，存而不论，成了这个理论的暗含前提，所以，任何理论都是"内嵌"于产生这个理论的国家的社会、经济、政治、文化结构当中。拿这样的"内嵌"理论到发展中国家来运用，由于发展中国家的发展阶段、产业结构、政治制度、价值取向、意识形态和发达国家不同，理论的暗含前提不存在，也就难逃"淮南为橘，淮北为枳"的命运。这些来自发达国家的理论不仅不适用，而且还经常使问题恶化，正如新自由主义在苏联、东欧、拉丁美洲所带来的结果那样。所以，同学们必须不忘初心、牢记使命。作为一名当代中国的知识分子，学习、研究经济学理论不仅是为了自己的一份工作，而且是为了推动自己国家的现代化，实现民族的复兴，这正是新结构经济学理论创新的宗旨。

新结构经济学是总结于中国与其他发展中国家经济发展、转型的成败经验的一套新的理论体系，这套理论体系和传统的主流理论体系最大的差异是什么？传统的理论是以发达国家的发展阶段和发达国家的经济、社会、政治等结构为暗含前提，新结构经济学认为不同发展程度国家的结构是不一样的，不仅不一样，而且这种结构的差异是有原因的，用经济学术语来说，是内生的。新结构经济学是以发展经济学和转型经济学作为切入点，但把不同发展程度国家的结构差异性和内生性引进理论框架以后，实际上是把以发达国家的结构作为暗含前提的二维经济学发展成为不同发展程度的国家有不同结构的三维经济学，是在推动一场现代经济学的结构革命。任何现代主流经济学理论，包括货币理论、财政理论、金融理论、产业组织理论、区域理论、劳动力市场理论、人力资本理论、创新理论等都需要重新思考，都有理论创新的机会。

各位加入新结构经济学实验班，确立了学习、研究经济学是为了认识世界、改造好世界的目标以后，会发现新结构经济学可以给各位带来理论创新的无限机会和空间。如果大家不受诱惑，不改初心，愿意接受挑战，克服困难，去根据中国现象提出新的理论，随着中国经济的进一步发展，随着中国成为世界经济的中心，中国成为世界经济学的研究中心，各位就有可能成为引领世界经济学理论新思潮的大师。

各位加入一个各种条件还不完备的新结构经济学实验班是做了一个抓住时代机遇的人生道路的选择。为了不辜负各位的选择，新结构经济学实验班做了一系列的安排：每位同学都会有三位导师，包括我本人以及新结构经济学研究院的另外一位老师和经济学院的一位老师；除了导师组，还会安排新结构经济学院的博士生、博士后，单独和每一位同学生组成学习组。作为每一位同学的导师组组长，我负责从"道"上来启迪各位同学，探讨如何从现象出发认识问题的本质，其他两位导师从"术"上来提高各位分析问题和把分析写成理论模型、进行实证检验的能力；学习组的博士生、博士后则是和各位切磋，根据观察到的现象和分析写成严谨的、可以发表的论文，或是提高用新结构经济学理论来解决现实问题的能力。用庖丁解牛做个比喻：我作为导师组的组长，帮助各位学习在面对一个现象（一头牛）时，如何找到切入点，使解释逻辑自洽，问题迎刃而解；其他两位老师教各位到底要用什么工具来建模、做实证；学习组的同学则是和各位切磋、练习，以帮助各位迈开从学习理论向创新理论转变的第一步。

习近平总书记在 2016 年 5 月 17 日的哲学社会科学工作座谈会上指出："这是一个需要理论而且一定能够产生理论的时代，这是一个需要思想而且一定能够产生思想的时代。我们不能辜负了这个时代。"北京大学经济学院和新结构经济学研究院携手创立新结构经济学实验班，旨在培养能够掌握新结构经济学的理论体系、能够抓住时代机遇、引领我国经济学理论的自主创新、引领世界经济学理论新思潮的优秀人才！各位加入第一届新结构经济学实验班，就像 1924 年那些有志青年选择加入黄埔军校，像 1936 年那些有志青年选择加入延安抗大。你们选择加入新结构经济学实验班，不是选择成熟的理论和安稳的道路，而是选择了成为一位引领世界经济学理论新思潮的大师的机遇。新结构经济学现在还处于"星星之火"的阶段，欢迎有志青年加入，携手推动新结构经济学理论创新的深化和实践的推广，使新结构经济学开启的现代经济学的结构革命成为"燎原之火"。让我们一起为迎接这个时代，为把这个可能变成现实而努力！

CHAPTER 02

第二部分

林毅夫教授指点学问之道

入 门：
第一次学习心得与反馈

学习内容

第一讲　中国经济发展的前景和面临的主要问题

简要介绍

2020年9月24日，林毅夫教授为"林班"同学讲授了"中国经济专题"课程的第一讲内容。林老师以宏大的历史视角向同学们展示了中国经济两千多年来的跌宕起伏和戏剧性复兴，阐释了中国经济增长的决定因素、未来增长的前景以及现有的挑战；用翔实的宏观统计数据与生动的个人故事，向同学们展示了中国经济增长的奇迹与影响；针对未来中国经济增长前景的两种不同论调，从经济增长的本质以及后来者优势的度量两个角度解释了为何中国经济未来15年还有年均增长8%的潜力，并分析了中国未来经济增长的有利因素和挑战。

后发优势与后发劣势①

——关于技术与制度的思考

毕斯源

在关于发展中国家发展模式的讨论中，不同人给出了不同的答案。其中一个重要问题便是：发展中国家应该首先引进技术，同时逐渐实现制度变革，还是应该首先进行彻底的制度变革，建立英美宪政，再引进技术来实现经济发展？在发展中国家的发展过程中，技术创新和制度变革，何者应该先行呢？

一、后发优势与后发劣势

1. 发展中国家社会转型的两种模式

人们提出了发展中国家发展和转型的两种模式：第一种是由政府主导，大规模引进先进技术，实现经济的快速增长，即先发展经济，后社会转型；第二种则是首先通过制度变革，建立自由市场制度，实现经济、社会的转型。

2. 后发优势与后发劣势

对第一种模式，人们的态度不尽相同。支持这种模式的人认为，由于在发展过程中，发展中国家和发达国家之间会存在技术、产业等方面的差距，发展中国家可以引进发达国家的技术、模仿发达国家的工业化模式等，从而可以少走发达国家走过的弯路，这就是发展中国家的后发优势。【林毅夫：要发挥技术引进的后发优势，引进的技术必须符合要素禀赋及其结构所决定的比较优势，否则，为了

---

① 后发优势是格申克龙（Gerschenkron，1962）在研究欧洲国家工业化的基础上提出的一个概念。发展中国家可以在升级到新产业时直接采用最新的技术，而发达国家则需要在采用新技术之前淘汰旧技术。因此，发展中国家采用新技术的机会成本低于发达国家，具有后发优势。后来者优势则是指发展中国家有可能以较低的成本从发达国家引进更好的技术，这样的技术可以是成熟的也可以是最新的技术，到底引进哪种技术合适则取决于本国的要素禀赋结构所决定的比较优势（Lin，2016）。后发优势和后来者优势两者都是关于发展中国家的技术引进，但内涵不完全相同。后来者优势包含的技术范围比后发优势广，而且发展中国家如果引进最新的、适用于发达国家的技术，有时可能会违背自己的比较优势。

让引进的技术得以运用，必须扭曲各种价格信号和制度安排，反而形成后发劣势。可以参考我 2016 年发表的论文 "The Latecomer Advantages and Disadvantages: A New Structural Economics Perspective"。】在后发优势的影响下，发展中国家可以实现快速发展，因此应当技术先行，首先引进发达国家的技术，再通过技术对经济社会的影响展开渐进式制度变革。

与之相对，后发劣势的观点则认为，后发国家如果只沉溺于"经济奇迹"，无视制度转型，结果一定会形成路径依赖，最终反噬经济成果。[1] 在支持后发劣势观点的人看来，只在经济领域进行变革而不效仿西方进行宪政改革，虽然前期的发展速度会快一些，但长期来看会问题丛生。提出后发劣势观点的经济学家认为第一种路径是走不通的，应该以第二种路径谋求发展，即制度先行，首先建立宪政制度和自由的市场经济体制，再引进技术推进发展，走一条"先难后易"的道路。【林毅夫：这种观点不自觉地把西方的宪政体制当作外生的、最优的、"放诸四海而皆准"的制度安排，而忽视了制度的内生性。】

支持后发劣势观点的经济学家杨小凯举出了几个国家转型的案例来论证其观点。例如，18 世纪的英国之所以繁荣是因为当时"王在法下"，因此税法公平，英国政府有财力支持经济发展。而法国陷入动荡，是因为法国是君主制国家，税率不公，特权阶层几乎不用交税。当国王路易十六一意孤行要提高税率时，社会矛盾激化，爆发了法国大革命，由此法国才陷入百年动荡。【林毅夫：杨小凯的观点其实是自相矛盾的，法国、德国都没有按他的理想先进行共和宪政的改革再发展经济，但是，德国、法国今天的人均收入水平都高于英国。而且，即使到今天，英国、德国、法国的政治体制也各有不同。】

3. 信仰出发改变制度

尽管杨小凯举出实例来支持后发劣势说，然而在历史中，我们可以看到，仅仅依靠制度变革同样是不可行的。中国清末"百日维新"效仿的是英国的君主立宪制，而中华民国的体制则是效仿美国的民主共和制，这些制度变革都没

---

[1] 杨小凯. 发展经济学：超边际与边际分析 [M]. 北京：社会科学文献出版社，2013.

有带领中国走向富强。同样地，按照新自由主义的政策建议首先进行制度变革的苏联、东欧等虽然实行了宪政改革，但出现了严重的寻租腐败现象，最终东欧剧变，苏联解体，同样未能真正实现国家富强。

2001 年，杨小凯先生被确诊为肺癌晚期，他皈依基督教，进行"自我革命"。他认识到，脱离文化和信仰，认为制度转型可以"包治百病"的观点是肤浅的。于是他提出比制度更加深刻的信仰。"百日维新"和中华民国仅仅学习西方的制度，而没有其观念根基，所以其变革不能取得成功。杨小凯希望从信仰出发构建相应的制度，再通过制度变革实现国家富强。【林毅夫：杨小凯承认自己原来主张的先宪政改革、再发展经济的观点是肤浅的，这种勇于以今天之我来否定昨天之我的求真精神令人敬佩！但是，他转而把一个国家的成败归因于信仰，则是从一个牛角尖转向另一个牛角尖。二战以后仅有的几个成功追赶上发达国家的东亚经济体既没有先改信天主教、基督教，也没有先推行英美的共和宪政。而许多发展中国家在被殖民后都改信了殖民国的宗教，独立后同样发展不成功。】

4. 制度安排的内生性

杨小凯的思考固然有其道理，然而，当我们说制度源于相应的信仰时，就已经把制度当成了一个外生变量。【林毅夫：不完全正确。在杨小凯看来，制度内生于信仰。他的看法的问题在于，拉丁美洲、非洲许多国家都信仰天主教，菲律宾大多数民众也信仰天主教，拉丁美洲多数国家和菲律宾的宪法是照搬美国的，但是它们的经济发展并不成功。所以，即使按照杨小凯的理想发展顺序，把中国改变成天主教、基督教国家，再实行英美共和宪政，也不能保证中国会发展成功，追赶上发达国家。】在这种情况下，我们不可能指望一个发展中国家在短期内改变其长期形成的文化传统。另外，全然按照宪政模式去改变制度安排也是不现实的，而且作为范本的欧美国家也面临着众多发展难题。制度安排不应该仅仅依靠供给侧，也要考虑需求侧。杨小凯假定的制度安排是一种供给，而事实上，制度安排必然要考虑需求侧的影响。一个制度是否被建立，很大程度上也取决于一个国家是否需要它。也就是说，如果要寻求制度之根，其实并不是信仰，而是经济与社会的发展状况。从信仰的角度推动制度变革的构想是理想的，但是在改造世界方面的力量可能并

不强大。【林毅夫：深刻！同意你关于制度安排不应该仅仅依靠供给侧，也要考虑需求侧的看法。】

二、技术与制度作为重要因素

在后发优势和后发劣势的争论中，我们可以看到，后发优势的观点更加注重技术层面的引入，【林毅夫：后发优势的观点在注重技术引进的同时，也主张随着收入水平的提高，不断完善相应的各种制度安排，而不是不用进行制度变革。可以参考《后发优势与后发劣势：与杨小凯教授商榷》一文和《解读中国经济》附录五"我到底和杨小凯、张维迎在争论什么"。】而后发劣势的观点则更看重制度层面的安排。但无论如何，两种观点最后指向的都是国家的经济发展。经济增长是国家发展中最重要的一环。未来促进经济增长的关键因素包括：要素投入的增加、技术进步、产业结构升级和制度的完善。在这几个关键因素中，产业结构升级以技术进步为基础。要素投入由于边际报酬递减，很难对经济增长产生革命性的影响。

关于剩下的两个要素——技术进步和制度完善——何者对经济发展发挥更加重要的作用，众说纷纭。笔者认为，相对制度完善而言，技术进步是经济增长中更加根本的要素。【林毅夫：同意！经济是基础，技术进步是生产力水平提高、经济基础提升的根本决定因素。】不过在实际中，在技术进步的同时，我们也不应该忽视制度的完善。【林毅夫：同意！因为作为上层建筑的各种制度安排如果不随着生产力水平的提高而不断完善，会制约生产力水平的进一步提高。】由此才能从两个关键因素方面促进经济发展。

1. 技术与制度的概念界定

技术创新包括产品创新和流程创新，因此我们可以把技术界定为推动产品创新和流程发展的、提高生产力的因素。制度的定义则更加复杂，制度约束着人们的行为，使人们按照一定的模式行动，从而影响人们的选择和发展。

事实上，笔者认为，这两个概念之间是有交集的。比如"流水线"，它推动了流程发展，可以被看成一种技术。然而它又是对人们行为的一种约束，自然也是一项制度。【林毅夫：很好，有见地。】如果我们现在来讨论技术和制度，应该进一步明确这两个概念，从偏重应用性的角度讨论技术，从偏重宏观规则的角度讨论制度，对于两者交集的部分则不做过多讨论。

2. 技术进步与制度完善促进经济增长

在一个国家的经济增长中，如果其他因素不发生变化，技术进步也会在很大程度上推动经济的发展。技术进步不仅自身可以拉动经济增长，而且会同时影响其他关键因素的变革。资本投入的过程中难免会出现边际报酬递减的问题，而技术进步可以打破这一趋势，维持资本积累的较高积极性。此外，技术进步往往可以推动新兴产业和高附加值产业的诞生，从而促进产业结构升级。技术进步同样可以推动制度的完善，正如火药的使用使得欧洲资产阶级攻破了封建领主的城堡，工业革命中大机器生产推动自然经济走向瓦解、资本主义生产方式不断发展、资本主义社会秩序不断发展，等等。【林毅夫：很好！】这些都说明，技术进步会直接或间接对经济增长起到促进作用。

制度对经济增长的作用也是显著的。制度影响要素的配置，影响技术进步的可能性，也会影响产业升级的步伐。苏联在相当长的时期内一直推行计划经济体制，没有看到市场在资源配置中可以发挥的重要作用。而在计划经济体制下，苏联一直优先发展重工业，严重制约了技术进步和经济发展。【林毅夫：苏联之所以采用计划经济体制是为了优先发展重工业（在这句话中，优先发展重工业是因，计划经济体制是果），而不是计划经济体制下苏联一直优先发展重工业（在这句话中，计划经济体制是因，优先发展重工业是果）。准确的说法应该是，苏联为了在资本短缺的条件下优先发展资本密集型的重工业，而采用计划经济体制。这个问题在第四讲中会有详细的讨论。】在戈尔巴乔夫改革之后，苏联依然没有做到对自身制度的合理安排，而是实行了休克疗法，将资源配置全部交给市场，这直接导致了苏联的解体。【林毅夫：休克疗法犯了两个错误，首先，忽视了在计划经济体制下政府的干预扭曲是内生于保护和补贴违反比较优势的产业中缺乏自生能力的企业的需要的；其次，把市场制度当作外生的最优制度。这个问题在第四讲和第八讲中会有详细的讨论。】而相比之下，中国对内改革、对外开放，建立社会主义市场经济体制，引进国外的资金、技术、管理经验等，极大促进了经济的发展。可以想见，制度的不断完善对经济发展具有相应的促进作用。

3. 技术与制度的关系

正如前文所讲，技术与制度可以相互影响。技术创新需要相应的制度才能充分发挥其作用，技术创新也会推动制度的完善。而对于技术和制度何者更根本的问题，笔者认为，在发展中，技术是要优先于制度的。制度不是外生给定的，而在更大程度上是内生的，正如马克思提出的"生产力决定生产关系""经济基础决定上层建筑"。很多看似不合理的制度安排都有其背后的社会原因，直接改变制度安排不仅困难重重，而且即使成功实现制度变革，也难以达到理想的效果。因此，最理想的方式是通过技术创新等消除导致制度扭曲的现实因素，同时进行改革，达到技术和制度相互配合、共同发展的效果。【林毅夫：很好！】

三、结语：回到后发优势与后发劣势

笔者认为发展中国家的后发优势和后发劣势同时存在。林毅夫老师并没有否认合理的制度安排对经济发展的重要性，杨小凯也没有否认发展中国家确实可以通过以较低成本引进技术实现国家的快速发展。事实证明，通过引进技术、产业升级等方式，许多发展中国家的经济发展确实取得了显著成果，改革开放以来我国在经济建设上取得的巨大成就就是重要佐证。与此同时，我们也不该忽视制度安排对技术引进和经济发展的巨大影响。在发展的同时，我们一定要改革，去除旧体制中的一些扭曲，以发展推改革，以改革促发展。【林毅夫：准确地说，杨小凯所提出的后发劣势，并不是指发展中国家的制度落后、不完善。如果发展中国家的制度落后、不完善就是后发劣势，那么，发达国家在技术上也存在落后、不完善，岂不也是后发劣势？其实，他所说的后发劣势指的是发展中国家有利用技术上的后发优势去实现经济的快速发展而忽略了完善制度的倾向。他认为如果不克服这种倾向，结果一定会形成路径依赖，最终反噬经济成果，造成经济发展前功尽弃。于是他认为克服这种倾向也就是克服后发劣势的办法是，先在制度上完成英美共和宪政的改革，再去发展经济。】

在可行性的问题上，笔者更加认同本文开头提到的第一种转型模式，原因

有二。一是在一国推行信仰与制度变革的困难性。在没有消除产生制度扭曲的社会经济因素之前，我们很难实现制度变革，因为它牵涉到太多人的利益，也与长期以来人们形成的信仰相矛盾，如果直接推行制度变革，很可能会重蹈苏联和东欧的覆辙。第二，我们也不应当按照发达国家的路径实现发展。发达国家的模式确实可以为我们的发展提供借鉴，但我们不可以照搬。发展中国家有自己的国民信仰，有自己的国情，发达国家的宪政体制也并非十全十美。在制度建设的问题上，我们应当如履薄冰，因为制度的错误实施造成的代价是巨大的。因此，我们应该在技术发展的过程中致力于寻求自己的发展道路，找到真正适合本国国情的制度，推动国家发展。【林毅夫：很好！】

【参考文献】

1. 林毅夫.解读中国经济［M］.3版.北京：北京大学出版社，2018.

2. 杨小凯.发展经济学：超边际与边际分析［M］.北京：社会科学文献出版社，2003.

3. 诺思.经济史上的结构与变革［M］.陈郁，罗华平，译.上海：上海人民出版社，1994.

4. 林毅夫.后发优势和后发劣势：与杨小凯教授商榷［J］.经济学（季刊），2003，2（4）：989-1004.

希望请教的问题

1. 发展中国家的后发优势需要通过引进技术来实现，但难免会遇到发达国家技术壁垒的限制。那么，发展中国家如何应对这一问题，更好地引进先进技术、发挥比较优势呢？

林毅夫：（1）发展中国家要引进的技术必须符合自己的比较优势，这样才不会使后发优势变成后发劣势。可参考我的"The Latecomer Advantages and Disadvantages:

A New Structural Economics Perspective"一文。对于未达到中高收入阶段的发展中国家来说，符合比较优势的技术一般是成熟的、过了专利保护期的技术，不会出现技术壁垒问题。而且，绝大多数技术是内化于设备之中的，引进新技术是通过购买新设备来实现的，发达国家会乐意卖设备给发展中国家。如果技术不内化于设备，而且还在专利保护期内，通常也可以通过购买专利来取得。只有当发展中国家到了中高收入阶段，有些产业已经接近世界的技术前沿时，发达国家为了避免竞争，才有可能设置技术壁垒，发展中国家就需要通过自主研发来取得这些产业的新技术，而这时在这些产业的新技术研发上，这个国家也已经具备比较优势。(2)当前中美之间的摩擦更多的是因为中国的经济规模即将赶上美国，经济是基础，美国担心中国威胁其霸权的基础，而对中国发动科技战、对高科技产品采取断供等措施，试图"卡中国脖子"，阻碍中国的发展。但是，绝大多数的高科技产品不只美国有，其他发达国家也有。并不是所有发达国家都有争霸世界的野心，为维持美国霸权而牺牲中国的市场也不符合它们自身的利益，因此，我国应该仍然能够从其他发达国家引进技术。对于那些除美国外的国家都没有的高科技产品，我国可以用新型举国体制来攻关，以克服美国的封锁。

2. 发展中国家在引进技术的同时需要推进制度的完善。那么，制度完善的方向是什么？我们最终走向的应该是怎样一种制度呢？

林毅夫：首先，最优的制度安排是阶段依赖的(stage-dependent)，即不同发展程度的国家的最优制度安排是不完全相同的。例如，在发展早期，大多数经营单位是农户和小微企业，合适的金融制度安排是地区性的中小金融机构；到了高收入阶段，合适的金融制度安排是大银行或股市(见第九讲中有关金融结构的讨论)。其次，在经济转型中，有许多所谓的制度扭曲是内生的，所以，合适的制度安排和没有扭曲时的制度安排是不同的。例如，中国在转型期实行的双轨制维持了国家的稳定和快速发展，虽然属于"四不像"，却是合适的制度安排。最后，制度的演进是有路径依赖(path dependence)的，因此，即使到了相同的高度发展的阶段，对一些制度服务有相同的需求，不同国家的具体制度安排也各有特征。例如，到了高收入阶段，人民对话语权和决策参与权的政治需求提高，应怎样满足这些需求？不同国家各有特色，例如，法国、德国、英国同为发达国家，但是政治制度各有特色。所以，在中国也会如此。对于这个问题，可参考《解读中国经济》附录一"经济增长与制度变迁"中的讨论。

以史为鉴,独立思考

郭若菲

在第一节课中,我印象最深的是,从经济增速、脱贫进程、应对危机的能力来看,中国的经济状况比社会上的普遍预期乐观许多。【林毅夫:更准确的词是"好许多"而不是"乐观许多"。"乐观""悲观"适用于描述人的预期,经济实际发展的情况则只有好坏之分。】这些增长数据都是客观事实,可以通过各种渠道获取。为什么很多学者依然对中国经济持悲观态度,甚至有"中国经济崩溃论"呢?【林毅夫:那些数据是对过去客观事实的反映,学者的悲观态度则是对于当前情况和未来发展走势的预期。】诚然,中国经济还存在许多问题,亟需我们研究解决,但在革除问题的过程中,稳定的经济增长使得政府有能力补偿利益受损群体,也是矫正各种扭曲的首要条件。【林毅夫:很好!】因此理应将中国的高增长潜力作为主要方面,【林毅夫:问题是对中国未来增长持悲观态度的学者认识不到中国有高增长的潜力。】而将尚存问题作为次要方面。但还有许多人本末倒置。我想原因主要有以下几点。

首先是西方国家企图通过舆论诋毁中国。【林毅夫:有不少中国学者对中国经济也持悲观态度,有一些学者也认为中国经济即将崩溃。所以,我想西方国家对中国经济持悲观态度或认为中国经济即将崩溃,未必是"通过舆论诋毁中国",更主要的原因是按他们的理论和经验,无法理解中国为何能够实现高增长,却可以看到中国的许多问题和不足,因此,只要中国经济增长一放缓,就根据他们的理论和所看到的那一系列问题推断中国经济即将崩溃。】基辛格在《论中国》中指出,美国是传经布道式的,认为有义务向世界的每个角落传播其价值观,而中国则不试图改变他国的信仰,不在海外推行本国的现行体制,而是更看重万国来朝的朝贡体系。不仅仅是美国,其他许多发达国家也认为发展中国家应当复制自己的体制与政策。【林毅夫:这是因为它们认为自己的体制是先进的、优越的、普适的、"放诸四海而皆准"的,是现代化的前提,中国有些学者像杨小凯等也持这种观点,才会认为在改革时先发展经济而不先去学习西方的制度是后发劣势的表现,即使开始时经济发展好,到最后也必然会崩溃。】作为社会主义国家，中国本就受到了资本主义国家的排斥。【林毅夫：中国在1978—2010年并未受到资本主义国家的排斥。即使到今天，排斥中国的也主要是美国，欧洲国家普遍没有排斥中国。美国近几年排斥中国是因为中国的经济规模快赶上美国，威胁到美国的霸权地位。日本在20世纪80年代也受到美国的排斥，虽然日本和美国同为资本主义国家。所以，美国排挤中国的真正原因是中国的快速发展，眼看中国要超越美国了，威胁了美国的霸权地位，其他原因都是借口。】同时，由于中国的经济发展实践违背了西方主流理论（例如推行双轨制而非使用休克疗法）却取得了成功，为了维护自己国家的理论信仰，一些西方学者或出于主观的爱国，或由于政治上的利益交换，故意夸大了中国经济存在的问题。【林毅夫：受利益集团绑架的媒体确实存在这种倾向。】

在这样的情况下，不少中国学者主动忽视了中国经济增长的奇迹。对于学术新人而言，他们研究的一大激励是在主要期刊上发表论文，目前这些期刊普遍受到了西方主流观点的影响，因此许多年轻学者出于未来发展的考虑选择了迎合主流观点；【林毅夫：确实如此。】对于有所成就的学者而言，他们可能发现了既有理论的问题，但是指出这些问题意味着推翻自己从前的观点，因此更是需要魄力的。【林毅夫：很好，你对这点能有清晰的认识。】

也有不少人被动地接受了西方主流理论。他们往往从本科开始学习的就是西方的经济学理论，受发达国家理论的影响较大，难以转变思路。他们往往只看见了发达国家具有的优势，便认为中国应该尽快变得和它们一样，以获得这些优势。【林毅夫：先入为主的影响确实很大！】但其实发展中国家也具有优势，例如在劳动密集型产业上的比较优势、后来者优势，发展中国家应当了解这些优势，并充分利用它们。【林毅夫：没错！只有能够清醒地看到自己的缺点，客观地看到自己的优点，才能解放思想，实事求是。】

因此，尽管我们都希望学术界能够成为脱离于政治、文化纷争的象牙塔，但事实情况却并非如此。【林毅夫：深刻！】这就对我们自身提出了要求：必须要保持独立的思想，不受"权威"左右。要做到这一点，需要掌握合适的思维方式。我认为本次课程中，一个重要的思维方式是以史为鉴。具体包括三方面：

（1）通过总结中国的发展历程，我们可以从过去的成就与错误中吸取经验和教训；（2）学习各国的历史，尤其是与我们较为相似但发展程度略领先于中国的国家的历史，也能培养我们经济学上的直觉，有助于对中国未来的发展进行预测；（3）经济学没有办法通过控制变量的实验来检验理论，必须从现实世界中获取实证性的检验，因此历史是检验理论的重要方式。好的理论应当能够一以贯之。因此，在批判性地研究既有理论的时候，可以通过控制变量的方法对理论提出质疑。【林毅夫：很好！在《本体与常无：经济学方法论对话》（以下简称《本体与常无》）一书中有系统的讨论。】

当然，我们也应该理解，其实许多学者选择迎合主流理论也是理性的，我们不可能要求每个人都认识到好的理论的正外部性，为社会的更大利益牺牲自己的部分利益，因此必须改变学术发表的激励机制，例如，应该呼吁期刊在筛选文章的过程中鼓励不同学术观点的争鸣。【林毅夫：很好，不过这一建议仅适用于国内的期刊，国际主流期刊的编辑部和论文采用权掌握在外国学者手里。】

希望请教的问题

1. 老师在"中国经济继续增长的潜力"一节中提出，技术决定了要素积累。但是生产使用的技术应当与现有的要素禀赋相适应，即使国外还有更先进的技术，如果所需的人均资本远高于现有的要素禀赋，也不应当引进。这样看来，是否一国的技术又反过来由要素禀赋决定？按我的理解，决定要素积累的不一定是真实发生的技术进步，而是一种对未来技术进步的预期，或者说技术进步的可能性。例如，要想让农民有资本积累的激励，不一定是直接引进国外先进技术，使国内发生现期的技术进步，再让农民储蓄，而只需要让他们知道，如果储蓄，就有技术进步的可能性。又如，对自主研发而言，要带动投资，重要的也不是现期有怎样的技术进步，而是是否存在有潜力的研发项目。这样理解是否准确？

林毅夫：适用的技术是由要素禀赋和其结构所内生的比较优势决定的。如果采用了适当的技术，会提高效率，增加剩余，剩余储蓄起来就变成资本，于是要素禀赋结构和比较优势就会发生变化。此时如果有适合新的禀赋条件和比较优势的新技术，就会得到采用，如此反复进行而不断提高技术和收入水平。如果没有新的合适的技术，人们会因为边际报酬递减而减少储蓄、投资，甚至不储蓄、不投资，经济就会增长放缓，最后陷入停顿。

在第一个例子中，要想让农民有资本积累的激励，只让他们知道有技术进步的可能性还不够，需要使他们在市场上可以买到合适的、可以提高生产力水平的技术；需要有能够让这些技术得到运用的基础设施，例如农业要用现代良种必须有灌溉，制造业要用现代化的机器设备必须有电力；还需要有支持采用现代技术所需的金融安排等。

在第二个例子中，对于自主研发的投资是要建立在对新技术突破的判断之上的，投资者只有认为有突破的可能性才会去投资。发达国家的技术已经处在世界前沿，因此必须自己研发新技术，包括基础科研和新技术的开发。只有在基础科研取得突破以后，新技术的开发才不会成为无源之水、无本之木。新技术开发成功以后可以取得专利，企业会有积极性进行新技术的开发，但是，基础科研的突破通常只是一篇论文，属于公共知识，需要政府的支持。对于发展中国家而言，则在能够引进时还是引进好，只有不能引进时才需要自己研发。

2. 如果每个发展中国家都能充分利用后来者优势，全球各国的经济是否会最终达成收敛？在这样的情况下，各国处于大致相同的发展阶段，均失去后来者优势，而需要靠研发来获得技术进步。当其中一国或多国获得了关键技术上的突破，由于专利权的限制，就可以领先其他国家约十年的经济发展时间；在十年之后，其他各国再通过后来者优势追赶上领先国家；如此循环往复。这样的推理是否正确？

林毅夫：在理想的条件下，如果每个发展中国家都能充分利用后来者优势，全球各国的经济最终应该是可以达成收敛的。如果全世界只有一种技术并只沿着一个方向前进，而且专利保护是严格有效的，那么你的推论是正确的。但是，首先，技术是多样的，不是只有一种而已，发达国家的技术发展是多头并进的，不同国家可以在不同的技术领域取得突破。其次，专利保护不是绝对的，现实的状况是，一家公司在一项新技术上获得专利并生产出新产品以后，一般在半年内其他公司也可以在不侵犯既有专利权的情况下，生产出功能基本相同的产品。

心存经世济民格局，踏实走好漫漫前路

黄卓楷

在"中国经济专题"的第一节课上，林毅夫老师的形象在我心中更加生动了起来。董志勇院长在新结构经济学实验班开班仪式上谈到林老师是"特别怕辜负时代、辜负别人甚至辜负学生的人"。我的的确确为林老师的家国情怀所感染。我也在思索，作为"林班"的学生，我应该拥有什么样的目标和格局。

中国经济进入新常态之后，GDP 的增长速度会有所放缓，但是，坚定增长的信心和中国经济的韧性仍然会让中国继续保持世界上最有活力的经济体的地位。作为新结构经济学实验班的学生，面对这个时代，面对这样的机遇，更应该做到心怀家国，以民族复兴为己任。一方面，努力继承已有学术成果，理解主流经济学的经典理论，另一方面，也是更重要的是，接续新结构经济学的观点，总结中国发展经验，发展新的学科体系。"受光于庭户见一堂，受光于天下照四方"——目标要定好，格局要大，才能拥有更持久的发展后劲和更广阔的发展前景。【林毅夫：很好！】

林老师介绍的中国经济发展，是一场机遇与挑战并存的进行中的奋斗。这节课给我留下深刻印象的细节很多。改革开放以来的四十多年里，中国保持了年均 9% 以上的增长速度，从世界上最为贫困的国家之一跃升为中上等收入水平的发展中国家。而大家对中国在接下来 30 年的发展潜力看法纷纭不一，甚至"中国崩溃论"甚嚣尘上。林老师基于历史比较的观点显得更加稳健。对比发达经济体，我国目前的人均 GDP 相当于 20 世纪 50 年代的日本、70 年代中期的韩国。这些经济体仍然拥有以 7%～8% 的高增长率持续发展 20 年的潜力，那么类比到中国，我们还拥有维持 8% 增长潜力 20 年的能力。【林毅夫：在这个地方用"可能"比用"能力"更贴切。】这种思考方式接近于马克思的历史唯物主义，它从历史角度给出的见解很有力地驳斥了种种悲观论调。虽然这种观点看上去过于激进,【林毅夫：对中国还有20年每年8%增长潜力的观点,用"乐观"来描述比用"激进"合适。】但是林老师在20世纪末做出的预测也曾遭到同行们质疑,但中国高速增长的历史事实证明这个预测是合适的。【林毅夫：用"客观"来形容比用"合适"更贴切。】

我曾经读过斯塔夫里阿诺斯的《全球通史》,为历史背后隐藏至深的规律所折服——每件大事都有其内在的原因,但是在其发生之前,借助分析来预测和把握却只是少数人能够做到的。【林毅夫：确实如此！】

我对接下来的学习有着这样的愿景：希望能够静下心来广泛阅读经济学经典著作,理解大师的思想,最终做到批判性地发展他们的学术观点,深化创新我们自己的学术观点。新结构经济学需要新视角,也需要知识的积累。我认识到自己前路漫漫,更要努力和虚心学习,争取能够在"林班"老师和学长学姐的精心指导下,把学术之基打扎实,更好地走学术之路。【林毅夫：很好！方向对了,有志者事竟成！】

希望请教的问题

1. 关于学术方法,林老师说过我们研究经济学应该"知成一体",要求我们为实际服务,但是做理论研究,也需要尽可能简化问题,这就要求我们更多地脱离实际。想请问林老师,我们应该如何调和这两种观点？

林毅夫：好问题！理论有两个来源：一是对过去经验的总结,例如亚当·斯密《国富论》里提出的分工和自由市场理论；二是对当前问题的解决,例如凯恩斯的积极财政政策理论。每种理论都是一个简单的因果逻辑,但是,现实中则存在着千千万万个社会经济变量,一个能够解释现象或是能够解决问题的理论则需要在这万千变量中抓住主要的因变量,其他变量则存而不论,用哲学语言讲,就是被舍象而成了这个理论的暗含前提。一个理论在被其舍象的变量不发生关键性变化或不存在关键性差异时,具有指导作用,也就是按理论去做会得到理论所预期的结果,但是,如果被其舍象的变量发生了关键性变化或存在关键性差异,该理论就失去了原来的功能。来自发达国家的理论必然以发达国家的社会、经济、文化、制度为暗含前提,一般来讲,发展中国家会与其存在关键性差异，因此，拿来自发达国家的理论到发展中国家来运用很可能会出现"南橘北枳"的问题。要实现"知成一体"，就要求发展中国家的学者自己总结发展中国家的经验或面对发展中国家的问题来提出理论，这也就是新结构经济学所做的努力。同时，发展中国家的社会经济也在不断地变化，所以，要实现"知成一体"还必须有"常无"的心态，不以现有的理论或经验为出发点，而是以"初生婴儿的眼睛"来观察世界，这是我在《本体与常无》一书中所倡导的方法。要以"常无"的心态面对现象，确定现象背后的决定因素。如果这个决定因素是过去的理论里已经提出来的，就引用过去的理论，如果和过去的理论不同，则提出新的理论，这样就能实现"知成一体"的目标。

2. 关于中国宏观政策，我了解到有这样两种声音：其一是认为中国在亚洲金融危机中坚持人民币不贬值，是负责任的大国；其二是在最近的中美贸易谈判中，我看到双方签订的协议中有很多条款是中国对美国的让步，而这又似乎反映了我国对知识产权保护的不足，以及对竞争市场的保守态度。同时这种让步似乎是对中国市场规则的完善。这种大国经济形象的对比，您觉得应该怎么看？或者我们应该如何对此做出贡献？

林毅夫： 关于这个问题的第一点，在亚洲金融危机时，其他国家的货币大幅贬值，按理论来分析，会影响中国的出口竞争力。同时，按理论来说，每个国家是自利的，中国为了保持竞争力，人民币也会贬值。可是，其他国家出现危机是因为外汇储备用尽，无法维持币值，才出现货币大幅贬值，为了稳定币值，必须增加出口，积累外汇，以扭转贬值的趋势。所以，如果人民币贬值，其他国家的货币只好继续贬值，将会出现"竞争性贬值"，各国的宏观经济和政策都难以稳定下来，一直处于风雨飘摇之中。所以，从上述理论的视角来看，人民币维持不贬值是发挥大国的作用，为其他国家走出危机做出了牺牲。不过，出口竞争力不仅取决于价格，还取决于能否按时保质保量完成交易，而后者对于进口商来说更为重要。发生危机的国家金融崩溃，生产受到极大影响，即使货币贬值使其出口产品的价格下降，国内企业拿到订单以后，也可能因无法得到必要的流动资金或是供应链中断等情况，无法按时交货。而中国在危机中金融和实体经济未受影响，虽然人民币未贬值，出口产品价格较高但能够按时交货，其实出口竞争力并不受影响。当年我在《人民日报》上发表了题为《人民币没有必要贬值》的评论文章，阐述了上述观点，说明人民币不贬值既是大国的担当，也是理性的选择，中国的承诺是可信的。后来事实正如我当时的预期，1996—2000年，我国的出口额分别为1 510.5亿美元、1 827.9亿美元、1 837.1亿美元、1 949.3亿美元和2 492.0亿美元，并没有因为人民币不贬值而受到不利影响。这也是我前面所讲的，在面对问题时必须以"常无"的心态来了解问题的本质和决定因素，而不要以现有的理论来看问题。

关于这个问题的第二点，即中美贸易谈判问题，首先，中国做出的让步不是在"知识产权"上，而是在关税、进口和投资的限制上。我国自1978年开始的改革开放采取的是渐进双轨的转型方式，实行"老人老办法、新人新办法"：对改革前建立的不符合比较优势的产业采取了保护政策，关税高，进口有限制，外国不可投资或必须与中国企业合资；对符合比较优势的产业则采取了开放的政策，关税低，放开外国的投资。随着我国经济的快速发展，资本积累，比较优势发生了变化，许多原来不符合比较优势的产业变得符合比较优势，保护政策就从"雪中送炭"变为"锦上添花"。改革必须与时俱进，这些保护措施就可以取消掉。因此，十八届三中全会提出全面深化改革，并设立了自由贸易区进行试点，把外国企业可以投资的产业从"正面清单"变成"负面清单"。"正面清单"指的是只有中国政策允许，外国企业才能投资，"负面清单"则只要中国政策没有禁止，外国企业都可以投资。在"负面清单"里的产业数量少，主要是涉及国防安全和国计民生的产业，这是各国通用的办法。

就知识产权而言，中国在1980年就是世界知识产权组织的签约国，中国有知识产权相关法律，也有知识产权法院，如果中国企业有相关侵权行为，外国企业可以诉诸法律。过去10年，外国企业对中国企业的侵权诉讼中84%是外国企业胜诉；同期，外国企业在美国对美国企业的侵权诉讼中，外国企业胜诉的情形只有50%左右。这些数据表明，中国政府并没有像美国政府所指责的那样以国家行为鼓励中国企业窃取美国的知识产权。美方还指责中国政府强迫美国企业转让知识产权或技术。不过美国企业到中国投资，目的不是把产品卖到中国市场就是以中国为生产基地把产品卖到国际市场，不管是在中国市场还是在国际市场，产品要有竞争力必须用最好的技术来生产。美国企业在中国用最新、最好的技术生产，这是它们为了自身利润最大化所做的自发选择，不是中国政府政策的强制。

其实，美国对中国的各种指控和采取的措施是"项庄舞剑，意在沛公"，是为了抑制中国的发展。美国是目前全球唯一的霸权国，中国改革开放采用渐进双轨的方式，经济取得稳定快速发展。1978年中国还是世界上最贫穷的国家之一；到2010年，按市场汇率计算，中国的经济规模超过日本，成为世界第二大经济体；2014年，按购买力平价计算，中国的经济规模超过美国，成为世界第一大经济体。在20世纪80年代日本的经济规模逼近美国时，美国也采取了类似的手段来压制日本以维持其全球霸权地位。所以，我们在面对媒体或外国对中国的一些流行看法时，需要有自己的分析，而不能人云亦云。

关于思考问题方式的几点体会

赖端仪

"中国经济专题"课程的第一讲主要是对中国经济发展的历史回顾、现状分析和未来展望。林老师用微观的个人故事和宏观的统计数据，全方位为我们阐释了中国经济与世界经济的兴衰。在这讲当中，我主要是在思考方式上受到了几点启发。

第一，作为一个会思考的人，要学会理清因果关系。林老师在讲解中国经济增速下降的原因时，提到很多学者将经济增速下降归因于中国的结构性问题。但他指出结构性问题存在不代表经济增速下降就源于这些问题，并结合其他国家的经济发展状况提出，外部性因素才是更主要的原因。这一段讲解让我更深刻地意识到：人们在判定因果关系的时候往往迫切地想要认定出谁是因、谁是果，却往往忽视了两个事物是否存在因果关系这一重要分析前提。【林毅夫：能得到这一点启发，非常好！】

那么如何能不武断地定义因果关系，冷静地判断因果关系是否存在呢？我认为，这需要我们能看到一个现象背后的更多作用因素。【林毅夫：我们不仅要能够看到一个现象背后可能发生作用的更多因素，还需要有能力甄别出哪个因素才是根本的决定因素，"十全大补"式地把各种可能因素罗列出来，对改造世界来说，作用有限。】这也引出了我的第二点体会。

第二，作为一个关注祖国经济的学生，切忌将目光局限在国内，要学会跳出中国，以国际视野分析中国经济发展。【林毅夫：很好！在《本体与常无》一书中，我提出用"一分析，三归纳"的方法（"一分析"指了解现象的本质、谁是这个现象背后的最主要决策者、决策者所要达到的目标、可动员的资源、不可逾越的限制条件和可选的方案等，来找出根本决定因素，并构建可以解释所观察到的现象的假说；"三归纳"指历史纵向归纳、当代横向归纳、多现象综合归纳）提出一个假说以后，也要经由历史纵向数据、当代横向数据和综合数据来检验。可进一步参考《本体与常无》一书。】上学期在学习政治经济学（中国特色社会主义市场经济部分）时，我出于思维的惰性，只偷懒学习了国内经济的历史变革及其理论，至于课程中提及的其他国家的数据，如果不去细究，也不过是为了印证中国经济发展的正确与出色而存在的，是从中国立场出发去比对国外的状况。所以我忽视了从别国经济发展状况出发来思考中国经济这一视角。而林老师的课堂中有诸多着重强调由外国的经济发展历程类比中国经济的案例。【林毅夫：这就是"一分析，三归纳"中的当代横向归纳法。】正如在第一点体会中提及的，在分析中国经济增速下滑原因时，林老师先尝试抛开本国的结构性问题，类比其他金砖国家及新兴经济体同期的经济状况来分析，这样能看到更本质的原因；再如，在分析中国的后来者优势时，林老师没有直接去比对中美之间的技术水平差距从而测算追赶速度与时间，而是通过分析日韩等国在相同状况下的经济发展历程来推算出中国经济在未来 10 年还能有 8% 的增长潜力。站在国际视角分析中国经济，而不是局限于本国视角，就能更好地避免"不识庐山真面目"的常见错误。【林毅夫：很好！】

第三，作为一个学习中国自己的经济理论的学生，不可以只会从理论推出结论，而是要学会从实际现象出发，严格考察理论的前提条件是否符合等，并推导出相应的结论。【林毅夫：很好！我常对学生耳提面命："要从真实世界的现象想背后的道理，不要从现有的理论去看真实世界的现象。"只有这样才不会成为现有理论的奴隶，才不会越学越笨。】以分析中国未来增长前景部分为例，其中中国进入新常态这一观点实际上更多的是以中等收入陷阱、高增长是非常态等一般性理论为依据的。但现实情况是，中国由于后来者优势空间仍巨大，故在未来相当一段时间仍将处于"非常态"发展时期，这样新常态观点的一些理论依据也许就未必适用。这也即林老师多次强调的"理论的适用性在于前提条件的相似性"，如果现实情况并不符合理论的前提条件，就不能轻易由理论对实际状况下论断。【林毅夫：很好！】

以上是我在本节课收获的一些心得，逻辑上应该有很多幼稚和不足之处，还请林老师和各位助教多指教！

希望请教的问题

1. 在《解读中国经济》的第一讲中,您提到改革开放某种程度上是资源的再分配,必然会损害到部分既得利益者的利益。但由于中国采取的是渐进的双轨制改革,原来的国有企业依然获得补助,发展得越来越好,新兴的、符合比较优势的企业也蒸蒸日上,那么,哪些群体是在改革开放中利益受损的呢?

林毅夫: 举几个例子说明。例如,在农村,原来公社、大队、生产队的干部失掉了对资源的配置权,其利益是受损的,虽然他们也从家庭联产承包责任制中受益;在城市,国有企业的投资和流动资金由免息的财政拨款改为付息的银行贷款是一种损失,虽然国有企业从放权让利上得到了自主权并分享了增收减支的好处。另外,有些损失是相对的,改革前收入分配比较平均,改革后,有些人先富起来,导致分配收入差距扩大,收入增长慢的人有失落感,虽然他们的收入和生活水平与改革前比普遍提高,这解释了为何许多人怀念20世纪五六十年代。

2. 为什么只有中国能在亚洲金融危机的时候坚持不进行货币贬值,防止竞争性贬值呢?其他国家不也是明知本国货币贬值会导致竞争性贬值吗?

林毅夫: 发生危机的国家的货币大幅贬值是因为外汇储备耗尽,当外国投机者攻击其货币时,政府无力维护币值稳定,对于它们而言,第一轮的大幅贬值不是主动的选择。中国外汇储备充足,没有受到外国投机者的攻击,如果货币贬值,是政府主动选择的结果。一般认为和中国出口竞争的亚洲国家货币大幅贬值会损害中国的出口竞争力,中国会使人民币贬值与其对冲以维持出口竞争力。若中国这么做,其他发生危机的国家为了积累外汇以最终达到稳定币值的目的,只好让货币进一步贬值,也就是会发生竞争性贬值。但是,中国政府没有这么做,所以说,中国政府的选择避免了竞争性贬值的发生。中国这么做的原因,我在回答黄卓楷的第二个问题时已经详细做了解答。

3. 其实某种程度上,学者们对中国经济发展的预测都是应用理论和借鉴别国实际情况的,但是很多学者都只看到了高增速是非常态,由此得出中国经济该降速了,而林老师则是看到了高增速是源于后来者优势,因此仍拥有较大后来者优势的中国的潜在增速依然高达8%。是什么让林老师能注意到更本质的因素呢?为什么其他学者就没有发现这些因素呢?

林毅夫： 发达国家的学者习惯以发达国家的理论和经验来判断发展中国家，发展中国家的学者则普遍有"西天取经"的心态，也习惯以发达国家的理论和经验来判断发展中国家的现象。但是，任何理论和经验都是以产生这个理论的国家所处的发展阶段、社会、经济、政治、文化等结构因素为暗含前提的，这些前提在发展中国家不完全一样，所以，照搬发达国家的理论和经验会产生误导或误判。我在2020年3月28日晚在"云开讲"给高中三年级学生的直播课"新结构经济学和迎接世界级经济学大师在中国辈出时代的到来"（见本书第一部分第一篇）上提到，1988年我发现中国不以盛行的主流理论所主张的提高利率而是以行政手段的"治理整顿"来治理高通货膨胀的合理性，此后就不再以现有的理论来看中国的现象，而是直接从中国的现象分析其背后的道理。从那以后，我也倡导发展中国家的学者和知识精英要学会自己从现象的本质和决定因素来做判断，而不是从现有的理论或经验来做判断。既然发展中国家经济快速发展的根本原因是利用了后来者优势，那么，要判断中国未来经济快速增长的潜力还有多大，就要依据后来者优势还有多大、过去利用同样后来者优势的经济体实现了多快的增长等信息来做推论。我对中国的许多问题的看法和大多数学者不同，就是这种分析和判断问题的方式不同所造成的，事后证明我的判断一般是正确的，说明这种直接"从问题的本质和决定因素来做判断"的方式比"从现有的理论和经验来做判断"的方式要好。

前行的力量
——读《解读中国经济》第一讲

吴梦

《解读中国经济》第一讲主要包括中国改革开放的成就、中国经济增长的影响以及中国经济继续增长的潜力三部分内容。在研读与学习过程中我产生了一些思考，记录如下。

首先，中国改革开放的成就举世瞩目，毋庸置疑是人类历史上的一大奇迹，我们每个生活在这个时代的人都为见证这一伟大历程而感到幸运与激动。这个时代给我们带来了前所未有的机遇和展现思想的舞台，但也给我们带来了前所未有的挑战。我们似乎比同时期的发达国家经历了更多更快的改变。拿我个人经历举例，在短短几年间我看到邮局的主要业务转到了邮政储蓄，邮政储蓄又渐渐被掌上银行继而被支付宝所替代。这样的环境要求我们不断地适应，快速地适应，并具备一定的前瞻性，成为引领时代变革的弄潮儿。【林毅夫：很好的观察！】

其次，中国的经济增长势必会对其他国家产生带动作用，且这种作用随着中国影响力的增大而递增。【林毅夫：确实如此。】"地球村""人类命运共同体"等概念的诞生告诉我们，世界各国在经济、文化等各种领域正不可避免地进行着越来越多的交融。时代越发展，科技越先进，这种关系网就越会使每一个人休戚相关。随着这种合作带来的好处越来越多和人们思想文化水平的提升，逆全球化的声音也越来越小。【林毅夫：在这场全球化带来的百年巨变中，中国是处于上升地位的一员，所以，确实如你所说，逆全球化的声音越来越小。但是，欧美等发达国家的地位下滑，国内的问题又层出不穷，不少民众和许多政客把国内的诸多问题归因于全球化，所以，在发达国家逆全球化的声音其实越来越大。】我们的改革开放永远在进行时，中国随着经济体量的增大也要承担起越来越大的责任，成为风雨飘摇时的那一根"定海神针"。【林毅夫：很好！以天下为己任，有担当，有抱负！】

最后，在中国经济继续增长的潜力这一部分，书中提到一些发达国家面临的诸多政治与社会问题也为自身的经济发展添设了重重障碍。我坚信中国成为那个拉动世界经济增长的"火车头"之后会维持更长时间的领先地位。其原因并非是中国没有制度或社会问题，而是中国的发展未曾以其他国家的损失为代价，我们从未崇尚霸权主义。【林毅夫：是的，中国的传统是王道文化，弱时是救亡图强，强时是扶弱济贫，继绝扶倾。改革开放以后中国的发展靠的是双赢的贸易，而非海外的殖民和掠夺。】一个存在不可调和的矛盾的社会注定不会维持长久的稳定，正如我们以之为底色的马克思主义哲学所强调的那样，未来的世界是属于无产阶级的。当然，对于经济发展潜力来说，起决定作用的是从根本上推动发展的要素，即技术变迁的可能性。从 GDP 等数据来看，工业革命之后全球经济有了明显的快速发展，并呈现发展越来越快的趋势。这使我不禁联想到，人类也是经历了数千万年的进化才基本有了今天的身体形态，而从学习使用工具到拥有如今的智力水平所用时间则短得多；同样，数学、物理等自然学科经历了几千年的默默积淀才在最近几个世纪名家辈出、百花齐放，有了众多理论上的重大突破……我想这些现象都与资本的积累类似。如果用数学来解释的话，时间为自变量，它们应该都是指数型函数，其一次导数也是递增的，前面积累得越多，后面可以创造出的越多，发展越快。【林毅夫：很好的观察、联想和推论。】牛顿说他"站在巨人的肩膀上"，如果纵向来看后来者优势的概念，我们每一个人都站在祖辈的肩膀上，和祖辈相比，我们有很多后来者优势，为了尽快超越祖辈，我们把在教育上的投入——无论是资本还是时间——作为代价。从这个更宏观的层面来看，我们重视教育不仅是为了个人的提升、国家的兴盛，而且是为了人类的发展，因为如果没有教师的传道授业，每一代从"1+1"开始研究，成本未免过高。【林毅夫：是的，教育是站在巨人肩膀上的事业，要求我们从巨人的肩上往前看得比巨人更远，要避免只站在巨人的肩上往后去膜拜巨人的成就，而忽视了前行道路上各种新的障碍、挑战和机遇。】

  这一节课改变了我之前的很多刻板印象。例如，之前在见识了华为遭遇美国打压之后，我认为技术尤其是先进技术一定要本国自主研发；如今从更高维度的利弊权衡上看，还是要比较引进的成本、遭遇技术封锁的概率和损失、引进技术对经济的拉动作用以及自主研发的成本和效益，并且还要视具体行业等而定。【林毅夫：很好！】另外，当把工业革命、信息革命等都看作简单的技术进步纳入对经济增长的研究中时，我对这个社会将走向何方的迷茫以及因当前不确定性太强而产生的焦虑感也有所减轻，似乎经济学有它自己一以贯之的平行于这个世界的标准和内在逻辑。无论科技会给世界带来如何翻天覆地的变化，人们的生活水平有着多大程度的改善，我们穿的是自己缝补的衣服还是网上购买的某个国家制作的衣服，都可以用一种一以贯之的标准配上当前的知识作为工具来解释现象并将其应用于对现实的调控中，这让我感受到了经济学的奇妙。【林毅夫：很好！学习和研究理论的目的就是要从错综复杂的现象中了解表象背后一以贯之的道理。】

以上就是我的读书报告。有些思考可能不够成熟或失之偏颇，有些思考可能没能用更精确形象的语言表达出来，还请老师批评指正！

希望请教的问题

1.在决定经济发展最重要的因素——技术上，弱国可以利用后来者优势追赶强国，那么强国是否可以利用一定方法阻止弱国利用后来者优势？如果不可以的话，美国对我国芯片业实施打压是否有必要？如果可以的话，请问弱国如何实现反超？

林毅夫： 在思考这个问题时，应该把发达国家分成拥有霸权的国家和其他发达国家，把后发国家分成像中国这样人口众多、规模巨大的国家和一般后发国家。对一般发达国家而言，后发国家的快速发展可以给发达国家的产品创造更大的市场，因此是双赢的，所以，不管后发国家大小，只要在利用后来者优势时不侵犯知识产权，发达国家是没有动机打压后发国家的，后发国家只有在技术和发达国家已经非常接近时才需要自主研发新技术。对像美国这样拥有超级霸权的发达国家而言，一般来说，规模较小的后发国家不管发展多么快都不会威胁其霸权，同样，只要后发国家不侵犯其知识产权，都可以经由市场的扩张而为其带来好处，因此也是双赢的，霸权国不会对其进行打压。但是，像中国这样大的后发国家的快速发展，则可能会威胁其霸权，所以霸权国很可能会像现在的美国一样打压中国的技术追赶。这时，中国可以维持和其他发达国家的良好关系，能从其他发达国家引进的技术还是要引进，只有那些美国独有的技术，才需要自力更生。这种区别对待的策略，有利于像中国这样的发展中大国的快速发展，等到技术水平和发达国家接近时，要继续发展，就只能和发达国家一样自己研发新技术。

2.通过增大内需来刺激消费、拉动经济增长比鼓励投资更为直接。疫情过后，在很多人失业、收入普遍减少、储蓄意愿普遍增强的情况下，是否有必要通过大力刺激消费来带动经济增长？

林毅夫： 首先，内需分为投资和消费，没有理论或证据证明刺激消费比支持投资更能直接拉动经济增长。其次，疫情过后"储蓄意愿普遍增强"的说法并不准确。疫情过后，对于失业人群，只能靠政府的救济或自己过去的储蓄来维持生活，过当前的日子都有些困难，如何可能有提高储蓄的意愿？最后，关于"是否有必要通过大力刺激消费来带动经济增长",我的看法是,消费增加的前提是收入的增加,收入的增加则有赖于劳动生产率的提高,劳动生产率的提高则需要现有产业进行技术创新、发展新的附加价值更高的产业或完善基础设施来消除增长的瓶颈并降低交易费用以释放现有产业和技术潜力等,这些都需要投资。前两者主要由企业进行,后者有赖于政府。所以,当经济碰到新冠疫情这样的冲击时,政府可以做的是对失业人群和受到直接冲击、无以为继的企业给予短期的救济,但更重要的是鼓励投资和进行基础设施建设。而且,投资在长期内可以提高生产力水平,在短期内则可以创造就业,减少失业人群和需要政府救助的人群,所以是一石二鸟。

认识事物本质,拥抱"常无"心态

叶子欣

"中国经济专题"的第一讲令我重温中国改革开放前后的变化,思考中国经济存在的问题、未来的增长潜力以及可能面对的挑战。第一讲也是极富启发性的一讲,我将从研究方法与心态两方面展开我的体会。

研究方法方面,我的体会是要抓住主要矛盾。我在中学接触到"李约瑟之谜"时,脑海里冒出很多想法:例如古代中国采取重农抑商、闭关锁国的政策,而西方国家在重商主义背景下发展贸易,积累资本,提升技术;又如科举制使人才投身于八股文,而非科学技术的学习,专制主义与儒家思想使得资本积累与创新精神受到排斥……后来我了解到"经济基础决定上层建筑"、地理决定论、文明冲突论等理论时,愈发觉得每个理论都有道理,十分迷信采用综合分析法。但这也对我真正认识事物造成干扰,就如经济学家写出一个变量繁多的公式却不知何为根本的外生变量。林老师在讲有关"判断中国经济规模与增速"的问题时反复提到,要找问题背后最根本的东西,抓住"道",从而理解变动不居的表象。我想,我需要锻炼抓住事物主要矛盾的能力,"学而知之""困而知之",多读多思考,并依据对问题本质的了解,找到正确的解决方法。【林毅夫:很好!深刻!】

当然，主要矛盾是会发生变化的，就像新结构经济学考察的是任意时点给定的禀赋结构如何内生决定生产函数，【林毅夫：更准确地讲是决定生产结构，生产函数是对生产结构的一个数学素描。】而非一个一成不变的禀赋结构。同样，政策制定者如果仅以发达国家特定的限制条件为参照系，或者机械照搬别人的经验，政策可能就会失之偏颇。【林毅夫：很好！发展阶段不一样，限制条件也就会不一样。同时，任何经验和理论都以产生相关经验和理论的国家的发展阶段、经济、社会、政治、文化等结构为暗含前提。】例如改革开放之前，尽管优先发展重工业是维护国防安全与政权稳定的需要，但"大跃进"与人民公社化运动等带有一定意识形态色彩的盲目的经济活动【林毅夫："大跃进"是对产业结构的内生性缺乏认识，人民公社化运动是对制度的内生性缺乏了解而导致的好心办坏事。】会大大降低劳动者的积极性与生产效率。又如，家庭联产承包责任制适合以小农经济为主体的中国，适合农场规模小的越南，却不适合拥有机械化大农场的苏联；乡镇企业在改革开放之初有较强竞争力，但当20世纪90年代末中国新型民营企业参与激烈的市场竞争时，乡镇企业便负债累累。因此我们在进行学术研究与政策分析时，要以"常无"的心态来观察不同国家在不同时间的具体条件，不被复杂表象与他人的经验迷惑，不做既有理论与事实的奴隶。【林毅夫：很好！作为知识分子要在这点上时刻保持清醒，才能役书而不役于书。】

如今依旧有许多疑惑有待探索，不过我也多了一份坚定与信念。改革开放以来的成就令人看到中国经济的活力，但其中出现的诸如城乡结构失衡、腐败问题与环境问题也令人反思：国家机器庞大而脆弱，做决策具有艰巨性与审慎性。【林毅夫：正是因为国家和社会存在许多问题，知识分子才有做出贡献的机会。】我很质疑一种态度：在事后批判时常常以"当时无更好的选择"收尾，当时真的没有更好的选择吗？【林毅夫：好问题！】从早期的优先发展重工业到2008年国际金融危机后四万亿元的刺激计划，再到如今的新基建投资，需要思考的问题还有很多，需要调整的细节、做出的改变也还有很多。【林毅夫：确实如此。】

第一讲也令我重新反思自己的理想：理解中国故事，也要讲好中国故事，并且思考如何将中国经验运用到一个更大的背景中，助力其他发展中国家的转型。【林毅夫：很好的抱负！】物理学有从力学到熵的世界观的革命，借鉴到经济学便是从静态的、可预见的、机械的模型到动态的、有机的研究。相信我能在学习"中国经济专题"这门课的过程中，更加理解我所在的这片土地，并踏入改变范式的大门，为更多人的福祉做出贡献。【林毅夫：很好！有志者事竟成！期盼你做出贡献！】

希望请教的问题

1. 关于我国核心技术问题：在《解惑集》一书中林老师指出，"当我国在技术上和发达国家的差距缩小时，就需要从引进、消化、再创新的模式转向自主研发的创新"（第9页），可有时技术与制度存在共时性矛盾。例如将产业分为五大类后，采用引进政策的追赶型产业是否会制约自主研发的领先型产业，从而制约我国对核心技术的掌握？我国财政对高校的数理化等基础学科建设有大量补贴，可科研成果却不太理想，这是不是一种低效率的错误激励？

林毅夫：首先，共时性矛盾是一个好问题。在思考这个问题时要了解像中国这样一个中等偏上收入的大国，有些产业的技术和世界技术前沿还有相当大的差距，处于追赶阶段，还可以依靠技术引进来取得技术进步。引进的方式包括购买更好的设备，购买专利，招商引资，到拥有这个产业的发达国家设立研发中心，雇用当地的技术人员来从事技术研发，在国内设立研发中心来进行技术攻关。有些产业则已经处于世界的技术前沿，要在这个产业继续领先则必须自主研发新技术、新产品。不同产业所需要的技术创新方式不同，需要的人才、企业的努力和政府的支持方式也不同。政府可以针对不同产业的需要给予不同的政策支持，包括设立不同类型的大学和技术学校，这种差别性的支持政策会比"一刀切"的政策更有效，更有利于追赶型产业发展成领先型产业，领先型产业继续维持领先，不仅不会制约自主研发，而且有利于更多的产业更快地变成领先型产业，更多的企业从引进技术转向自主研发。现在的主流经济学理论通常假设一个国家只有一种产业，而且不区分发达国家和发展中国家产业的不同，这样的理论所主张的政策适合于领先型产业则不适合于追赶型产业的需要，适合于发达国家的需要则不适合于发展中国家的需要，以至于发展中国家的政府想发挥因势利导的有为作用时缺乏理论的指导，造成发展中国家的政府经常处于"过犹不及"和"不及犹过"的困境。克服共时性矛盾的最好办法是分类施策，新结构经济学的理论创新克服了主流经济学缺乏结构概念的弊病，给分类施策提供了依据。

其次，关于"我国财政对高校的数理化等基础学科建设有大量补贴，可科研成果却不太理想"的问题，美国在20世纪初也有同样的问题，这是一个需要时间和积累来克服的问题，就像在《财富》世界500强企业中我国企业的数量一样，随着我国经济的发展和科研力量的积累，我国的科研创新力也会不断提高。实际上我国近几年专利申请数量已经高居世界第一，目前我国申请的专利大多属于外观设计和实用新型专利，发明专利则相对较少。相信随着我国越来越多产业的技术位于世界前沿，发明专利就会越来越多。同样，随着我国经济的发展和科研投入的增加，我国的基础科研也会越来越走向世界前沿。就像我相信21世纪会是中国经济学家的世纪，引领世界经济学理论新思潮的大师会辈出于中国一样，我相信，随着21世纪中华民族的伟大复兴，中国在物理、化学、医学领域也会产生很多诺贝尔奖获得者。

2. 关于中国政府补贴用于投资、外国政府补贴用于消费的问题：政府主导下的投资效率可能更低，而外国用于消费的财政支出会转化为投资，并在较为完善的市场经济中，以更高的效率转化为新的收益。在此基础上，考虑我国政府负债率红线时，是否应该更加谨慎？

林毅夫：首先，外国政府的财政支出更多用于失业救济和社会福利等支持消费的活动是事实，但是"外国用于消费的财政支出会转化为投资"的看法并没有任何理论和实证经验的支持，自2008年金融危机之后，美国政府确实在失业救济和社会福利方面提供了许多支持，但是美国实体经济的投资直到今天也还在恢复之中；同时，"在较为完善的市场经济中，以更高的效率转化为新的收益"的看法同样没有任何实证经验的支持。如果上述论断是正确的，外国政府就不应该有比我国政府高得多的负债率。例如，美国政府积累的负债达GDP的130%，日本政府的负债则更是高达GDP的260%，而我国中央政府和地方政府的负债，包括由地方政府担保的投资平台负债，加起来还不到GDP的60%。而且，我国政府的负债普遍用于投资，形成了资产，净负债率则更低。所以，我们不能听到、看到一种来自书上或是报上、由有名的专家提出的观点，就认为是正确的。我们需要批判的思维，自己看看事实是不是这样，其推论是不是经得起验证。其次，我国政府的投资主要用于基础设施，消除了增长的瓶颈，大大降低了经济运行的交易费用，这一部分属于基础设施投资的外部性，很难计算在投资项目的回报率中，所以会有基础设施投资效率低的表象。但是，发展好的发展中国家都比发展差的发展中国家有更多的基础设施投资（我和江深哲老师正在写一篇这样的论文），证明了基础设施投资在发展中国家经济追赶过程中的重要性。尤其在经济衰退时进行基础设施投资，不仅从长期来看有利于经济发展，而且在短期内还可以创造就业，降低失业率，是一石二鸟，所以国际货币基金组织在 2014 年的《世界经济展望》中还专门倡导各国在经济衰退时以基础设施建设作为反周期的政策措施。当然，上述论点并不是说基础设施投资不用考虑回报率或者不用考虑项目是否合适。我国在进行基础设施投资时确实必须有规划，考虑能否对经济社会发展做出贡献、是否可持续等问题。

从理想到现实问题的思考

赵佳雯

在第一节课过后，我收获了很多新的知识，加深了对中国过去发展成绩与经验及当下面临的问题、困难和机遇的了解，也有很多新的思考。总结下来主要有以下三个方面：

1. 个人理想方面

林老师在课上提出了对北大学生的期许，十分鼓舞人心，这也让我回想起当时选择"林班"的原因。

虽然高考结束后选择经济学院更多的是因为经济专业好就业，但是在经济学院学习的过程中，我渐渐感受到了经济学的魅力和未来中国经济学发展的可能性，感觉这是一个可以施展个人抱负、实现人生价值的职业方向。然而，在学习中我也时常感到，一些西方经济学理论、模型都十分理想化，很像一个数学模型，建立在一定的公理基础上，进行完美的逻辑推演；但真正结合现实思考的时候，似乎有一些格格不入，难以解释现实中的很多现象。【林毅夫：学而能思，很好！】

在接触到新结构经济学的一些理论后，曾经困扰我的问题得到了解决，一些用西方经济学理论难以解释的现象也得到了相对合理的解释，所以，尽管选择转入"林班"可能面临种种困难和风险（比如修不完课，比如一些人认为新结构经济学不成熟、"林班"培养方案不系统），但我依然决定转入。
【林毅夫：敢于为选定的道路冒风险，佩服！】我希望，如果我真的在经济学这条道路上继续走下去，能够不做象牙塔中的理论家，而是走进社会，用理论指导实践，成为一个实干家。【林毅夫：很好！"知成一体"是新结构经济学倡导的理念。】

2. 思考现实方面

现实世界错综复杂，我们很容易一叶障目、管中窥豹。我们的确应该记住，如果一个经济现象可以用一个理论解释，那它也可以用很多个其他的理论解释。【林毅夫：确实如此，在《本体与常无》中对这句话有许多讨论。】我们很容易把现实中的相关关系解释为因果关系，尤其是当我们忽略现实中其他变量，使用理论模型、用计量方法检验前提假设时。如上课时，林老师提到了 2010 年以后金砖国家、新兴市场经济体、高收入国家的经济增速都有所下滑，而其他经济体没有"高储蓄""国进民退"等问题，所以我们不能用这些问题去解读中国经济下滑的现实。【林毅夫：这可作为《本体与常无》里倡导的"一分析，三归纳"方法中当代横向归纳方法的例子。】

个人感觉，很多错误的经济政策及相关认知都来自对发达国家的盲目崇拜，照猫画虎。【林毅夫：没错！】所以，我想，如果要从事经济学的研究，一定不能过于依赖模型和理论，一定要真正了解社会现实，了解经济运行，只有这样才有可能抓住经济运行的根本因素，抓住问题的根源，归纳出正确的、符合现实的经济理论。【林毅夫：确实如此，要从真实世界的现象去了解背后的逻辑，不要从现有的理论去看真实世界的现象，如此才能使理论"认识世界、改造世界"的两个功能统一，达到"知成一体"的境界。】

3. 认识经济发展方面

课上林老师讲的许多知识和新结构经济学的理论相契合，也加深了我对中国经济现实和发展政策的认识。比如关于我国的政府债务、财政政策和投资机会，上学期我选修的"财政学"正好有关于新基建的内容，现在我更认识到新基建代表的投资机会及其对中国发展的意义。再比如关于中国未来发展潜力的问题，我看到了扩大内需的重要性，也想到了暑期参加无极县的实践活动时，林老师在讲座中提到，中国有8%的经济增长潜力，但不一定非要用尽这些潜力。我个人的解读是，经济发展是一个连续的过程，我们不能只顾一时的成绩而忽视长远的发展，比如现在供给侧结构性改革可能给经济发展带来一些阻滞因素，但这种阵痛可能是必要的，单看现在欧美国家因为缺乏结构性改革而导致的经济问题，便能感受到我国能进行结构性改革是何等幸事。当然，如何在阵痛时尽可能改进政策、降低不利影响，也是不能被忽略的问题。【林毅夫：确实，许多结构性改革在短期内会使经济收缩，有些项目，例如补短板的投资，在短期内则可以增加需求，建成后可以提高生产力，所以，审时度势和选准推进的顺序也很重要。】

希望请教的问题

1. 林老师在做出中国*未来有8%经济增长潜力的判断时，以人均GDP差异作为衡量标准，并参考了"亚洲四小龙"的发展状态。我的问题是，"亚洲四小龙"的经济体量都较小，而中国经济体量较大，并发展了较为完备的工业体系，这些差异是否会影响中国和"亚洲四小龙"发展的可比性？

林毅夫：在做出8%经济增长潜力的判断时，我参考的经验包括日本、新加坡、韩国和中国台湾地区。新加坡、中国台湾地区称得上是小经济体；韩国有5 000万人口，是中等经济体；日本有1.27亿人口，是大经济体。所以，它们不全是小经济体。而且，按2011年美元购买力平价计算，我国在2010年的人均GDP为美国的19.2%，这四个经济体在相同的人均GDP水平下实现的20年年均增长速度分别为9.3%、8.4%、8.4%和8.9%，日本的体量最大，增长反而最快，所以，大有大的好处。这种好处可能表现在你所指出的较为完备的工业体系，也可能表现在境内后发地区向境内先进地区学习比向境外先进地区学习相对容易，以及大经济体内容易形成足够大的产业集群，甚至同一产业有好几个产业集群之间的相互竞争，等等。不过，像中国人口这么多的国家，在利用后来者优势以取得快速增长时，容易在人均GDP还不是很高时经济总体规模就匹敌具有霸权的经济体，引起霸权国的不安，产生国际政治上的紧张关系。目前中美的摩擦

---

* 指中国大陆，下同。

就是由此引起，小经济体如新加坡，虽然人均 GDP 在有些年份已经超过美国，但不会引起美国相同的政治反应。所以，在这一点上小经济体处于有利的地位。但是，会想在技术上"卡我国脖子"的只是具有霸权地位的美国，其他发达国家大概率不会为了维护美国的霸权地位而轻易牺牲我国的市场。所以，只要我国保持开放，需要我国以新型举国体制来攻关的将只是那些美国独有的技术，其他的技术我国应该还能继续靠引进消化吸收来获得，需要利用新型举国体制来攻关的项目不会太多，不会影响我国的整体发展态势。

2. 林老师上课时提到，发达国家的基础设施老旧，改善基础设施的经济效益不如发展中国家。但当下，因为技术更新换代很快，可能很多基础设施也很快会被淘汰。比如我之前了解到，4G、5G 等技术一般奇数代会有较大的突破，而偶数代则是对奇数代技术的完善。一些人预测，5G 技术发展之后，6G 也会较快成熟普及。那我们如果大力兴建与 5G 技术相关的设施，是否会导致在后续更新换代时乏力？之前也有观点说，新基建更多地依赖企业，依靠企业投资。但这似乎也不能避免后续更新换代乏力的问题。类似的，英国在蒸汽机普及后，由于蒸汽机使用时间不长，很多资本家不愿意改换更先进的内燃机等机器，影响了第二次工业革命的成果普及。现在，我们应该如何避免这种问题？

林毅夫： 首先，在通信技术上奇数代会有较大的突破，而偶数代则是对奇数代技术的完善。这是从对过去经验的观察而来，未来是否一定如此则未可知。在《本体与常无》中，我主张以"初生婴儿的眼睛"来观察真实世界，了解所观察现象的本质和决定因素，形成对现象或问题的判断，不主张以现有的理论和过去的经验来看当前的现象和问题。5G 是否会被 6G 迅速取代，需结合 5G 和 6G 技术的特性、创新的决定因素和普及的难易等来分析，而不是从过去的经验简单类推。其次，我国在 5G 技术上已经领先世界，如果因为担心 6G 技术有较快成熟普及的可能性而不铺开 5G 技术的运用，那么就放弃了在 5G 技术上的领先，在 6G 技术上也难以领先而只是跟随者。所以，最好的策略还是率先推广 5G 技术的应用，推动经济进一步发展，积累更多可用于支持 6G 技术研发和将来推广运用的资金。

关于"英国在蒸汽机普及后，由于蒸汽机使用时间不长，很多资本家不愿意改换更先进的内燃机等机器，影响了第二次工业革命的成果普及"，这是相对于尚未使用蒸汽机的后发国家如法国、德国而言，这些后发国家产业升级时可以直接使用内燃机，而先发国家若要使用内燃机则需要支付淘汰蒸汽机的机会成本。可是，英国如果在发明了蒸汽机以后不使用蒸汽机，就不会发生工业革命，也就不会成为先发国家。针对技术换代可能产生机会成本的问题，在新技术出现时，政府可以出台加速折旧的税收措施，或直接给予企业补贴，企业也可以把原有的设备作为投资转移到收入水平较低、无力购买最新技术设备的国家或地区，在20世纪80年代我国改革开放初期，日本和"亚洲四小龙"的企业到中国内地来投资的生产线很多属于这种情形，在当时我国资本短缺的情况下，使用那些旧的设备属于双赢，既帮助了外来投资者汰旧换新，也帮助了我国在资本稀缺的条件下发展劳动密集型的出口加工制造业。

3. 林老师觉得现在的经济学在文章发表和评奖（比如诺贝尔经济学奖）上是否存在政治、意识形态因素的影响？

林毅夫： 文章发表要经过审稿，审稿人通常以发达国家的理论、经验和感兴趣的问题作为参照。为了发表，发展中国家的经济学家通常以发达国家的理论来解释发展中国家的现象，或以发展中国家的数据来检验发达国家盛行的理论，或去研究发达国家经济学家感兴趣的问题。这样的研究仅是为发达国家的理论做脚注，或是邯郸学步，即使发表情况再好，对推动人类知识的进步贡献有限，自然不可能得奖，而且对发展中国家认识世界、改造世界也不会产生多大的帮助。发展中国家的经济学家若要对人类知识的进步做出贡献，则必须从自己国家的经验和问题中总结出新理论，这样的理论创新即使不得诺贝尔奖或其他奖，也会对帮助发展中国家的人们认识世界、改造世界做出贡献，而后者是发展中国家知识精英责任之所在。而且，就像我在这堂课结尾以及在《新结构经济学和迎接世界级经济学大师在中国辈出时代的到来》（本书第一部分第一篇）里所提到的，世界经济中心必然是世界经济学的研究中心、大师辈出的中心。随着中华民族的伟大复兴，中国经济必然成为世界最大最有影响的经济，世界经济学的研究中心也将转移到中国来。中国经济学家要抓住这个历史机遇，就必须有勇气不以满足现在国际主流期刊审稿人的要求、能在国际主流期刊上发表为研究的导向，而要以了解中国现象背后的道理、学理、哲理，总结出新的理论为努力的方向。只要提出的理论内部逻辑自洽，理论的各种推论能够得到经验事实的支撑，这样的文章我相信一定能发表，能在主流顶级期刊上发表最好，即使在一般期刊上发表也没有关系。科斯的"The Nature of the Firm"于1937年发表在一本新杂志"Economia"的第4卷，这本杂志当时没有影响力，到今天也没有什么影响力，在一般经济学院的职称评定中，这本杂志只属于D级，但是这篇文章却开启了新制度经济学、信息经济学，开创了合同理论，等等。类似的例子还有很多。我常鼓励学生要"坐在金矿上挖金矿"，不要"坐在金矿上挖煤矿"，就是鼓励大家不要以能在顶级期刊上发表文章为目标，而要以抓住中国经济发展所给予的理论创新机会为学习和研究的目的,这也是创办新结构经济学实验班的理由之一。

我辈责任,始于足下

赵祥瑞

9月24日,我第一次聆听了林老师的"中国经济专题"课程。只有九个人的小班讨论课给了我们近距离与林老师交流沟通的机会,小班讨论的形式使我们能很好地与林老师互动,林老师会根据我们的学习情况调整授课速度,这使我有了一个很好的听课体验。林老师讲课深入浅出,三个多小时过得飞快,听后只感酣畅淋漓,回味无穷!

在认知方面,我震撼于林老师的传奇事迹、爱国热情和理论高度。这一节课加深了我对于中国高级知识分子以天下兴亡为己任的情怀的理解,体会到了北大学生对于实现中华民族伟大复兴的责任,也认识到了自己要立下远大的抱负,关心国家大事,做一个胸怀天下的时代青年。

在经济学研究的直觉方面,我认为通过这节课的学习,自己有了很大进步。通过林老师由浅入深的细致讲解,我掌握了一些经济学问题的思考角度和思考方式,同时对于"经济学原理"课程上的一些结论有了更具体的理解。通过林老师对中国经济的讲解,我的经济学直觉得到了很好的锻炼,这将为未来我对高级课程的学习以及科研打下很好的基础。【林毅夫:很好!触类旁通!】

在对于中国经济的了解方面,我通过这节课的学习,对中国经济有了一个大致的认识。我了解到了改革开放以来中国经济的发展成就及其对世界的影响,并且学习了影响中国经济增长的决定因素,依据这些因素预测了未来几十年中国经济可能的增长情况,同时也了解到了中国现存的经济发展挑战,对未来中国要想维持经济发展速度的注意事项有了基本的认识。

改革开放以来中国经济的高速发展是一个旷古未有的奇迹。1979—2019年

GDP 年均增长率达到 9.4%，2019 年经济规模已发展为 1978 年的 39.3 倍，在 2014 年按购买力平价计算，经济规模超过美国，更是在 2019 年成为中等收入国家。【林毅夫：这一点看法不准确。我国在 2002 年跨过人均 GDP 1 026 美元的下中等收入国家的门槛，在 2010 年跨过人均 GDP 4 036 美元的上中等收入国家的门槛，应该会很快跨过人均 GDP 12 535 美元①的门槛，成为一个高收入国家。】按美元计算 1979—2019 年贸易的平均年增长率为 14.1%，中国现在既是世界第一大贸易实体，又是第一大外汇储备国。中国经济的增长不仅仅消除了国内的绝对贫困，而且拉动了原材料价格的上涨，促进了国际金融体系的稳定，成为世界经济发展的发动机。而对于中国未来经济发展的预估，林老师持相对乐观的态度。未来增长的决定因素主要为生产要素的增加、技术的进步、产业结构的升级和制度的完善，其中考虑到资本和劳动力的边际效益递减，技术创新是其他增长因素的决定者。现阶段不得不承认在某些方面，我国的科学技术水平仍然与发达国家有一定的差距，所以我们可以利用技术引进代替研发，节省时间和资本投入，形成后来者优势，从而取得比需要自主研发的发达国家更高的经济增长速度。类比历史上其他相对于发达国家有同等后来者优势的国家的数据，我们可以得出结论，如果能很好地解决中国经济建设中的问题，我国还有很大可能性维持经济的高速增长。当然我们也要深刻意识到中国现在仍然面临着一定的挑战，既有来自国际上的压力，也有国内现存的问题。我们要积极地迎接挑战，对未来中国经济发展既不过于悲观，也不盲目自信，脚踏实地，改革创新，使中国经济持续稳步向好发展。【林毅夫：总结得很好！我对中国未来发展前景的看法经常会被认为是"乐观"，我则认为是"客观"，因为一方面，这些看法是经由对问题的本质和事实的分析得来；另一方面，这些看法后来大多得到印证。被认为"乐观"则是一般学者以现有的理论和发达国家的经验为参照来观察中国的现象，容易只看到问题而悲观，相比之下，我的"客观"就变成了"乐观"。】

总体来讲，我真的通过第一节课收获了很多东西。这种收获包含方方面面，既包括治学态度、责任意识，又包括对中国经济情况的理解，还有经济学直觉

---

① 2022 年 7 月，世界银行将高收入门槛提高到 13 205 美元。

的培养。这对我未来的学习奠定了很好的基础。

希望请教的问题

1. 关于通过技术引进形成的后来者优势：确实通过引进外来的成熟技术或购买相应专利可以很好地节约研发成本和时间，提高我国的经济增长速度。但是我们不得不承认两个事实：一是对于一些核心产业，由于发达国家的技术封锁，我们只能自己研发相关技术，而且这些产业可能对于国家来讲是必要的、支柱性的，无论多么艰难我们都要研发出来，避无可避。二是研发是需要积累的，一些困难的、攻坚性的技术突破，可能需要以其他相对简单的研发工作作为基础。如果过度依赖于技术引进而非自主研发，在一些保密领域可能会由于缺少研发经验和人才而难以实现自主突破。

民营企业可能会考虑成本收益问题，更多地选择成本相对较低的技术引进。但是积累相应的技术经验和高端人才对国家整体来讲是必要的。那么国家应该如何平衡好自主创新与技术引进的关系呢？

林毅夫：（1）对于一个落后的发展中国家而言，多数符合该国比较优势的产业所需要的技术已经过了专利保护期，引进是不需要成本的。当一个发展中国家越来越接近发达国家时，要引进的技术仍在专利保护期之内的越来越多，不过绝大多数技术是内化于设备之中，发达国家只有通过销售设备才能实现技术专利带来的好处，所以，通常情况下发达国家不会不出售设备给发展中国家。即使是不内化于设备的技术通常也可以经由购买专利来取得。只有像中美两国那样，中国的发展威胁了美国的霸权地位，才会出现技术封锁的情形，不过，绝大多数先进的技术不是只有美国拥有，中国可以从无意于也不可能成为世界霸权国的其他发达国家引进技术而规避美国的封锁。对于那些只有美国有，其他发达国家没有，又影响到我国国防和经济安全的技术，就应该发挥我国举国体制的优势来进行突破。（2）发展中国家在引进技术、设备时，通常需要对引进的技术设备进行流程的改进（process innovation），这种流程创新可以积累产品创新（product innovation）所需的人才和知识，对将来从事产品创新会有帮助。（3）决定自主创新成败的因素，一方面是人才、知识的积累，另一方面是资金的投入能力。利用后来者优势，可以更快速地发展，更快速地积累资金，更快速地提升自主创新所需的资金投入能力。这也就是为何任正非说，在引进比自己生产便宜时，华为就引进而不自己生产。总的来说，除了少数关系到国防和经济安全，又可能被像美国这样的霸权国家"卡脖子"的技术，发展中国家需要将其作为战略目标由政府来投入攻关，对于其他的技术，发展中国家要充分利用后来者优势来加快经济发展，以更快速地达到发达国家的水平，更快速地提升自主创新的能力。

2. 中国经济发展仍面临着诸多挑战，如果想要维持经济的高速增长，我们要解决国内的收入差距、城乡差距、教育差距等问题。但是我们不得不面临权衡取舍，公平和效率不可得兼。确实我们要缩小上述方面的差距，但对于最后的相对平等有什么具体的标准呢？要达到怎样的效果才能算作公平与效率之间比较好的平衡点呢？

林毅夫：这个问题在第十一讲中有详细的讨论。总的来说，按照比较优势来发展经济有利于在初次分配中实现公平和效率的统一，政府则在二次分配中要关注落后群体、落后地区、临时失业和因病因残需要救助的人群，以进一步缩小贫富差距。我国当前贫富差距的扩大有相当大一部分是由于改革不到位，形成了对少数富有阶层的补贴和存在寻租机会所致。我国应该按照十八届三中全会的决议，深化市场体制改革，消除制度扭曲所带来的收入分配的不平等。

后发优势与后发劣势

钟睿煊

在本周的课程中，林毅夫老师提到发展中国家可以利用自己的后来者优势，通过对发达国家的技术模仿实现经济快速发展，且不需要走弯路。通过文献阅读我了解到，杨小凯老师认为，发展中国家倾向于模仿发达国家的技术和管理，而不去模仿发达国家的制度，这样落后国家虽然可以在短期内实现经济的快速增长，但是会强化制度模仿的惰性，给长期发展留下许多隐患，甚至使长期发展变为不可能，后发优势可能反而成为后发劣势。2003年，林毅夫老师和杨小凯老师曾就后发优势和后发劣势在《经济学（季刊）》上进行了一次辩论，在当时乃至现在都产生了深远的影响,以下是我对这次辩论的几点总结和心得。

1. 二者的大前提:对于经济增长核心的看法不同

林毅夫老师认为,从技术层面说,一国的经济增长潜力取决于三方面的条件:生产要素、产业结构和技术创新。其中,技术创新是增长潜力的核心。技术创新可以增加资本的积累,并推动产业结构的升级。在不同的发展阶段,技术创新的来源可能不同。发展中国家可以利用收入水平、发展水平以及产业结构水平与发达国家的差距,通过技术模仿和引进来加速技术变迁,从而促进资本的积累和产业的升级,推动经济的增长。①

而杨小凯老师则认为经济增长的基础是劳动分工水平。经济增长不单依赖分工,更重要的是依赖分工水平的不断提升。在初始阶段,人们对各种生产活动都没有经验,生产率很低,因此付不起交易费用,只好选择自给自足。在自给自足的生产方式下,每个人慢慢在每种活动中积累了一些经验,生产率就慢慢提高,使其负担得起一点交易费用,于是开始选择较高的专业化水平。通过自由择业和自由价格机制,这些自利决策的交互作用会使整个社会的分工水平提高,市场也就因此出现。由于专业化水平的提高反过来加速了经验积累和技能改进,生产率进一步上升。此时每个人在权衡专业化将带来的报酬和当前增加的交易费用后,认为可以支付更多的交易费用,从而又会进一步提高专业化水平。这样,良性循环过程就会出现。这个过程使分工演进越来越快,产生所谓经济起飞现象。②

2. 二者的结论:对于制度在经济增长中作用的看法不同

由于大前提的不同,二者对于制度在经济增长中作用的看法也就不同。

在林毅夫老师看来,制度是重要的,任何国家的政治制度安排对经济绩效、资源配置、激励机制都会有影响;但是制度是内生的,一个国家的最优制度内生于一个国家的社会经济状况之中,并不存在一个"放诸四海而皆准"的政治

---

① 林毅夫. 解读中国经济 [M]. 3 版. 北京:北京大学出版社,2018.

② 赵明亮. 分工理论:从古希腊思想到新国际体系的研究述评 [J]. 产经评论,2010(03):14–23.

制度。① 就像经济基础和上层建筑的关系，经济增长和制度变迁是一个辩证发展的过程，制度变迁是随着经济的不断发展、结构的不断变迁而逐渐发生的。如果一个国家采用不符合其社会经济状况的制度，这反而会阻碍经济发展。

而在杨小凯老师看来，经济增长的基础是劳动分工水平，要提升分工水平，就要解决更高水平分工的协调问题，其中制度条件非常关键，核心就是产权制度。产权制度的选择受到很多其他制度安排的影响，其中最重要的就是国家政治制度的影响。因为国家是唯一掌握合法暴力的权威机构，控制着强大的社会强制力，如果国家的行为不"上轨道"，私人产权的普遍、长期、稳定的保护就难以"上轨道"。私人产权保护不"上轨道"，整个市场的基础也就弄不起来，或者歪歪斜斜，不可能成为长期经济增长的可靠基础。② 因此杨小凯老师认为宪政制度是经济长期发展的必要条件，只有宪政制度能保证产权的不受侵犯，为分工水平的提高提供条件，从而促进经济增长。

3. 结论的引申：对发展中国家经济转型路径的看法不同

林毅夫老师认为，发展中国家在经济转型中应该采取渐进式的路径，利用自己的后发优势，根据自身要素禀赋结构所决定的比较优势来选择产业，并通过对发达国家的技术模仿，积累资本，促进产业结构的升级与要素禀赋结构的调整，从而实现经济的长期发展。违背禀赋结构和发展阶段贸然选择发达国家的政治制度只会适得其反。

而杨小凯老师则认为，通过模仿发达国家的技术诚然可以在短期内获得经济快速增长，但是会强化制度模仿的惰性；渐进式改革诚然可以赎买特权阶层，减少推动改革的阻力，但是也有将国家机会主义制度化及造成不公的负面效果。③ 长期来看，这会阻碍经济的增长甚至使增长变得不可能。因此杨小凯推

---

① 林毅夫.后发优势与后发劣势：与杨小凯教授商榷[J].经济学（季刊），2003（03）：989-1004.

② 周其仁.纪念杨小凯[N/OL].经济观察报,（2004-07-08）[2021-12-21]. http://www.eeo.com.cn/2014/0708/263100.shtml.

③ Sachs J,胡永泰,杨小凯.经济改革和宪政转轨[J].经济学（季刊），2003，2（04）：1005-1008.

崇休克疗法的转型方式，主张先建立宪制，再发展经济。虽然从旧体制到新宪政秩序的转型对经济发展可能具有显著的短期负面影响，但是可以为经济的长期发展铺平道路。

4. 总结

凯恩斯说："经济学家以及政治哲学家之思想，其力量之大，往往出乎常人意料。"林毅夫老师和杨小凯老师的观点，都是来自自身对中国发展面临问题的深刻体验和在学术方面的长期探索，但是所指引的实践之路却大相径庭。实践已经表明，苏联解体后，按照休克疗法进行经济转型的东欧经济体的经济发展都不尽如人意，反而是实施渐进式改革的中国取得了较长期的经济快速发展。目前来看，似乎是后发优势理论占据了上风，但是，随着中国经济增速放缓，重审后发劣势的呼声也愈发强烈。理论是帮助我们认识世界和改造世界的工具，而实践是检验理论是否正确认识世界和帮助我们改造世界的唯一标准。正因为理论有如此强大的力量，我们才更应大胆地质疑，小心地求证。正如林老师上课时所讲，"作为知识分子，我们不能忽略存在的问题，但同时也不能忽略我们拥有的机会跟条件"。只有这样，才能避免好心办坏事，才能不辜负时代的机遇，更好地肩负时代的使命。

【**林毅夫**：这篇读书心得对后发优势和后发劣势的观点和争论有很好的把握和总结，这个争论关系到中国未来的发展道路，很值得中国学者的关心和继续探讨。很高兴你能够下工夫去整理，鼓励你随着学习的深入和经验的积累继续探索。】

希望请教的问题

1. 老师在上课时提到，我们可以用人均 GDP 的历史比较来估算一个经济体后来者优势的大小。但是随着近年来许多欧美发达经济体给中国技术引进设置的门槛越来越高，现在中国剩余的后来者优势是否会小于按人均 GDP 估算的水平？之前对于技术引进的依赖会不会影响当前技术创新的能力？

林毅夫：近年来许多欧美经济体在技术引进方面对中国的门槛越来越高，是因为中国许多产业的发展已经越来越接近世界技术前沿，要引进的技术还在发达国家专利保护期之内，需要通过购买专利才能引进，这并不是专为中国所设。不过，除了美国因为我国的发展威胁到其霸权而对我国进行技术封锁，其他发达国家出现这种情况的可能性不大。至于对技术引进的依赖会不会影响当前创新能力的问题，我在回答赵祥瑞的问题时已经回答过，这里就不再赘述。

2. 请问老师如何评价新兴古典经济学派以及杨小凯老师提出的经济增长的基础是劳动分工水平的观点？

林毅夫： 分工是提高生产率水平的重要来源之一，自然对经济增长有贡献。杨小凯的分工理论思想来自亚当·斯密的《国富论》，新兴古典经济学对模型化斯密的分工理论做出了贡献。但是《国富论》出版于1776年，当时工业革命才刚开始，亚当·斯密并没有注意到工业革命的产生和影响。《国富论》里的观点是总结于15世纪地理大发现以后英国和欧洲大陆的经验，但是，使得欧洲的人均GDP增长率从18世纪以前的年均0.05%提高到18世纪至19世纪中叶的1%的则是工业革命所带来的技术创新和产业升级的加速，对这一点，直到20世纪30年代的熊彼特创新理论才给予其重视和总结。作为知识分子，我们不能因为某些因素在过去的时代不存在，就认为现在也不存在，也不能因为过去的大师不重视，我们就不重视。在研究一个现象时，我主张不要从现有的理论出发，而应该以"常无"的心态从现象的本质出发，这样才能够真正认识现象，了解其背后的因果机制，构建能够认识现象、改造现象的理论。关于怎么认识现象、怎么做研究，可参考《本体与常无》一书中的讨论。

3. 请问渐进式改革如何应对可能出现的国家机会主义和制度性的腐败问题？这些问题是否会阻碍制度的变革，从而影响经济的进一步发展？

林毅夫： 国家机会主义是奥尔森运用利益集团理论的分析得来的观点。在任何国家都有利益集团，美国目前的许多政策是被华尔街绑架，推行了私有化的苏东国家的政策则是被寡头绑架，带来的结果和国家利益集团所造成的结果并没有多少差异。克服国家机会主义和任何利益集团对政府政策的绑架，有赖于一个国家最高决策者的睿智。不管在哪种体制和所有制的国家，最高决策者都有一定的自由裁量权，其决策可以不受利益集团的制约。最高领导人追求的目标是个人长期执政和长期执政不受威胁时个人能够青史留名。能够让最高领导人同时实现长期执政和青史留名的是其推行的政策给国家带来繁荣富强，给百姓带来安居乐业。如果有这样的理论，发展中国家的最高领导人会乐于采用，但是，从亚当·斯密以来尚未有发展中国家遵照执行就会带来繁荣富强的理论，主要原因是现有的理论来自发达国家，以发达国家的发展水平、经济、社会、政治、价值理念等为其暗含前提，发展中国家由于前提条件的差异，运用来自发达国家理论的结果难免"淮南为橘，淮北为枳"。由于最高领导者的施政未能给人民带来安居乐业，未能给国家带来繁荣，最高领导者得不到人民的支持，其长期执政的基础受到威胁。为了巩固其执政地位，最高领导人就会通过寻租来构建支持其执政的利益集团，结果经济发展状况就会每况愈下，陷入恶性循环。（详见《解读中国经济》附录一以及《经济发展与转型：思潮、战略与自生能力》）。也正是为了解决上述问题，我才致力于总结发展中国家的成败经验，提出能够给发展中国家带来安居乐业、稳定繁荣的新结构经济学理论体系。

求 索：
第二次学习心得与反馈

学习内容

第二讲　"李约瑟之谜"和中国历史的兴衰
第三讲　近代的屈辱和社会主义革命
第四讲　赶超战略和传统经济体制

简要介绍

　　2020年10月8日、10月15日、10月22日、10月29日和11月5日，林毅夫教授分五次课为"林班"同学讲授了"中国经济专题"课程的第二、三、四讲内容。在这五次课中，林老师首先介绍了"李约瑟之谜"，并对现有盛行的文化决定论、国家竞争论以及高水平均衡陷阱论三种流行假说做了驳斥，基于对工业革命本质的把握，林老师提出了自己的假说，并进一步从科学革命的发生与中国科举制度的角度做了解答；随后介绍了从1840年鸦片战争到1949年中华人民共和国成立的这一百多年来中国近代社会救亡图存的努力（洋务运动、戊戌变法、辛亥革命、五四运动与社会主义革命），以及中国知识分子一步步从器物转向制度和组织再转向文化与思想，最终找到社会主义的过程；最后对从1949年到1978年的传统计划经济体制做了讲解，包括中国为什么要推行重工业优先发展战略、计划经济"三位一体"的制度安排是如何形成的、农业合作化运动的原因与结果，以及1978年前传统计划经济体制对经济发展的影响。

重工业优先战略、计划经济与经济发展

毕斯源

中华人民共和国成立后,迅速展开战后恢复与经济建设工作。为了实现国家富强和对发达国家的快速赶超,我国确立了重工业优先发展战略以及与之配套的一系列相关政策,包括"三位一体"的计划经济、农产品统购统销、农村生产合作化、地区性粮食自给自足等措施。重工业优先发展的决策可以被看作当时环境下所做的一种理性决策,而它在带来效益的同时,也与为发展重工业而确立的计划经济体制共同给经济发展带来了一些严重的负面影响,以致当前我们仍在致力于解决这些问题。

一、实行重工业优先发展战略的原因

1. 恶劣的国际环境与薄弱的经济基础

中华人民共和国成立后,开始逐步推行国家经济建设。尽管中国在前现代社会有过经济和科技发展上的辉煌成就,但是由于没有发生科学革命和工业革命,中国在现代社会的经济和科技发展逐步落后于西方。此外,长期战乱对经济发展也造成了严重的破坏,当时的中国仅仅是一个贫穷落后的、以农业为主的发展中国家。而当时中国面临的国际环境并不友好。冷战开始,帝国主义对新政权采取政治上孤立、经济上封锁、军事上威胁的政策。在这样的条件下,中国想要更好地保全自己、实现和平稳定的发展,经济方面的出路就是发展重工业。【林毅夫:二战以后基本所有的发展中国家都采取了重工业优先发展战略,所以,中国采取重工业优先发展战略的原因既有当时的国际政治环境,也有当时的社会思潮和发展中国家的主观愿望。】重工业是与轻工业相对的概念。重工业提供生产资料,而轻工业生产消费资料。重工业提供的生产资料是实现社会扩大再生产的物质基础。此外,重工业所包含的钢铁、冶金、机械、能源、化学、材料等行业也为军事的发展提供了必要条件。

2. 苏联援助改善要素禀赋条件

中国发展重工业也有相应的优势——同样实行重工业优先发展战略并取得显著成效的苏联为中国提供了重要帮助。1950 年中苏领导人会谈时，苏联便已答应帮助中国建设 50 个重工业项目，这批援助在 1952 年之前便已经启动。1953 年，中苏扩大在经济领域的合作，中国同意苏联帮助制定"一五"计划，苏联又对中国展开第二批援助。苏联援助的方式包括派遣专家、援助相关技术、提供低息贷款、发展双边贸易、开办合股公司等。<u>苏联的援助在一定程度上影响了中国的要素禀赋，也促使中国实行重工业优先发展的政策。</u>【林毅夫：苏联的援助主要是发展重工业的项目所需的资金、技术和经验，但就改变中国当时资本相对短缺的要素禀赋结构而言作用有限，因为苏联所提供的资金相对于整个国家的资本拥有量而言是杯水车薪，不足以使中国从资本相对短缺变成资本相对丰富。】

二、重工业优先发展战略的主要措施

1. 发展重工业与我国当时要素禀赋的矛盾

重工业是资本密集型产业，其主要特点有：建设周期长，关键机器设备需要进口，需要巨大的一次性投资。而我国作为一个贫困落后的农业国，剩余少且分散，因此资本短缺且难以动员。与此同时，我国可出口产品少、外汇短缺。在工业发展中，<u>重工业与我国的要素禀赋不相符，也不符合我国的比较优势。</u>因此在市场经济条件下，重工业企业不会具有自生能力。想让重工业企业存活并持续发展，国家就必须采取相应手段，因此我国实行了"三位一体"的扭曲的制度安排。

2. "三位一体"的制度安排

正如前文所讲，发展重工业并不符合中国的比较优势，因此必须有政府的干预才能顺利实施。在这样的条件下，我国推行了"三位一体"的制度安排。"三位一体"包括宏观上扭曲价格信号、行政上计划配置资源、微观上剥夺企业自主权。重工业作为资本密集型产业，需要大量资金。只有通过政府干预压低利率才能降低资金的获得成本。为了降低机器设备等的进口成本，政府选择高估汇率；为了降低投入的要素成本，政府压低原材料、中间品的价格和工资水平；为了维持压低工资水平的工人生活，也必须压低生活必需品价格，由此在宏观上扭曲了价格信号。在市场经济条件下，上述对价格信号的扭曲难免导致短缺，包括资本、外汇和生活必需品的供不应求，因此政府采取计划的方式来配置资源。此外，如果采用市场经济的形式，资本家会更倾向于将要素投入符合比较优势的轻工业逐利，这与国家的安排不相符，因此我国推行企业国有化，直接干预国有企业的"人财物、产供销"，在微观上剥夺企业的自主权。

三、重工业优先发展战略取得的成就

1. 重工业迅速发展，为后期产业发展提供了重要基础

在国家优先发展战略的支持下，重工业取得了长足发展。1952—1978 年我国重工业产品产值呈现逐步提高的趋势。与 1952 年相比，1978 年钢产量增长了 22.5 倍，原煤增长了 8.4 倍，发电量增长了 34.2 倍，金属切削机床产量增长了 12.4 倍。① 与此同时，重工业优先发展战略也促使我国拥有了许多过去没有的工业部门，如飞机、汽车、石油、化工、精密仪器等，还留下了一批竞争力强、发展潜力大的国有企业，如首钢集团、长春第一汽车制造厂等。首钢位列 2019 年 7 月《财富》世界 500 强榜单的第 402 位，当前在钢铁产业中依然具有巨大的影响力。"从'一五'计划到改革开放前，在短短二三十年时间内，我国基本建成了一个初具规模、门类齐全的工业体系和国民经济体系。"② 重工业的迅速发展也对改革开放后的轻工业发展起到了一定的推动作用。重工业提供了大量的生产资料，从而为生产的扩大化提供了重要的物质条件。在这一基础之上，轻工业的发展也更有保障。

2. 促进了技术引进和人才培养

中华人民共和国成立初期，我国仅为贫困落后的农业国，技术水平较低。而在重工业发展过程中，我国积极引进别国先进技术，如在工业化开始时期，苏联提供了较多的技术和设备支持，从勘察地质、选取厂址、指导安装、建成

---

① 国家统计局. 1999 年统计年鉴 [DB/OL]. [2022-01-11]. http://www.stats.gov.cn/yearbook/indexC.htm.

② 过文俊. 我国传统工业化的历史回顾与总结 [J]. 文史博览·理论，2006（7）：74.

投产等方面给予了重要的指导和帮助。20世纪60年代中苏关系恶化，中国开始从西方引进冶金、石油化工、电力等方面的技术。在重工业发展过程中，技术引进、集中攻关的技术发展模式填补了我国在多方面的技术空白，也为后续经济发展打下了重要基础。

在人才培养方面，重工业建设过程中，苏联的援助帮助中国培养了专业人才，也对中国高等教育的发展起到了重要作用。根据有关资料，"在苏联厂矿实习的中国技术干部只需要支付苏联专家和教师的讲课费和少量的实习费，而该数额总合仅为实习指导者工资的10%～20%。1952年中国派遣到苏联实习的技术干部中，中央9个部委达到174名，东北工业部各公司达到560名"①。此外，1953—1957年，中国高等教育系统共聘请苏联专家567人，1954年年底全国聘请苏联专家的高校达到35所。苏联专家帮助中国若干高等教育课程编写了教材和讲义，帮助制定高等教育的管理体系，为中国的教育和人才培养做出了巨大贡献。

3. 推动了国防军事工业的发展

优先发展重工业的一个重要目标就是促进军事工业的发展，加强国防。而从重工业建设的成绩来看，我国较好地完成了这一目标。"三五"时期，国家为了备战，在三线地区（四川、甘肃等）大力推行军事工业建设，当时设想的"两弹"（原子弹、导弹）、"两基"（攀枝花钢铁工业基地、重庆常规兵器工业基地）、"一线"（成昆线）的战略布局为中国提供了强大的军备力量。重工业的发展为军事工业的发展打下了重要的基础，军事工业的发展也有效地增强了我国的国际影响力。

四、遗留的问题

1. 产业结构的失衡

重工业优先发展战略使得剩余和资金均集中于重工业，因此重工业实现了较快发展。而重工业优先发展的代价则是牺牲了轻工业和农业的发展。相关研究表明，重工业优先发展战略在很长一段时间没有有效地促成农业生产方式机械化水

---

① 中国社会科学院，中央档案馆. 1949—1952年中华人民共和国经济档案资料选编(工业卷)[M]. 北京：中国城市经济社会出版社，1987：787-791.

平的提高,这种状况影响了农业劳动生产率的提高,阻碍了我国农业向现代农业转变。而与此同时,轻工业一直难以获得相应的资金和其他资源,同时又由于生活必需品的价格被人为压低,轻工业的发展受到严重阻碍。长期违背经济规律,忽视轻工业、农业的建设,导致重工业自我循环,而没有形成轻、农、重三者配合发展的格局(见表1),这给之后的产业结构调整带来了巨大压力。

表1　1952—1978年基本建设投资结构的变化　　　　（单位:%）

时期	农业	轻工业	重工业	其他
"一五"(1953—1957)	7.1	6.4	36.2	50.3
"二五"(1958—1962)	11.3	6.4	54.0	28.3
1963—1965	17.6	3.9	45.9	32.6
"三五"(1966—1970)	10.7	4.4	51.1	33.8
"四五"(1971—1975)	9.8	5.8	49.6	34.8

资料来源:林毅夫.解读中国经济[M].3版.北京:北京大学出版社,2018:96.

2. 人民生活水平提高缓慢,城乡收入差距拉大

从表2可以看出,1952—1978年,我国国民收入指数提高了353%,而全国居民的消费水平仅仅提高了77%,这说明居民消费水平并没有随经济的发展而提高,即生活水平的提高不是因为工资水平的提高,而是由于劳动人数的增加。此外,从消费水平指数来看,城市居民的消费水平上升了112%,而农村居民的消费水平仅仅上升了57.6%,这与农业统购统销、地区性粮食自给自足以及城乡隔绝的供给制度不无关系。这一问题遗留到现在,当前城乡发展不平衡仍是我国亟待解决的重要问题之一。

表2　1952—1978年城乡居民生活水平的变化

年份	国民收入指数	消费水平指数		
		全国居民	城市居民	农村居民
1952	100	100.0	100.0	100.0
1957	153	122.9	126.3	117.0
1978	453	177.0	212.0	157.6

资料来源:林毅夫.解读中国经济[M].3版.北京:北京大学出版社,2018:99.
注:国民收入指数和消费水平指数均按可比价格计算。

3. 国有企业的遗留问题

一些学者的研究发现，僵尸企业中国有企业占比较高，且重化工行业中僵尸企业的比例较高。重工业优先发展战略使得我国建立了许多不符合比较优势、不具有自生能力的国有企业。改革开放以后，我国实行市场经济，这些国有企业只有依靠国家扶持才能实现盈利。国有企业中的僵尸企业当前也只是依靠国家政策扶持才得以正常运营，国家出于就业和民生等方面的考量只能给予其政策性补贴等。国有企业中的僵尸企业已经成为经济发展中的一个严重问题，在很大程度上影响着国家产业转型升级的步伐。

4. 经济发展绩效低

经济发展绩效是指对经济与资源分配以及资源利用有关的效率的评价。全要素生产率（Total Factor Productivity，TFP）是衡量生产率水平的重要指标，是指生产单位（主要为企业）作为系统中的各个要素的综合生产率。在一定程度上，全要素生产率可以被看作衡量资源利用效率的指标。【林毅夫：用 TFP 来衡量发展绩效和生产率水平虽然在经济学界很普遍，但是，这样的做法不准确，在发展中国家更是如此。TFP 是增长核算的剩余项，是产出的增加不能用资本和劳动投入的增加所解释的部分，经济学家就把这个剩余项称为技术进步。但是，在发达国家这个剩余项并不是天上掉下来的馅饼，在相当大程度上是由科研投入带来的。在发达国家，TFP 高代表技术进步大，但是，是否有效率还要看研发的投入有多大。在发展中国家，技术进步可以利用后来者优势以引进来获得，引进的方式大多是以购买包含了更好技术的设备来实现，技术进步就表现为资本投入的增加，而不表现在剩余项，所以，以这种方式获得技术进步，TFP 会低。到底是自己研发并有较高的 TFP 好，还是引进技术并有较低的 TFP 好，取决于哪种方式获得技术进步的成本低、风险小。如果按照比较优势选择产业和技术并利用后来者优势来发展经济，TFP 会低，但是技术进步、产业升级、收入水平提高和经济发展的速度会快，宏观经济也会比较稳定。二战以后成功追赶上发达国家的少数发展中经济体都沿着这条道路发展，美国、德国等在利用后来者优势追赶英国时 TFP 也低。关于这一问题，可参考《东亚经济增长模式相关争论的再探讨》一文。我们需要对 TFP 的内涵和如何估算有准确的把握，才不会误用 TFP，甚至产生对 TFP 的崇拜。】在图 1 中可以看到，

1952—1962 年中国的 TFP 指数总体上呈现下降趋势，1962 年至改革开放前长期稳定在 60 至 100 之间；而在改革开放后，TFP 指数显著提高。【林毅夫：改革开放后，我国 TFP 的提高有相当大的部分是由于制度改革提高了工人的积极性，这使得生产更接近在给定技术下的生产可能性边界。由此带来的 TFP 的提高可以作为生产效率的指标。】

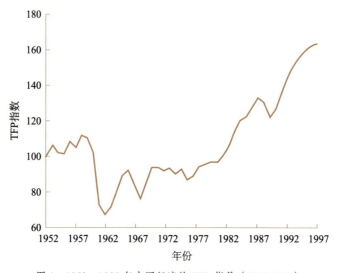

图 1　1952—1998 年中国经济的 TFP 指数（1952=100）

资料来源：张军，施少华.中国经济全要素生产率变动：1952—1998[J].世界经济文汇，2003(2)：22.

关于导致 1952—1978 年经济发展绩效较低的因素，笔者认为可能有两个，一个是重工业优先发展战略，另一个是计划经济体制的实行。相较而言，笔者认为计划经济体制的实行是导致经济发展绩效低的主要原因。可以以印度尼西亚和日本为例进行横向对比。印度尼西亚在 1945 年 8 月独立后，优先发展的是面向国内市场的必需品工业，如纺织、农产品加工、农业设备、基本必需品等，并且通过实行进口许可证制度、不同的进出口汇率和征收进出口税等进口替代政策，来保证国内必需品工业的发展。但是 20 世纪 60 年代初，印度尼西亚经济濒临崩溃边缘，物价飞涨，失业人数增加，粮食短缺，人民生活贫困，并没有实现经济发展绩效的提高。① 与之相对，1947 年，日本开始战后经济重建工

---

① 林梅.印度尼西亚工业化进程及其政策演变[J].东南亚纵横，2011（6）：11-15.

作，这一工作从"倾斜生产线"开始。"倾斜生产线"是指在资金和原材料严重匮乏的情况下，集中精力，恢复和发展煤炭生产，用生产出来的煤炭重点供应钢铁业，再用生产出来的钢铁加强煤炭业，以此扩大煤炭和钢铁的再生产能力，以之为杠杆带动整个经济的恢复和发展。事实证明，日本的工业化战略取得了成功。通过横向对比，笔者认为，是否优先发展重工业并不是经济发展绩效不同的原因。【林毅夫：这个对比不完全正确，日本在1940年时人均GDP按购买力平价计算已经是当时美国的40%，在二战前已经有了发达的钢铁等重工业，能够生产零式战斗机、战列舰、航空母舰等，战后面临的问题是如何在军事需求减少的情况下，保证这些产业不破产。这种情况与2008年金融危机后，汽车需求急剧下降，美国对通用、克莱斯勒、福特等汽车产业的保护补贴相似。虽然经过二战的破坏，在1950年时，日本的人均GDP按购买力平价计算仍然达到美国的20%（相当于我国在2010年时和美国的差距水平），那时，日本的造船和钢铁产业已经是世界领先的产业。在1960年时，日本的人均GDP按购买力平价计算已经达到美国的35%，我国可能要到2030年才能达到这个水平，可能要到2040年才能达到日本在1940年时和美国的差距水平。而我国或其他发展中国家在二战后的重工业优先发展战略则是在按购买力平价计算的人均GDP不足当时美国的10%，甚至只有美国的5%左右时，想把违反比较优势的重工业发展起来。表面上，印度尼西亚和日本当时想发展的都是重工业，但是要素禀赋结构不同，导致前者违反比较优势，后者符合比较优势，所以，使用的手段和结果自然不同。（以上历史数据，参考 Maddison Historical Project。）】

印度尼西亚和日本除优先发展的工业类型不同外，另一个不同是对经济的管理方式不同。1951—1965年苏加诺执政时期，印度尼西亚推行外资国有化，还通过政府投资来建立工业体系，控制国民经济。"20世纪50年代初期，印度尼西亚政府陆续接管了邮政、铁路、航空、银行以及一些矿产和种植园，【林毅夫：印度尼西亚从殖民者手中接管邮政、铁路、航空、银行这些关系国计民生的基础设施产业，确实可能因为人才储备不足、管理能力低下而造成经济混乱、效率低下，这在许多经过革命摆脱殖民统治、取得独立的国家都出现过。但是，印度尼西亚政府虽然投资了食品、饮料、木材加工、纺织等产业，但并没有限制私营企业在这些产业的发展，就像中国台湾在20世纪50年代当局也有投资经营这些产业，中国大陆在1978年转型以后同样也在这些行业中保留了国有企业,但是也没有限制民营企业、外资企业以及市场在这些符合比较优势的产业上发挥作用。印度尼西亚在 1945 年到 20 世纪 60 年代初经济混乱的主要原因不是推行了计划经济(因为印度尼西亚根本就没有推行计划经济),而是接管邮政、铁路、航空、银行这些关系国计民生的基础设施产业后的管理能力低下。】并由政府投资建立了面向基本消费需求的制造业,如食品、饮料、木材加工、纺织等"①,而日本由于接受美国的援助,很快便继续推行市场经济。【林毅夫:只有要发展的产业符合比较优势才有可能用市场来发展经济,否则,必然会需要政府的保护补贴,而使得市场配置资源成为不可能。战后日本的经济得以腾飞不是因为政府对原来已经建立起来的钢铁等重工业的补贴,而是因为这些产业原本就符合比较优势,只是战后对重工业的需求下降,靠政府的补贴使其不破产,同时,在政府的积极因势利导下,符合比较优势同时有市场需求的纺织、电子等产业得以快速发展。】通过纵向比较,改革开放前后的中国除在优先发展重工业这一点存在不同外,还存在计划经济和市场经济的区别——改革开放后推行市场经济的中国实现了 TFP 的提高。因此笔者认为,是计划经济体制阻碍了经济绩效的发展。【林毅夫:在资本短缺的禀赋条件下优先发展不符合比较优势的重工业,从理论上说,这样的产业中的企业在市场经济中缺乏自生能力,不可能在市场中自发发展起来;从历史经验来看,没有离开政府主导的措施能把违反比较优势的产业发展起来的。所以,关键不在于重工业,而在于政府要优先发展的产业是否违反比较优势。如果违反比较优势,那么这种发展战略和计划经济是一体的两面。另外,不能把我国转型的成功和全要素生产率提高简单地归因于改革开放后推行了市场经济。如果真是这个原因,那么,苏联、东欧国家的市场化转型比我国更彻底,它们的转型应该比我国更成功。】

但是,不管阻碍经济绩效提高的因素是计划经济体制还是优先发展重工业的战略,出发点都在于重工业优先发展的需求。正如前文所述,计划经济体制实际上也是为计划经济体制【林毅夫:应该是"重工业优先发展战略"。】所服务的。因此,优先发展重工业的战略也会直接或间接地掣肘经济绩效的提高。

---

① 林梅. 印度尼西亚工业化进程及其政策演变 [J]. 东南亚纵横,2011(6):12.

五、总结与反思重工业优先发展战略

重工业优先发展战略源于当时特殊的政治、经济、社会环境的需求。在这一需求的约束下，中国推行"三位一体"的计划经济体制来优先实现重工业的发展。优先发展重工业有其积极影响，如推动了重工业的迅速发展，为后期的产业发展提供了重要基础，促进了技术引进和人才培养，推动了国防军事工业的发展。但由于不符合当时中国的比较优势，这样的战略也造成了一些严重的问题，如产业结构的失衡、人民生活水平提高缓慢、城乡收入差距拉大、国有企业的遗留问题以及经济发展绩效低等。对于中国这样一个大国来说，当时面临的复杂局势使得优先发展重工业是一个必然选择。【林毅夫：这个看法有一定的道理。】但是我们也要反思，对类似的发展中国家来说，这是不是最优方式？是否可以在某个时点自然地引入市场，平衡产业结构？【林毅夫：以计划经济来优先发展违反比较优势的重工业的国家，不仅要考虑在某个时点引入市场，而且要考虑以什么方式引入市场，是以休克疗法的方式，还是以"老人老办法、新人新办法"的渐进双轨方式。】这值得我们深思。今天，我国通过市场经济实现了迅速发展，但是僵尸企业、产业结构调整以及城乡发展不平衡等问题依然存在。未来我国应该进一步深化改革，坚持完善和发展社会主义市场经济。

希望请教的问题

1. 请问对于一个刚刚独立或者刚刚开始致力于经济发展的国家，如何确定应该优先发展哪类产业呢？（以中国优先发展重工业的决策为理性来看，似乎不一定要完全按照比较优势。）

林毅夫： 在明白了产业是内生于要素禀赋结构所决定的比较优势的道理以后，一个刚刚独立或开始致力于经济发展的国家，可以参照新结构经济学所提出的"增长甄别与因势利导"的方法来选择具有潜在比较优势的目标产业优先发展。一个中等收入的国家则可以参照新结构经济学提出的"追赶型、领先型、转进型、换道超车型与战略型"五种类型产业来确定每一类产业可能在哪些地方发生市场失灵，以及政府如何发挥因

势利导作用以帮助企业克服发展过程中市场失灵带来的问题。

2. 如果一个新兴国家确定要优先发展重工业，是否有相应的方式可以将计划经济与市场经济相结合，以减轻或避免一些问题呢？从中国的经济建设实践来看，改革开放前是否有合适的时点、合理的方式，更早地处理好产业的发展问题呢？

林毅夫： 对于第一个问题，如果要优先发展的产业违反比较优势，企业在开放竞争的市场中不具有自生能力，那么就只能由政府给予保护补贴。如果这类产业和这个国家具有比较优势的产业差距很远并且规模占整个经济的比重很高，那么就只能经由政府直接动员并配置资源、扭曲各种价格信号的计划经济来发展，中华人民共和国成立以后采用的就是这种方式。如果要优先发展的产业和这个国家具有比较优势的产业差距不是很远，而且规模占整个经济的比重不高，那么就有可能在市场经济中由财政直接给予补贴，而不是靠扭曲各种价格信号的计划经济来发展。例如，发达国家的军工产业就是靠财政补贴来发展，由于没有扭曲各种市场价格信号，存在的资源配置问题会比较小。

对于第二个问题，由于计划经济是内生于重工业优先发展战略，在当时不太可能实行根本性的变革。此外，对于计划经济的改革更重要的不是时点的问题，而是方式的问题，到底是应该遵循休克疗法把各种干预扭曲一次性消除，还是"老人老办法、新人新办法"的渐进式改革。在忽视了各个扭曲是内生的新自由主义来看，应该采取休克疗法，渐进式的改革是最糟糕的转型方式，但从新结构经济学和中国以及越南等国的经验来看，渐进的方式比休克疗法好。

如何抓住问题的本质？

郭若菲

在最近几次课中，无论是探讨"李约瑟之谜"还是三年困难时期的起因，林老师反复强调的一个关键点是抓住问题的本质。因此，在本次的听课心得中，我想以如何抓住问题的本质作为切入点展开思考，同时探讨主流的经济学研究趋势是否做到了这一点。【**林毅夫：** 很好！这是区分学到"鱼"或"渔"的关键。】

总结林老师课上的讲述，要想抓住问题的本质，前提条件是要保持"常无"的心态，不满足于现有的理论。一方面要检验这些理论的内部逻辑是否自洽，另一方面要用"三归纳"的方法对它们进行事实上的检验。如果现有理论存在漏洞，就需要用"一分析"的方法，<u>厘清事件主要决策者、决策者的目标、其所处的环境</u>，【林毅夫：检验现有理论的内部逻辑是否自洽，理论的各种推论是否经得起历史纵向、当代横向和多现象综合的检验，这是在学习现有理论时需要有的批判性思维，以避免认为书本上或文献中的理论都是对的。但是，在思考一个问题或现象时，如果一开始就去了解有什么理论可以解释这个问题或现象，容易戴着"有色眼镜"看问题而看不到真相，也容易对号入座，觉得现有的理论很有道理，而不去思考可能更有解释力、更根本的理论。在面对一个问题或现象时我主张要有"常无"的心态，不带任何先验的理论或经验，"用初生婴儿的眼睛看世界"，这样才能了解问题或现象的本质，抓住根本决定因素，然后根据谁是主要决策者、决策的目标是什么、可用资源和不可逾越的限制条件为何等，来构建解释这一现象的因果逻辑模型，也就是"一分析"。例如工业革命到底是"蒸汽机的发明、采用，纺织业的机械化和钢铁的生产及广泛运用"还是"技术创新和经济增长率的飞跃式提高"，把本质了解清楚以后，再分析谁是主要决策者、决策者的目标等。】形成解释事件的理论，最后再用"三归纳"检验自己提出的理论。

在我看来，要想做到"一分析"，就必须<u>真正理解决策者当时的动机与想法</u>，【林毅夫：在分析决策者的动机和想法之前，需要先把握问题的本质。】需要足够的<u>共情能力</u>【林毅夫："共情"这个词用得很好，要用这个现象背后的主要决策者的视角来看问题，而不是用研究者的视角来看问题。】去设身处地地想象面临当时的环境，理性人会怎样决策。这样的要求，与坐在电脑前面对着数据的研究方法是有内在矛盾的。只有通过学习历史，广泛实践，深入考察社会现象，才有可能理解现象背后的内在逻辑。【林毅夫：确实如此！】

反观目前中国经济学的研究，不乏这样的文章：<u>学者们选出了两个看起来应该相关的变量，运用各种计量的方法，就可以得到自变量对因变量有没有影响、有多大影响等一系列结论</u>。【林毅夫：这样得到的只是变量之间的相关性，而不是因果关系。变量间的相关性可能是由共同的因素所决定。例如，推行违反比较优势战略的国家一般对金融会有抑制，利率水平低于市场均衡利率，能得到优先贷款的赶超产业中的企业效率低，两者相关，但是没有因果关系，因为两者都是源于赶超战略违反要素禀赋结构所决定的比较优势。同时，即使两个变量有因果关系，何者为因？何者为果？这一点也要弄清楚，否则容易倒果为因。例如，我小时候在台湾时，当局也有生育政策，鼓励少生优育，在生育率高的乡镇会派更多生育辅导员去宣扬少生优育的好处。有学者做回归分析，发现一个地方生育辅导员的密度和当地生育率高度相关，误认为是有太多生育辅导员导致生育率高。这就是倒果为因。所以，我不主张做研究时，不是先有要研究的问题，不把问题的本质和背后的因果机制想清楚，就去拿数据来做统计分析，看到什么相关，就去写文章的研究方法。】这样的研究方法固然有其好处，【林毅夫：这样的研究方法比不看真实世界的现象的方法好，但是会误导学生，混淆好研究的标准，所以不能说有好处。】例如，用这种方法所做的研究或许具有更强的信度，因为它们是基于科学方法与客观数据的，具有很强的可复制性，也便于同行的检验；【林毅夫：即使这样的方法"科学"，所做的研究可以"复制"，也不代表这样的方法和研究能够揭示现象的本质和背后的因果关系。】它们或许属于研究中的某种所谓"低垂的果实"（low-hanging fruit），研究成本低，甚至可以批量生产，但是我们又必须承认它们对社会有真实存在的借鉴价值。【林毅夫：我怀疑没有真正揭示因果关系的研究的借鉴价值。】

然而，令我担忧的是，这样一种完全脱离理性思辨、脱离抓住问题的本质的努力，而完全基于既有事实的研究方法，究竟是在指引我们靠近真理，还是铺设出了无数条歧路，让我们反倒迷失了靠近真理的方向？【林毅夫：深刻！】例如，对于一个城市的房价问题，一篇文章可能通过量化分析得出，房价上涨与一个城市的增长潜力有关；另一篇文章的结论可能是，房价与利率有关。他们说得都没有错，并且在得出这样的结论以后，还会精心构造出一个绘声绘色的故事，使人们信服。但是这样一个个盲人摸象的故事所拼凑出的"巨型怪物"，真的就是我们所求索的那个真理吗？社会现象错综复杂，各个变量之间都有着直接或间接的关联，构成了一张交错的"蛛网"。以上这类经济学研究，不过是将这张"蛛网"厘清，展示给了我们，却没有办法告诉我们，哪些联结起到了关键作用，牵一发而动全身。【林毅夫：确实是如此！】

因此，我认为，计量方法的使用必须建立在选择了合适的研究对象与理论假定的模型或理论之上，否则得出的结论对经济学学科建设所做出的贡献只能是边际的。比起先做计量，再根据结果编故事的批量生产式研究，使用"一分析，三归纳"的方法，可以有效地排除非必要的试错次数，更快地找到正确的研究对象，然后再运用计量方法分离出给定的自变量与因变量的相互关系。在我看来，这才是真正的"低垂的果实"。【林毅夫：很好！】

希望请教的问题

1. 对于"赶超战略和传统经济体制"一讲，请问政府对于超前生产出的重工业品如何卖出是怎么规划的呢？重工业品的需求大概可以分为厂商的投资设备购买、政府购买和出口。对于国内的厂商而言，重工业生产出的设备的相对价格被刻意拉高，工人工资又被刻意压低，厂商没有激励使用重工业产出的设备；对于出口而言，由于汇率被拉高，国内生产的产品相对于国外生产的产品没有竞争优势，如果全部由政府购买，等于是利用差价产生的剩余又用来承受制造差价所产生的负担，这样做也没有意义。那么这样的赶超战略是否必然会导致产能过剩？当时的决策者为什么还要这样做呢？

林毅夫："赶超战略"又名"进口替代战略"，所以，生产出来的产品一般不会卖到国外，也因为国内不具有比较优势，生产的成本会比有比较优势的国家高，而无法卖到国外。这样生产出来的产品如果属于重工业的投入品，则价格可能不会被故意抬高，甚至会被压低，例如钢铁；如果属于最终的消费品，则价格会被抬高，例如汽车，在 20 世纪 80 年代，我国合资生产的桑塔纳汽车的价格是国外的两三倍。从理论上来说，计划经济时代一切都依据政府的计划来生产，生产出来的产品全部交给国家，由政府来配置，那么不应该出现过剩和短缺。实际上，由于信息的缺失，计划不能周全，所以在计划经济时代出现了"长线产品永远是长线，短线产品永远是短线"的情形。前者一般是重工业产品，后者一般是消费品。由于消费品长期处于短缺状况，科尔奈把计划经济取名为"短缺经济"。

2. 不偷懒的社员利用退社作为筹码，保证所有人努力干活，这在一个 20 户的初级合作社确实是有效的，因为一户的退出将导致生产率下降 5%；但对于 150 户的高级合作社，一户的退出仅使得生产率下降 0.67%，并没有非常显著。这使得起初有几个人宣布要退社时，人们并没有感觉到足够大的威胁，依然会继续偷懒。如果他们宣布退社只是虚假的威胁，退社这一筹码就失去了效力。因此，他们此时就必须退社。而他们之所以退出，恰恰是因为他们更努力，因此当他们单干以后，人们会发现单干的效率反而比合作社更高，纷纷选择单干。最后合作社只剩下了一小部分比较倾向于偷懒的社员，此时退社成为有效的筹码，人们不再偷懒。但此时规模经济的贡献已经非常边缘化了。因此在一个规模庞大的高级合作社，退社是否真的能够作为有效的筹码呢？

林毅夫："在一个 20 户的初级合作社"，"一户的退出将导致生产率下降 5%"，因为退出的人会把土地和劳动都带走，但是生产率算的是人均量的变化，如果留下的人都好好干，人均量不会变化，如果有一个人不好好干，其他 18 个人好好干，假定正常情况下每人有 2 个单位的产出，不好好干的人的产出减少一半，那么，集体的总产出将从 38 个单位降为 37 个单位，所以，人均生产率的下降不大。不过，一个人不好好干，很可能导致越来越多的人也不好好干，那么生产率的下降就会很大。同理，"对于 150 户的高级合作社，一户的退出仅使得生产率下降 0.67%"的推理方式是有问题的。

如果有好好干的人退社，其他好好干的人看到集体里有不好好干的人"坐享其成"而不受到惩罚，那么也可能跟着不好好干，从而产出的下降就会很大，就会有更多"老实人"退社，结果可能就只剩那些不好好干的人留在集体里了，那些留在集体里的人也就不能占好好干的"老实人"的便宜。

"最后合作社只剩下了一小部分比较倾向于偷懒的社员，此时退社成为有效的筹码，人们不再偷懒。但此时规模经济的贡献已经非常边缘化了。"这个推理方式同样有问题。对于不好好干的人来说，要比较的规模经济的量是一开始时集体所有成员都好好干时的规模经济的大小，而不是好好干的人都退出以后，集体规模已经小得多时的规模经济的大小。

学术门前的殷殷嘱咐

黄卓楷

在学术门前,我依然在踟蹰。

"面对一个现象,我们需要拥有初生婴儿的视角和眼光。"林老师的殷殷嘱咐伴着和蔼可亲的形象常常浮现在我的脑海之中,这不仅仅是因为和林老师平均每周四到五个小时的共处时间——这话语中的穿透力、令人沉思的厚重感和那份殷殷期望都让这些声音和画面在我心头荡漾。

从前,面对计划经济的历史事实,我总会自然得出损伤生产积极性、必将导致生产效率的无谓损失、必将被市场体制所取代等结论。结论先行,接下来面对休克疗法的灾难性事实,我又会相信是体制残留的缘故,或者另外给出经济中其他不完善之处作为解释。虽然嘴上这样说,但是脑子里的逻辑渐渐像是一种打了结的黄瓜藤,强撑着维持表面的平静,暗藏着绷断的危机。

"每一种历史的决策都拥有符合当时战略目标的必然性。"林老师的这句总结在中国经济专题的课上掷地有声,特别是在我聆听了林老师对"三位一体"战略之合理性的解读之后,更是有醍醐灌顶之感!其本质上是为了新中国的生存发展,途径还是需要足够的重工业实力,而面对这样的发展战略,就必然需要一份扭曲利率、扭曲汇率、给予企业垄断地位、压低投入要素价格的全方位的战略计划。市场的力量只是一种选项,而现实已经给共和国的领导人抹去了市场的选项,此时固守自由的堡垒,无异于自掘坟墓。一环套一环的逻辑分析让我深深折服——它不复杂,但是直击本质;它并非剑走偏锋,但是提供了最好的解释。

学术的魅力在于对现象的直击本质的解释力,在于对逻辑一致性深深的敬畏之心。主流的观点中常常有这样一种说辞:共产党人擅长于革命战争,而面对社会主义经济建设则缺乏经验,所以在最初建设时期做得不好。经过林老师

"一分析，三归纳"，这种观点不攻自破。我们不希望在学术的道路上提出自相矛盾的观点，我们不希望遇到 A 问题，提出一个解释性假说，遇到 B 问题，再提出另一个解释性假说，而将这两个假说摆在一起时才发现二者观点相左。我们需要的是能够解释世界的真正规则，这样的规则经得起多现象综合分析的考验，这样的逻辑经得起多国家横向比较的考验，这样的理论经得起历史纵向比较的考验。这就是一种抓住了本质的、用"常无"心态研究经济"本体"的研究方法。

"你们现在更多地要把时间花在刀刃上。"文永恒师兄常嘱咐我们，"你们要把握经济学研究'道'的方面，'术'的方面并非各位的核心，把握了'道'，这些都会水到渠成。"师兄也常表达对国内经济学学术方面的思考，认为对主流模型的套用、滥用这种现象不应该继续下去。师兄常鼓励我们，要我们和新结构经济学这个大家庭一道，开创能够解决时代的"大问题"的"新理论"。

我们不能不承认新古典模型的精巧性，惹得无数人驻足玩味。可是，巧思乃为数学家的追求，智力上的挑战并非经济学家的初心。在这条学术之路上的行者的初心是探索经世济民的真理，追求解释世界、改造世界的路径。

我相信，为者常成，行者常至，真理的动人之处在于探索它时历经的艰苦。

这并不是一场孤独的旅程，有林老师，也有志同道合的伙伴。殷殷嘱咐、声声祝福都将一直在学术路上陪伴我们左右。

那么，时不我待，且鼓起勇气，迈进学术之门！

【**林毅夫**：这篇散文把对"问道"的踟蹰、体会、进步和决心写得很深刻！】

希望请教的问题

1. 请问林老师如何看待当代宏观逆周期调节政策？这给人们的预期带来了许多不确定性，会不会适得其反？

林毅夫：是否会适得其反，既取决于"度"，也取决于把逆周期调节政策的资源用在何处。把资源用在消除增长瓶颈的基础设施建设上，短期内可创造需求和就业，长期会提高增长潜力，会比把资源用在支持社会保障的失业救济上更可持续。发展中国家的增长瓶颈比发达国家多，若把反周期的政策资源用在基础设施建设上，在发展中国家的力度可以比在发达国家更大。我把这种利用经济下滑周期来进行消除增长瓶颈的基础设施投资取名为"超越凯恩斯主义的积极财政政策"①，我很高兴看到国际货币基金组织在2014年10月出版的《世界经济展望》里也支持了经济下滑周期是进行基础设施投资的好时机的看法。②可参考《从西潮到东风：我在世行四年对世界重大经济问题的思考和见解》一书的第二部分。

2. 请问林老师如何看待新结构经济学的公理化路径和以后的发展？主要难点在于何处？

林毅夫： 公理化是一个学科发展成熟的标志，也是新结构经济学不可避免的道路。对于社会科学理论体系的公理化来说，最难的是找到整个社会最根本的变量来作为理论体系的逻辑原点，也就是整个理论体系最根本的决定因素。付才辉老师在"新结构经济学教研总室"微信群中，把寻找这个逻辑原点比喻为猜测"上帝的意图"，我觉得是有道理的。新结构经济学的逻辑原点是一个经济体在每个时点上给定的可以随着时间变化的禀赋及其结构，反映了马克思辩证唯物主义物质第一性原则。猜测到了"上帝的意图"以后则需要毫不动摇地、严谨地从这个原点出发来展开逻辑的推演，对各种推演进行严谨的实证检验，如果相关推演经不起"三归纳"的检验，则很可能是没有正确把握问题的本质，需要更仔细地了解问题的来龙去脉和国内外经验的比较。

---

① Lin J Y. Beyond Keynesianism: The Necessity of a Globally Coordinated Solution[J]. Harvard International Review, 2009,31(2):14-17.

② IMF. World Economic Outlook[M]. Washington, DC: IMF, October 2014, Chapter 3.

审问慎思，追本溯源

赖端仪

在过去一个月的课程当中，林老师主要带我们回顾并梳理了从前现代社会到改革开放初期的中国经济发展，并穿插和国外经济发展状况的对比来更深入地思考中国问题。这几次课中我印象比较深的都是林老师和我们的提问互动，包括林老师每一节课开始时的设问和每一小节结束后的答疑。

对提问互动印象深的最主要原因是，这些提问让我开始反思平时学习的时候到底是在真正地思考，还是只是被动接受和消化他人的知识。【林毅夫：在应试教育下，一般要求学生把握知识点，接受和消化已有的知识，而不是去思考和批判各种观点。但是，世界是在变动的，尤其像是中国这样快速发展转型的国家，变动的速度更快。要对改造好世界做贡献，就需要从接受和消化知识转变成自己有能力根据现象或问题的本质提出新的解释和理论，这样才不会辜负了这个时代对我们的期许，以及给予我们的理论创新的机会。】林老师问我们的问题有很多是很经典的、我们也曾困惑的，最典型的就是"李约瑟之谜"。关于"李约瑟之谜"的主流解答，包括文化决定论、高水平均衡陷阱假说、国家竞争论等，都是耳熟能详且非常符合直观感受而令人容易接受的。【林毅夫：如果不仔细考虑这些论述的内部逻辑，不运用"三归纳"方法来检验其推论是否与经验现象一致，这些说法确实是非常符合直观的，也正是因为如此，这些说法才那么盛行。但是，作为负有民族复兴责任的青年，需要穷究真理。如果是对的，要敢于人云亦云；如果是不对的，要有"自反而缩，虽千万人，吾往矣"的道德勇气去进行批判，并提出对的理论。】设想我自己产生了"李约瑟之谜"的疑问并去寻找答案，若是看到这几条理由，必定会贪婪地吸收掉它们，然后就心满意足地认为自己的疑惑得到了解决，而绝不会再去思考这几条理由本身是否真的那么合理、是否真的符合经验事实。幸好林老师这门课为我们展示了主流的、被普遍接受的理论是如何经不起推敲，如何能被掰开了揉碎了找到漏洞的。比如高水平均衡陷阱假说在逻辑上的循环论证和在经验上的违背现实。这让我在日后面对权威理论解释之时多了一份谨慎和思考，而不是盲目地囫囵吞枣。【林毅夫：很好。如果能有这样一份谨慎和思考，就会慢慢从量变到质变，从理论的接受者变成理论的创新者。】

除了谨慎，我们还应养成在学习他人思考成果前先产生自己的思考的习惯，【林毅夫：很好。对于像中国这样转型时期的发展中国家，看到一个新的现象时一定要有自己先思考的习惯，不要一看到现象或问题就去找有无现成的理论，这些理论大多来自发达国家，很容易对号入座。】且在自己思考的时候一定要尝试去找问题背后的本质是什么，明确关键概念的确切定义是什么。【林毅夫：很好。必须如此！更准确地说是，要尝试去了解问题的本质，找出背后的决定因素是什么，明确关键概念的准确定义是什么。】明确定义和本质有助于我们聚焦思考的方向，而只有自己先思考，才会和他人的思考产生思维上的碰撞，才不易直接接受他人的观点。比如，如果困惑工业革命为何没在中国发生，就要去想工业革命到底指什么，它背后的本质是什么，如果想清楚其本质是技术提高的速度加快，那么在审视和吸收其他理论解释时才能清醒判断这些理论是否切中要害。

此外，还有一个收获就是要学会有意识地去历史和经验中寻找答案。【林毅夫：这要求我们平常就"家事国事天下事，事事关心"，碰到问题时，各种历史、各种经验就能信手拈来，运用自如，否则，等到有问题或现象需要解释时，如何在浩如烟海的历史和经验中去学习补充相关的历史和经验？】林老师无论是解释科学革命和工业革命的先后关系，还是批判高水平均衡陷阱假说的不合史实，或是思辨三年困难时期不能完全归因于自然灾害，都很大程度上依赖着历史的证据。这是一个很有说服力的做法，也是一种很有智慧的思维方式。【林毅夫：这是"三归纳"方法的运用；反过来说，"三归纳"方法也是在批判这些问题的现有假说中归纳总结出来的。】不过，我也依然对这种做法持有怀疑的态度，历史是如此的，未来就一定如此吗？【林毅夫：历史如此，未来确实未必如此，因为条件在变化。但是，历史已经发生，提出的假说是解释历史而不是解释未来。这也是我对依据国外的经验或问题形成的理论所持有的态度，在国外产生那些理论的历史的时空下，这些理论也许是适用的，但是，拿到中国来一定适用吗？未必，因为发展中国家、转型中国家的条件很可能不同。】历史不曾由此因致此果，未来就不能是这样的因果吗？经验得来的东西，没有严格的证明，真的能拿来用吗？

【林毅夫：首先，何谓"严格的证明"？有数学模型或回归分析吗？数学模型和回归分析都只是逻辑的形式，而逻辑的严谨并不是只有数学模型和回归分析。其次，关键不在于有无"严格的证明"，即使有数学模型和回归分析的检验，也只能说这样的理论对于产生这个理论的国家过去的现象有解释力，不能保证其对于未来或其他国家的现象有解释力。】比如林老师一个很重要的观点基础是科学发明源于好奇心，这确实很符合直觉，但是是否有科学证据呢？【林毅夫：确实，没有好奇心的人也可能有科学发明，但是，绝大多数科学发明源于有好奇心的人，这在统计上是有证据的。而且，从推理来说，在古代，如果一个人没有好奇心，对很多新的现象很可能会视而不见，如何能有新的发明？在现代，一个科学家如果没有好奇心，如何会忍受得起煎熬，在实验室里长年累月地去重复对一个问题做实验？】又比如，在辩驳文化决定论中儒家文化追求自然和谐因而不利于科学发展的观点时，林老师援引了中国古代农业技术领先世界的历史来进行反驳，但是此科学发展非彼科学发展。中国古代农业技术的领先，处于人们顺应和利用自然的阶段，但是工业革命至今的科学发展，则处于人类征服自然的阶段，前者需要人与自然和谐的思想引领，而后者则与该思想有所冲突。这样看来，文化决定论似乎也并不矛盾。【林毅夫：确实，此科学非彼科学，但是，同样在儒家文化传统下，火药发明于中国，在中国除了作为鞭炮，在战争上也得到大量的运用，并且传到西方以后，帮助西方打破了封建社会的城堡，建立了统一的民族国家，是西方得以摆脱黑暗时代的重要因素之一。在工业革命之前，西方大量从中国进口的是丝绸和瓷器，这些都是工业品，而非自然的产品，所以 Cipolla 认为在公元 1700 年之前，中国是先进的工业化社会，西方是落后的农业社会。也就是在前现代社会，中国并不是完全处于顺应和利用自然的阶段。而且，和处于前现代的西方比，中国改造自然的情形远比西方多，除了前面提到的工业品，长城、大运河等等也是例子。在探究近代以来中国和西方接触以后表现出来的各种问题的原因时，切忌以现代西方国家的政治、经济、社会为标准来批判中国的过去。其实，西方国家在前现代社会也没有那些现代化的政治、经济、社会制度安排等。而且，中国的文化传统并不阻碍中国的现代化，在"中国经济专题"第十三讲中对此会有专门的论述。】同时，人的价值取向虽很难改变，但是文化本身就是不断交融和演变的，在和西方文化的碰撞中，我们对天人合一的和谐思想可以有新的解读，这在现代和未来都可以是利于科技发展的解读，这样看来，文化决定论所意指的不利于科学发展的、过去的儒家文化似乎也不影响我们对未来的发展前景的乐观。【林毅夫：未来确实如此。不过即使在古代，中国的儒家文化也没有妨碍中国在传统科学的成就上和西方并驾齐驱。】所以，依赖历史和经验这一思想方法，我既觉得有效又有智慧，又不敢完全信服，此处还望与老师和同学们进一步探讨。【林毅夫：我觉得你不知不觉中转移了"李约瑟之谜"这堂课所要讨论的问题，课上讨论的是为何工业革命和科学革命没有"起源"于中国，而不是中国过去是否有工业和科学，以及未来是否有可能推动工业和科学的进步。】

面对主流理论也要多一份审慎、通过定义问题本质养成独立思考的习惯、学会从历史中找到问题的答案，以上三点便是我这个月在"中国经济专题"课程学习中印象较深的心得。【林毅夫：很好，这三点很重要。】自知有很多不成熟、不周全的想法和疑问，还请林老师、助教老师和各位同学指正！

希望请教的问题

1. 如我在前面心得里的困惑，虽然有时候用历史事实或经验常识来辩驳一些理论是有力的，但是否有时是看似有力，实则缺乏依据或逻辑链条呢？

林毅夫：所谓"内行看门道，外行看热闹"。如果是"内行的"以历史事实和经验常识进行的"有力的"辩驳，那么，一定是"有依据和严格遵循逻辑链条"的辩驳；如果是"外行的"辩驳，则很可能是"缺乏依据或逻辑链条"的。我们在学习理论时也是如此，有"看热闹"的学习和"看门道"的学习之分。"看门道"的学习会以"一分析，三归纳"的方式来看这个理论是否内部逻辑自洽，各种推论是否和经验事实一致。"看热闹"的学习会把凡是写在书上的或发表在杂志上的都不假思索地认为是对的。

2. 这是一个突发奇想，而且可能无法回答的问题：就像有一句俗语是"办法总比困难多"，解决资源配置问题应该有很多办法，为什么现今人们只发现了计划和市场两种手段，是否有第三种、第四种呢？如果有，为什么人们一直没能发现呢?

林毅夫：关于资源配置，确实存在许多其他办法，例如，慈善机构的捐助取决于捐赠者的意愿，不属于市场的竞争也不属于政府的计划；有些机构在分配某些项目时采用抓阄的方式，同样也不是靠市场竞争或政府计划；在家庭之内也不是按照市场或计划来配置资源给子女。但是，在一个经济体里各个经营主体或产业之间的配置方式则主要不是靠市场的竞争就是靠政府的计划，其他方式若存在也是次要的。理论要求简化，因此，根据要讨论的问题的性质和目的，需要舍象次要的方式或因素。

世无常势，学恒有道

吴梦

《解读中国经济》第二至四讲分别简述了林老师对"李约瑟之谜"、我国的社会主义革命以及赶超战略的理解。不得不说这几讲涵盖的历史跨度相当长，讨论的问题也是非常宏观的，书中多次列举某一具体问题的原有假说并进行逻辑严谨的批驳，与此同时，书中提出的假说的解释和证明也是环环相扣，在解释"李约瑟之谜"时强调了我国近代突然落后的原因包括缺乏科学革命需要的严谨的数学工具以及可控实验，我国古代的知识分子们显然无暇对这些进行深入研究。该书在进行说理时几乎并没动用数学工具，这一方面与所讨论问题的宏观性有关，另一方面严谨细致的推理实际上也正是数学的精髓所在，公式只是这种说理的一种输出方式。【**林毅夫：**没错。】在这一点上我十分敬佩林老师，也希望自己以及同学们可以先培养大局观，或许这也是大家常说的经济学直觉，【**林毅夫：**"大局观"和"经济学直觉"是有区别的，因为研究"李约瑟之谜"、社会主义革命以及赶超战略的学者不少，应该都有"大局观"，但是提出的解释各有不同。"经济学直觉"是一眼抓住问题本质的能力，有"大局观"又能从历史纵向、当代横向和多现象综合来思考问题的学者比较能够抓住问题的本质，但是，只有"大局观"而没有用"一分析，三归纳"的方法来检验，提出的看法就不一定能够抓住问题的本质。】在此基础上再去学习与问题有关的一系列研究范式和工具，这样才不会本末倒置、南辕北辙，分析问题才能做到提纲挈领。【林毅夫：同意。】接下来我将讲述我本人对于书中几个具体问题的思考和感触。

首先，在"李约瑟之谜"上，书中讲述科学革命没有发生在中国的一个重要原因是中国的科举制存在一定的问题，但是在当时该制度提供了一个将社会底层人才输送至上层为国家所用的十分有效的阶梯，很大程度上避免了阶层固化，对于当时有志于建功立业、为国效力的寒门子弟来说是评判一个人能力的公平方式，相当于现代社会的高考。从国家层面来说，这一制度也有效维持了国家稳定和统一。然而，这样一个在当时的政府和百姓眼中都不错的制度从历史纵向以及近代时期横向的角度来说都暗含着巨大的危机，这样类比来看，我们如今所称赞的"好"制度是否也不利于我们长期的发展呢？【林毅夫：是的，我在书上也是这么说的，并且也指出某种制度在一定条件下最优，可能会产生"锁定效应"而妨碍社会的进步。任何制度都必须随着条件的变化与时俱进。】也就是说，一个在特定的技术和物质条件下显得优越的制度，在其他条件下可能会成为社会进步的障碍，即书中所说的制度障碍。我们无法拥有未来视角，我们的视野再高也终究无法突破时代为我们设定的天花板，那么难道我们只能永远"身在此山中"了吗？在我看来，对制度障碍的避免，一方面需要我们时刻保持警惕，准备随时根据新出现的事物对原来的制度进行修正，【林毅夫：是的。这也就是为何习近平总书记说改革只有进行时，没有完成时。实际上这是"经济基础决定上层建筑，上层建筑反作用于经济基础"的辩证逻辑，好的制度推动经济的发展，经济发展到一定程度以后，就会量变产生质变，要求上层建筑与时俱进地完善。】比如网络时代催生了一系列新型犯罪，与此同时也会出现一系列相匹配的法律法规；另一方面需要放眼全球，取长补短。"发展"是相对的，它的前提是与别国进行比较，如逆水行舟，那么为了本国和自己过去相比有所进步，同时与别国相比也没有被落下，就需要我们时刻放眼全球，了解别人的历史经验，盯紧别国的现实动态，取长补短，否则就会如晚清政府自诩为"天朝上国"的唯我独尊心态，只看到国内统一又稳定，整个社会平静得如一潭死水，百姓终究难以掀起创新的浪花。我们后世评价当时落后所采取的坐标系是当时的国际社会,既然不存在"桃花源",这种比较和"落后就要挨打"就是不可避免的。就像是微观的个人,虽然我们每个人相对于昨天的自己一定有所进步,但可惜的是这个社会评价个人的方式是我们在竞争中取得的成绩,即进步是绝对的,发展是相对的。所以,即使我们无法有一个一以贯之的普适性的政策,也必须有一个本质上正确的态度和大方向,以上两点对应于我国目前所推行的政策便分别是"改革"与"开放"。当然,以上仅为我个人的理解。

【林毅夫:以上看法很深刻,很有道理。】

其次,在讲到中华人民共和国成立后照搬苏联经验优先发展重工业的问题时,书中讲到这并非盲从,而是根据中国当时的实际情况推出的政策,即使因此而产生的种种相应制度放在当下是一种扭曲,但不可否认的是那段时期我国的工业尤其是重工业确实得到了巨大的发展。在那之后,尤其是在苏联解体后,我们就真的是在"摸着石头过河"了,没有经验可依,只能慢慢摸索,这也让我更加深刻地理解了"实践是检验真理的唯一标准"的内涵。

最后,在对1959—1961年三年困难时期的解释中,书中首先提到了政府大力推行合作社的目的是充分利用农业的规模经济。我想规模经济在本质上应该就是斯密所强调的劳动规模和市场经济吧!【林毅夫:你对规模经济的这点认识不正确。规模经济指的是各种投入要素同比例增加,产出增加的比例会大于投入增加的比例。】合作社通过公有化将所有资源都用于真正的农业投入,减少不必要的损失。在市场经济中,这种公有制变成了租赁制,将所有权与使用权分离,现在依托网络技术又可衍生出形形色色的"共享文化",如共享单车、共享充电宝等,这些共享产品实质上也是租赁给了使用者,只不过科技的进步联结起了这些产品的供求双方且基本省去了订立租赁契约的成本,使得这些原本单次租赁成本高、利润低的产品可以通过"多销"使生产者愿意生产,也为需求方带来效用的提高。这样看来,当时用公有制的形式来实现大规模的规模经济也是囿于信息通信技术不够发达,通过市场来运行租赁制度的成本过高。【林毅夫:用合作化的方式来实现规模经济的原因不在于信息技术不够发达,而是在于相信把N个人的劳动力和他们拥有的土地放在一起来从事生产,产出的增加会大于N个单独农场产出的加总。另外，信息增加，交易费用下降，可以提高效率，但不见得表现为规模经济。例如，以单个农户为单位来生产，通过电话、广播、电视等可以更好地知道市场的信息、天气的状况等，从而提高生产的效率，但是生产规模并没有增加，这种效率的提高并不是规模经济带来的。】比如，当时农民群众为了实现小规模的规模经济，自发结成包含几户人家的互助单位，单位内的家户之间订立成本几乎为零的口头契约，我借你耕牛、你帮我收割。这种契约的有效性由多次博弈来约束，因为农民长期生活在一个地方，熟人社会的违约成本很高，一次违约可能就无法继续得到其他人的帮助。【林毅夫：对于违约的人，违约的成本很高是因为如果违约，其他人就不会再与之合作，也就是其他人有退社权。】随着这种互助单位的规模逐渐增大，单位内的熟人越来越少，违约成本越来越小，从口头协议转为书面协议的契约成本越来越高。【林毅夫：随着农业合作社规模的扩大，违约成本降低不在于单位内的熟人越来越少，而在于不能将违约的人驱逐出去，或是不违约的人自由退出合作社。如果可以将违约的人驱逐出去或不违约的人可以自由退出，那么，即使单位内的熟人越来越少，违约成本也会很高。同样的理由，现代的律师事务所、会计师事务所、投资银行可以有成千上万名员工，还实行带有合作社性质的合伙人制。】再加上当时科技不够发达，仅依靠市场，规模增大可能反而得不到规模效应，因此就需要政府来为资源配置做统一调度。【林毅夫：把 N 个单独农户的农场组合在一起成为一个集体农场，要有规模经济的前提是每个农民在集体农场里至少和在个体农场里一样努力工作。但是，如在"中国经济专题"第四讲里所论证的，在一个缺乏退社权的集体农场里，每个农民在集体农场和个体农场一样努力工作的条件不能得到满足，导致有规模无经济。即使由政府来为资源配置做统一调度，也不能解决上述的激励问题。其实，人民公社就是一级政府，公社领导是由政府指派的干部。】这样看来，过去与现在的目标都是利用规模效应提高效率，只是不同时点下的实际情况和限制条件不同，最终实现方式也不同。人民公社最终因强制入社的规定走向崩溃，这种小小的用博弈论就可以解释的人的心理竟可以导致涉及全国的一项轰轰烈烈的合作化运动的失败，可见位于文化第二层次的制度是多么重要，这也警醒着我们要像之前讲到的一样，时刻准备根据变化调整决策，因为没有什么制度是绝对完美的。【林毅夫：是的，这样的警惕至关重要，推行任何制度或政策都不能只考虑可能的好处，对可能出现的问题也必须时时关注。]

希望请教的问题

1. 请问您如何看待我国推行优先发展重工业战略期间的政策和影响对现在的影响的利与弊的大小关系？

林毅夫：这个问题有点笼统。重工业优先发展战略有那么多的政策和影响，如何论述这些政策和影响对现在的影响的利与弊？而且这些政策的影响也取决于怎么转型，是休克疗法，一次性都取消，还是渐进的，保留一部分，改一部分，随着条件的变化不断改革，等等。如果我国没有推行重工业优先发展战略，现在是否就会发展得更好？这也取决于怎么发展经济，是像东亚的成功经济体那样在市场经济中政府发挥因势利导的作用，按照比较优势来发展经济，还是像拉丁美洲那些陷入中等收入陷阱或非洲那些陷入低收入陷阱的经济体那样放任自由，等等。所以，这样的问题不是三言两语可以回答的。我们能回答的是，我国推行了重工业优先发展的战略，为我国在一穷二白的农业经济基础上建设了一个完整的工业体系，让我国在20世纪60年代就能够成功试爆原子弹，70年代就能成功发射人造卫星，但是，中华人民共和国成立后30年内人民的生活水平没有多大的改善。1978年以后在渐进双轨制的改革开放下，从计划经济向市场经济转型，和苏东以休克疗法来转型导致经济崩溃、停滞相比，我国取得了人类历史上不曾有过的稳定和快速发展，国际地位大幅提升，人民生活得到巨大的改善。

2. 请问现在国有企业是和之前一样，都是为了做到国家想做到但市场做不到的事情而存在的吗？如果不完全是，那么对于不是为了这一目标而存在的国有企业而言，该用何种手段纠正之前的政策造成的扭曲呢？

林毅夫：国有企业存在的问题主要是有政策性负担，包括战略性政策负担和社会性政策负担。有政策性负担，就会有政策性亏损，国家对这类亏损负有责任，只能给予政策性补贴。由于国家不参与经营，缺乏政策性负担所造成的亏损有多大的信息，这就给了企业把经营性亏损也归咎于政策性负担的机会，形成了国有企业的预算软约束。解决国有企业问题的关键在于消除政策性负担，使其能和其他所有制的企业在市场上公平竞争，并根据盈利的多寡来决定经理人员的奖惩。消除战略性政策负担的办法在于发展经济，积累资本，使得原来违反比较优势的产业变得符合比较优势；消除社会性政策负担的办法在于淘汰冗员和设立社会保障体系，将退休职工的养老从企业剥离。在20世纪90年代"抓大放小"的改革以后，小型国有企业已经民营化，随着社会保障体系的建立和我国过去数十年的快速发展，目前存在的大型国有企业可以分成三类：（1）和国防军工相关的违反比较优势的战略型赶超产业；（2）和经济基本运行相关的自然垄断行业，如电力、电信、交通；（3）符合比较优势的竞争性行业，如钢铁和装备制造。在这三类产业中必然会亏损的只有第一类，对这类产业应该由政府财政给予补贴，并进行监管，而不应该用扭曲要素价格信号的方式来补贴。对于第二类产业，电力和电信是可以有利润的，要防止其利用自然垄断来攫取垄断利润，国有企业比民营企业更容易做到这一点。对于第三类产业，只要企业管理好就会有盈利、有竞争力。对于大型国有企业如何改革，我们在第八讲会有更详尽的讨论。

反思近代中国社会的落后与赶超

叶子欣

第二讲到第四讲的学习使我对改革开放前中国的重点经济现象有了更深入的了解，对"一分析，三归纳"的方法有了更多的运用，同时思想也处在不断试错与螺旋式上升的过程中。从落后到赶超，中国经济建设的道路充满曲折，其中，有许多现象至今依旧重要，对历史逻辑的思考也有助于我们更清晰地认识当下的一些问题，例如技术短板与人才激励机制问题、重工业优先发展遗留的户籍制度与城乡二元体制问题……

一、"李约瑟之谜"

在对"李约瑟之谜"的深入学习中，我认识到，问题的首要原因背后，会有许多支撑它的复杂次级因素，这些因素与主因关联极大，因而带有迷惑性。把次级原因当作主要原因是常见的问题，这会使得理论变得相当纷繁，同时不具备相应的解释力。【林毅夫】确实如此，一个根本的原因会造成一个或多个果，这些果又会成为因，造成其他果，因因果果，果果因因，现实世界的现象就是如此错综复杂。中间的因对现象的某些方面会有一定的解释力,例如,20世纪70年代盛行的金融抑制理论对资源错误配置和寻租腐败有很强的解释力,但是,金融抑制是在资本短缺的情况下实行进口替代战略,优先发展违反比较优势的资本密集型产业,优先发展的产业中的企业缺乏自生能力,为了给予资金价格补贴所采取的必要措施的果。如果不改变企业缺乏自生能力的事实,取消金融抑制,结果会使得企业大量破产,经济下滑,社会不稳定,甚至为了防止这种情况出现,而给予其他更为隐蔽的补贴,两者都会使得情况更糟,这是许多发展中国家在80年代金融危机频发的原因。同样,计划经济中对国有企业的补贴也可以像亚诺什·科尔奈那样构建理论模型来逻辑自洽地解释为是国有制造成的,不过,在私营经济里,如果政府要企业负起非经济的责任,例如去发展违反比较优势的产业,或是创造更多的就业,也同样要对企业给予补贴,所以,国有制不见得是政府补贴的根本原因。理论要实现认识世界、改造好世界功能的统一,必须揭示的是错综复杂现象的根本的因,"一分析,三归纳"的方法就是为了这个目的而提出的。】

　　例如,中国未能产生科学革命的主要原因是科举制阻碍了数学与科学实验上的人力资本积累。这种模式的科举制与人才选拔要求【林毅夫:这本身是一种制度创新,使得中国在信息和中央控制手段很落后的条件下能够维持大一统。】的形成受政治、经济、文化等多方面的综合影响:(1)专制主义的中央集权制度与古代儒家的"忠君"思想使人才致力于经文而非创造力与好奇心的开拓、数学等科学领域的钻研;【林毅夫:人们不仅不去"钻研",而且也不去掌握这方面的知识和能力。】(2)拥有农业文明的封建王朝以农业的苛捐杂税为主要收入,【林毅夫:中国在传统社会的许多朝代税收负担并不高,长时间实行低税率政策。在清朝时吃皇粮的官吏额定数是两万七千余人,清政府在1711年实行摊丁入亩,"滋生人丁,永不加赋"。】朝廷不鼓励服务于农业生产与迷信等娱乐需要以外的技术发明;【林毅夫:但是政府也不压制这方面的发明,所以,在前现代社会,中国的各种技术才能长期领先于西方。】(3)科举制与仕途作为阶级流动最主要的途径,使得商人与小工场主即使积累了一定资本,也主要投资于做官或买田置地,而不是像英国人那样提升基础技术、将小型工场扩大为工厂。【林毅夫:商人和小工场主积累了资本不去投资扩大再生产,是因为在技术不变化的情况下,扩大再生产的投资回报率很低。工业革命之前英国的工场也同样是小作坊。资本不断深化的前提是技术的不断发明创新以及产业的不断升级。】

如果仅仅将单个的次级原因当作主要原因，便会出现许多漏洞，例如，专制主义不必然意味着好奇心与人力资本的缺失，德国在工业化初期亦由专制政府统治，但依旧能取得较快的工业发展。可见，我们在觉得每一个理论都有道理时，很可能忽略了原因之间的关系，次级原因的相互作用导致一个结果，类似于"整体大于部分之和"，而仅考虑单个部分，难以经受住历史的检验。

【林毅夫：很好！这也就是为何我强调在面对现象时要穷究其理，抓住现象的本质，找出根本的原因，并为此提出"一分析，三归纳"的方法和检验的原则。】

此外，在分析问题时，需要深入了解历史，而不是受惯有思维约束。英国有良好的宪政体系，但是并不如今天所想的那般民主与优越。比起保护私人财产，英国政府选择无视农民的意愿实施"圈地运动"，促进农业所有制与生产方式的进步，并为工业发展提供资本与劳动力；相比之下，法国的农业进步缓慢，传统生产方式对工业发展有所束缚。但英国在摆脱传统生产方式束缚之后的重要措施是对所有权的确认，以司法制度保护和鼓励生产性经济活动，这是同时代西欧其他国家难以做到的……① 具体的要素在不同时期有所变化，应当深入清晰地理解。【林毅夫：是的，确实如此。在现代很重要的因素，在一个现象刚萌发时不见得重要。例如，保护知识产权的专利制度在现代前沿技术的研发上很重要，但在工业革命刚开始时，绝大多数的新发明并没有申请专利，所以当时绝大多数的发明活动并不是受到专利保护的激励才去从事的行为。】

不过，如果按照控制变量的思路，劳动或资源与机器的成本比以及科学革命的作用在不同情况下起着不同作用。如果仔细分析问题的出发点，我认为"为何工业革命最先发生在英国"与"为何工业革命没有发生在中国"或许是两个问题。【林毅夫：这确实是两个不同的问题。前一个问题的前提是，在十五六世纪的欧洲，意大利、法国、德国、英国等都已经发生科学革命，有运用控制实验来检验新知识、新技术的土壤。但是，为何用这种方法来创新技术却率先在英国发生？后一个问题的前提是，在前现代社会的中国并没有发生科学革命，没有用控制实验来检验新知识、发明新技术的土壤或风气。要回答工业革命为何没有发生在中国，关键是回答为何科学革命没有发生于中国。前提条件的不同，使

---

① 厉以宁. 厉以宁经济史文集：第4卷 [M]. 北京：商务印书馆, 2015.

得这两个问题成为不同性质的问题。作为学者需要培养对问题和理论的前提条件的敏锐观察力，这是做好学者和不做一个人云亦云的知识分子的必要条件。】

"最先发生"强调给定时点下各国的不同，特别是要素禀赋的比较。【林毅夫：更准确地说，是欧洲各国都已经经过科学革命的洗礼，都有可能发生工业革命。在这种前提条件下，用要素禀赋条件来解释工业革命最先发生于英国是有说服力的。但是，如果仅是用要素禀赋条件，并不能解释为何工业革命不率先发生于山西的长治。长治有煤铁之利，在明清之时就生产七十多万套农具，远销东北亚和东南亚，工资水平也应该高（可以深入查证，当时长治的工资水平是否和工业革命时的英国相当），虽然有和当时英国同样的禀赋条件，但是由于缺乏科学革命，也就无法自发地完成从以经验为主的技术创新向以实验为主的技术创新的飞跃。】采用历史横向分析法，工业革命在英国酝酿之时，欧洲各地都对自然科学有一定了解，各国上层社会对自然科学与哲学也普遍怀有热情；同时，工业革命伊始需要的技术水平并不高，其他国家也有相似的工匠技术，但它们没有激励将时间与金钱投入机器与技术的研发，给定时点的要素禀赋决定其最优生产方式并非使用机器生产。尽管供给与需求双方皆重要，但在考虑英国工业革命的先导性时，激励的作用大于其他主体也具备的技术的作用。【林毅夫：确实如此。】

英国工资水平高，煤矿资源丰富，拥有世界上最廉价的能源，于是，高工资与廉价能源使英国的工场主与企业有激励通过发明新技术来获利。纺织机方面，在法国大革命前夕，英格兰共建造了 2 万台珍妮纺纱机，法国只有 900 台。在蒸汽机方面，欧洲各国对于发动机的科学原理都有所了解，但最终是英国完成了蒸汽机的研发，因为蒸汽机需要消耗大量煤炭，而英国能源价格低，使用蒸汽机有利可图。如果没有英国的煤炭业，即使取得科学突破，蒸汽机也不会得到发展。① 如同人们通常将工业革命与纺织机、蒸汽机、煤炭与钢铁的大量使用相联系，在分析为何工业革命最先发生在英国时，这三者也体现了其合理性。

当然，工业革命的意义不在于这个时点，而在于起飞之后持续飞翔的能力，由试错演变为科学实验推动的不断加快的技术进步。探讨长期中工业革命最重

---

① 艾伦. 全球经济史[M]. 陆赟，译. 南京：译林出版社，2015.

要的因素，以及借助历史事实具体分析其他国家的工业革命的发生情况时，"高工资、低机器成本"的激励不及科学与技术进步的主导性驱动影响大。【林毅夫：认识这一点对认识工业革命的本质很重要。而且，如果不和中国做对比，就很难注意到科学革命是工业革命的前提条件这个事实。】

再次对历史事实进行分析：法国及其他国家最初没有相应的资本禀赋，【林毅夫：更准确地说，应该是"要素禀赋"，而非"资本禀赋"，因为前面的论证用的是英国资本相对丰富、劳动力相对短缺、工资水平相对高，以及煤炭丰富、能源价格相对低。】但是也能产生工业革命；若想实现工业化，必须等待符合自身禀赋条件的状况出现。如《全球经济史》中所记录：英国天才工程师对蒸汽机进行改造，使其成本得以降低，从而推广到其他国家使用并盈利；19世纪20年代，欧洲大陆各国采用改良后的纺纱机，变得有利可图；到19世纪50年代，经过进一步改良的机器甚至在印度和墨西哥这样的低工资经济体中也能盈利。①【林毅夫：这也是在回答"李约瑟之谜"时，我对"需求失败论"抱着怀疑态度的原因。我想，只要新技术的产出足够高或是成本足够低，企业家就会有采用的积极性。企业家没有采用新技术，更重要的原因可能是没有这样的技术，所以，"李约瑟之谜"应该从"供给失败论"来找原因。】值得注意的是，西欧各国工业革命的开展并非单纯依赖英国的技术，也需要自身积极转化科学革命的成果，加快本国技术的研发与更新换代。【林毅夫：这是因为西欧各国都已经经过了科学革命的洗礼，都能够使用控制实验来发明新技术，用科学来突破技术发明的瓶颈，开启新的技术发明的空间。】

此外，工业革命最重要的影响是开启了持续的技术创新与经济增长。如英国生产率的提高有一半源自蒸汽动力，而气压是17世纪欧洲物理学的研究热点，蒸汽动力是科学革命的副产品……此类例子不再赘述。

总之，供给与需求是矛盾的两个方面，其地位不必然是固定的，矛盾的主次方面在不同环境下或是研究不同问题时，可能发生变化。【林毅夫：确实如此。】工业革命最先发生在英国，激励作用使英国变得更加独特。然而技术【林毅夫：更准确地说，是"技术供给"。】决定了工业化初期工业革命在其他国家的产

---

① 艾伦. 全球经济史[M]. 陆赟，译. 南京：译林出版社，2015.

生,以及更为重要的,科学革命与技术的互动对工业化国家技术创新与经济发展的持续性影响。具体分析不同条件下的供需双方的作用,或许也是理解工业革命与许多其他经济现象的一个途径。【林毅夫:很好,确实如此。】

当然,科学与技术问题是我们探讨工业革命为何没有发生在中国的最重要原因,对问题本质的理解有利于反思中国的过去,同时为现在出谋划策。例如我国在当前人口较多的背景下如何制定合适的激励机制促使数量优势转变为人力资本优势;在当今人口红利消失、未来老龄化问题更严重的背景下,如何更普遍地提升受教育水平以及加快转变人才的培养机制。【林毅夫:是的,对问题的本质有准确的把握,有利于对未来做出准确的借鉴。】

二、社会主义经济建设初期

1. 对三年困难时期原因的反思

在分析问题时,不能割裂地看待,而要将前后的变化与之进行联系。例如对于全要素生产率的变化,如果仅就1959—1961年发生的事件对三年困难时期进行反思,可能抓不住主要矛盾。首先,观察1959年之前全要素生产率的陡然下降会使人反思合作社与人民公社的最主要区别,分析突变的性质,意识到激励的重要作用;其次,观察1961年之后全要素生产率的缓慢增长与整体相较危机前的低水平会意识到生产队的问题,从而对三年困难时期前后的现象与假说进行更全面的比较。【林毅夫:是的,正因如此,我才主张对任何假说(即使是自己提出的假说)都应该进行"三归纳"的检验。】

不过,《解读中国经济》中的图4.1(1952—1988年全要素生产率指数)似乎有更多值得探究之处:(1)全要素生产率中农业的影响的重要性随着时间推移而下降,是否有比全要素生产率更合适的指标度量农业的生产效率?【林毅夫:图4.1是对农业而言,而非对整个国民经济而言,所以不会因为农业在国民经济中的比重随着时间推移的下降而影响到全要素生产率对农业生产效率的度量。】(2)"文化大革命"对工农业生产的影响也暗含在图中,但考虑到当时农业在三大产业中占比更大,

1952—1988年全要素生产率指数

同时"文化大革命"对工业生产的打击更大,因而对全要素生产率的影响不会对分析农业问题产生太大影响。【林毅夫:这点判断是合理的。】

2. 关于户籍制度

重工业的特性与发展中国家的处境导致宏观政策环境与资源配置机制的相应扭曲,由此反映到具体的经济与社会生活中,如过去重工业优先发展导致城乡的地位与待遇有很大差别。事物有紧密的因果逻辑,每一个历史现象与遗留问题都不是凭空而来的,而户籍制度与城乡二元体制问题正是当今社会十分关注的问题。【林毅夫:是的!】

通过学习十九届五中全会公报,我认为未来中国面临的四大挑战依次是关键领域技术自主、城镇化、公共服务均等化和绿色转型。其中城镇化与公共服务均等化皆与我国城乡问题有紧密联系。我国城镇化水平不高,户口城镇化率为45%,日本与韩国在我国现在的人均收入水平时城镇化率达到75%,因而现存户籍制度有着调整的必要性。【林毅夫:很好,"风声雨声读书声,声声入耳;家事国事天下事,事事关心"!】

一方面,户籍制度需要灵活的替代制度,短期完全放开会产生较多社会摩擦,包括医疗资源、教育、交通以及住房资源紧缺问题;提供统一而均等的各项社会服务操作难度过大。另一方面,某些地区的积分落户制又有把人硬性分成三六九等之嫌。政府应当在顺应社会经济发展的具体状况与推动社会主义现代化建设之间找到平衡。此外,以古观今,我们也应思考现在的政策是否造成扭曲,或者说扭曲是否合理,以及会给未来留下哪些问题。【林毅夫:多数扭曲都有其原因,也就是内生的。我们需要了解造成扭曲的原因,看那些原因是否还存在,改变那些原因需要有什么条件或资源,等等。只有这样才不至于好心办坏事。】

希望请教的问题

1. 为何一个理论解释了中国近代的落后,就无法解释中国过去的强盛,从而失去了对落后现象的解释力呢?使近代落后的因素,可能同时对古代产生积极影响，因为不同时代强盛的因素不同，对发展条件的要求也不同。例如中国古代的大一统政治相对稳定，农民起义无法对现有体制进行颠覆，在农业文明时代这对财富积累与国家富强有益，但进入近代，由于科举制亦稳定地发挥作用，科学革命未能在中国产生。反观西欧，中世纪的专制社会一直比较动荡，更可能被彻底颠覆，从而改变社会结构，产生社会进步。

林毅夫：一个理论如果真正揭示了问题的本质和决定因素，就应该能够同时解释为何过去是强盛的而现在是落后的，也只有这样才能更好地为未来提供借鉴。例如，西欧现代的强盛是因为社会结构的颠覆使得工业革命得以产生，还是因为科学革命和工业革命发生，经济发展一日千里，经济基础发生变化才导致社会结构的变化？我认为是后者。在18世纪工业革命时，法国有比英国更强的中央集权和封建的传统，但是，工业革命在英国发生后，法国并没有先发生颠覆性的社会变革再去推动工业革命，而是在原来的中央集权的基础上也发生了工业革命。不同的解释对哪些社会变革应该先进行的认识会不一样，结果也会大不相同。

中国古代的大一统政治何以能够长期维持？如果没有秦始皇废分封、设郡县和从汉朝开始的举孝廉及隋唐以后的科举制提供人才流动的渠道，大一统的格局能够维持吗？我想大一统在中国能够长期维持也是废除了周朝的分封制度和实行科举制度的结果。"但进入近代，由于科举制亦稳定地发挥作用，科学革命未能在中国产生"，这句话不是以科举制同时解释了前现代中国的大一统所带来的国家富强和未能自发进行科学革命以致在近代西方发生了科学革命以后中国的落后吗？

反观西欧，在18世纪前西欧确实是专制和动荡的，但是，封建社会却也在罗马帝国崩溃后维持了千年，一直到工业革命以后才发生大的社会结构的变革。所以，工业革命催生了社会结构的变革和社会进步，而不是相反。

2. 陈剑波在《人民公社的产权制度》一文中提到，生产队的产权弱化是其低效率的决定性因素，如果没有产权弱化的影响，监督问题不会演化成最终无法解决的问题。高级社的产权虽然归集体所有，但是集体对它有较多控制；而生产队的产权是残缺的，属于上层政府，残缺的产权与有限的剩余权利可能带来极高的交易费用与低效率，如各级之间的讨价还价、偷懒、代理成本高。这样理解的话，产权问题似乎更具根本性；况且多次博弈在大规模的高级合作社中难以发挥应有的作用。但尚未找到确切资料证明生产队与高级合作社在产权方面的异同究竟是怎样的，因而我感到困惑。

林毅夫："如果没有产权弱化的影响，监督问题不会演化成最终无法解决的问题"是一个假说，其潜台词是生产队即使没有退出权，只要有完整的产权就有可能解决监督的问题。但是，在高级社时实行评工计分的工分制，毛主席批判那种方式为"繁琐哲学"，交易费用太高而不切实际。在20世纪70年代，为了解决小岗村18户农户的监督问题，县里曾经派出17位干部去"蹲点"，但问题仍然得不到解决。生产队从实行工分制退化为记队员是否上工而不是记队员努力程度和工作质量的"大概工"，并不是不想或没有积极性去解决监督问题，而是解决不了监督的问题而不得不采用的措施。一个现象总可以用许多逻辑自洽的理论来解释，一个逻辑自洽的理论所揭示的机制可能有影响，但是，是否就是决定性的机制？这需要根据"一分析，三归纳"来判断。陈剑波的这个看法并没有考虑到农业生产的特性。由于农业生产的特性，准确的监督和评工计分的激励机制是不可行的，生产队要成功，必须所有队员都遵守自律的承诺，而只有队员有退出权或是有权把不努力的队员驱逐出去的制度安排才可能维持这样的承诺。如果考察并比较自己退出和把不努力的队员驱逐出去这两种可能的方式，不仅在合作社制度下没有把不努力的社员驱逐出去的制度安排，而且要拿出一个队员不努力的确凿证据很难，所以，保留社员退出的权利就更重要。这就是在中国传统的家族社会中，虽然产权是完整的，但仍然要有开祠堂把不肖子孙赶出家门的制度安排的原因。

对于"多次博弈在大规模的高级合作社中难以发挥应有的作用"，实际上，在1956年推行高级社时有5%的队员退社，导致1%的高级社解体，比在初级社时的比例高，所以，高级社的规模并没有妨碍多次博弈这个机制的作用。

关于"生产队与高级合作社在产权方面的异同"，在以三级所有队为基础的公社制度下，确实有所谓"一平二调"的情形，但是，生产比较好的队是因为队员比较努力，还是因为生产的条件比较好，例如队所在的土壤比较肥沃、水利条件比较好？我认为后者是主要的原因。

关于"一分析，三归纳"方法的体会

赵佳雯

在最近的学习中，我感触最深的是，对于"一分析，三归纳"的方法有了初步的了解。

首先，我印象最深的是对工业革命的认识。过去我们在历史课上学到工业革命的标志是蒸汽机、内燃机，就把工业革命"平面化"了，总以为就是蒸汽机这种一次性的发明使得人们的生活发生了天翻地覆的变化。但是只要进行更深一步的思考和缜密的逻辑推理，就会察觉其中的漏洞。这也再次说明，生活中我们很容易就人云亦云，而把一些不合理的认识当作常识。【林毅夫：更准确地说是看似合理的认识容易被当作常识。一种认识如果不是看似合理，应该不会很容易被接受而成为常识。】我们要时刻以"一分析，三归纳"等方法去反思、检查我们习以为常的理论是否存在漏洞，尤其是要从问题的本质入手。如果对问题的认识流于表面，往往难以得出可靠的结论。

对于"李约瑟之谜"的解释，在课下我也一次次地思考。尤其是，如果说科举制主要限制了供给侧，那么为什么需求侧没有供给侧那么重要？后来在反复地举出可能的、比科举制更主要的影响因素时，浅显地运用所学到的分析方法，一个个地推翻了新的假说。【林毅夫：很好！学而时习之，熟能生巧！】目前我的确感觉科举制是逻辑最严密、没有问题的解释。之前我还曾长期怀疑，为什么"决定性因素"是一项制度，总感觉似乎不太符合唯物史观。现在我个人的理解是，科举制的产生也是建立在封建社会小农经济的基础之上的，科举制产生的影响也正反映了上层建筑对于经济基础、生产关系对于生产力的反作用；【林毅夫：准确地说，科举制度是对自发的科学革命产生了反作用，科学革命没有自发地产生则进一步使得自发地产生工业革命变成不可能，因而中国只能停留在传统社会的生产力水平之上。但是，科举制度是在传统农业社会经济基础上的一个伟大的制度创新，使得中国在当时那么落后的信息、交通、控制手段的条件下得以长期维持大一统。所以，在这一点上仍然可以说是经济基础决定了上层建筑。并且，科举制度抛开以四书五经为考试的内容，有许多安排直到今天仍然是重要的。例如，这个制度提供了一个人才通过公平竞争而上升的通道，使得阶层不固化。如何通过公平竞争使得阶层不固化在今天仍然很重要。】制度障碍也可以成为主要矛盾。【林毅夫：这就是上层建筑反作用于经济基础的表现。】这也让我想到激励机制的复杂性和重要性。无论是生活中亲身经历的一些制度、规则，还是和同学在针对某个问题进行探讨时提出的可能的解决方案,其背后的激励机制都值得我们仔细思量。【林毅夫:触类旁通!是的,激励机制确实很重要。】

其次,从对高水平均衡陷阱假说的分析中,我也深刻感受到每一个理论都有暗含前提。我们在分析问题时,每一步逻辑推演都应该仔细审视,是否存在暗含的前提假设。【林毅夫:是的,这点认识很重要。】比如经济学中常用的边际递减规律——边际递减一定暗含着是在其他条件没有发生变化的条件下分析。【林毅夫:是的,确实如此。】同时,我虽然还不能在第一时间就分析出一个新接触的理论是否暗含什么样的假设,不过已经有了主动思考、分析的意识。【林毅夫:这点意识对于现代的知识分子至关重要,有了这点意识就不会认为凡是在书本上、在文献中,甚至在媒体上流传的各种理论和看法都是对的、可以接受的。】

最后,这种分析方法对我的最大触动在于,过去我总觉得自己不是一个很擅长提问题和批判性思考的人,现在我感觉到,最重要的是首先有质疑的意识,在听到一个新的理论主张时,不要轻易接受;同时再辅以合理的分析方法,可以更有效地分析理论可能存在的问题。在听课过程中,我也时常会迸发出一些小小的疑问,其中一些(在目前阶段的我看来)还是值得花更多时间去了解并分析研究的。我也希望自己可以在未来的学习中更好地训练自己提出疑问、质疑理论、分析问题并形成符合逻辑的、正确的认识和结论的能力。【林毅夫:凡事熟能生巧,只要有心学习,任何事情应该都不难。】

希望请教的问题

1. 当我们应用历史横向归纳的方法,将同一历史时期的国家进行对比,怎么能够确定两国或多国出现同一个现象是出于同一个原因,而不是各国内部不同的因素导致的?这就类似于"幸福的家庭都是相似的,不幸的家庭有各自的不幸"。我个人目前的想法是,需要我们对不同国家的经济制度、政治制度等都有一定程度的了解,才能把握其差异是不是根本性的、有影响的。

林毅夫： 确实，没有两片叶子是完全相同的，两个国家更不会完全相同。在不同的因素中，许多因素对要解释的现象是没有影响的；在有影响的因素中，很多因素的影响是不大的；在有比较大影响的因素中，不是每个因素都有决定性影响的。如果是决定性的因素，那么只要这个因素存在，就应该有这个现象。要改造世界，就应该找到决定性因素，而不是相关但不重要的因素。"一分析，三归纳"的方法就是为了帮助我们找到一个现象的根本性决定性因素。

2. 在林老师看来，近现代历史上是否有某个经济体实现了按照禀赋结构和比较优势发展，进而实现经济快速发展和产业升级，甚至最后实现了赶超？日本等经济体在 20 世纪发展进口—加工—出口的出口导向型产业是否属于符合禀赋结构条件呢？

林毅夫： 日本和"亚洲四小龙"等东亚经济体在二战后的追赶是很好的例子，其实，17 世纪英国对荷兰的追赶以及 19 世纪德国、法国、美国对英国的追赶都是很好的例子。可参考《新结构经济学》第一至三章以及《经济发展与转型：思潮、战略与自生能力》中的讨论。

3. 之前上课的时候突然想到一个我认为很值得研究的话题。如果一个经济体按照新结构经济学理论的指引，从一个落后的状态开始发展，按照禀赋结构和比较优势选择合适的产业，通过积累剩余慢慢实现产业升级，那么，到底需要多少年才能实现赶超？不知道新结构经济学研究院是否已经有了相关的研究。我个人觉得这个话题比较宏大，可能需要建立比较复杂的数学模型来模拟。而且，我现在的确深感自己才疏学浅，还有太多需要学的知识，比如并不了解是否某些国家在历史上有按照禀赋结构条件和比较优势去发展。

林毅夫： 首先，关于一个经济体到底需要多少年才能实现赶超，我们可以以韩国和中国台湾地区为例。二战以后，韩国和中国台湾地区都是在三十多年的时间里从低收入经济体变为人均 GDP 超过 1.2 万美元的高收入经济体。中国大陆从 1978 年年底改革开放以后，京津地区和东部沿海的 4.2 亿人也是用了三十多年就从低收入状态进入 1.2 万美元的高收入状态，我国的 14 亿人整体也预计很快会进入高收入状态。所以，如果思路对了，道路对了，一个低收入经济体用不到两代人的时间就有可能成为高收入经济体。

其次，关于你提到的"需要建立比较复杂的数学模型来模拟"，一个理论模型或数学模型仅能揭示某种理论、政策或思路是否有正的或负的影响，不能说明会有多大的影响。影响的量有多大仅能从过去的经验中来推论，不能从理论或数学模型的推导中来得到。

最后，关于对知识的学习，生而有涯，知也无涯，所以，学习不可能穷尽。重要的是学会碰到一个问题或现象时，自己抓住问题或现象的本质并分析其决定因素的能力。这恰恰需要摆脱过去的知识和经验的束缚，以"初生婴儿的眼睛"来看问题，所以，"才疏学浅"和"抓住问题的本质"两者相比，限制一个人对问题的认识的更重要因素是后者而不是前者。

经济学研究之"道"

赵祥瑞

在这一阶段的学习中，我主要了解了三方面内容：关于"李约瑟之谜"和中国历史的兴衰，中国近代的屈辱历史，中国的赶超战略和计划经济体制。

《易经》中说："形而上者谓之道，形而下者谓之器。"通过这一阶段的学习，我认为我无论是在"道"——经济学研究方法技巧方面，还是"器"——对于中国经济现象以及经济政策的认识方面，都有新的收获。

一、关于"李约瑟之谜"和中国历史的兴衰

通过课堂上的学习，我在经济学研究之"道"的收获主要有两点：

第一，真正有效的理论是要外洽的，是能够经受得住历史纵向检验的。这应该成为我们批判和提出理论的重要标准之一。以"李约瑟之谜"为例，真正有效的理论要使"李约瑟之谜"的两个方面都能得到解答，既要能够解释为什么在前现代社会中国的技术非常发达，又要能够解释为什么到了现代社会中国没有持续领先，成为一个落后的国家。只有这样的理论才能对中国未来的实践有更好的指导作用。原有的理论，如文化决定论、国家竞争论等理论就是因为只能解释问题的后一方面，而与在前现代社会中国的先进情况不符，前后不自洽，所以并不可信。我们不能人云亦云，在听到一个理论时，我们要去检验它，

看它能否经受得住历史纵向的检验，符合逻辑的外洽。【林毅夫：很好！在知识爆炸、各种思想和思潮迅速传播的时代，有批判的精神和能力，不人云亦云，对于一位希望以知识认识世界、改造世界并贡献于国家社会进步的知识分子而言至关重要。】

第二，真正有效的理论是要注意自洽性的。特别地，我们无论是在学习还是应用一个已有的理论时，都要格外注意理论的暗含前提条件。【林毅夫：很好！】有时对前提条件的忽略很可能会导致内部逻辑的不自洽，进而导致理论的失效。比如关于"李约瑟之谜"的高水平均衡陷阱假说，这个理论的剩余不足假设的前提条件就是没有技术进步。而用一个以"没有技术进步"为前提条件的理论去解释"技术为什么没有进步"，显然是不符合逻辑的。而正是因为很多人都忽略了剩余不足的机制的前提条件，这个逻辑不严谨的假设才如此盛行。这也警示我们，在未来的学习和研究中，要注意所有假设的前提条件。【林毅夫：是的，任何理论都有前提，明的前提在模型里已经提到，容易被注意到，暗的前提则需要学习者自己去揣摩、体会。一个理论是否适用，明的前提和暗的前提同等重要。】

而林老师以新结构经济学视角提出的理论模型，既自洽又外洽，既在逻辑上没有问题，又能经受得住历史的检验。林老师的理论认为，技术发明就是一个不断试错的过程，前现代社会以经验为主，现代社会中，技术发明的方式以科学指导的实验为主。而中国古代科举制度考核内容的局限导致了人才在学习数学和控制实验方面缺少了后天激励，使得中国的科学革命没有办法发生，没有科学革命，也就不可能有工业革命，以致在西方发生工业革命以后中国的经济发展水平由领先到落后。林老师的理论是对"李约瑟之谜"很合理的解释。

二、关于中国近代的屈辱历史和中国的赶超战略与计划经济体制

通过课堂上的学习，我在经济学研究之"道"的收获主要有两点：

第一，理论的适用性取决于理论的前提条件，无论是政治上还是经济建设上，不是所有先进国家的理论我们都可以拿过来直接套用。比如苏联的社会主义革命就是通过城市革命取得成功，而在我国并不适用，因为我国的大工厂很多是建设在租界，是由外国人控制的，而苏联的工厂则是由本国资本家控制，

所以对于暴动的镇压主体不同，民心所向也不同。根据中国的国情，在农村团结农民，对抗地主，无疑是更得民心的一种做法，而联合工人反抗资本家的效果就没有那么明显了。

第二，人们会对激励做出反应，所以很多经济政策是高度关联的，要想达到一个目的，很多时候要制定一系列的经济政策，这些经济政策共同发挥作用，缺一不可。我们要在实际的政策建议中多方面考虑，尽可能提出最完备的政策建议。通过对赶超战略的学习，我了解到为了实现重工业优先发展的目标，当时压低利率、高估本国汇率、压低原料价格、压低工资、压低生活必需品价格等做法都是必然的。这是重工业周期长、依赖进口、投入大的特点和中国资金积累少、出口产品少、资金分散的特征共同作用下的必然结果。

通过这一阶段的学习，我收获颇丰。我十分期待下一阶段的学习，希望能从中收获更多的知识，也能得到新的启发。

希望请教的问题

1. 五年计划以及与当时国家的要素禀赋结构不相符的发展目标，使政府不得不扭曲价格体系，实行扭曲的宏观政策，导致了当时中国的"短缺经济"。而现在的地区经济建设中，一些地方政府不考虑实际情况，制定不符合当地禀赋结构的发展战略，迫切发展资本密集型产业，也在一定程度上导致了金融体系的扭曲。我看到的是政府的干预都造成了一定的经济结构的扭曲，那是否可以得出结论：对于整体经济的产业发展结构，政府最好的做法是做一个无为政府，不进行干涉，只是保证市场秩序，其他的完全由市场调控呢？

林毅夫：第一，金融体系是由中央的政策决定的，地方政府的追赶愿望对金融体系扭曲的影响不大。其实，存在金融体系的扭曲是在渐进双轨的转型方式下，实行"老人老办法，新人新办法"，保护补贴赶超战略所遗留下来的缺乏自生能力的大型国有企业的需要。可参考《解读中国经济》第七至九讲的讨论。第二，政府的干预会造成扭曲，是因为这种干预试图去支持违反比较优势的产业的发展。如果政府的干预是去克服在要素禀赋结构提升、比较优势变化、产业随之升级过程中所必然产生的市场失灵，包括对先行者所需的激励补偿和硬的基础设施、软的制度安排的完善所需的协调，则这种干预不仅不会造成扭曲，而且是经济发展中政府所应该发挥的积极作用。

2. 中国第一个五年计划优先发展重工业。在当时的历史条件下，优先发展重工业与中国的要素禀赋结构不相符，所以不得不进行宏观调控，从而造成了经济结构的扭曲。那么，中国或其他经济体在什么样的发展阶段下发展重工业才算是具备了比较优势的，不会造成经济结构的扭曲呢？目前有什么具体的判断条件或度量方法吗？

林毅夫：关于第一个问题，一个经济体如果按照比较优势发展，在市场经济中政府发挥积极有为的作用，使具有比较优势的产业变成具有竞争优势的产业，经济发展好，资本积累快，要素禀赋结构中，资本逐渐从相对短缺变成相对丰富，劳动力逐渐从相对丰富变成相对短缺，在那时再去发展重工业就会水到渠成。其实，从农业社会向工业社会的转型，发展好的经济体，包括欧美和东亚的经济体，都是这么一路走过来的。关于第二个问题，有具体的判断条件或度量方法，可参考《新结构经济学》第一至三章的讨论以及新结构经济学对低收入国家提出的"增长甄别与因势利导"二轨六步法和对中等收入国家提出的"五种产业划分"的方法，来确定一个国家或地区在哪些产业上具有潜在比较优势，会有什么瓶颈限制需要政府的因势利导，以使具有潜在比较优势的产业发展成在市场中具有竞争优势的比较优势产业。

关于新结构经济学研究方法的思考

钟睿煊

在这几周的课堂上，林老师与我们讨论了"李约瑟之谜"、近代社会主义革命、计划经济的形成以及农业合作化的影响。我想透过林老师分析的结论，来关注林老师的分析逻辑，并以此为例子谈一谈我对新结构经济学研究方法的思考。

一、区分现象和理论

社会现象是在历史中发生的实实在在的客观过程，是许许多多变量综合作用的结果，具有客观性和复杂性；而理论是由人提出的，受到理论提出者所处的社会环境以及自身知识与经验的影响，而且作为帮助人们理解现象的工具，在保证解释力的前提下，理论越简洁越好，因此理论具有主观性和简洁性。【林毅夫：社会现象具有"客观性和复杂性"，理论具有"主观性和简洁性"，这个总结和对比很好！】正因为现象的客观性和理论的主观性，对于一个现象，如果可以用一种理论解释，那也可以用其他理论解释。因此，在我们做研究时，一定要秉持一种"常无"的心态，从现象出发，弄清现象的来龙去脉，而非从理论模型出发，将已有的理论直接套用在要研究的问题上。就像这几次课，我们讲到"李约瑟之谜"和中华人民共和国成立初期存在的大量扭曲时，一开始关注的都是实实在在的现象。【林毅夫：很好，这个心得很重要。】

二、如何分析一个现象

在我们研究一个现象时，不仅应该关注现象的表层，还应探索这个现象的本质和决定因素是什么。中华人民共和国成立初期诚然存在大量扭曲，但这些扭曲是什么共同的决定因素造成的呢？要探索问题的本质和决定因素，我们需要拥有"一分析，三归纳"的思考方式。

所谓"一分析"，是指我们在面对一个现象时，应该根据事物的本质，以演绎的方式分析所要研究的现象谁是决策者，要达到什么目标，有什么可动员的资源，又面对什么不可逾越的限制条件，存在哪些可行的选择。以课上讲的中华人民共和国成立初期的经济模式为例，本质是政府用计划手段来配置资源，政府是决策者，想要达成的目标是赶英超美，建立起一个完整的资本密集型的重工业体系，可动员的资源是当时资本极度缺乏的农业经济，限制条件为资本的极端短缺，存在的选择包括用市场进行配置以及用计划进行配置。

所谓"三归纳"，是指我们在面对一个现象时，除了需要关注现象本身，还需要将现象进行历史纵向归纳、当代横向归纳以及多现象综合归纳。就像课上老师分析计划经济时，分别运用历史纵向归纳与当代横向归纳法，从苏联1918—1929年没有计划经济体制以及印度虽为资本主义国家却有计划经济体制的现象出发，理清了社会主义与计划经济的关系；加上对中华人民共和国成立初期存在的大量扭曲进行综合归纳分析，最终找到了形成计划经济体制背后的最深层原因。

因此，在面对一个现象时，采用"一分析，三归纳"的方式，有助于我们理清现象的来龙去脉，更好地寻找到现象背后的决定因素。

三、如何对待现有的理论

作为一个经济学的初学者，我们无论是在经济学的学习过程中，还是在研究问题的文献收集过程中，或是在平日的课外阅读中，都会看到各种各样的理论。如何对待这些现有的理论，是一个非常重要的问题。我来到"林班"之前，是一名社会学系的学生，学习了众多社会学家的理论，但是读得越多脑子越迷糊，原因在于我并没有真正地理解理论和现象之间的关系，以及学会如何批判性地去看待一个理论。在近期的上课过程中，林老师在提出自己的理论之前，都先用历史纵向归纳、当代横向归纳以及多现象综合归纳三种方式对现有的理论进行检验，发现它们对于所要研究的问题都站不住脚。由于所研究的现象所处的时代和发展阶段不同，以及理论家本身的知识经验不同，各种理论都是主观的，不是真理。在我看来，这便是新结构经济学教会我看待现有理论的方法。

综上所述，在研究一个问题时，我们需要弄清理论与现象之间的关系，从现象出发，运用"一分析，三归纳"的方式，探求现象的本质以及决定因素，同时批判性地看待现有的理论。我认为这种思维方式比课堂上得出的结论更为重要。【林毅夫：确实，任何理论都是"鱼"，"一分析，三归纳"的方法则属于"渔"。】

希望请教的问题

问："三归纳"需要我们对国内外的历史现象都十分熟悉，对于现在的我们，如何在知识储备不够的情况下学习现有的理论呢?

林毅夫: 首先,生也有涯,知也无涯,对于一些方法和基本原理的运用,不可能也不需要穷尽知识才践行,而是在了解了这个方法和原理以后,一面实践,一面学习,不断精进。有了任何理论都是内嵌于产生这个理论的国家当时的社会、经济、政治、文化结构之中的认识,就不会无批判地接受一个理论,而会去关心和了解这个理论产生的时代背景、明的前提和暗含前提是什么,以及前提和暗含前提在自己的国家社会是否存在等。其次,各种知识的储备来自"风声雨声读书声,声声入耳;家事国事天下事,事事关心"的日积月累,如果有以天下为己任的胸怀,对社会疾苦、国家兴亡、人类命运平时就会有关心和关注,就会不断地为"三归纳"积累素材,到要用时就能信手拈来。

体 悟：
第三次学习心得与反馈

学习内容

第五讲　东亚奇迹与可供替代的发展战略
第六讲　农村改革
第七讲　城市改革
第八讲　国有企业和遗留问题

简要介绍

2020年11月12日、11月19日、11月26日和12月2日，林毅夫教授分别为"林班"同学讲授了"中国经济专题"课程的第五讲至第八讲内容。在这四次课中，林老师首先介绍了东亚奇迹，对解释东亚奇迹如何产生的流行假说做了反驳，并进一步提出和阐释了新结构经济学的解释——按照比较优势战略发展并充分利用后来者优势；随后按照农村改革和城市改革两条线索讲述了改革的历程，就改革过程中存在的问题及其原因做了分析；最后，在此基础上进一步分析了国有企业改革的思路，并对苏东的休克疗法与中国的渐进式改革做了比较，分析了不同改革方式的利弊。

关于国有企业改革理论的思考

毕斯源

一、国有企业的出现与改革

1. 国有企业与改革

改革开放之前，我国大力推行赶超战略。在赶超战略的影响下，我国优先发展资本密集型的重工业。而重工业所需要的资本在当时相对稀缺。在不具有比较优势的重工业之下，资本密集型企业难以具备自生能力，因此需要国家的支持和帮助。为了确保资源应用于国家战略所规定的领域，这些企业采取了国家所有的形式，由此国有企业得以产生。改革开放之后，我国开始推进市场经济，国有企业作为计划经济体制的产物必然会进行改革以适应经济发展的需要。而关于改革应该如何进行，经济学家提出了不同的理论。

2. 国有企业改革的阶段

当前，国有企业改革大体可以被看作经历了三个阶段，包括利润留成阶段、承包制阶段和明晰产权阶段。在1978—1984年利润留成阶段采取的主要措施是将部分权利和利润下放给国有企业，国家得到增加的盈利或减少的亏损的88%，企业得到其余的12%，即"国家拿大头，企业拿小头"。然而该措施全面推广后，由于缺乏监督，并没有取得预期的效果。在第二阶段，即1985—1992年的承包制改革中，国家将企业交给厂长、经理负责承包，每年上交固定的承包费，企业利润上交一定的部分给国家，剩下的部分留给自己。然而由于对通货膨胀欠考虑，再加上承包合同的不对称性，国有企业改革也没有取得预期效果。第三阶段即1993年至今，国有企业改革的主题是明晰产权。在这一阶段，根据企业的规模，国家推行两种明晰产权的方式，对于中小型国有企业推动民营化、私有化，对大型国有企业则引进现代企业制度，部分公司还实行股份制。这一阶段国有企业的生产率确实得以提高，但是却出现了国有资产大量流失的状况。因此，国有企业接下来的改革方向仍在引发人们的思考和讨论。

二、以产权为核心与以充分竞争的市场环境为核心

在有关国有企业改革的理论指导上，当前国内主要有两种观点，一种支持以产权为核心，一种主张以构建充分竞争的市场环境为核心。

1. 以产权为核心

产权是以所有权为核心并从中派生出的多种权利之间的法律关系。持这种观点的人认为产权改革是国有企业改革成败的关键，而且国有企业改革要想成功，最重要的是解决两个问题，一是激励机制，二是经营者选择机制。[①]要解决这两个问题，最好的方式就是建立明确的产权机制。

在张维迎老师看来，国有企业改革有两个要点。首先，企业的剩余索取权与剩余控制权要尽可能匹配；其次，剩余索取权要尽可能分配给企业最重要的成员，以及企业最具有信息优势、最难监督的成员。当我们拥有一样财产时，我们不可以随心所欲地控制，而是要受到法律、契约等规定的限制。然而，由于有不确定性的存在，法律和契约不可能是完全的，不完全的地方可以被称为"剩余"，与这部分"剩余"相关的一切权利被称作剩余权，而剩余权又分为剩余索取权和剩余控制权。剩余控制权是在"剩余"之中以不违背之前的法律和契约等规定的方式处置未规定的情况的权利，而剩余索取权则是指在其他各方按契约获利后可以索取剩余收益的权利。

剩余控制权和剩余索取权可能有相应的交叉部分，然而这两个概念并不一定会统一，如一些工人虽然可以参与利润分配，却不具有投票权。某种意义上可以说，剩余索取权依赖于剩余控制权。如果将剩余控制权和剩余索取权匹配，就可以让决策者获得决策的收益，承担决策的后果，其趋利避害的动机就会促使其尽可能做出好的决策，这就是所有权激励。而之所以要将剩余索取权分给企业最重要、最具信息优势、最难监督的成员，是因为这些成员的积极性对企业的发展比较重要，也是因为对这些成员最有效的监督方式就是让他们自我

---

① 张维迎. 企业理论与中国企业改革 [M]. 北京：北京大学出版社，1995：63-64.

监督。

从产权理论出发看国有企业改革,在我国前两个阶段的国有企业改革中,国家是企业资本的提供者,拥有剩余索取权,而企业经营者拥有剩余控制权和部分剩余索取权。在这样的情况下,剩余索取权和剩余控制权并不统一,因此企业经营者所拥有的控制权便是"廉价"的,生产经营的绩效就难以得到有效提高,或者即使生产绩效得到提高也会导致国有资产的损失。

而想解决这一问题,就要使剩余索取权和剩余控制权相统一。如果两权统一于国家手中,这与国家的定位不符,也与当前市场经济发展的方向不符。因此,张维迎老师认为国有资产应该成为一种债权,国家由此成为一个固定收入的索取者,国家获得的收益就被划到了契约之内、剩余之外,因此剩余索取权和剩余控制权就统一于企业经营者,此时,企业经营者手中的控制权就不再"廉价",效益也会得到提高。

2. 以构建充分竞争的市场环境为核心

产权问题固然是企业发展的一个重要问题,而国有企业改革是否一定要以产权为核心?一些人给出了否定的答案,这些人认为国有企业改革的核心应该是构建充分竞争的市场环境。持这种观点的人认为,国有企业改革应该首先剥离企业的政策性负担。林毅夫老师将国有企业划分为四类分别对待:对于生产的产品关系到国防安全的应该予以补贴,国家直接监管;资本密集且民用市场广大的企业可以利用多种金融方式融资;产品没有广大民用市场但人力资本丰富的企业可以转产具有比较优势的产品;各方面均无优势的企业执行破产清算。这些措施将国防安全领域外的国有企业均引入正常的市场环境下,通过符合自身比较优势的发展战略使其逐步具有自生能力,由此实现国有企业市场化改革。

在产权方面,林毅夫老师认为,即使像以产权为核心的国有企业改革那样,将国家作为一个债权者,让渡出国家的剩余索取权,现代企业制度下大型企业的任何一个股东也不会愿意独自管理企业,因此企业必然会面临相应的委托—代理问题。此外,国家可以通过充分竞争的市场机制来解决相应的委托—代理问题,因为以市场平均利润和绩效为对照,可以更加彻底地解决委托—代理问题。

三、对两种理论的反思

1. 国有企业改革的目的与约束

在思考改革路线之前，我们应该首先思考：国有企业改革的目的是什么？当前改革有什么约束？通过思考这两个问题，我们才能更好地探究国有企业改革的发展道路。【林毅夫：很好，这两个问题确实是关键。】

笔者认为，国有企业改革的目的，在于引导计划经济时期建立的国有企业与市场经济体制相适应，【林毅夫：许多国有企业所在行业违反比较优势，具有战略性政策负担，同时，大多数国有企业存在许多冗员并负有给老职工养老的社会性政策负担。有了政策性负担就会有政策性亏损，政府必须为政策性亏损负责，就需要提供政策性补贴。如果不消除政策性负担，如何能和市场经济体制相适应？】解决国有企业的一系列问题，从而提高国有企业运行效率。而实现这一目的的约束在于所有者和经营者的委托—代理问题。针对委托—代理问题，一方认为通过明晰产权、实行私有化可以有效解决，【林毅夫：除了夫妻店式的小企业，在现代化的大企业中，所有者和经营者必然分离，不管什么所有制，委托—代理问题都会存在，私有化并不能自动解决委托—代理问题。】另一方则认为应该依靠充分竞争的市场机制。

2. 明晰产权先行的问题

产权理论在逻辑内部固然有其道理，而在实践之中，如果不剥离国有企业的政策性负担，不顾企业自生能力，以产权为核心的国有企业改革难免会遇到各种问题。

问题在于国有企业自生能力的缺乏及其政策性负担。很多国有企业承担着国家和社会赋予的社会性负担和战略性负担。在竞争的市场环境下，如果对国有企业进行私有化改革，企业为了生存难免会裁减冗员，引发大量失业，造成严重的社会问题；生产国防安全一类产品的企业也更倾向于转而生产其他产品获得更高的利润。此外，国有企业的诞生，很大程度上是因为这些企业在不符合国家要素禀赋和比较优势的领域生产，因此不具有相应的自生能力。

如果不具有自生能力，市场竞争条件下大量国有企业必然会面临倒闭的风险。以按照休克疗法进行市场化改革的东欧和苏联为例，大量的国有企业倒闭对经济和社会的打击是致命的。如果充分竞争的市场没有建立，这些企业要想提高员工工资，或为国防安全产品筹措资金，可能会向债权人——国家贷款，加重国家的财政负担。因此，不剥离国有企业政策性负担的私有化产权改革难以实现。

如果更进一步，我们可以看到，持明晰产权态度的人认为通过所有者与经营者的合一可以提高国有企业运行效率，因此应该实行私有化。然而，一方面，如前文所述，大型国有企业的私有化不能从根本上解决所有者与经营者分离的问题；另一方面，认为通过明晰产权便可以提高国有企业运行效率的看法本身也存在问题。明晰产权确实可以使经营者拥有昂贵的"投票权"，【林毅夫：这句话含义不清。明晰产权，可以使所有者拥有投票权，除非经营者就是所有者或者成为董事会成员，否则经营者并没有投票权。】但这只能在一定程度上提高企业的生产和管理效率，而不能从根本上提高生产绩效。能否提高绩效的关键在于企业本身是否符合比较优势。对于不符合比较优势的企业，即使能在很大程度上解决人的限制，也难以摆脱市场规律的限制。

相比之下，如果我们首先剥离国有企业的政策性负担，并对不同的国有企业进行相应的整治措施，使其在生产中具有比较优势，进而具有自生能力，则不仅能在更深的层次上提高国有企业运行效率，还与引导国有企业与市场经济体制相适应的目标相符合。此外，作为渐进性的改革措施，这种方式也不会导致大量企业倒闭，引致严重的社会问题。

3. 产权改革的别样路径

笔者认为，委托—代理问题出现的一个重要原因在于监管的缺失。国家一方之所以难以有效监管企业，是因为与企业交涉的是一个机构，具体来说可能是一个团队、几个官员，而这些人并不拥有对公司的所有权和收益权，因此也很难有激励更好地监管。此外，还涉及信息不对称引发的道德风险问题。因此，笔者认为可以考虑剥离政策性负担、进行分类改革后大型国有企业上市或引进其他企业入股的策略。国有企业在具有自生能力后再上市,一定程度上会避免当前不具有自生能力的国有企业上市导致的投机乱象,同时通过上市使得公司业绩和财务透明化,股民可以更好地进行监督。此时,国家和企业经营者作为股东,各自可以分享一定的红利,企业经营者也在一定程度上实现了剩余索取权和剩余控制权的统一,同时也受到市场约束,国有资产也不会出现流失的状况。【林毅夫:同意这些看法。】

四、小结

国有企业是计划经济时代的产物,在我国国民经济中占有重要地位。在当前的环境下,国有企业原有的经营管理模式已经不符合市场经济发展的需要,因此以合适的方式引导国有企业改革是当前经济中的一个重大问题,而改革的方式一直是人们关注的焦点。本文选择关于国有企业改革的两种理论——以产权为核心的理论和以构建充分竞争环境为核心的理论——进行思考,认为以构建充分竞争环境为核心的理论更加切实可行。同时,通过上文对两种国有企业改革理论的比较分析,笔者认为,在剥离国有企业的政策性负担,引导国有企业向符合比较优势的方向改革使其具有自生能力后,我们也可以通过引入其他投资者或股市的方式对国有企业进行更好的监督,进一步提高企业运行效率。国有企业改革事关国家的发展和人民的福祉,只有选对方向、扎实推进,才能更好地推进国有企业与市场经济体制相适应。【林毅夫:这篇心得对国有企业的产生、存在的问题、解决的思路和方法有很好的总结和思考。】

【参考文献】

1. 林毅夫. 解读中国经济 [M]. 3 版. 北京:北京大学出版社,2018.
2. 张维迎. 企业理论与中国企业改革 [M]. 北京:北京大学出版社,1995.

希望请教的问题

1. 请问林老师，20世纪90年代的国有企业员工"下岗潮"是否可以被看作没有先剥离政策性负担导致的后果？在当时是否可以采取更好的措施来避免类似"下岗潮"这样对员工的强烈冲击？

林毅夫： 国有企业有许多冗员，形成了国有企业的社会性政策负担。"下岗潮"是为了剥离国有企业的社会性政策负担，所以，不是没有先剥离政策性负担导致的后果。下岗的职工如果已经接近退休年龄，国家将他们纳入社会保障体系，发放退休金；如果还年轻力壮，国家给予买断工龄的补偿，并给予就业培训等，使其有能力创业或再就业。

2. 请问林老师，您认为当前股市上由国有企业上市引发的问题应该如何解决？是否要"无为而治"，等到国有企业剥离政策性负担后自然解决，或者暂停国有企业上市融资，或者用特定金融手段加以控制？

林毅夫： 我想只能"老人老办法，新人新办法"。对于已经上市的缺乏自生能力的国有企业，只能维持着，等到我国经济发展了，资本进一步积累，这些企业所在行业会逐渐变得符合比较优势，企业有自生能力，那时股市也就会有正常的表现。新上市的企业则不管国有还是民营，都必须是所在的行业符合比较优势，企业有自生能力，管理好了，就能够盈利和分红。这样由量变到质变，股市的表现也就会逐渐变得正常，能够发挥应有的功能。

从"知"到"悟"的求索

郭若菲

相信经过半个多学期的学习，大家都将"一分析，三归纳"的研究框架背得滚瓜烂熟了，也明白作为新时代的知识分子，要去挖掘中国的经济学理论创新金矿。林老师之前嘱咐我们，不要满足于"知"道，更要努力"悟"道。我当时想，能够理解课堂上学习的内容，而不仅仅是把它们背下来，就算是悟道了。但是当我开始着手研究自己的课题，才发现，要做到"知成一体"，才算是真正地悟道，而在尝试做到这一点的过程中，还存在着太多挑战等待着我去攻克。【林毅夫：确实，从"知"到"悟"是需要经过不断的困知勉行才能达到。】

因此，我就想结合往节课程中学习到的方法论，以及我在进行课题研究的过程中对于实践这些方法论的新体会，展开我的心得分享。

我遇到的第一个困难是寻找研究的切入点。我选择了一个较为感兴趣的领域进行研究，但这个领域中的现象是错综复杂的，哪些现象值得研究？如何展开研究？我难以回答这些问题。我觉得当时的自己仿佛一个外行的矿工，坐在一堆金矿上，却茫然不知所措，不知如何下手。【林毅夫：对于初学者，这是必然遇到的困境。只有困知勉行，不畏困难，勇往直前，不断去克服，才终究会有拨开云雾见天日、豁然开朗的一天。】

之后通过查阅资料、向林老师和师姐请教，我逐渐明确了自己的切入点。我总结了这个过程中的心得，最主要的一点就是，对于现象，不能仅满足于"知其然"的浅显理解，而要保有"知其所以然"的探究热情。【林毅夫：很好！保持这种凡事要知其所以然，打破砂锅问到底的取向，就能不断提高自己认识问题的本质和决定因素的能力，培养出一双孙悟空那样的火眼金睛，能够一眼穿透表象，看出"妖怪"的真相。】对于一块矿石，只看表面的人大抵分为两种。一种人认为"存在即合理"，安于让这种现象顺其自然地发展下去，而不去深究其发展背后的机理；另一种人将这种矿石的外观与国外某某地出产的珍贵宝石进行比对，发现差之千里，便嗤之以鼻，急忙要将这块矿石销毁。那些要销毁矿石的人，大概是忘了"存在即合理"，如果真如外表所见，中国这块矿石与西方发达经济体的"宝石"差之千里，那"中国奇迹"为何存在？不试图解释其合理性，便匆忙批驳，实在是可惜的。而相信"存在即合理"的人没有错，但是要知道，现实世界中的存在仅是合理的充分条件而非必要条件。历史是由一系列偶然造成的，因而当今的存在只是许多合理可能性中的一种。只有研究其背后的道理，才能发现看似必然的现象的偶然性，实现"从必然王国向自由王国的飞跃"，用理论帮助我们控制现象。【林毅夫：很好！把存在视为合理而不去探究为何合理，以及把和外国的理论与经验不同视为不正确而放弃去了解其存在的道理，是妨碍当前中国学界从中国经验中总结出新的理论的两种倾向。】因此，作为研究者，就必须要对未知事物保持好奇心，把这块矿石剖开，因为理论的金矿只可能埋藏在其貌不扬的表面之下。具体到课题的研究过程中，就是要将现象背后的机制作为切入点展开研究。【林毅夫：这点认识很重要，只要能够不断践行，必然会有所成。】

在确定了切入点后，我开始尝试对现象进行解释。我过去的论文写作经验仅限于艺术和心理的通选课，当时老师们纷纷建议我多看文献，用成熟的理论来支持自己的观点。这大概是因为对于选修通选课的外行同学们来说，不需要像内行那样看门道。但为了获取课题的背景知识，我还是展开了大量的文献阅读。渐渐地我发现了其中的问题。一方面，许多论文为了论述的有效性与严谨性，将研究范围限定在了某一个国家、某一个行业等小范围中，由于研究对象所处环境的改变，能否将文献中的研究套用到我想研究的现象上，是必须存疑的；【林毅夫：文献中的任何理论和研究发现都内嵌于产生所研究现象的国家的社会、经济、政治、文化结构之中，并以此为暗含前提。】另一方面，如果沿着前人提出的理论亦步亦趋，就很难产生原创性的想法。【林毅夫：是的，不仅很难产生原创性的想法，而且更重要的是，很可能无法认识所要研究的现象的根本决定因素。只有揭示了根本决定因素，才能实现改造好世界的目标。】

这个时候我想到，可以用"一分析"的方法来探究现象背后的机制。为了做到这一点，相较于在理论中寻求帮助，深入研究现象本身或许是更好的方法。其中，我认为案例分析非常有助于"一分析"的实践。既然我们需要通过共情来了解决策者的理性选择，那么选择一个具体的决策者，【林毅夫：很好！不过我们要选择的不是任何具体的决策者，而是所要解释的现象的主要决策者。】深入研究他所处的环境、受到的限制，对于案例分析是很有帮助的。相较于其他研究现象的方法（例如数据处理），案例分析这种方法虽然覆盖面比较小，个案也无法代表整体，却在解释机制这一阶段能够为我们更好地提供思路。

以上就是我目前研究中遇到的问题以及在解决问题的过程中的心得体会。

我想，在后续的研究中我大概还会遇到一个又一个的挑战，但是我希望自己能够有勇气保持"从现象出发"的严格要求，努力地向着"困而知之"的目标求索。【林毅夫：天下无难事，只怕有心人。只要持之以恒，必将有成。】

希望请教的问题

1. 您在"城市改革及遗留问题"一讲中介绍到，当时的改革是以"承认物质利益"为切入点的，而改革之前不承认物质利益应当是一个表象，是由社会的本质问题——赶超战略所导致的必然结果。改革从这个现象入手，成功实现了倒逼。这是否与"抓住问题本质"的方法论相冲突呢？是否说明，不去抓问题的本质，从一个现象入手，通过倒逼解决本质问题也是可能成功的？

林毅夫：很好的问题！从本质来说，计划经济是赶超战略要优先发展的产业违反了比较优势的结果，只有回归到按比较优势来发展经济才能完全取消计划经济下存在的各种政府干预和扭曲。但是，计划经济所建立起来的许多产业虽然违反比较优势，却是国防安全（像军工产业）或是国计民生（像电信、电力）所必需，在资本相对短缺的情况下，也必须给予保护补贴。所以，政府的干预和扭曲不能完全消除，必须靠经济发展和资本积累，使得这些产业得以从违反比较优势变成符合比较优势，政府的干预和扭曲才能最终消除。中国不以休克疗法一次性消除各种扭曲，而是从承认物质利益入手，并以"老人老办法，新人新办法"的渐进双轨的方式转型，这是一种实事求是的做法，让违反比较优势的产业得以生存，同时，符合比较优势的产业得以快速发展，资本得以快速积累，最终取得成功。然而，在不了解问题本质的情况下，从现象入手，并不一定能够保证成功。例如，苏联在戈尔巴乔夫时代时，也曾经想从承认物质利益开始进行改革，给了厂长经理决定员工工资的自主权，结果造成工资猛涨，效率提高有限，导致物价飞涨，最后不得不终止这项改革。由于这项改革受挫，戈尔巴乔夫转而从政治改革入手，结果造成苏联整个体制的崩溃。中国则是以利润留成的方式，企业给员工增加福利和工资必须建立在增加利润或减少亏损的前提下，而且企业只能留下小头，政府得到大头，企业的工资上涨是可控的。而且，要让员工实际上能够分享增长的物质利益，就必须让员工能在计划外生产并且购买到东西，于是就有了市场轨的出现，经济体系就从计划单轨变为计划和市场双轨。市场轨发展得很快，就为取消计划轨、向市场单轨的转型创造了条件。承认物质利益，虽然不是从计划经济产生的根本原因入手，但却是从员工积极性低的根本原因入手，并在可控的条件下一步一步往前推进，而最终实现了向市场经济的转型。在解决问题时，最好是抓住问题的本质，根据问题的本质、可动员的资源和不可逾越的限制条件来设计最佳的决策方案。如果对问题的本质未能看清楚，则更需要实事求是，对任何决策都需要知道这个决策可能带来的正的和负的影响，不能只看到好的一面而忽视了可能的负的影响。只有把握全局，权衡轻重缓急，做出决策，才能在前进的过程中保持稳定，避免关键性、系统性的错误。

2. 您在"东亚奇迹与可供替代的发展战略"一讲中提到，赶超战略是有短期优势的，因为可以建立起"国富民强"的错觉。但是许多发展中国家的领导人都是任期制的，且任期较短（巴西 4 年、印度 5 年、俄罗斯 6 年），他们是否有激励考虑国家的长期发展规划？如何避免政府决策者由于短视而采用赶超战略？

林毅夫：很好的问题！领导人最大的希望是能够青史留名，并且希望他的政党能够长期执政，他的政绩能够惠及长久。如果领导人能够了解什么样的发展模式才能真正长久，实现民富国强，那么为了他的政绩能够长存，他的政党能够得到人民的继续支持，他也会有积极性去采取那样的发展模式，而避免采取那些华而不实、他下台后不可持续、会使他的政党失掉人民支持的政策措施。所以，关键还在于是否有真正能够帮助人们实现认识世界、改造世界的理论。如果有这样的理论，领导人会有积极性去采用这样的理论。能够帮助发展中国家实现民富国强、人民安居乐业的理论只能来自发展中国家自己成败经验的总结和现实问题的解决。这也就是为什么我们要进行新结构经济学的自主理论创新。

拨开迷雾的思想力

黄卓楷

这段时间在学习林老师开授的"中国经济专题"课程并初步开展对 1988 年中国通货膨胀研究的过程中，我越来越体悟到拨开现象迷雾的思想的力量。这份思想力有三个特点，一是理解起来很顺畅，二是用于指导改造世界更准确，三是实践运用起来非常不容易。林老师课上常讲到，孔丘七十而从心所欲不逾矩，说明这是一种需要在实践之中不断"修为"的智慧。在试图充分掌握这种方法的过程中，我越来越理解到课程学习和研究同步推进的深刻意义所在。

【林毅夫：能有此认识，很好！】

一、课程学习体悟

林老师讲述中国改革开放后的农村改革历程之后，我认识到，深入透彻地理解时代的制度背景，是我们提出逻辑自洽的有力假说的基础，也是践行历史之同情的手段。【林毅夫：很好！】我认识到第二代领导集体当时面临的复杂形势——我们也可以用经济学的术语描述为"约束"。我们看到决策者进行变革的必要条件，意识形态方面的束缚有所减轻，新一代领导集体秉持解放思想、实事求是的工作作风。另外，时代赋予了变革的充分条件，【林毅夫：我想更准确的是必要条件，而非充分条件。】即需要通过改革开放让经济走出缓慢增长的泥潭，不断改善人民生活水平，进一步增强人民的道路自信，这同时也是面对东亚经济体快速赶超的地缘政治压力做出回应。

脱离制度背景讲故事会让理论成为无源之水，就算理论再精巧、再严谨，也难以达到改造世界的初心。而理解制度背景又需要我们做好两方面工作：一方面，要紧跟时代变化，要在仰头思索理论的间隙，俯下身去尝试理解当下自己经历的时代——自己的经历就是时代赋予我们的关于制度背景的一份财富。另一方面，要把握每一次研究或者学习的契机，把历史上的以及海外的制度背景积累在心。制度背景是分析问题、抓住本质的关键。对本质的抓取难就难在对复杂背景的分析和掌握。做好这两方面工作对我今后的学习将大有裨益。

【林毅夫：很好！很深刻！很到位！】

林老师曾经强调，以批判性眼光看待理论的重点是理论的暗含前提，这也是分析关于家庭联产承包责任制的其他假说的关键。传统理论的推理，会直接用劳动者的数量描述劳动要素的真实投入，这样的推理最后容易陷入当时集体生产优于个体生产的悖论。从当时自发性的制度变迁能够看出，监督机制"青黄不接"导致更多的劳动要素投入没有带来更高的产出。而分析监督的内在逻辑，从过程上来看，农地范围广，生产领导者难以管理；从结果上来看，农业收成受制于多种因素，无法控制其他变量，结果监督也就失去了说服力。

历史证明，这种冒风险的自发性制度变迁是当时农村制度变迁的关键导引。我认为，这种自发性制度变迁也是有一定必然性的。在当时，因为农户发现了进行制度变革将极大提升收益，这提供了极强的激励；找对了激励，历史就会让特定的个体迈出变革制度的第一步。而同时由于政府的目标也是全力发展经济，改革思路的束缚得到了一定程度的解除，因此政府能够接受，并且在分析之后选择促进这种制度变迁。这就是林老师谈到的"更加顺利"的制度变迁模式——既有群众利益所向作为价值观基础，也符合社会精英所认识的社会进步方向。这也是这种模式往往成功的深层原因。【林毅夫：很好的总结！】

在之后的分析中，在宏观扭曲价格、中观行政配置、微观剥夺自主权的"三位一体"政策之下，改革前城市的工业企业本质上激励不足。要把激励找对，就需要通过切中肯綮，达到庖丁解牛的境界。不赋予企业微观自主经营权，企业和工人的收入始终没有与产出挂钩，那么在激励方面势必无法达到期待的"满负荷工作"状态。1978年起赋予企业自主经营权之后，势必要对市场的其他方面进行配套改革，以解决"一放就活"到"一收就死"这样的困局。这样，企业微观方面的经营权从利润留成开始被分享给企业，就成为改革"三位一体"计划体制的突破口。

二、研究体悟

在对1988年中国通货膨胀问题进行研究的过程中，我首先感受到的，还是林老师上课以及交流过程中苦心孤诣教给我们的"做菜的方法"的重要性。对我们来说，很多时候，现有理论就类似一道道做好的菜，接受起来大概都不难，但是理论的价值有高低，做菜的方法也不易看透，到了自己下手的时候难度很大。【林毅夫：没错！】

知行合一不易，这应该也是林老师如此推崇王阳明先生的部分原因。"花很大力气去做，在做的过程之中，渐渐地悟。"和之前所述相似，理解一个理论就好比菜直接端上来，这是容易的；提出一个好的假说就像做好一道菜，这是需要一个学习的过程的。在研究之中锻炼观察问题、分析问题的能力非常必要。

【林毅夫："纸上得来终觉浅，绝知此事要躬行。"在做中学，学来才会牢固。】

在研究之中我深刻认识到自己对这个年代的制度背景的积淀不够。这成为我之后研究难以聚焦，未在起初确定好选题的主要原因。1988年的财政配套制度，本质上是财政赤字货币化，货币的发行、利率的理论不能用于当时的制度背景。所以我也正在抓住这样的宝贵机会，积累制度背景相关知识，琢磨深层原因。【林毅夫：很好！】

现有理论的局限在于对因果的判定太过肤浅，仅仅凭借计量工具而放弃了经济学最看重的说理逻辑，太过僵化。【林毅夫：有此认识，就知道了改进的方向。】如您课上提到的对美国五大湖"锈带"的研究，就是从计量关系确认工会导致当地发展停滞。美国五大湖"锈带"的确是禀赋已经发生变迁，比较优势不在当下钢铁业，企业自生能力不足，效益不好，从而导致工会积怨四起。因因果果，果果因因，只有具备抓住本质的思想力，才能拨开现象、因果的迷雾。

三、人生的方法论指导

在人生哲学方面，我也收获颇丰。既然做好某件事情是自己的责任，就应该尽力做好，不论这件事是否符合我的偏好。这是一种对他人负责的态度，也是收获他人尊重的最质朴、最本质的方法。我愿称之为人生的方法论。只有在这时候学会做人，才能在今后的人生路上越走越宽。【林毅夫：很好！希望能"知行合一"！】

学术界的人脉资源和学术能力之间的因果关系，也是我必须认清的一个本质命题。朋友圈的大小取决于个人的自身能力，而非朋友圈的塑造能力。要把更多的时间和精力花在探索、尝试、实践这些经济学方法论的金科玉律之上，达到运用熟练的境地，这才是我们"林班"学生所被期许的、所应该做的。

【林毅夫：很好！把何者为因、何者为果弄清楚，切莫倒果为因。人生苦短，这样才不会做看起来热闹的无效功。]

希望请教的问题

1. 我对林老师所提出的找主要影响因素有这样的一个疑问：在研究一个经济现象的过程中，我们认为要寻找那个核心的因，应该从相关到有影响，再到有决定性影响。林老师之前在和大家的交流中强调，发达国家的理论因为在许多暗含前提上不适用于发展中国家，那么这些暗含前提本身不都是决定性因素吗？对此我有些疑惑，想请您解答。谢谢！

林毅夫：关于什么是主要决定性因素，决策者会因财富水平的不同而给予各种条件不同的权重。例如，从中国飞越太平洋到美国，旅行时间的长短和所需要支付的金钱都可能成为一个人做出旅行方式选择的最主要的决定性因素。对于像比尔·盖茨这样的富豪而言，旅行时间的长短是最主要的决定性因素，他的选择很可能是搭乘可以随时起飞的私人飞机。而对一般人而言，预算是主要的约束，其选择只能是搭乘由航空公司提供的航班。同样，对于收入较高的人，舒适会是更重要的考量，对于收入较低的人，价格会是更重要的考量，因此，收入较高的人较有可能选择搭乘商务舱或头等舱，而收入较低的人会选择经济舱。从上述例子可以看出，同样一个因素对于不同的人会占据不同的权重，是否重要或能否成为主要的影响因素会因人而异。对个人来说是如此，对国家来说也是如此。我们在分析问题或运用理论时不能一概而论，需要有共情的能力，只有这样才能做出准确的判断或恰如其分的运用。另外，暗含前提是否就是决定性因素？以创新理论为例，创新（innovation）在发达国家必然是发明（invention），这是因为其产业和技术已经处于世界的前沿，要创新就只能发明，所以，来自发达国家的创新理论探讨的是如何发明、哪些因素影响发明成败等。但是，发展中国家的产业和技术尚未达到世界前沿水平，创新的方式除了发明，还可以用引进消化吸收来实现，通常后者成本较低、风险较小，是较好的创新方式。如果以来自发达国家的创新理论指导发展中国家的创新实践，很可能会忽视了引进消化吸收的机会。在发达国家的创新理论中，产业技术处于世界前沿是暗含前提，但不是决定性因素，创新成功的决定性因素可能是人力资本、科研投入等。发展中国家的创新理论的暗含前提则是和世界技术的前沿有差距，创新的方式有自主发明和引进消化吸收两种。以引进消化吸收来说，创新成功的决定因素除了通常认为的人力资本和投入，还有引进的技术必须符合要素禀赋结构所决定的比较优势。所以，暗含前提和决定因素并不相同。

2. 我还想对林老师的研究过程提一个小问题，林老师是如何做到如此准确、全面地抓住制度背景的呢？我在研究之中就一直感觉制度背景的梳理是一项极不容易的工作，也是我之前在开题报告之中犯下很多错误的根源所在。想听听您做研究的心路历程，以更有针对性地开展我接下来的研究。

林毅夫：这种能力并非与生俱来，而是在困知勉行中得来。首先要"家事国事天下事，事事关心"，从这种关心中积累古今中外的各种知识和认知。其次要有做好的意愿，遵循王阳明倡导的、孟子提出的"必有事焉"的心法，像画家临摹名画一样，用带有批判性的思维去学习现有的理论，了解这个理论产生的背景，其前提（包括暗含前提）是什么，理论提出者如何认识到现象的本质，为何在错综复杂的决定因素中会抽象出这个决定因素，为何其他因素被舍象等。在自己面对一个现象或问题时，则以"常无"的心态，像初生的婴儿那样不带任何先验的理论和经验的视角去观察，运用"一分析，三归纳"的方法来了解现象的本质是什么、决策者是谁、想达成什么目标、有何资源可动员、有何不可逾越的限制、决定性因素是什么，并根据这种认识来构建一个解释这个现象的因果模型，然后用历史纵向、当代横向、多现象综合的方式来检验这个理论模型的各种推论。如果能通过这三个检验，那么代表对现象的本质和决定因素的认识是对的。如果不能一开始就认识到现象的本质是什么、决策者是谁、想达成什么目标、有何资源可动员、有何不可逾越的限制、决定性因素是什么，那么，就从"三归纳"开始——这个现象何时发生，发生前和发生时哪些因素发生了变动（历史纵向归纳）；在哪些地方还有相同的现象，它们的共同点是什么（当代横向归纳）；和这个现象同时存在的还有哪些现象，它们是否都源于共同的原因（多现象综合归纳）。这三个归纳能够帮助学习者认识现象的本质和决定因素，有了认识以后，再来构建解释现象的因果模型。学而时习之，在困知勉行中，必然会有豁然开朗的一天。

"常无"心态与新结构经济学思想方法

赖端仪

过去几周的课程主要为东亚奇迹与可供替代的发展战略、农村改革及城市改革。个人感觉这三讲在某种程度上是正式引入了新结构经济学的理论框架,并结合中国改革开放以来的发展,应用理论分析进行研究。而当"中国经济专题"课程在历史的沉浮中对我们进行着思想方法的讲解与训练时,"新结构经济学导论"课程的学习与小班讨论课的论文开题也在如火如荼地开展着。这让我对新结构经济学背后的思想方法有了更深切的体会。

第一,是对"常无"概念有了更切实的思考。

林老师提出的"常无"概念,意指以不受现有理论约束的心态来研究不同社会或是同一社会中新出现的各种社会经济现象。乍一听,这很容易理解为抛开现有理论以无知蒙昧的眼光去看待问题。甚至连付老师也调侃过我们本科低年级学生缺乏经济学理论基础,反倒更适合学习新结构经济学。<u>然而,不受现有理论约束不代表不了解、不理解现有理论,相反,我们要全面系统地学习各家学说,回溯针对某一现象的各角度解释,并以共情之心体会各个理论提出的背景和前提,所以没有前期的理论知识积淀,我们是无法达到"常无"的境界的。</u>【林毅夫:没错,除非是像六祖惠能那样千年一遇的具有绝顶慧根的稀世人才,否则,一个没有经过学习和系统训练的人,最有可能的是无知而非"常无"。然而,一个读过书、受过现代教育的人,如果不有意识地培养自己的"常无"心态,则很可能如凯恩斯所说,"是某些已故经济学家的奴隶"。】此外,<u>通过观察各种不够决定性的因果推测,我们更有可能拼凑出一个更完整的表象,从而深挖到最根本的因。</u>【林毅夫:这倒未必,因为根本的因会产生果,这个果又会变成其他果的因,如此,一生二、二生三的因果联系在一起,所以,现实世界的现象像是因因果果、果果因因的一团乱麻。如果揭示的是根本的因,则可以像抽丝剥茧一样把这个因果链条拉直,一以贯之地把同时存在的各种现象都解释清楚，并且能够发挥理论认识世界、改造好世界的功能。如果抓住的是上述因果链条中间的因，也可以解释由此所造成的后面的果。如果就此满足于那样的解释，而不去挖掘更根本的因，那么在改造世界上就会出现于事无补，甚至出于好心办了坏事的情形。】

就拿比较优势战略理论的提出为例。首先，纷杂的争论能让人意识到东亚奇迹现象的研究价值：如果不去看各种观点和解释，我可能都不会明确地意识到东亚奇迹是一个奇迹，值得我们去探究；【林毅夫：这未免太后知后觉了吧！不管在哪个领域，作为一名想抓住时代机遇、引领时代潮流的精英，都应该见人之所未见，敢于行人之所未敢行。而且，东亚奇迹之所以是一个奇迹，并不是因为有那么多观点和解释，才让我们认识到它是一个奇迹。非洲和拉丁美洲发展不成功也都有许多观点和解释，但是，没人把它们当作奇迹。东亚的经济发展是一个奇迹是因为东亚的发展不仅远快于其他发展中经济体，而且远快于发达经济体。并且，在取得这样的发展成绩时当时的理论不能加以解释，才会有那么多经济学家试图去解释。】其次，不同的观点因为出发点和思考角度的不同，某种程度上能帮助我们检验和完善自己的理论。比如，自生能力和比较优势似乎依靠市场就能发挥作用，但借助政府干预说的提醒，我们会思考政府在比较优势战略中能否发挥重要作用、发挥什么作用等，于是自己的理论就可以在统观各家理论的基础上得到一步步完善。【林毅夫：现实世界的现象总是因因果果形成的，一个抓住问题本质和根本决定因素的理论应该可以包容或证伪各种建立于表层的因的理论。但是，各种建立于表层的因的理论是凑不出一个抓住问题本质和根本决定因素的理论的。一个抓住问题本质和根本决定因素的理论需要来自提出理论者的直觉和经由"一分析，三归纳"来建立。】

简而言之，经济学研究是一个由"常有"到"常无"的过程。"常无"有点像苏格拉底提出的"无知之知"，它并不是不知。【林毅夫："常无"并不是不需要学习现有的理论，而是在学习现有的理论时，必须像画家临摹现有的名画一样，不是为了以后能够画得像现有的名画，而是去揣摩为何画家能够巧妙地运用绘画的基本原理来表达内心的感受并获得观赏者的共鸣，以此提升临摹者的这种能力。同样，要当一名经济学家，学习现有的理论不是为了运用这些理论，而是为了学会构建理论，在构建理论时必须从了解现象的本质和决定因素着手。而要了解现象的本质和决定因素必须有"常无"的心态，才不会戴着现有理论的"有色眼镜"而看不到现象的本质,或是对号入座把现有理论的决定因素误认为是这个现象的决定因素。在学习经济理论时要"常有",所谓"常有"指的是要秉持现代经济学的基本视角也就是理性人的假说来构建解释现象的因果逻辑。新古典经济学的理论都建立在这个假说之上,这是新古典经济学之"道",任何理论都是这个假说在一定条件之下的运用。"道可道,非常道。"一个现有的理论体现了理性人的假说,但是现有的理论并不是理性人假说本身。在构建一个理论来解释观察到的现象时必须建立在理性人假说的经济学之"道"上,所以,需要"常有"。但是,不能拿现有理论来套,所以,又必须"常无"。《本体与常无》一书对此有系统的讨论,建议你参考。】

第二,是从表现形式上更深刻地体会到了新结构经济学思想方法的根本性。

在第二次学习心得中,我曾提到自己因为觉得林老师什么现象都能拿一套理论解释而本能地感到难以信服,而这样的幼稚想法在我准备开题报告时被彻底颠覆。在阅读资本账户开放的相关文章时,我发现针对这一议题众说纷纭,无论是反对的观点还是支持的观点,在自己的依据下显得十分有道理,这让我这样一个不怎么了解金融领域的人感到深深的混乱和无力,甚至无法形成自己的观点。然而,就在自己脑子里一团乱麻的时候,我读到了林老师关于资本账户开放的一篇讲稿"Why I Do Not Support Complete Capital Account Liberalization",依旧是在开篇就点出资本账户开放的根本目的是促进经济发展,随后再次引入了比较优势发展战略的理论,也依旧是沿用着"一分析,三归纳"的方法旁征博引国内外发展历程辩驳着各方观点。[①] 这样一篇逻辑清晰、观点坚定有力的文章让当时混沌不堪的我有一种醍醐灌顶的感觉,我也忽然想明白,林老师之所以能讲什么现象都绕回到"禀赋结构""最优产业结构""比较优势"等,不是因为林老师有着雄辩之才,而是因为这套思想方法确实足够根本,以至于它能贯彻到绝大多数领域的分析中去,在某种程度上"放诸四海而皆准",这正是思想方法根本性的重要体现。【林毅夫:以禀赋结构作为理论体系分

---

① Lin J Y. Why I Do Not Support Complete Capital Account Liberalization[J]. China Economic Journal, 2015,8(1):86-93.

析起点的新结构经济学之所以能够对各种经济现象有最透彻的解析力，反映的正是唯物辩证法的宇宙观、认识论和方法论的威力。辩证唯物主义认为世界上的一切事物都是相互关联的、一环扣一环的，物质则是第一推动力。辩证唯物主义在人类社会发展上的运用则是历史唯物主义，历史唯物主义认为经济基础决定上层建筑，上层建筑反作用于经济基础。新结构经济学以要素禀赋及其结构作为整个理论体系的原点，反映的是辩证唯物主义，由此来内生生产（产业和技术）结构（production structure）、基础设施（infrastructure）和上层建筑（superstructure）的各种制度安排，这反映的则是历史唯物主义的精神。]

以上两点是我这半个多月来体会最深的两点，虽然浅薄，但确实让我个人在思想上发生了很大的转变，不足之处很多，还请各位老师同学指正。

【**林毅夫**：很好！孺子可教也！】

希望请教的问题

1. 在解决农村问题的方案中，"统一市场和地区差距的解决"这一部分提到，东中西部地区应发挥各自比较优势进行生产，再将各自产品进行交换。如此，东部发展加快，对西部资源的需求增加，资源价格上升，西部居民收入便可增加。但这一论断的前提是东西部产品交换的成本足够低。如果交易成本或者降低交易成本的基础设施建设成本高于地区收入发展不平衡的成本，各地是否还有激励按自身比较优势去发展呢？

林毅夫：确实，这个论断的前提是交易成本必须足够低，而且交易成本越低，这个论断的机制就会发挥得越好。反之，如果交易成本太高，各地就会趋向于形成自给自足的经济，比较优势也就无法发挥，效率会很低，地区间的收入差距也就难以缩小。

2. 林老师在对我们是否出国读书的建议中提及，如果不能进入国外顶尖学府，则很可能学不到"道"，不如在国内"挖金矿"。我认为很有道理。不过出国读书还会让我们在青年时期跟具有不同文化背景的人更深入地交流，这未尝不是一种思路和眼界的开拓。是不是从这个角度去考虑，哪怕不能进入最好的几所学府，出国读书依然是很好的选择呢？

林毅夫： 这当然是一种可能，不过任何有收益的事也会有成本，如何衡量取决于个人的判断。

关于比较优势与改革的一些思考

吴梦

《解读中国经济》第五讲至第七讲上半部分主要从东亚奇迹出发阐释了比较优势与经济发展的关系，并分析了我国的农村改革以及城市改革。

首先，书中对之前关于东亚奇迹的一些解释的反驳方式给了我较大的启发。有的解释是只能解释一个方面，不能推而广之；有的解释其实是现象的结果，存在逻辑错误；还有的解释则是违背了理论的简洁性，说了等于没说。我想这些反例为我们寻找正确的理论与解释提供了很好的思路，它们没有告诉我们应该怎么样，但告诉了我们不应该怎么样，给了我们检验自己思路的方式以及证明思路正确的手段。我想这种思考和治学范式的严谨化与系统化背后就是林老师所倡导的"一分析，三归纳"吧。【**林毅夫：** "一分析，三归纳"既要运用于自己对现象的观察，以发现背后的因果逻辑，也要运用于检验各种已有的理论和观点，以确认这些理论和观点是否真的揭示了现象的本质和决定因素。学了"一分析，三归纳"的方法后，时习之，就能由生而熟，逐渐进入运用自如之境，培养出像孙悟空那样的火眼金睛，当面对任何现象时一眼就能看出它的本质和决定因素。】

其次，书中讲到我国按照比较优势发展可以改变资本与劳动的相对价格，使劳动的相对价格上升，富人的资产相对贬值，穷人的资产相对增值，从而可以调节收入分配，改善贫富差距过大的状况。包括后面提到的"三农问题"，实质上也是改革后农民收入增长缓慢、城乡差距逐渐扩大导致的。我想缩小贫富差距是必要的，但是为了实现整个社会效率的提高，我国经过长期的探索选择了进行市场化改革，与此同时便无法保证所有人获得同等收入，效率与公平存在一定的矛盾。【林毅夫：人的能力、天资、机遇、努力各有不同，所有人获得同等收入也是一种不公平，所以，合理的目标应该是收入分配差距的缩小，而不是所有人收入的同等。】虽然如今市场化的分配制度在很大程度上是按照"多劳多得，少劳少得"的原则进行的，但可能更深层次的问题是按劳分配与按资分配的平衡还做得不够好，以致贫富差距越来越大。通俗来讲，手握资本的人可以利用反复投入资本获取越来越多的收入，而缺少资本的人可能只能靠投入劳动来获得维持生活的收入，没有多余的资本，从而陷入了个人意义上的"低等收入陷阱"。于是我们经常看到富豪越来越富裕，而穷人一直贫穷，这种财富上的差距会转化为势力上的差距，从而使穷人在许多方面处于弱势地位。【林毅夫：处于追赶阶段的发展中经济体，如果按比较优势发展，并充分利用后来者优势，有可能在高速增长的同时缩小收入分配的差距。这是因为按比较优势发展能够创造最多的就业机会，使得只能以劳动力为生产要素的低收入群体能够充分就业，分享经济增长的果实。而且，经济快速发展，资本迅速积累，资本从相对短缺变成相对丰富，劳动力从相对丰富变为相对短缺，富人所拥有的资金回报相对下降，穷人所拥有的劳动力回报相对上升，收入分配状况就能改善。东亚经济体在20世纪60年代到80年代就实现了这样的公平和效率的统一，中国内地改革开放后，在按比较优势发展的省区也实现了公平和效率的统一，可以参考《解读中国经济》第十一讲和所引用的文献。】毋庸置疑的是缩小贫富差距对于减少社会冲突、提升民众幸福感有较大作用。根据要素价格均等理论，各地按照自身的比较优势生产不同的产品后再进行交换可以缩小收入差距。【林毅夫：通过贸易实现要素价格均等的前提是各种要素是均质的（homogeneous）、没有交易费用、两个地区的产业是完全相同的。这样的理想条件在现实经济中并不存在，所以，贸易可以使要素价格均等代表的只是一种趋势，而非现实。】

最后，书中讲农村改革时提到，改革前虽然可以在较大程度上实现规模经济，但是农业相比于工业监督成本过高，这也告诉我们对于不同的行业要结合行业特点具体分析；同时，在分析为什么一个规律在一个环境适用，在另一个环境就不适用了时，可以先比较两个环境的不同，弄清楚最大的、最本质的不同是什么，再针对第二个环境的不同之处思考它应该有什么样的规律。【林毅夫：

很好！行业的特点和环境的差异对理论是否适用至关重要。】除了监督因成本高而很弱，农业生产集体化的另一个主要弊端是工分制的激励效果差，【林毅夫：工分制的激励效果差是因为监督成本高，无法准确衡量每位劳动者投入的数量和质量。如果能够监督准确，或是农民能自发地努力工作而不需要花成本去衡量每位农民的投入，则工分制的激励效果不仅不会差而且还会很好。】农民的劳动效率也不高，【林毅夫：农民劳动效率低是因为监督不完善，干好干坏一个样。】说到底还是制度不够完善。【林毅夫：合作社的制度不完善是因为非自愿，农民的退社权被剥夺。在"入社自愿、退社自由"原则被尊重时，合作社的制度会比农户单干好。这也正是在我国合作化运动早期生产率水平可以持续提高，以及以色列的基布兹集体农场能够长期兴旺的原因之所在。】但是在当时似乎也没有其他绩效指标来衡量劳动量具体有多少，尤其是在农业领域。如今很多单位以打卡制度强制要求员工的办公时间，这对于员工效率的提高和创造力的发挥是不利的。那么，考虑到现在远程交流越来越便利，我们是否也应该与时俱进地改变对于员工工作地点的规定，比如员工可以按照实际情况选择某一周期内的某一天在家办公呢？【林毅夫：办公和农业生产是不同的，就像前面你提到的必须把行业的特点以及环境弄清楚才能考虑应该有什么样的规律，而不能把一个行业的规律简单地运用到另外一个行业。例如，在家办公或上网课，固然有许多方便，但是也牺牲了面对面互动时可以产生的尽在不言中的配合和激荡效应，对有些工作或行业来说，后者至关重要。】我想激励方面的制度安排改变值得尝试，或许我们能够像改革初承认物质利益的作用一样，从一个小突破口出发，提升整个社会的生产力。

【林毅夫：这篇心得总结得很好！】

希望请教的问题

问：如果把资本和劳动都看作要素，在竞争比较激烈的市场环境中，人们按照它们的比较优势进行购买，会使要素价格调整到一个与它们的存量相适应的水平，达到一个较为均衡的状态，即花相同的钱购买资本和劳动达到的效果是一样的，那么这样的均衡状态不是应该保持下去吗？为什么我们在现实世界中看到的是原本有较多资本的人可以通过"卖"资本得到越来越多的报酬，而"卖"劳动的人得到的报酬几乎不变，最终导致贫富差距越来越大呢？其原因是市场自由和竞争度不够，现在我国按照比较优势购买资本与劳动两种要素的程度不够高，还是之前赶超战略造成的扭曲还有很大影响？因为资本主义国家贫富差距扩大的问题更加严重，所以我国的贫富差距扩大是否也可能不是因为赶超战略造成的扭曲，而是因为人（尤其是资本家）的疯狂逐利性使得上述市场规则被破坏，使得资本家的资本多和势力大，两者互为因果、反复循环，最终造成了与垄断企业类似的结果，将社会福利转移到少数人手中，同时也使总福利减少了？

林毅夫：关于这样的均衡状态是否应该保持下去，除非技术和产业是给定不变的，否则在这样的均衡下，效率最高，会创造出最多的剩余，保持最高的储蓄的积极性，因此，资本会增加，原来的均衡就变成了不均衡，就会有向资本更为密集、效率更高的技术和产业升级的积极性，以恢复均衡。经济就会在这种均衡和不均衡之间螺旋上升，在这个过程中，资本会从相对短缺变成相对丰富，劳动力会从相对丰富变成相对短缺，资本的相对回报会下降，劳动的相对回报会上升，收入差距会缩小。

在现实世界中，我国当前收入差距没有按上述评论所指出的在发展过程中逐渐缩小的主要原因有二：（1）双轨制改革所遗留下来的各种扭曲，例如对金融的抑制，形成了由不能获得资金的相对贫穷的人群对能获得资金的相对富有的企业的补贴；对矿产资源开采权和资源税费的抑制，形成了使能获得开采权的少数人年取暴利的机会；城乡二元结构，形成了对农村居民和劳动力的收入的抑制等。（2）创新型企业成功时所获得的垄断利润。前者是我国作为渐进双轨的转型经济体所特有的，后者是任何有创新型企业的经济体所共有的。

关于激励问题与理论建构的思考

叶子欣

近一个月，我们学习了东亚奇迹、农业改革与国有企业改革，对新结构经济学的重要概念与逻辑，例如自生能力与比较优势有了更深刻的认识。在学习过程中，我对亚洲金融危机、"三农问题"、公司治理、产权与激励机制问题都产生了很大兴趣。以下主要分享对激励问题的思考以及在方法论上的收获。

一、关于激励问题

这几周对现象的分析中，有一个共同的关键词——激励。【林毅夫：激励之所以重要是因为它会影响行为者的努力程度，而人世间一切事都离不开行为者的努力。】例如：（1）家庭联产承包责任制看起来是生产组织方式的倒退，但农民终于能索取自己的剩余，这一激励对生产率的提高有本质性影响；（2）由粮食收购改为订购，农民付出额外努力的激励减少，于是导致1984—1987年粮食产量负增长；（3）国有企业没有激励将自己的盈余过多地上交给国家，于是导致推广后的国有企业改革效果差。【林毅夫：这点表述不准确。国有企业的根本问题在于政策性负担给企业带来政策性亏损，国家对政策性亏损负有责任，必须给予企业政策性补贴，但是，因为国家不参与经营，对企业的成本和收益存在信息不对称，这使企业面临道德风险，为侵占国家利益提供了可能。在这样的背景下，不针对国有企业问题的根本原因，只以提高国有企业积极性为目的的放权让利改革，在试点时有效，是因为在试点时企业数量少，社会各界高度重视，上级部门和媒体时时在关注，所以，发生道德风险的可能性低，改革的效果好。但是，全国推广后，企业数量多，社会各界关注少，发生道德风险的空间大，所以，改革的效果也就差。】

经济学里有理性人假设，在这一前提下，人们追求利润最大化，【林毅夫：理性人假设指的是一位决策者在做选择时总会在可能的选择方案中选择自己认为最好的。什么是最好的则取决于决策者个人所追求的目标。利润最大化或收入最大化是假定决策者追求的目标是利润或收入，但是，决策者追求的也可以是其他目标。例如，一位以天下为己任的知识分子在就业时，所选择的不见得是可选职业中收入最高的职业，而可能是对国家社会最有贡献的职业。可参考《本体与常无》一书中的讨论。】于是激励的作用显得十分重要。人是逐利的，与利益相关的外部刺激能够对人的行为产生很大影响，从而决定了很多变化。我们在分析问题时，可以多从激励机制入手。

关于国有企业改革与激励问题的探讨有许多，其中阿尔钦的"团队生产理论"有助于研究农户与企业中个体的行为。在团队生产方式中，产品由集体内的成员协同制作，每个人的真实贡献难以精确度量，于是如何制定合适的激励模式就成了重要问题。

在我看来，首先要运用好物质激励。国有企业改革的重点之一便是股权结构的改革。在科学技术作为第一生产力的现代，许多国有企业对科研工作者采取股权激励法，将国有企业效益与员工的付出更直接地挂钩，从而对其产生更大的激励。

其次是精神激励。但我认为市场经济中精神激励也是一种变相的物质激励。【林毅夫：确实，物质激励和精神激励同等重要，在解决了温饱和生存问题以后更是如此。人的追求本来就不只是物质层面的，还有精神层面的。】企业中的代理人若使企业获得良好效益，这种效益（荣誉、信誉）会成为代理人在要素市场上为自己"标价"的资本。【林毅夫：是的，在有经理人市场的制度安排中确实如此，但是，在有些情况下，精神激励未必能够和物质激励联系在一起。例如，在战场、革命和为美好的社会与民族的兴旺而努力的事业中，有许多人的努力和奉献只是为了问心无愧而已。】国有企业曾经频出"59岁现象"，可能正是因为正向激励不足，毕竟国有企业有较完善的劳动保障与退休保障，好声誉对代理人的激励作用不大。【林毅夫：要解决"59岁现象"问题，首先要加强离职审计，不仅使违法违规者可能失掉退休保障，严重者还应该绳之以法；其次，还需要帮助管理者树立"站好最后一班岗"的人生观，让其因能"站好最后一班岗"而获得内心的满足。】因而国有企业需要思考如何通过有效的人事任免制度发挥激励的正面作用。①

不过，激励机制问题并非国有企业低效的真正原因。我们诚然可以找到许多关于政府干预与企业绩效之间负相关的例子，例如：（1）有研究考察了上市公司的政治联系情况，发现腐败程度越高、限制对外投资越严重以及官员行为越不受制约的国家中，公司具有政治联系的现象越普遍；（2）总经理的政府任职背景对企业价值具有显著负面影响；（3）在腐败官员被逮捕之后，相对于和

---

① 李春琦，石磊. 国外企业激励理论述评 [J]. 经济学动态，2001（06）：61-66.

腐败官员无联系的公司来说，有联系的公司负债融资程度明显下降。[①]但考虑到自生能力问题，我们会发现其中的逻辑其实是，缺少自生能力导致：（1）企业需要依靠政府补贴或以贿赂手段进行融资，于是政府、官员与企业联系十分紧密；（2）企业在竞争市场中难以获利，计划上又有不足之处，从而导致低绩效。在分析企业的失败时，激励问题很重要，但更要关注企业的自生能力本身，要了解激励问题的内生性因素与本质原因。【林毅夫：是的，从新结构经济学的视角来看，这一段和上一段讨论的各种问题都只是表象，都内生于国有企业不具有自生能力，有政策性负担。】

二、学习理论的建构

近几周在方法论的学习上，对我影响最大的是：要学习理论，更要学习理论是如何建构的。这与"一分析，三归纳"密切相关，但也意味着要站在更高的维度审视问题。

第一，学习如何反驳理论。例如，在分析克鲁格曼"东亚经济不可持续"的观点时，要从技术变迁方式的不同入手，而不是仅仅看计算出的生产函数中有多少剩余。同理，我们可以重新审视自己看过的文章、学过的理论，或许很多看似有道理的说法，都只是"看似"而已。【林毅夫：很好！不管面对由多有名气的学者提出观点和理论，都需要有批判性思维。】

第二，关于理论建构：林老师在分析东亚奇迹时，会从此现象出发，然后下定义，而不是凭空构建概念。我们在面对历史时，也可以通过对本质的探讨，构建合适的、有效的概念，而不是被其他各种学派的观点束缚住手脚。【林毅夫：很好！在阅读和学习任何理论观点时，都需要用"一分析，三归纳"来审视。只有能够通过"历史纵向、当代横向、多现象综合"的检验才可以暂时接受。如果通不过这些检验，就自己去了解现象的本质和决定因素，用"一分析，三归纳"的方法来自己构建能解释这个现象的理论。】当然，这也产生了反向启迪：我之前在做开发区的

---

① 夏立军,陈信元.市场化进程、国企改革策略与公司治理结构的内生决定[J].经济研究,2007（07）：82-95+136.

研究时，对概念比较模糊，将"自生能力"套用于开发区，实际上是没有很好地区分自生能力与比较优势的概念，没有关注二者不同的视角，即针对的是企业与产品还是产业，以及是否在开放的市场中讨论相关的问题。可见在运用与构建概念时，要将它的边界，即限定词、假设与内涵，了解得很清楚。

【林毅夫：是的，这点至关重要，学习时要避免囫囵吞枣！】

希望请教的问题

1. 一个没有自生能力的民营企业和一个有自生能力的国有企业，二者之中谁更难以建立有效的公司治理结构呢？我认为是国有企业，因为哪怕企业有自生能力，能够取得符合预期的利润，其国有性质也可能使企业管理层瞒报与私藏利润。而民营企业即使依赖政府补贴，在利润分配上还是可以凭借明确的私有关系与产权制度来保证分配的效率（假定是政府主动补贴，不是民营企业在寻租）。

林毅夫：在思考公司治理问题时，要知道问题的根源是所有者和经营者之间的激励不相容和信息不对称。在思考一个有政策性负担的企业的问题时，则要知道问题的根源在于政府和企业的激励不相容与信息不对称。激励不相容会从潜在的问题变成现实的道德风险问题则是因为信息不对称。只要克服了信息不对称，激励不相容问题就无法显现。一个没有自生能力的民营企业，就是有政策性负担的企业，这样的企业所在的行业不会是竞争性行业，政府不参与企业的经营，又无竞争环境可以提供企业经营好坏的充分信息，政府也就无法克服信息不对称，企业就会有可能和积极性以政策性负担为理由去寻租。如果通过寻租获利比建立有效治理结构更容易，那么企业有何理由不去寻租？除非企业不以获取更多收入为目的，但这有违对一般企业的假定。一个国有企业若是有自生能力，代表这个企业所在的行业是符合比较优势的。除非这个行业是像电力、电信那样的自然垄断行业，否则会有竞争。市场竞争会产生企业经营好坏的充分信息。有了充分信息，政府就能设立考核和奖惩办法来克服激励不相容问题，那么企业的治理结构也就不会是问题。

2. 美国的制造业回流政策不符合其资本相对廉价的要素禀赋结构，因而不会成功。那么当一个人口较多的发达国家不需要太多劳动力，并且创新与科技市场的人才也达到饱和时（假定教育资源是有限的），发达国家的这种结构性失业是否就没有解决之道了？

林毅夫：首先，那就表明政府应该发挥因势利导的作用，支持更多具有比较优势的资本密集型产业发展以创造更多就业机会，同时把更多的财政资源配置在教育上，提高劳动力的人力资本，使其有能力在较高生产力水平的行业就业。其实，并不是每个发达国家都有很高的结构性失业，例如，同为发达国家，德国和日本的失业率一直不高。其次，在思考这个问题时，人口规模不是重要的维度，因为两个发展相同程度的国家，在其他条件相同时，人口规模大的国家可以发展的产业的数量会比人口规模小的国家可以发展的产业的数量多，因此，能提供的就业机会也更多，两个国家的就业率也就会相同。

道术并重，反思历史

赵佳雯

一、如何研究一个问题

林老师在授课过程中给了我们许多关于如何做研究的启发与教导，我对此也有很多思考和想法。

在上一次的反馈中，林老师提到，掌握抓住问题或现象的本质、分析决定因素的能力是最重要的。但我还是觉得，用"初生婴儿的眼睛"观察是一种返璞归真的表现，对于我们这些经济学初学者来说是一个引领发展方向的目标，却很难实现；【**林毅夫**："用'初生婴儿的眼睛'观察"是一种比喻，是为了避免戴着"有色眼镜"观察，防止对号入座，以致未能把握住问题的本质和背后真正的决定因素。这需要学者既受到很好的现有理论和知识的训练，也经过很刻苦、有意识的锻炼，而这并不是一个容易达到的境界。就像禅宗对于一个学禅的人的描述，在未修禅时"见山是山、见水是水"，修了禅以后"见山不是山、见水不是水"，悟了禅以后"见山只是山、见水只是水"。虽然在第一层次和第三层次里，同样是山、同样是水，但两者的境界是不同的。与此相似，"初生婴儿的眼睛看世界"和"用初生婴儿的眼睛看世界"这两句话虽然只有一个"用"字的差别,但前者是每个婴儿都会,后者则只有少数经过刻苦修炼并悟得其道理和要旨的学者才会;前者虽然没有各种理论和经验的干扰,但很可能还是"身在此山中",后者则可能在去除了各种现有理论和经验的干扰后,能够穿过表象而看到现象的本质和决定因素。]即便我们试着利用"一分析,三归纳"的方法,会遇到具体操作上的问题。【林毅夫:确实,只有在困知勉行中不断磨炼才能有所精进。】而不断地学习已有理论,结合对现实的了解,有利于作为初学者的我们更好地在"相互打架"的思想中发现可能的漏洞。我们往往在学习第一个理论时觉得"真对",并且很难发现其中的漏洞;而之后再看到观点相悖的理论时,对比不同的逻辑推演过程和现实现象,便有可能发现隐含的假设和其他问题。而对已有理论的批判也可以帮助我们更好地界定问题的本质,抛开不相干或者不重要的部分,砍掉不正确的逻辑推论。【林毅夫:很好,确实应该这样。但是,是否就会"抛开不相干或者不重要的部分,砍掉不正确的逻辑推论",尤其"抛开不相干或者不重要的部分"则未必。从两个内部逻辑都自洽、相互对立矛盾的理论的对比中是无法判定哪部分不相干或不重要的,要判定一个逻辑自洽的理论是否可以接受,只能用"历史纵向、当代横向、多现象综合"三个方法来检验。在学习现有理论时要运用这三个检验来判断现有理论是否真的揭示了现象的本质和决定因素。只有通过了这三个检验,才暂时接受;如果通不过这三个检验,就扬弃,自己经由对现象本质的理解和决定因素的认识,构建新的理论。当然,这样构建的新理论也需要通过上述三个检验。如果碰到的是新的或发生在我们国家的问题,我主张直接用"一分析,三归纳"的方法自己提出可以解释这个现象并通过这三个检验的理论后,再去看现有文献的相关理论和解释。因为看到一个现象就先去翻看现有的理论解释,很容易对号入座,接受现有理论的解释,而放弃了探索可能有的更根本解释的努力。就是后者这个倾向,使得到目前为止,虽然大家都知道中国的改革开放所创造的经验是一座理论创新的富矿,但总结中国经验产生的新理论还是凤毛麟角。这也就是我们举办新结构经济学实验班,从一开始就向各位强调如何对待现有理论,如何从经验中总结出新理论的重要原因之一。】

而且,我回想过去了解到的所谓"研究经验"只是关于怎么写论文,而不是关于怎么做研究。无论是拼命找别人没做过的研究、一听就很新奇的"idea"(观点),将两个看似不相关的因素结合到一起并提出一种可能的影响机制(当然，有些机制的确有影响但不具有决定性），还是用高级的数学模型和计量模型让结果更加有说服力，似乎都没有从最初的现象出发，并试图用"术"来掩饰逻辑上存在的问题。【林毅夫：这个认识很好，很深刻！】

我也思考过两个问题"有影响但是不是决定性的因素"难道没有研究意义吗？为什么"经济理论越简单越好"？我现在觉得这两个问题本质上是一个问题。之前我总觉得，过于简单的经济理论忽略了太多现实条件，以致很难应用于实际，在面临复杂的实际条件时失效。不过，现在我觉得，理论希望能够抽象最本质的存在、解释最广泛的现象，理论的简单、抽象是基于抓住经济规律本质，抛开了那些不相关的、相关但是没有影响的、有影响但是不是决定性的因素。从理论发展的角度而言，决定性因素是真正重要的，而有影响的因素只是一种边际上的补充；现在西方经济学很多时候研究的是"有影响但是不是决定性的因素"，和他们的理论发展到了"天花板"、难以发现更多现象的决定性因素有关。而从应用理论的角度而言，改变有影响的因素难以改变我们希望改变的现象，只有改变具有最大影响的决定性因素才有最大的效力。

【林毅夫：很好，很深刻！】

二、关于中国照搬苏联模式与市场和政府关系的思考

这学期我选修了"中苏关系及其对中国的影响"这门课，对中国照搬苏联模式这一问题很感兴趣，查阅了相关资料，发现很多人对于中国照搬苏联模式的解释依然是传统的"对于经济建设缺乏经验""由于意识形态而敌视资本"，依然将中国早期经济建设的失败主要归因于没有市场经济体制，经济管理是权力驱动的、只重视指标完成。这种观点在我看来是在西方主流体系和意识形态影响下的产物，过于简单地将中国早期经济建设的失败归因于与西方的差异。

【林毅夫：很好！确实是如此。】

而且，我最近在思考市场与计划孰优孰劣的问题。我现在觉得，对市场经济体制和计划经济体制的选择的确与意识形态无关；本质上，这是一个资源配置机制的选择问题。我们希望达到的目标是创造更多的财富，而其中一个很重

要的约束（在目前的我看来可能是最重要的约束）就是信息问题，即是否能够有效传递信息。【林毅夫：如果目标是创造更多的财富，那么，按照要素禀赋结构所决定的比较优势来选择产业和技术，将会有最低的生产成本，效率会最高，但是，如何知道哪个产业、哪个技术是符合比较优势的？这个信息就成了最重要的约束，这样的信息只能通过市场竞争来获得，所以，通过市场竞争来提供信息、配置资源是最优的制度。但是，目标如果不是创造更多的财富，而是其他，例如要在一穷二白的农业经济基础上建立像发达国家那样的重工业，那么虽然要发展的产业的信息是充分透明的，但是在市场经济中，这样的产业是发展不起来的。所以，关键的约束就不是信息问题，而是资本相对短缺的要素禀赋结构。所以，什么是最关键的约束或决定因素并不是"放诸四海而皆准"的，而是随问题、目标和其他条件而定的。】我们希望用最少的成本创造最多的财富，而这与市场中的逐利具有一致性，因而追求个人利益的市场行为可以达到社会最优；同时，市场通过价格能够相对更快地传递信息。而计划经济体制最重要的问题在于，历史上计划部门难以掌握全国的供需变动情况，导致资源错配等众多问题。【林毅夫：不过，把在一穷二白的经济基础上尽速建立起一个完整的重工业体系，使得我国有独立国防能力和拥有一些发达国家才能生产的产品作为目标时，计划经济体制比市场经济体制更有利于上述目标的实现。】

现阶段市场经济体制的确是我们的最优选择。林老师提到，"市场有效以政府有为为前提，政府有为以市场有效为依归"似乎还是比较好地概括了市场和政府的关系，因为政府的确没有能力吸收、分析各种信息并进行合理调度。【林毅夫：政府确实如此，不过市场也未必就有能力"吸收、分析各种信息并进行合理调度"，否则就不会出现互联网泡沫、互联网金融点对点借贷平台（P2P）的爆雷，以及历史上各国不时出现的金融危机等。而且，在出现市场失灵时，就需要发挥政府的作用，例如对企业创新所产生的外部性的补偿、对软硬基础设施的完善、对成功的企业利用其先发优势而进行垄断时的抑制等，如果没有政府的作用，市场失灵不会自动消失，市场难以有效运行。我们在考虑现实问题时，不能只见其利而忘其弊，也不能只见其弊而忘其利，需要有全局的把握。】

希望请教的问题

问： 我对分配制度的议题很感兴趣，注意到一些人似乎对"先富带动后富"存在一定误解和疑问。他们只看到在发展市场经济过程中，我国收入分配差距拉大，因此否认"先富"对"后富"的带动作用，我认为，收入分配方面确实有待进一步深化改革，但并不能因此否认"先富带动后富"。

改革开放以来，我国人均收入水平明显提高，不可否认"先富"对"后富"有一定的带动效应。其主要机制是，"先富"投资发展企业，引进技术，有利于劳动生产率的提高。但同时，效率提升带来的公平上的损失也不容忽视，社会收入分配差距的扩大的确积累了一些矛盾。我还没想明白的一点在于，我国政府有关于再分配注重公平的表述，但在实际操作上，通过再分配缩小收入差距往往意味着对富人征收高税率。但是，也有一些争论认为高税率会抑制投资积极性，并带来人才流失。我们又应该如何进行权衡取舍呢？

此外，林老师对"先富带动后富"和当代中国的收入分配及阶层流动有什么看法？我提出的个人想法中是否存在很多谬误？

林毅夫： 的确，你提到的在我国经济发展过程中带来了社会收入分配差距的问题是真实存在的。

政府在对收入进行再分配的过程中，如何在增加税收的同时不抑制投资积极性，确实需要权衡取舍。不能只见其利而忘其弊，也不能只见其弊而忘其利，需要有全局的把握。收入分配是一个值得深入研究的问题，在研究这个问题时，要知道影响投资积极性的因素不只是税率的高低，也包括营商环境的好坏，以及社会环境、政治环境的稳定与否。

关于"先富带动后富"的问题，如果没有小平同志提出的"让一部分人、一部分地区先富起来"，就不会有改革开放以后民营经济和整个国民经济的蓬勃发展。不过，如果没有实现小平同志所讲的第二句"以带动和帮助落后的地区""实现共同富裕"，则贫富不均所带来的各种矛盾将不断积累，最后将影响到社会稳定和政治稳定。但是，怎么带动和帮助落后地区？是劫富济贫，进行财富转移的"输血"？还是提供发展的机遇，并增强落后地区、落后人群的"造血"能力？我想应该把重点放在后者，因为后者才是有效并可持续的。关于如何改善我国收入分配状况的问题在《解读中国经济》第十一讲中有详细的讨论，如果你感兴趣可以先看。

思考问题的新角度和新方法

赵祥瑞

这一阶段我主要学习了东亚奇迹与可供替代的发展战略、农村改革及相关问题、城市改革及相关问题三个方面的内容。

我印象最深刻的是老师对于改革必要性的分析。我以前从来没有从政治和文化的角度思考过这个问题,听了林老师的分析,对此有了更深刻的认识。以后我自己在分析一个经济现象背后的成因时,要充分考虑这个经济现象出现的背景,尤其要重视经济现象所在国家的历史文化因素,它独特的地方是什么,它的独特性是否会为现有的解读注入新的活力,为我们提供一个思考问题的新角度。而对于一个国家的独特性的认识,不是空想出来的,而是建立在大量的历史文化知识基础上的。我们既要了解一个国家的历史文化演变,又要了解其他国家的文化,只有这样才能更好地对比。【林毅夫:是的!】为了做好经济学的研究,我要做的不仅仅是读现有的论文,掌握研究的工具,用这些工具去解释现象,还要读很多的历史、政治书籍,这些方面的底蕴深厚与否会成为我未来能否发现问题本质的决定因素。【林毅夫:是的,要做一个对国家社会的进步有贡献的时代青年,需要在平时就"风声雨声读书声,声声入耳;家事国事天下事,事事关心",以厚积各种知识信息,这样在思考问题时才能不费工夫地信手拈来各种必要的信息。】

对于可供替代的发展战略,老师论述的核心是自生能力和比较优势。自生能力是比较优势在企业层面的体现。自生能力是一个正常经营管理的企业在开放市场中,不依靠补贴就可以获得市场合理利润的能力。一个国家如果非要自己的企业不去从事其具有比较优势的行业,那么这个企业赚到的利润自然比市场合理利润更低,也就丧失了自生能力。一个国家经济发展存在问题的根本原因在于过多地发展不具备比较优势的产业,这样的产业中有更多的不具备自生能力的僵尸企业。这些企业的资本利用效率比较低下,自己尚不能存活,要靠政府的补贴，更别说创造剩余了。企业自身不做什么，就靠着政府的补贴赚钱，这必然导致权力的寻租。所以改革前，一些国有企业和相关部门贪污腐败也就不难理解。【林毅夫：在改革前，我国推行的是平均主义的分配和凭票供应，通过腐败获得的收益容易被察觉，也难以用作个人的消费和享受。所以，总的来说，在改革前腐败相对少，但在市场经济中推行违反比较优势的进口替代战略的国家中贪污腐败的现象则相当普遍，我国改革开放以后这个现象也同样多起来。】而这些贪污腐败又进一步加重了政府的财政负担。相反，如果国家利用比较优势产业先赚钱存钱，必然使国内资本增加，国内的资本多了，资本的价格自然会下降，企业家为了节约成本，就会尽力用资本替代劳动力，产业自然会向资本密集型转化。并且这中间不会存在资本利用效率低下、权力寻租等问题。而政府在经济发展中，要做的不是发展自己感兴趣的产业、扭曲国家的经济结构，而是更多地扮演着收集和传播信息、沟通协调、提供外部性补偿的经济发展的辅助者而非决策者的角色。我们强调比较优势、自生能力，并不是主张完全无为的政府。只是政府管理者要认清哪些可以做，哪些不能做，不要好心办坏事，让政策支持变成政策性负担。【林毅夫：很好，这些认识很到位。】

通过这几节课，我获得的不仅仅是课堂上的知识，更多的还是思考问题的新角度和新方法。【林毅夫：能上升到方法论的认识，很好！】我感觉这些收获是十分有价值的，希望在未来的学习过程中自己能有更多的收获和提高。

希望请教的问题

1. 我们如何辨别一个影响因素究竟是不是主要因素？感觉很多经济现象的影响因素都是十分复杂的，虽然有着"一分析，三归纳"的思考方法，但我在实际的方法应用中还是会感觉纠结，感觉每个因素都是有影响的，并不能很确定地说哪个因素一定不是主要影响因素，感觉都很难以割舍。

比如，在解释东亚奇迹时，老师举了菲律宾失败的例子。老师在《解读中国经济》一书中指出：如果美国的扶植是这些国家崛起和发展的决定因素，那么菲律宾理应发展得更好。但我感觉菲律宾在 20 世纪 60 年代经济发展得还不错，到了 70 年代才成为经济发展绩效最差的国家之一，这个现象并不能说明冷战在菲律宾的经济发展过程中不是主要的因素。首先，70 年代菲律宾的经济发展变缓，可能只是因为其他一些不利于经济发展的政治因素抵消了美国经济扶持对其发展的正面影响，如果不受外界影响，其发展仍会十分迅速。其次，如果冷战不是一个主要因素，又如何解释 60 年代菲律宾获得美国经济支持时的经济发展不错的现象呢？

林毅夫： 在讨论东亚奇迹时，我们探讨的是在那些可能有影响的因素中，哪一个是具有决定性影响的因素。冷战对东亚的发展确实是有正的影响的，为了防止社会主义思潮对东亚的"渗透"，美国给东亚经济体提供了经济援助并开放了市场，这些帮助都有利于东亚的发展。

菲律宾在 20 世纪 60 年代发展得很好，1960 年人均 GDP 已经达到 254.6 美元，比中等偏上经济体的平均数 181.6 美元高出约 40%，这一方面是上述冷战因素所带来的帮助，另一方面菲律宾原来是美国的殖民地，美国为其留下比较好的教育和基础设施，同时，美国在亚洲最大的海军和空军基地在菲律宾，每年美国给菲律宾提供了比其他东亚经济体更多的援助。不过，如果冷战是东亚成功的决定性因素，那么菲律宾应该一直是东亚最为成功的经济体，可是事实与此相反。在 2019 年时菲律宾的人均 GDP 是 3 485 美元，仅为我国人均 GDP（10 261 美元）的 34%。

在证伪冷战是东亚成功最主要的决定性因素时，我们还比较了东亚和拉丁美洲的发展经验。若冷战是决定性因素，那么，为了防止古巴的影响，美国对拉丁美洲同样提供经济援助并开放市场，拉丁美洲也应该发展成功。然而，它们却和菲律宾一样，深陷中等收入陷阱。

通过上述分析，我们可以得出结论，冷战对东亚的发展或有正面影响，但不是二战后少数东亚经济体在近两百个发展中经济体中发展最为成功的决定性影响因素。

在你的提问中，你认为菲律宾在 70 年代以后经济发展变缓，可能是因为有其他一些不利于经济发展的因素出现。这个判断是正确的。一个主要的原因是前总统马科斯为了个人的权位，于 1972 年宣布了戒严，到 1986 年他被推翻为止一直采取了独裁统治。但是，独裁统治本身也不是菲律宾发展绩效差的主要原因，因为同一时期发展好的东亚经济体，如韩国、新加坡和我国台湾地区等也都是在独裁统治之下。发展绩效的差异是由于其他东亚经济体利用独裁统治下的政治稳定，推动了符合比较优势的发展政策，而马科斯则用手中的权力使一群支持他的朋友在经济上享有各种垄断权，因此抑制了经济的发展。所以，从菲律宾和东亚经济体的对比中可以推论出独裁不是菲律宾发展失败的原因，同时，从东亚成功的经济体和非洲及拉丁美洲失败的经济体的对比中可以推论出，是否按比较优势发展是一个经济体成功或失败的根本决定因素。

2. 我对于外向型经济的理解可能存在一些问题。我理解的外向型经济就是想通过对外贸易来赚钱，政府补贴也是为了更好地赚钱。在外向型经济的指引下，政府会优先鼓励那些本国具有比较优势的产业发展，进而通过出口赚钱。对外向型经济的这种解释似乎也有一定的道理，它似乎可以作为比较优势的另一种说法。

请问老师我这样的理解是否可行呢？感觉我自己思考时常常存在这样的问题，比如我看到这个关于外向型经济的理论，可能会试图找到它与我已经接受的理论的相似之处，找到之后，就会觉得这个理论也是可接受的，是不需要批判的。但这种情况下，我可能就会更多地成为一个理论的接受者，缺少自己的思考。

林毅夫： 在观察一个现象时，因和果会同时存在。在认识世界上，把哪一个当作因是无所谓的，都能说得通，然而，在改造世界上则会大不同。如果"外向"是经济发展成功的因，那么，通过补贴，一些不具有比较优势的产业也可以出口，这样出口的比重会增加，但由于资源没有实现最优配置，这种方式对经济发展反而不利。反过来讲，如果把成功归因于按比较优势发展，根据这个原则发展的产业自然能够出口，而且出口的比重会高于采取违反比较优势的赶超战略的国家，这样所表现出来的高出口比重代表的是资源的有效配置，因而根据比较优势来发展经济，不仅会有出口的蓬勃，也会有经济的快速发展。在探讨这个问题时不止于"外向型经济"的归纳和总结是因为"外向型"是一个果，是按照比较优势发展的果。如果把果作为因则可能出现为了提高出口的比重而去补贴出口的政策。只有把何者为因、何者为果弄清楚，才能防止拔苗助长。

再品"一分析，三归纳"

钟睿煊

在上一次的心得分享中，我粗略总结了理论与现象的关系，并简要总结了如何分析现象以及如何学习理论。在这次的心得分享中，我想对如何看待理论进行一个更系统的总结。

正如我们在认识一个现象时，需要"一分析，三归纳"，我们在学习一个理论时，同样也需要"一分析，三归纳"。过往林老师提到"一分析"时主要是指分析现象，在我看来，"一分析"同样适用于学习理论的过程。【林毅夫：很好！确实应该如此。在学习理论时，要像在名画前的临摹，不是为了能够画得像，而是为了揣摩作出好画的原则、存乎一心的技巧等。】学习理论时的"一分析"是指：当我们在学习一个理论时，应该根据理论提出者的逻辑，从理论的暗含假设（大前提）出发，以演绎的方式分析所要研究的理论的内部逻辑结构与概念体系，同时了解理论提出者的个人经历与理论提出的背景（或所针对的现象）。

如果忽略了对理论的"一分析"，拿到一个概念便不加考察地使用，我们就会很容易在讨论时陷入立场至上的无意义的争论。【林毅夫：确实如此！】现在国内的讨论很多是在用立场分人，用一派的立场去批判另一派的立场，而不看观点背后的逻辑是什么。例如，很多人一提到后发优势和后发劣势，便将其视为一对矛盾冲突的概念，彼此批驳。但其实通过我在第一次学习心得中对后发优势和后发劣势概念的分析，我发觉二者其实并不冲突。林老师提出的后发优势是指，在中短期中，发展中国家在经济赶超过程中可以通过对发达国家的技术模仿实现经济快速发展，且不需要走弯路。而杨小凯老师提出的后发劣势是指，在长期中，发展中国家可能会强化制度模仿的惰性，可能会引发制度化的国家机会主义以及社会不公的负面效果，从而会阻碍经济的长期增长。两个概念所针对的发展阶段不同，因而不能简单地将两个概念并列。**【林毅夫：**其实这个争论的实质不在于对不同发展阶段的挑战的看法不同，争论的焦点在于一个发展中国家应该选择什么样的道路来发展经济。杨小凯教授的主张是先把制度完善了，防止国家机会主义出现的可能，然后再去发展经济；而我的主张则是一个发展中国家应该利用后发优势，加速经济增长，在这个过程中不断完善各种制度安排。可以参考《解读中国经济》附录五"我到底和杨小凯、张维迎在争论什么"。】

如果忽略了对理论的"一分析"，忽略了对于理论暗含前提、内部逻辑的考察，我们也会很难对理论进行"三归纳"的检验，在运用理论时也会出错。

【林毅夫：确实如此！】例如，在这个阶段的学习中，我们提到了自生能力的概念。所谓自生能力，是指在一个自由、开放、竞争的市场中，一个正常经营管理的企业，在不需要外力的扶持保护下，即可获得可以接受的正常利润的能力。在这个定义中，"自由"是指自由进出市场，"开放"是指国内与国外市场相联系，"竞争"是指没有垄断，"正常经营管理"是指经营管理没有问题，抛却了管理对于经营情况的影响，"正常利润"是指市场可以接受的平均利润。如果我们简单地认为一个具备自生能力的企业的利润会比不具备自生能力的企业高，那么在现实生活中，我们可能会发现一个不具备自生能力的企业的利润反而高于一个具备自生能力企业的利润，就会十分困惑。但这背后的原因很可能是那个不具备自生能力的企业有大量的补贴。因此我们在运用自生能力时，必须要仔细考察自生能力的概念及其暗含的前提。**【林毅夫：**是的，这一点很重要！对自生能力的概念应该这样把握，对其他概念和理论也应该以这种方式来学习、把握。】

现象是客观的、复杂的，理论是主观的、简单的，无论是分析现象还是学习理论，我们都要做到"一分析，三归纳"。这个道理虽然听起来简单，但实际上，要能够在日常生活与学习中将此方法一以贯之地运用下去，却很不容易。对理论进行"一分析"对于许多学者而言也许只是基础性的工作，但是对于我们初学者而言却十分重要。这提醒我们，在学习一个概念和理论时，要扎实严谨；在运用一个概念和理论时，要慎之又慎。**【林毅夫：**天下无难事。只要能够将此存心，知行合一，不断地磨炼，早晚会达到"从心所欲而不逾矩"的境界。】

希望请教的问题

问： 尽管我们已经知道面对一个现象要进行"一分析"的道理，但当我们真正想探寻一个现象之时，又很容易被现象的复杂性冲昏头脑。每个案例各不相同，整个现象因果交织，似乎很难一下子就找到现象背后的本质因素。请问老师，应如何培养这种对于现象的洞察力？

林毅夫： 首先，要有"风声雨声读书声，声声入耳；家事国事天下事，事事关心"的关怀，不急不躁，积累对历史、世界、国家、社会、人性的认知。其次，如你前面提到的，要以"一分析，三归纳"的批判性思维来学习现有的理论和对待现有的经验。最后，要以孟子所说的"必有事焉而勿正"的态度掌握和运用"本体与常无"的方法来分析自己所见到的、遭遇到的各种现象和问题，从不断的磨炼中培养出洞察现象的火眼金睛。

精 进：
第四次学习心得与反馈

学习内容

第九讲　金融改革

第十讲　中国的增长是否真实与社会主义新农村建设

第十一讲　以初次分配促进公平与效率，落实科学发展观，实现和谐发展

简要介绍

　　2020年12月10日、12月17日、12月24日和12月31日，林毅夫教授分别为"林班"同学讲授了"中国经济专题"课程的第九讲至第十一讲内容。在这四次课中，林老师首先介绍了金融在现代经济增长中的重要性、中国金融体制的改革过程与目前中国金融体系的主要问题，结合金融体系的基本功能与中国实体经济的现状，详细阐述了发展中小银行的政策；随后介绍了中国在1998年出现的通货紧缩现象以及国外学者质疑中国经济增长真实性的问题，从通货紧缩这一现象的本质出发，解释了其产生的原因，并提出了社会主义新农村建设的应对措施；最后介绍了中国改革过程中出现的收入分配问题，解释了其产生的原因，并详细讲解了为何按照比较优势发展经济，能够实现以初次分配促进公平和效率的统一，指出深化市场经济体制改革的出路在于改善金融结构、提高资源税（费）与取消行政垄断，对不能引入竞争的垄断行业加强监管。

对经济学作为一门科学的反思

毕斯源

在进行某一学科的研究时,我们不能缺少对它的反思——思考我们所走的方向、思考学科本身的范式,没有反思的前进是盲目的,很可能会带来原地踏步甚至是倒退。【林毅夫:很好!同意。】18世纪启蒙运动以来,人们逐渐脱离宗教的怀抱,开始相信科学。"科学"一词在不作限定的情况下使用时通常指自然科学。而事实上,科学还有另外两个分支——形式科学,如逻辑学、理论计算机科学和数学,以及社会科学。

当我们提到科学这一概念时,一般都会以自然科学,尤其是其中的物理学作为标准范式。当前,科学一般被认为是可靠的、准确的、严谨的,但这主要是在指自然科学。社会科学是否有同样的科学性和严谨性是存疑的,也有很多人因为社会科学不具有相应的严谨性将其排除在科学之外。使社会科学的发展更具有严谨性和准确性,是社会科学重要的发展方向。【林毅夫:很好!同意。】

一、对经济学作为一门科学的反思

当我们在思考经济学是否足以作为一门科学时,如果先定义科学,再来判断经济学是否符合这一标准,不免会发现这一思考方式的缺陷——定义科学太过困难。所以我们不妨采取另一种定义方式——提出一个科学的概念,判断是否可以将经济学排除在外。【林毅夫:很好!有意思的尝试!】

按照物理学作为一门标准的自然科学的范式,我们可以看出物理学的重要特征:实验、公理化、不受意识形态的影响、尽可能少的理论预设。如果说实验是科学不可或缺的一部分,那么早期的开普勒、哥白尼所做的工作就不能称作科学——他们没有对所测量的恒星位置做过任何实验,但我们很难说他们所做的工作不是科学。在意识形态方面,事实上一旦研究的领域涉及政治或意识形态，任何学科都难以摆脱意识形态的影响。而对于理论预设来说，即使是自然科学也摆脱不了相应的预设。亚里士多德曾经设想一种"以太"物质，一段时期内物理学家认为以太是一种电磁波的传输介质，并以此出发对各种物理现象进行解释。然而以太存在这一命题本身不可证伪，缺失了相应的严谨性，因此也就被抛弃。【林毅夫：这些旁征博引，很见功力。】经济学中也有理论上的前提假设即"理性人"假设，并以此出发构建出了严密的理论体系，但从现实中出发，"理性人"假设本身就可被证伪。当前，经济学的研究方向是将"理性人"假设逐渐放宽，尤其是引入行为理论后。随着经济学理论的发展，经济学作为伦理学中功利主义的派生也很有希望逐渐扩展，使其对社会和人类行为的研究规律更加精确。【林毅夫：这取决于怎么定义"理性人"。如果将其定义为在任何情况下都会做出正确的、不会后悔的、使自己或社会利益最大化的选择（这是一般人对"理性人"的字面理解），这样的"理性人"假说是经常被证伪的。但是，另外一种"理性人"的定义其实是"一个决策者在面临选择时，总是会在决策者所知的各种可选方案中选择出决策者认为对实现其目标来说最好的方案"，这样的"理性人"假说并不被证伪。在现代经济学中被放宽的"理性人"假说是前者而不是后者，行为经济学所研究的是这两种定义的差异为何会产生，但是，并不证伪后者。而作为"公理"以建立现代经济学理论体系的"理性人"指的是后者。这样的"理性人"是众多经济学家经长期观察认为真实的、大家普遍公认的、不需要由其他判断加以证明也不能由其他判断证明的命题。这一定义的"理性人"假说其实是现代经济学的"本体"，而各种理论则是这一"本体"在具体情况下的运用。"本体"需要"常有"，各种理论则需要以"常无"来对待。请参考《本体与常无》一书中的讨论。】

二、"一分析，三归纳"与经济学方法论

否定了以实验、同意识形态的相对独立性、尽可能少的理论预设作为科学所必需的特征后，笔者认为，科学的表现在于严密的逻辑和公理体系。【林毅夫：严密的逻辑和公理体系属于内部逻辑自洽的要求，这只是科学表现的一半。之所以是一半，乃因为只有内部逻辑自洽，才能说明理论所讨论的果是由理论所揭示的因造成的。但是，理论不是一个逻辑游戏，理论的功能在于认识世界、改造世界。理论要想实现改造好

世界的功能,则理论所揭示的因必须是理论所要解释的现象的根本原因。如何知道理论所揭示的因确实是所要解释的现象的根本原因?如果是根本原因,则能够经得起历史纵向、当代横向、多现象综合的检验,所以,经济学作为一门科学,各种理论还需要经得起"三检验"的"外恰"考验。】现有的经济学研究之所以面临科学性的严重质疑,是因为其理论体系之树虽然确实够漂亮、够华丽,但研究中确有不够严密的部分。

【**林毅夫**:通常来说,一篇学术论文如果内部逻辑不自洽,或论文的理论模型中提出的因所得到的果得不到经验数据的支撑,是难以在规范的学术期刊上发表的,所以,现代经济学的主要问题不在于"不够严密"。不过,一个现象总是可以用许多逻辑严密自洽的理论来解释,那么孰是孰非?在我看来,现代经济学的主要问题是许多期刊上发表的论文所提出的或所用的理论经不起"三检验",也就是那些理论从数学、从计量方法上来看"够漂亮、够华丽",但是,所提出的因不是所要解释的现象的根本原因,因此,对改造好世界没有帮助,有时甚至误导人们对改造好世界的努力,以至于出现许多好心办了坏事的情况,在发展中国家更容易出现这种现象。】一个典型的例子就在于经济学重要的研究部分——实证研究的可信度。统计的严密性问题尚且搁置,数据本身就是一个严重的问题。【**林毅夫**:数据的可信度对实证研究来说确实是关键,如果数据不准确,则研究的发现就难以令人相信。可是,对真实世界现象的认识,并不完全依赖于大量数据的分析。从亚当·斯密开始到20世纪50年代以前,现代经济学的理论进展并不建立在丰富的数据和严谨的计量分析之上,而是建立在对现象本质的认识和对根本决定因素的把握之上。即使有丰富的数据和严谨的计量工具可以使用,对现象本质的认识和对根本决定因素的把握还是最关键的,否则,很容易把数据中的相关关系误认为因果关系,即使写出来的论文"够华丽、够漂亮",看起来"够严谨",对帮助人们认识世界、改造好世界也并没有多大帮助,甚至有害。反过来说,如果能够把握好现象的本质和根本决定因素,总能够写出推动理论进展、帮助人们认识世界并改造好世界的好论文。即使因为数据不多、质量不高而无法在顶级期刊上发表,也并不降低这样的论文在思想史、学科发展和推动社会进步上的价值。】官方数据中,由于若干数据是自下而上汇报,因此难免会出现相应的误差,而误差本身难以测度,这对于严密的研究来说是致命的。除此之外,在实证研究中我们也很难摆脱研究者主观意志的影响,【**林毅夫**:确实,正因如此,我才强调学者在观察真实世界的现象时必须有"常无"心态,"用初生婴儿的眼睛看世界"。】尤其是研究中发挥重要作用的数据筛选和数据解释。【林毅夫：确实，数据筛选和数据解释都取决于研究者的认识，而认识则受到研究者所接受的理论的影响。】

此外，在理论研究中，经济学也同样有局限性。社会现象纷繁复杂，我们在建模和分析问题时面临的变量也是林林总总——外生不该外生的变量、内生并不关键的变量的情况时有出现，这也导致很多经济学理论难以被证伪，预测性也没有理想中高。【林毅夫：很好！不过，难以被证伪和预测性不高是因为学界通常满足于理论所提出的因可以导致所要解释的果，没有系统地运用"三检验"来验证理论的各种推论是否被证伪，以致理论所提出的很可能不是根本的因，而是根本的因导致的果所形成的中间的因，或是次要的而不是根本的因，或只是相关关系而将之误认为是因果关系。】

如何让经济学更加科学、更加严密？笔者认为数学是重要的，但数学至上是不可以的。【林毅夫：很对！】统计方法中，数据存在误差；数学建模中，理论假设作为出发点不一定贴近现实，不管数学推演多么严密。要想做到真正的严谨和科学，我们要做的最关键的事情就是从现象出发。现象是我们最重要的解释对象，也是在研究开始时所能接触的最真实的"材料"。从现象出发，我们可以最大限度地减小误差。首先，我们要做的就是尽可能详细、精确地了解现象，不带任何理论视角来看待现象，这就是"常无"的心态。【林毅夫：很好！这是经济学要成为科学的关键一步，也是经济学要成为对认识世界、改造好世界的有用知识的关键。】

接下来，我们要做的就是分析可能导致这一现象的因素，这些因素虽同是与现象相关的因素，但起作用的地位并不一定相同，其中会有发挥更深层次作用的因素。如果没有，我们就要深入挖掘，看是否有深层因素能够统摄这些因素。找到最关键的因素，这就说明我们触及了本质。【林毅夫：很好！现实世界中的现象确实总是因因果果、果果因因，像一团乱麻一样地混在一起，只有找到最根本的因，才能抽丝剥茧，把整个逻辑链条拉直，也才能如庖丁解牛一样，把错综复杂的现象解析清楚而不存在矛盾之处。】

然而，理论上的逻辑推演并不一定能真正说明问题——这只是我们的假说。而验证假说，还需要现实的检验，检验的方法包括历史纵向归纳法、当代横向归纳法以及多现象综合归纳法。【林毅夫：这是确认找到的因确实是最根本的因，而不是由最根本的因造成的似然的、中间的因的一个重要办法。】如果条件相同而对应的结果不同，这一假设就被证伪，这样我们可以排除许多错误结论。接下来，我们还要做的便是经验上的实证检验。我们要尽可能去寻找可靠的数据、采用严谨的方法来检验，在可能的基础上实现最大限度的严谨。

三、"知成一体"作为理论研究的目标

经济学的严谨性虽然不能完全确信，但我们可以确定的是，作为一门要用以改造世界的学科，经济学具有重要的价值。很难想象一国决策时可以完全忽视经济分析。即使达不到高度的严谨，具有一定程度严谨性的经济分析在决策时也会发挥重要作用。理论的作用，一方面在于帮助我们认识世界，而另一方面在于帮助我们改造世界。一方面，我们要从现实世界中吸收营养，使理论研究更加完备；另一方面，我们也要立足现实，通过严谨的理论来改造现实，使得理论真正发挥其作用。经济学的理论研究不可以是数学游戏，更不是以现实为背景的抽象的应用数学题。【林毅夫：确实如此，认识很到位！尤其是"经济学的理论研究不可以是数学游戏，更不是以现实为背景的抽象的应用数学题"。这句话是学习经济学的学生和教经济学、把研究经济学作为职业的老师所应该铭记在心的警语！】

笔者认为，从本体与"常无"出发，是对经济学现有范式的重要反思。如此研究，必然会使经济研究本身更加严谨可信，对现实的指引也更精确，意义更加重大。【林毅夫：你能有此认识，老师一个学期的努力很是值得！】

【参考文献】

1. 林毅夫. 解读中国经济 [M]. 3 版. 北京：北京大学出版社，2018.

2. Risjord M. Philosophy of Social Science: A Contemporary Introduction[M]. London: Routledge, 2014.

3. Eichner A S. Why Economics Is Not Yet a Science [M]. New York：Sharpe Inc, 1983.

4. Heilbroner R L, Ford A. Economic Relevance:A Second Look [M].

California：Goodyear Publishing Company，1976.

希望请教的问题

1. 请问老师，您如何看待经济学的"科学性"？经济学的发展方向是不是作为一门科学而存在？

林毅夫：（1）关于经济学"科学性"的问题，我很同意你在这篇心得中的看法，科学性取决于一个经济学理论能否逻辑自洽地解释真实世界的现象背后的因果逻辑（自洽）。但是，如我在批注中指出的，通常一个现象如果能够用一个因果逻辑自洽的理论来解释，也必然能够用其他因果逻辑自洽的理论来解释。那么，如何确定哪一个理论才真正揭示了造成这个现象的最根本的原因？这只能看检验这些理论的各种推论是否能够不被所知的经验事实所证伪（外洽）。只有内部逻辑自洽同时各种推论都不被已知的经验事实所证伪的理论，才能暂时被接受为揭示了所要解释的现象的理论。只有这样的理论才是科学的理论。外恰在自然科学中是一个理论被接受的必要条件，但是，在社会科学中，一个理论经常只要内部逻辑自洽就被接受，顶多是内部逻辑自洽并对要解释的现象说得通、不和所要解释的现象矛盾就被接受。但是，理论要起到改造好世界的作用，则所提出的因必须是根本原因，而提出根本原因的理论则应该通过历史纵向、当代横向和多现象综合的检验。

（2）经济学作为一门认识世界、改造世界的学科，应该把成为一门科学作为努力的方向。不过科学的含义不在于数学建模的形式以及用计量来检验理论模型推论的形式或是时兴的以随机控制实验来检验政策干预的结果的形式，而在于严谨自洽和外洽的因果逻辑。并且，在推动经济学成为科学时，经济学家和经济学研习者要了解社会科学和自然科学的异同。相同之处是都在探索现象的因果关系，了解何者为因、何者为果。不同之处是自然科学理论的前提条件对其所要解释的现象不会因时因地而异，例如，牛顿力学在地球上各时各地都适用（虽然它只是爱因斯坦的相对论的一个特例）。经济学理论的前提条件，就像"刻舟求剑"，很容易随着时间的推移和空间的变化而异，所以经济学家和经济学研习者在面对任何一个经济现象时都不能像自然科学家和自然科学理论的研习者对已有的自然科学理论那么自信，需要有"常无"的心态，才有可能认识到现象背后真正的因果机制，培养出面对一个现象时一眼看穿现象的本质的能力而达到"常有"（反映"理性人"的公理、揭示现象的根本之因，不仅能够帮助人们认识世界，而且能够帮助人们改造好世界）的境界。

2. 在经济学的研究中，我们应该如何看待经济学与数学的关系？

林毅夫： 数学是保证逻辑严谨的一种工具，是"术"而非"道"，其好处是和语言比，一个理论是否因果逻辑严谨容易被查知。在20世纪50年代萨缪尔森引进数学以后，用数学模型来构建理论已经成为经济学家俱乐部的入场券，并且，一个新的理论要被接受，要有影响，必须用数学来建立这个理论的严谨的模型。但是，经济学的目的是认识世界、改造世界，只有在把经济现象背后的因果逻辑理清楚以后构建数学模型才有意义，而且，只要因果逻辑清晰，一定可以用合适的数学方法来构建模型。但是，构建数学模型本身不是目的，如果经济学的理论研究不是用来认识世界、改造世界，那么，就会像你在前面的心得中所指出的，成了价值不大的"数学游戏"或"抽象的应用数学题"而已！

从认识世界到改造世界

郭若菲

随着课程内容沿着历史推进，我们逐渐由分析中国过去的重要经济现象，转为分析近年来中国经济的现状。其中一个显著的差异是，当我们分析过去的经济现象时，我们的目的是理解当时的主要决策者已经采取的行动，并结合已经发生的结果对其做出评价，以供后人借鉴；而当我们跨入对当代问题的研究时，我们则更需要提出新的解决措施，预估可能的结果，为未来的经济发展提出展望。【**林毅夫：** 很好的观察！对这两个阶段学习目标的差异做了很到位的总结。】例如，在最近学习的几章中，我们分析了国有企业改革、金融改革、新农村建设等未来的发展方向。因此，在本次学习心得中，我将从认识世界转为改造世界，从如何基于一个经济体目前存在的问题，提出有实践意义的解决措施，展开我的思考。

【**林毅夫：** 很好，认识过去的目的，是更好地改造未来。】

一个有趣的现象是，我们在认识世界的时候，很重要的是要抓住问题的本质，这是一个化繁为简的过程，是一个舍象的过程；而我们试图应用理论改造世界的时候，却要保持实事求是，具体问题具体分析，这又仿佛是一个化简为繁的过程。【林毅夫：很好，很到位！理论必须简单，阐明的是一个错综复杂现象背后的因果逻辑。运用理论提出解决方案时，则必须将理论所阐明的一般性原则结合问题所在地当时的现实条件，这样提出的解决方案才能实现改造世界的目标。】例如，在国有企业改革的问题上，在分析问题阶段，林老师从腐败、股票市场投机等多个表象中，抓住了国有企业无自生能力、需要政府补贴这一根本原因，是化繁为简；但在如何具体实施国有企业改革时，却并不能简单地说应该让国有企业有自生能力，或者像"华盛顿共识"提出的那样，一刀切地让没有自生能力的企业均被淘汰，导致大量失业。相反，林老师对国有企业进行了非常详细的分类，如随着经济发展已经符合比较优势的国有企业、自然垄断的国有企业等等，这又是化简为繁。睿煊之前提到，客观现象具有复杂性，理论具有简洁性。或许，我们从复杂的客观现象入手，经过舍象获得了简洁的理论之后，最终在应用阶段还是需要将简洁的理论映射回复杂的现实世界中去，否则就存在维度上的不兼容，有以一概全之嫌。

一个好的理论应该像一块明镜，自身具有最简洁的几何形态，也不先验地包含某种影像，但却能从容面对世间百态，在不同的环境中投射出不同的影像。这同时也说明，我们不能满足于一个理论在现实世界中所投射出的具体形态，或者说，不能只学习根据一个理论所提出的现实问题的解决方法，更重要的是让自己成为一块明镜，才能从容不迫地面对未来的各种变化。【林毅夫：很好的比喻，佩服！】当代学者的一个趋势却是，记住了一个伟大理论映射在某一具体情形中的形态，如在发达国家中反映出的情况，便希望将其套用在一切情形中，可惜时过境迁，该理论可能早已不适用了。【林毅夫：确实如此，这是因为多数学者、知识分子没有认识到任何理论都是"刻舟求剑"，把来自发达国家的理论、大师提出的理论误以为是"放诸四海而皆准""百世以俟圣人而不惑"的真理。】就连我们在"中国经济专题"课程中学到的对于当前经济问题的解决方案，等到我们成为社会的主要力量的时候，也大概不再适用于那时的社会了；或者，如果我们希望为其他国家提供经验，给出建议，除非它们的情况与中国过去的情况很相似，否则也不能照搬中国经验。【林毅夫：没错，能有这样的认识很好！】因此，如果在这门课程中只记下了具体问题和其解决策略，实在是错过了太多更加宝贵的东西。【林毅夫：是的，在"中国经济专题"课程和小班课上，我希望各位同学得到的是"渔"而非"鱼"。很高兴你能认识到这两门课的真谛。】

很幸运的是，在本学期的小班课中，我们不仅仅是停留在学习林老师的理论投射在现实世界中的种种结论，更是有机会将自己在课程中关于如何建立理论的方法论方面的思考与老师进行探讨，从而激励自己找寻内心的明镜。因此，在本学期的最后，希望花一点点的时间与篇幅，感谢林老师孜孜不倦的授业、解惑，尤其是传道，感谢师兄师姐们的指引与帮助，感谢每一位同学分享自己的思想给我以启发。【林毅夫：得天下英才而教之是人生最幸运的事，更何况和诸位是教学相长！我也应该感谢各位选择加入新结构经济学实验班，并为"中国经济专题"这门课付出了诸多努力！】

希望请教的问题

1. 关于用人均 GDP 衡量一国技术水平的有效性：有一些其他的初始要素禀赋也可能影响人均 GDP，例如根据世界银行公布的世界发展指数（World Development Indicators），2020 年沙特阿拉伯和阿联酋的人均 GDP 分别为 20 110.3 美元和 36 284.6 美元（以现价美元计），高于通常认为的高水平国家的水平，但它们并没有被列入发达国家的行列，因为它们的高人均 GDP 主要是丰富的自然资源带来的，并不代表它们已经拥有了发达国家应有的人均生产率水平。因而，是否应当建立更严谨的指标，剔除自然资源等其他要素的干扰呢？

林毅夫： 这个问题很好！人均 GDP 反映的是一个国家的平均劳动生产率水平，其决定因素除了技术，还包括人均耕地、矿产资源、气候、地理区位、基础设施以及各种生产要素的配置是否有效等。只有在两个国家的其他条件都相同时，人均 GDP 的差距才能准确衡量这两个国家技术水平的差距。使用这个指标作为一国技术水平的衡量指标的好处是容易得到，但在运用这个指标时则要了解其局限性，若时间和资源允许或研究目的需要，则可以使用其他更为细致和精确的指标，例如一国所生产产品的种类、技术含量、附加值水平等。同样的情形，用人均 GDP 来衡量一个国家的发展水平、用人均受教育年限来衡量一个国家的人力资本水平、用人均医生数来衡量一个国家的卫生系统质量等也同样不是完全准确。在使用各种指标时必须权衡指标的易得性和准确性，在使用一个指标时必须对其局限性有所了解，并根据研究的目的和可用的资源等来决定使用何种准确程度的指标。就像成语"杀鸡焉用牛刀"所蕴含的智慧那样，若是要杀鸡，用鸡刀就足矣，若是要杀牛，则需要使用牛刀才可。

2. 关于城市与农村基础设施建设的投资究竟哪一个更有助于扩大内需：一个城市所能吸纳的人口是受其基础设施限制的，例如，改善一个城市的道路、布局规划，可以有效解决住房、交通拥挤等问题。中国的城市化进程依然是落后的，如果能够通过改善城市基础设施，使城市有能力吸纳更多的农村剩余劳动力，让这些剩余劳动力使用城市的基础设施进行消费，这是不是也算释放农村存量需求？而如果是投资农村基础设施，随着农民从农村迁移到城市，农村更加地广人稀，通过改善农村基础设施来释放单位存量需求的成本就会上升。虽然老师在第十讲中已论述，城市化与建设新农村是不矛盾的，但是考虑到效率问题，是否应当优先发展城市的基础设施？（当然这可能存在一个基础设施与公共服务均等化的问题，选择留在农村的农民应当有权获得基础设施服务。但我认为，只要保证劳动力的自由流动，给农民自由选择去城市还是留在农村的权利，就必然导致均衡状态下，农村的人均收入水平甚至会高于城市水平，以弥补农村基础设施与公共服务的不足，从而保证了社会的平等。）

林毅夫：一个城市所能吸纳的人口确实会受到基础设施的限制。

关于改善城市基础设施是否算是释放农村存量需求：（1）如果农村劳动力到了城市以后能够就业和安居，那么，改善一个城市的道路、布局规划，有效解决住房、交通拥挤等问题，以消除城市吸纳农村进城人口能力的瓶颈限制，确实也是释放农村存量需求的一种方式。（2）需要考虑农村和城市基础设施投资的成本，在农村和城市投资基础设施对农村存量需求释放的边际作用的大小，以及农村存量需求的释放速度（这取决于农民能多快进城、能多快就业、能多快安居等）。（3）除此之外，也需要考虑基础设施投资带来的城乡差距的缩小或扩大对经济总体发展的外部性问题。

关于是否应该优先发展城市的基础设施：（1）要准确回答这个问题需要使用具体

的数据和细致的城乡动态模型来测算。(2)在没有具体的数据和细致的城乡动态模型时，则需要依据个人的直觉和对全局的把握来做判断。(3)在面对现实世界的问题时，经常是没有具体的数据和细致的动态模型可用，所以，作为一位要对国家和社会进步做贡献的知识分子，平常就要从"风声雨声读书声，声声入耳；家事国事天下事，事事关心"中培养对全局的把握能力，以及从"事上磨"中培养临事时解决问题的直觉。

关于最后一个问题，确实是会有一个市场均衡，问题是这个均衡（也就是你所说的"农村的人均收入水平甚至高于城市水平，以弥补农村基础设施与公共服务的不足，从而保证了社会的平等"）对国家发展和社会长治久安来说是不是一个好的均衡？21世纪初德国有位大使在中国出使几年回到德国后，接受采访时把中国的城乡差距形容为"中国的城市像欧洲，农村像非洲"，这种市场均衡不是好的均衡。从理论和各国的发展经验来看，靠市场的力量本身无法打破这种低水平的市场均衡，需要有为政府的作用来弥补市场力量的不足。当然单靠政府的力量也不足以解决所有的问题，政府和市场作用的定位应该是"市场有效以政府有为为前提，政府有为以市场有效为依归"。

现象需要逻辑精练

黄卓楷

一、课程学习收获

现象是客观的、复杂的，理论是主观的、简单的。面对现象，我们需要拥有敏锐的判断力，将现象背后的逻辑精练出来，得到的结果才能够对解释世界做出贡献。很多学术观点的形成模式并不能从本质上解释世界。熟悉了许多现有理论，对问题的思考就可能落入"观察现象——联想相关理论——寻找出因果相对契合的理论——得出结论"的窠臼。这样得出的结论看似对现实世界做出了"回应"，但是无法对现实问题做出"建设性改变"。解释了世界却没有改造世界，这样的思考方式需要努力改变。**林毅夫**：确实如此！一般知识分子容易看到一个现象，就去从书本中找答案，殊不知任何理论都是"刻舟求剑"。从书本中找答案，容易对号入座，找到能够解释这个现象的理论时就满意了，但是，发生在我国的现象即使表象上和现成的理论所要解释的现象相似，底层的原因也很可能不同。因此，以现成的理论作为指导来采取行动也就难以取得"建设性改变"的结果。】

国有企业的改革路径加深了我的以上认识。对于国有企业首先不能一概而论，在改革之中真正效率低下的是处于不符合当时国家比较优势的行业的企业。不符合比较优势，而又需要生产以达到"重工业优先发展"的战略目的，所以形成了战略性负担。冗员和员工养老负担形成了社会性负担。这两项负担形成了国有企业的政策性负担，不仅对企业的独立盈利造成客观阻碍，而且更重要的是形成了其向国家索要补贴的借口。国家同意承担亏损，那么企业努力经营的激励就会减弱。因此，国有企业低效的根本原因在于政策性负担，进而分离政策性负担就成为国有企业进行改革、走出困境的必要条件。从产权理论入手，我们可能就直接套用理论，得出企业没有激励努力经营，从而企业绩效低下。

到这里为止，产权理论仍然没有暴露其逻辑上的缺陷，在改造世界的过程之中，缺陷立即得到显现。中国与东欧国有企业的改革对比就是一个鲜明的例子。选择明晰产权、实行国有企业全盘私有化的俄罗斯走入了 L 形的长期萧条路径；而实行剥离政策性负担的渐进双轨制改革的中国实现了向市场经济的成功转轨。内在的逻辑不自洽是休克疗法的致命缺陷。【**林毅夫**：其实，根据新自由主义的理论提出的以休克疗法推行"市场化、私有化、宏观稳定化"的"华盛顿共识"改革，在内部逻辑上是自洽的。也正是因为内部逻辑自洽，又能解释苏东计划经济所存在的诸多现象，它才会被那么多有社会责任感的苏东知识分子所接受。然而，通常一个现象能够被一个内部逻辑自洽的理论所解释，也可以被其他同样内部逻辑自洽的理论所解释。所以，对于有心改造好世界的知识分子来说，不能满足于一个理论能够解释现象，更不能满足于一个理论的内部逻辑自洽，而必须是这个理论真正揭示了所观察到的现象的决定性因素。如何才能知道一个理论是揭示了所观察到的现象的根本性、决定性因素？通常一个理论若真的揭示了一个现象的根本性、决定性因素，则这个理论应该能经得起历史纵向、当代横向和多现象综合的检验。】企业产权明晰之后，在经济中需要有资源禀赋的基础，如果没有，那么企业在经济中不具备自生能力，产业在经济中不具备比较优势，政策性负担仍然存在，私有化之后的补贴更加脱离了制度约束，成为寻租腐败的更大源头。【林毅夫：这确实是苏联、东欧以休克疗法推行大规模私有化以后出现的情形。】没有对比较优势概念的透彻分析，也就无法对休克疗法的内在逻辑进行事前批驳。这正揭示了寻找核心逻辑的重要性。

先验的理论无法确保对改造世界给出合适的解答，最后的结果很可能好心办坏事。而逻辑精练出来之后，能够一致地运用，也就是常说的"多现象综合归纳"是理论的价值所在。【林毅夫：确实如此。很高兴你能认识到这一点。而能同时解释多现象的前提是理论模型中的因必须是根本原因。当读到一个理论或自己提出一个理论时，可以就这个理论做几个推论，如果确实是根本原因，则每个推论都应该得到经验现象的验证。】

面对我国当下的收入分配不均问题，二次分配时更大力度的"平均主义"更像是"饮鸩止渴"。一方面，这种做法降低了极富创造力的人群的激励，社会效率在这个序贯博弈之中受到损失；另一方面，没有从低收入者方面进行根本上的改变，成效是暂时的，甚至是事倍功半的。利用比较优势的思考方式，把结构内生性考虑进收入分配问题中，跳出仅仅看"分配"的思维，把视野放到最初的生产阶段：按照比较优势发展经济，在初次分配时就能够兼顾公平。这一方面实现了收入分配公平，另一方面也实现了社会效率的提高。【林毅夫：确实如此，一个决策者，不管政府或个人，若不了解一个现象的本质和根本原因，就很容易做出拔苗助长的行为来，好心办坏事。】

二、从课本引申

能够把逻辑讲得透彻精练是做好经济学研究的第一步。在此前的学习中，我可能对许多理论或者观点都是走马观花式的接受，逻辑上到底过得去还是过不去，没有深究。【林毅夫：在学习现有的理论和流行的观点时，不仅要关注"逻辑上到底过得去还是过不去"，更要了解那个理论或观点产生的时空背景，以及为何在那样的时空背景下会产生这样的理论和观点。一个知识分子如果能这样来学习，不仅能更好地了解那些理论和观点，而且能够避免对号入座，提升在以"常无"心态来观察世界时，迅速、准确认识现象的本质和决定因素的能力。同时要用历史纵向、当代横向和多现象综合来检验那些理论，看看那些理论揭示的是否为根本原因以及在我国是否适用。】在经过了开题报告和进展报告之后，看到林老师苦心孤诣地为我们寻找逻辑漏洞，完善逻辑框架，更加深刻体会到精炼的逻辑框架的重要性。找到严密的逻辑，本质上是为了通过找到影响问题的决定性因素，完成经济学家改造世界的目标。如老师课上讲到的，如果不能正确地指导我们改造世界，那么理论就会误导现实。【林毅夫：很好！不过这句话需要修改成"如果一个理论不能正确地指导我们改造世界，那么接受了这样的理论时就很可能做出误导社会的行动来"。因为现实是客观存在的，只能被认识或不被认识，能被误导的是我们的行为和社会普罗大众。苏东在转型前的现实并没有被试图去改造苏东的理论所误导，但是，指导苏东改革的新自由主义理论没有抓住苏东计划经济失败的根本原因，苏东的知识精英接受了那样的理论后，就去鼓吹、倡导新自由主义，误导整个社会以休克疗法推行"市场化、私有化、宏观稳定化"的"华盛顿共识"改革，结果导致经济崩溃、停滞、危机不断。】

例如，部分国有企业的效率低下的逻辑框架是：企业背负了政策性和社会性负担──→没有按照比较优势发展产业──→企业没有自生能力──→政府提供保护补贴──→良好经营的激励不足──→效率低下。我做的通货膨胀研究，就希望能够"临摹"林老师的这种环环相扣的逻辑做出一个精炼的逻辑框架：固定投资过热──→财政赤字过高──→财政赤字货币化──→货币超发，同时经济处于短缺──→通货膨胀被"价格闯关"触发。

这样的逻辑提炼出来，既有利于自己寻找漏洞、不断完善，也有利于让更多的人接受自己的看法，有力地指导大家按照这些来改造世界。【林毅夫：很好！要时刻铭记，学习理论和做研究的初衷是改造好世界。】

希望请教的问题

1. 林老师提到中国的金融体系不能很好地服务于实体经济，最优的金融体系应该更好地服务于中小企业，这样金融体系才会有其应该有的自生能力。那么为何现有的服务于大型企业的金融业也能够得到非常好的发展？我的一个想法是，现有的金融企业更多地服务于虚拟经济，脱离了我们的这个分析体系，所以我们的分析体系难以对上述现象做出解答。

林毅夫：首先，自生能力是用来刻画在一个开放、竞争的市场中的企业，而非用来刻画一个产业或产业结构，所以不能用自生能力来形容金融体系。其次，金融业服务于虚拟经济的观点无法逻辑严谨地解释为何我国服务于大型企业的金融业能够得到非常好的发展，原因在于虚拟经济主要从国内外的风险资本、创业板、股市获得资金，它们的发展并不依赖于银行贷款，所以它们的发展对我国以大银行为主的金融业的业绩并没有多大影响。我国的金融业以大型银行为主，并且现在能够发展得很好，有很高的利润，主要原因有二：一是，1985年全面推行"拨改贷"以后，银行贷款成为补贴违反比较优势的产业中缺乏自生能力的大型国有企业的主要制度安排，由于国有企业规模大，只能由大银行来提供贷款。二是，为了补贴缺乏自生能力的国有企业，我国银行的贷款利率被人为压低。为了让银行能够生存，我国也同时压低了存款的利率。在一般市场经济中银行的存贷利息差通常顶多只有1个百分点，而我国的存贷利息差则在3个百分点以上。在2000年以前，我国的银行业并没有很高的利润，其实，在1998年时，根据官方公布的数据，四大国有商业银行的呆坏账比率为25%左右，有些学者的研究结果则高达40%，按国外的标准这些银行早该破产。现在银行业的利润率高则是因为：(1)我国在1999年设立了四大资产管理公司，把四大国有商业银行的1.4万亿元不良资产剥离给这些资产管理公司，并且由财政部注资给四大国有商业银行，增加其资本金。(2)我国的经济快速发展，资本不断积累，许多大型国有企业所在的产业从原来的不具有比较优势变成了符合比较优势，给这些企业的贷款绝大多数能够收回，所以，我国四大国有商业银行的呆坏账比率保持在2%以下。现在以低息贷款来补贴国有企业的必要性已经消失，在深化改革中贷款利率被放开了，但存款利率则仍然被管制和压低，存贷差反而扩大，所以，银行业现在也就成了暴利行业。未来的银行改革需要进一步放宽对存款利率的管制，放宽对地区性中小金融机构的准入，同时加强对金融的监管。

2. 2020年12月中央农村工作会议强调"三农"工作是全党工作重中之重。总书记提出，构建新发展格局，把战略基点放在扩大内需上，农村有巨大空间，可以大有作为。在新冠疫情冲击全球经济之后，乡村振兴战略是否也可以理解为反周期政策？就像社会主义新农村建设一样，提出的初衷是启动存量需求对冲危机，实际上应该是"一石数鸟"，对缩小城乡收入差距、缓解供给过剩都有很好的作用。

林毅夫：乡村振兴战略是在2017年的十九大报告中作为建设社会主义现代化国家

的长期政策措施的内容之一提出的,并不是反周期的短期政策。不过,在疫情或其他内外冲击导致总需求不足时加大对乡村振兴战略中所要求的产业兴旺、生态宜居等方面的建设,确实也有启动投资、释放消费、缩小城乡公共服务和收入差距的"一石数鸟"的作用。

深思经济学研究方法

赖端仪

在这两周的课程学习中,我主要在思考方法上有三点收获,从而让我在实际研究中更领会到"常无"及"本质"的要求。

一、以自我提问的方式,多寻找现象背后的原因以达"常无"

【林毅夫:若能"常无",就必然会多自我提问;不会自我提问,原因就在于不懂得"常无"。】

对于很多现象,人们惯于找寻由西方经验而盛行的理论作为解释,然而,由于中国经济发展所面临的境况不同,既有的主流理论的适用性大打折扣。【林毅夫:西方主流理论在中国的适用性大打折扣的原因不是所面临的境况不同,其实境况在表象上经常看起来是相似的,例如,1988年出现的通货膨胀导致抢购、金融抑制导致资源配置效率低和寻租腐败等,也正是因为这些表象及其结果和主流理论的预期相似,主流理论才很容易被中国等发展中国家的学界、知识界接受。主流理论的适用性大打折扣的原因是理论的暗含前提。主流理论通常来自对发达国家成功经验的总结,例如斯密的自由市场理论、李嘉图的比较优势理论,或为解决发达国家的问题而产生,例如凯恩斯主义。这些理论必然以理论产生地当时的社会、经济、法律等结构因素作为暗含前提,这些主流理论在中国和其他发展中国家的适用性大打折扣是由于作为暗含前提的结构在不同国家存在内生性的差异。】因而,我们需要按捺住直接援引西方解释的惰性,具体问题具体分析地对待看似相同的现象,只有这样才能找到中国经济发展过程中各种现象的真正原因,从而切实有效地解决问题。【林毅夫:很好!】这也是林老师十分强调"常无"思想的重要原因。然而，这一道理虽十分好接受，实践起来却有些难以下手。【林毅夫：凡事熟能生巧，只要心存"常无"，抛开看到一个现象或问题就直接去书本找答案或套用现有理论的"西天取经"习性，时时提醒自己，任何理论不仅有明的前提，也有理论产生时被舍象的各种经济社会结构的暗含前提，以及不同发展程度的国家有内生性的结构差异。中国作为一个转型中国家的许多扭曲也是内生的，放下"西天取经"的心态，自己沿着"一分析，三归纳"的方法把现象或问题背后的道理想清楚了再去看文献，这样必然能越用越熟，终会豁然开朗，达到"从心所欲而不逾矩"。】因而，寻找一些细化的、更具体的思考路径或许能给自己思考提供很大的辅助作用。比如，分析经济现象时，除了时时告诫自己要秉"常无"之心，还可以再具体地问一问自己："这一现象还可以是什么原因造成的？"虽然这样的提问不能对我们找到最本质的原因提供直接帮助，但至少有助于我们跳出"常有"的束缚。【林毅夫：更准确地说，不是跳出"常有"的束缚，而是不要把"可道"当作"常道"。在经济学中"道"的本体是一个决策者面临选择时会从他所知的可选方案中选择他认为的最好方案这个"理性人"假说，任何现代经济学的理论都是构建在这个公理之上，这是现代经济学必须"常有"的本体，任何现代经济学的理论都是这个本体之道的运用，属于《老子》开宗明义所说的"可道"，但是，"可道"是"道"的运用，非"道"本身，所以不是"常道"。】这是我在学习中国通货紧缩真正原因与经济增长时的一点体悟。通货紧缩是物价水平的下降，诚然，对于绝大多数西方国家而言，价格下降可以以需求不足为主因进行解释，但是价格下降还可以是什么原因造成的呢？从供求模型就可直接看到的因素，便是供给过多。然后就可以进一步比较，需求不足和产能过剩，哪一个更符合中国的国情，从而找到能解释中国现象的理论。

当然，这只是我作为一个初学者，在努力学会"常无"思想方法时所发现的一个非常个人化的、较为幼稚但却切实可行的办法，这里仅作分享，还请老师和同学们指出问题。【林毅夫：恭喜，你已经迈出了非常重要而正确的一步！】

二、在学习并列式的理论时，要学会找到被隐藏的因果先后

这个方法也在某种程度上承接了上一个方法。我们在学习理论或者自行分

析时，常常会遇到"十全大补"式的或覆盖面非常广的并列式解释。这时要养成一个化繁为简、找到根本因的思维"洁癖"，通过找寻原因之间的因果先后，分析出原因背后的原因，这样才能如庖丁解牛般，快、准、狠地找到最有效的解决办法。**【林毅夫：很好，很到位。世间事总是因因果果、环环相扣，而我们能看到的是最后表现出来的结果，许多看似造成所观察到的现象的因其实是更底层的因的果，把中间层次的因作为因，也可以构建漂亮的理论模型，做出严谨的经验检验，但是，若以此理论来指导实践，则经常会事与愿违，苏东以休克疗法推行"华盛顿共识"，事后来看导致经济崩溃，但是"华盛顿共识"的"市场化、私有化、宏观稳定化"的药方之所以能够被苏东的经济学家和知识界普遍接受，原因在于"市场化、私有化、宏观稳定化"所依据的理论也能够很好地解释转型之前苏东计划经济所存在的诸多问题。要达成"知成一体"，则这个"知"必须是造成这个现象的最根本的、第一性的因。从做学问的角度来看，最根本的因和中间的因的差别在于只有最根本的因才能经得起"三归纳"的检验。所以，在读到、想到、听到一个因时不要因为它能解释所关心的现象就接受它，而要先从历史纵向、当代横向以及多现象综合给予检验，通过了检验才暂时接受它，如果通不过检验，表明这个因还不是最根本的因，需要继续探索，直至找到最根本的、第一性的因为止。而愿意接受寻寻觅觅的挑战去探索最根本的因，则必须了解做学问的目的是什么。如果只是为了发表，有个教职，那么，用中间的因作为解释现象的因也能够发表，甚至因为这样的因通常是来自主流理论，根据这样的理论来写文章，更容易发表，可是，发表这样的文章的社会结果可能是为一些似是而非的理论推波助澜。君子务本，本立而道生，作为一个知识分子必须铭记所学为何，如果能够不忘学习是为了认识世界、改造好世界的初心，那么，就会自觉地以"常无"的心态，寻根究底，去探索一个现象最根本的因。】**这一点林老师在之前讲解世界银行报告时就已提及，这两周在讲解金融体系的基本功能时再次正式教授给我们。金融体系的基本功能有三个：动员资金、配置资金和分散风险，然而要实现金融体系的有效运作，合理地配置资金是最关键的一环，资金的大规模动员与风险的最大化降低都是资金合理配置的结果。如果不分析出三大基本功能中资金配置的根本性作用，那么在进行金融体系改革时就容易偏离方向，从而阻碍改革进程。因此，养成找最基本原因的习惯至关重要。

三、学会有意识地关注经济活动参与者的积极性与激励问题,以及将其作为一种原因的可能性

林老师在课程中就明确提醒过我们要关注人的积极性,我当时只是记下却没有太多理解,在这两周的学习过程中才逐渐有些思考。无论是农村改革还是国有企业改革,农民、经理人的激励机制都起到了非常关键的解释作用。虽然作为学习者,我觉得这样的理论解释自然而然,但仔细一想,却发现激励这一原因在自己的概念里其实一直被忽视。或许由于中学时学习历史,背书时只把人们的生产积极性低下当作某种制度或政策的后果,所以没有过多地把它作为一个现象的重要原因去看待。分析国有企业两权分离存在的问题让我对激励问题有了更多的关注:两权分离导致的所有者和经营者激励不一致原来可以起到这么大的作用,而通过剥离政策性负担、放开市场竞争使得两权激励相容原来可以如此大的改善国有企业的绩效。这都是我以前没有好好思考、没有关注的点。因而,今后我应更多地注意到激励问题的重要性,不只是作为一个后果,更是作为一个现象、事件的原因。【林毅夫:激励是制度安排的果,不同的制度安排会有不同的激励,但就像任何果又可以成为其他现象的因,真实世界的许多现象就是这样因因果果地存在着。所以,我们在思考问题时需要养成抽丝剥茧,探索最根本的因的习惯。同时,任何一个社会现象都是决策者在一定条件下的行为结果,所以,我们也要养成认识谁是这个现象背后的决策者、决策的动机是什么、目的是什么等的习惯。】

以上便是我在这半个月学习中的一些小收获,不算是新的想法,更多的是自己对于如何能更好地掌握这学期林老师反复强调的思想上的一些小而稚嫩的尝试与努力。【林毅夫:很好,很有进步。】还请老师与同学们多多批评指正。

希望请教的问题

1. 林老师课上提到不能为了保护环境而牺牲经济发展,因为环境污染正是源于发展程度不够高。这对我而言如醍醐灌顶。但同时我也有两个小的疑问:(1)当整个世界都在宣扬保护环境的价值观时,如何能力排众议而放眼长远、

承受一时的严重污染来发展经济呢？（2）恰好最近学习宏观经济学，涉及经济增长的索洛模型，其中一个知识点说如果当前的稳态资本存量低于黄金律水平，想要通过调整储蓄率来达到黄金律水平，就需要当时那一代人牺牲自己的效益，为后代的利益考虑，但作为理性人显然看到的应该是自己的利益……感觉这种"需当下做出一点牺牲"的经济策略似乎很难推行，对此您怎么看？

林毅夫：（1）这个观点和我倡导的观点有异，我并不主张"承受一时的严重污染来发展经济"，我所批驳的是把中国的环境污染归咎于中国经济的快速增长，认为放弃了快速增长，环境就会好了。如果中国的环境污染是快速增长造成的，那么，1978年印度的人均GDP比我国高30%，现在只有我国的五分之一，印度现在的环境应该比中国好，但是事实却相反。其实，环境污染的程度和经济增长的速度并不直接相关，环境污染的程度和产业结构相关（制造业的能源密度和排放密度比农业和服务业高，在以制造业为主的阶段，环境污染会比在以农业或服务业为主的阶段严重），而产业结构和发展水平相关。放慢增长速度只会让一个中等发达经济体以更长的时间停留在能源使用密度和排放密度高、环境压力大的制造业阶段。因为许多人接受了环境污染是快速经济发展造成的这种似是而非的观点，环境和增长速度就被对立起来。当然，环境污染的程度除了与产业结构相关，也与所使用的技术是否绿色和环境监管是否得当相关。在环境和增长速度是人们所希望拥有的"鱼"和"熊掌"的情况下，我们应该做的是，一方面，发展经济，为结构转型提供基础，另一方面，给使用绿色环保的技术提供激励，加强环境方面的立法和执法，这样才是对症下药。如果不去鼓励使用绿色技术和加强环境监管，而是把焦点放在放慢经济增长速度上，那么，结果会是既失掉了"鱼"也失掉了"熊掌"。作为想改造好世界的知识分子，我们既需要把一个现象的根本原因弄清楚，也需要去和各种似是而非的理论做斗争，敢于"自反而缩，虽千万人，吾往矣"，帮助社会对各种问题有正确的认识，这样社会才能更好地进步，而且，也只有这样才不会人云亦云，有可能做出新的理论贡献！

（2）关于索洛模型的第二个问题，实际上这又是一个从现有的理论模型来看世界，而不是从真实世界的现象来考虑其背后的道理的例子。索洛模型是一个技术外生给定、抽象了各种政策和制度安排的单部门模型，在这个模型里既没有技术进步，也没有产业升级，更没有影响人的积极性的各种政策和制度安排，才会存在当前的稳态资本存量低于黄金律，需要一代人牺牲自己的效益来调整储蓄率以达到黄金律水平的问题。在一般发展中国家的发展早期，储蓄率总是很低，资本存量也很少，韩国在20世纪60年代以前就是这样，但是，诺贝尔经济学奖得主斯宾塞教授领衔的增长委员会发现二战后 13 个实现了年均增长 7% 及以上、持续 25 年或更长时间的成功发展中经济体，都有高储蓄率、高投资率，我国改革开放以后成为这 13 个经济体中的一个。这 13 个成功经济体在经济快速发展的过程中，收入水平也快速提高，贫困人口大量减少，所以，这些成功的经济体并没有通过牺牲当时那一代人的效益来发展经济。其实，储蓄率的高低是内生的。从激励机制的角度来看，如果储蓄是用于投资有高回报率的项目，那么就会有高的储蓄率，反之，如果投资的回报率低，储蓄率就会低。投资回报率的高低取决于所投资的产业是否符合比较优势，是否随着资本的积累、比较优势的变化，技术和产业不断往资本更密集的方向升级。如果政府的政策是因势利导，经济按比较优势发展，那么就会像这 13 个发展成功的经济体中的家庭那样，从不储蓄或低储蓄变为高储蓄、高投资，经济可以从深陷低收入或中等收入陷阱，变成快速增长，人民的收入和福利水平就会不断提高。我之所以要倡导新结构经济学，就是因为现在的经济学教科书里充斥着像索洛模型和黄金律等似是而非、忽视了结构内生性的理论，办新结构经济学实验班就是为了改变现在这种背诵知识点的教书和学习方式。

2. 农村改革、国有企业改革、金融体系改革，都存在监管缺位的问题，为什么农村改革和国有企业改革最终以激励机制的改变为出路，而金融体系改革却落脚于加强监管呢？

林毅夫： 首先，在"中国经济专题"这门课中，对金融体系的改革不仅强调需要加强监管，还强调需要改变金融结构，加强地区性中小金融机构的发展，弥补地区性中小金融机构不足。目前以大银行和股票市场为主的金融结构未能给实体经济中贡献 50% 的税收、60% 的 GDP、80% 以上就业的农户和中小微企业提供金融服务。适合给分散的农户和中小微企业提供金融服务的是地区性中小银行。我国地区性中小银行的发展远远不足以满足实体经济的需要。需要补上金融结构的这个短板，才能使金融更好地服务于实体经济的发展。其次，金融体系需要强调加强监管是因为金融不仅存在信息不对称、激励不相容的问题，而且还存在责任不对等：一般交易是一手交钱一手交货，金融则是一手交钱，一手拿到的只是一纸到期还本付息或给回报的承诺。因此，道德风险问题特别容易发生，最近 P2P 爆雷就是例子。若大面积爆发，很可能演变成影响整体经济的系统性风险。所以，对金融的监管方式和强度需要不同于一般所有者和经营者分离有可能产生道德风险的实体经济，这也是量变到质变的一个例子。

认清问题本质，保持独立思考能力

吴梦

之前一段时间主要学习了城市改革、国有企业改革、金融改革、中国的经济增长是否真实以及社会主义新农村建设问题。总结下来，这些有关改革的问题都要求研究时不仅要对历史的来龙去脉有着非常清晰的了解，还要对产生问题的因素尤其是最重要的因素有着明晰的认知，并且能在纷繁的关于改革建议的声音中保持独立思考的能力。【林毅夫：是的，要成为一位有社会责任感的知识分子，既要避免囫囵吞枣，也要避免人云亦云，在面对真实世界的问题时只有拨开云雾，认识问题的本质和决定因素，才能实现"知成一体"的目标。】

关于国有企业改革的问题，《解读中国经济》一书中提到对于不同的国有企业要采用不同的改革方式。首先，这种避免"一刀切"的改革方案显而易见是十分必要且有效的。其次，将企业分成不同种类进而采取不同改革方式的标准是什么呢？这就涉及了改革最本质的问题。为什么需要改革？因为国有企业经营得不好，效率低下，不利于社会的发展。为什么经营得不好呢？因为不符合比较优势。那么就按照该企业所在的产业是否符合当地或者国内的比较优势将企业进行分类，从而就可以用不同的改革方式帮助处于不同类别中的国有企业提高效率了，也就是这种分类方式是与国有企业出现的不同问题相对应的，【林毅夫：能有这种分类方式，是因为我们先弄清楚了计划经济遗留下来的国有企业存在战略性政策负担和社会性政策负担的问题，而能认识到国有企业有战略性和社会性政策负担，则是因为在分析国有企业的效率低下和存在预算软约束问题时，没有从现有的产权理论出发来看国有企业，而是抱着"常无"的心态从我国的发展阶段和国有企业产生的历史缘由去分析和认识国有企业存在的问题。】这样方能对症下药，实现药到病除。

在金融改革部分，我们在建立自己的金融体系的过程中没有从中小银行到大银行这一发展过程，于是金融改革很重要的一部分就是"补课"，即肯定以及支持金融体系中中小银行的作用。这里需要注意的是，书中再次强调了发达国家以大银行为主是因为其比较优势在世界前沿的资本密集型的产业和技术，而这样的产业和技术需要大笔的资金从而依赖于大银行，也就是最优的银行业结构取决于国家自身的发展阶段和比较优势，也正因如此，发达国家在没有达到今天的比较优势时也是以中小银行为主的。如果说前一种改革方式是针对不同的病症开不同的药方，那么这种改革方式就是在病人患病的不同阶段开不同的药方，病人处在什么阶段就该吃什么阶段的药。【林毅夫：很好，这个认识很到位！】如果我们贸然跟随发达国家保持大银行为主的结构，打压中小银行，反而可能会使"病情"加重。【林毅夫：确实如此。遗憾的是在发展中国家以及国际发展机构，知识界和决策界经常以发达国家的理论和经验为标准来看发展中国家，而做了不少出于好心办了坏事的事来。】

同理，在新农村建设问题上，林老师也强调对于不同的农村投资项目要寻找不同的最合适的出资方式，这些都在向我们证明因地制宜、因时制宜解决问题的重要性。那么不仅是解决问题，在解决问题之前的发现问题和思考问题的过程中，我们就同样可以将情况进行适当的分类，使其既能显示出大体的区别来，又不至于太过零散造成分类的繁杂与琐碎，那么这就又涉及了另一点：问题的本质是什么？以国有企业改革为例，究竟是按照国有企业所在行业是否符合比较优势进行分类更重要，还是按照国有企业的规模大小分类更重要呢？我想这就是林老师所讲的影响因素与最重要的影响因素的区别，还需要我们在不断地思考与尝试中慢慢领会。【林毅夫：是的，确实如此！】

从真实世界来，到真实世界去

叶子欣

最近一个月我们学习了有关金融改革、社会主义新农村建设与和谐发展等话题。这三部分内容与我国当下的经济发展密切相关，学起来很有兴奋感。同时，我们对政策的形成有了更清晰的认识，包括如何提出问题、如何寻找解决之道。我们所处的社会是理论创新的富矿，我们的时代也有许多新的问题有待我们解决，课程学习已进入尾声，但对中国经济现象的思考不会停歇。【林毅夫：很好！书上的理论和课堂上所学到的观点都是"刻舟求剑"的产物。世界是不断在变动的，像中国这么快速发展的国家更是如此。即使是对过去的现象，现有理论的解释也不见得完全正确，更何况对未来出现的现象。对现象的理解不能停留在书本和课堂上的理论和观点，应该以"初生婴儿的眼睛"来观察，用"一分析，三归纳"的方法来思考探索出现在中国的经济现象背后的决定因素，这样才能抓住中国这座理论创新的富矿所给予你们这一代人的机遇，写出能够帮助人们认识世界，更重要的是能够帮助人们改造好世界的文章，做出这样的学术贡献。】

对真实世界抽丝剥茧的过程是很有趣的，但是要用合适的方法。这需要我们不断地进行"一分析，三归纳"，理清脉络与关系。例如，在探讨金融改革时，从问题出发，了解金融的本质，回溯财政体制改革的影响等历史事实，找到金融机构扭曲现状的决定因素；接着以解决问题为目的，以金融最重要的功能"资源配置"为切入点，引申到我国目前的经济结构，从而推导出最优的金融结构。值得重视的是，认识金融体系的角度有很多，金融固然有很多功能，但深入分析功能之间的内在联系、找到最重要的功能并建立能够发挥其作用的机制，才能真正让金融更好地服务于经济发展。【林毅夫：很好！对很多现象和问题都需要找到最根本的决定因素，也就是第一性的因素、第一推动力，才能更好地服务于国家社会的发展。】

在学习"中国经济增长是否真实与社会主义新农村建设"这一讲之前，我疑惑过二者为何会放到一个章节。在我的惯性思维里，考虑经济增长，似乎就围绕技术进步、人口增长、城市的工业投资、消费与通货膨胀。在学习了这一课后，我反思自己缺少两种共情力：首先是对经济总体的考虑，在进行现象分析与提出建议时，不能忽略掉重要的经济主体。其次，在考察一个现象时，要"置身其中"。【林毅夫：要有全局的把握，也要能置身其中，这两点对认识世界、改造世界至关重要。】例如思考以下问题：农民用电器时仅考虑固定成本吗？并非如此，持续的使用感与用电用水的边际成本，可能更为他们所重视。进而考虑到农村基础设施建设的薄弱，就会发现人均收入并不是影响家电产品使用的唯一因素。而数据也刚好呼应了以上假设，这样有益的发现是从真实世界中分析而来，而非倒腾数据库，在各个变量之间的数值关系上强加联系或生搬硬套而来。

当然，若追求做一个有责任感的人，便不会只停留在现象与逻辑的"有趣"上，而是通过分析"最根本的因"，找到有效改造世界的方法。【林毅夫：是的，要做一位推动社会进步的知识分子，不能停留在逻辑的有趣上，需要探索和了解现象、问题的最根本的因。而且，如果只停留在逻辑的有趣上，并且这个逻辑所揭示的不是最根本的因，则可能误导自己，甚至误导社会。】

这几课的内容与 21 世纪以来中国的经济发展联系紧密，书上的很多想法和思路都形成了重要的政策建议。高中政治课本在十八大之后有了新的版本，印象里，我从最开始背"初次分配注重效率"到之后背新教材里的"初次分配兼顾效率与公平"。我当时没有进一步思考其深意，仅仅敷衍自己：在效率的基础上加上了公平，那可能是公平真的很重要；从前的政策下，经济发展得似乎也很好，收入差距的扩大或许是必然的，这里的用语变化只是简单的字词删改？……现在想来，有太多现象都值得我真正用心用脑反思、质疑。初次分配只重视效率，便难以真正持续地有效率，同时还可能以"做大的蛋糕"掩盖更具威胁性的公平问题。【林毅夫：这个反思很好，很深刻！】有些表达看起来很完善，但背后可能有矛盾之处。我们应认真对待与反思国内外的各式主流观点，为社会发展做出更有益的政策探索。

师兄提到过，他读过很多遍《解读中国经济》，但每一遍都能有新的体会；林老师在课上讲到"你们的时代还有你们的问题；有好的思路，针对问题，解决问题，才能提出好的政策建议"。我深受鼓舞，希望自己能多学习历史、关注当下，多实践"一分析，三归纳"的方法。于我而言，这门课或许永远不会结束，对真实世界的探索欲与渴望让世界变得更好的理想，会在今后的日子里给予我更多钻研与创造的热情和勇气。【林毅夫：太好了！如果能不忘初心，持之以恒，一定可以为民族复兴的最终实现，引领中国乃至世界的进步，贡献你们这代人的智慧！】

希望请教的问题

1. 航天产业在理论上也具有垄断性质，如果交由私人部门经营，私营企业可能通过垄断地位攫取高额利润。但是具有自生能力的私营企业效率确实很高，例如马斯克，通过多种方式降低成本，在给员工的邮件中写道："为了让消费者买得起我们的汽车，我们必须更加明智地花钱……一个好主意可能会节省 5 美元，但大多数情况可能是这里节省 0.5 美元，那里节省 0.2 美元。"私营企业在航天领域充满活力，它产生的技术创新甚至能使全人类受益。私人垄断带来的社会福利损失与创新带来的效益难以比较，我们又该如何进行权衡取舍呢？

林毅夫： 航天产业目前还处于前期开发探索，尚未成熟到可以商业化运营的阶段，除了国家出于长远战略的考量或像马斯克那样的以人类的未来为己任的理想主义者，不会有人投入这个难以在有生之年商业化，甚至不可能成功的事业中来。马斯克在加州理工学院 2020 年毕业典礼上的演讲解释得很清楚，他在航天上的探索是为了当未来地球不适宜人类居住时，给人类提供一个移民火星的备选方案，为此他投入了从其他事业获得的资金并变卖了所有有价值的资产，在这件事上不存在"私人垄断带来的社会福利损失"而只有他的创新给人类带来的效益。每个社会都需要有像马斯克那样以国家、天下的利益为行为准则的精英，来推动国家、社会的进步，这在中国的文化中是一个传统。我希望市场取向的改革没有让中国的知识精英忘掉中国的优良传统和肩上对国家和社会的责任。

一般情况下，创新有很大的风险，为了鼓励创新，给创新成功者提供一定期限的专利，使其可以在专利权保护期内享有垄断利润。垄断确实会带来社会福利损失，所以，必须权衡私人垄断的社会损失和创新给社会带来的效益，那么，在以专利垄断来鼓励创新给社会带来的好处和可能付出的成本之间如何权衡是一个可以研究的问题，例如，专利保护期多长合适，是否有其他的替代措施，能否不给成功者专利而是给奖金，等等。

另外，目前绝大多数人愿意冒风险去从事创新确实是为了成功后专利期内的垄断给个人带来的利益，但是，并不是所有人冒风险去创新都以此为动机，马斯克的航天事业就是一个例子，小儿麻痹症疫苗的发明者乔纳斯·爱德华·索尔克是另外一个例子。这也就是为何我强调在观察社会现象时应该有"常无"的心态，而不要以现有的理论或经验作为考察立论的出发点。

最后，补充一点，马斯克能够把他的航天梦做得有声有色，除了在于关心人类未来的理想主义情怀以及其他商业活动所积累的财富，还在于美国从 1958 年成立美国航空航天局（NASA）以后已经为航天事业投入大量的研发资金，培养了大量的人才。如果没有 NASA 打下的基础，那么马斯克移民火星的梦想就会像嫦娥奔月一样，只是一个美丽的梦。

2. 美国的社区银行在早期为中小企业和农场的融资与经济发展带来很大帮助，但随着技术进步，大银行以更低的成本开展金融服务，社区银行的数量不断减少。在国内，金融服务数字化等趋势也可能降低大型商业银行获取中小企业信息的成本，加之大银行更有动力使用先进技术，对人才的吸引力更大，未来如果大银行"下沉"，中小银行的竞争力可能进一步被削弱，那么最优金融结构是否也要做相应调整呢？（不过，中小银行若能发挥比较优势，以其对市场的熟悉与客户细分等手段降低成本，适应数字化趋势，也可能依旧保有竞争力。）

林毅夫：美国发展早期存在大量社区银行，现在数量减少许多，技术进步的影响是其中一个原因，但更主要的原因是社区银行所服务的对象即中小企业与农场在经济中所占比重的下降。美国和任何国家一样，早期的经济发展主要来自农业和中小企业，19 世纪末 20 世纪初美国农业人口仍然占总人口的一半，现在只占 2%，农业产值则只占 GDP 的 1.5% 左右，并且，随着资本的积累、比较优势的变化，大企业在经济中的地位越来越高，中小企业逐渐退出，这才是美国社区银行数量和发展比早期大量减少的主要原因。

大数据和金融服务数字化等技术进步会降低大银行服务中小企业和农户的成本及信息的不对称性等，从而从理论上来说可能增加大银行服务有数字足迹的中小企业和农户的意愿，但许多中小企业和农户的生产经营活动并不产生数字足迹，因此总体上能有多大影响目前还难以确定。首先，在可贷资金有限的前提下，大银行服务大企业具有比较优势和先天偏好的事实不会因为技术进步而改变。其次，如你所说，中小银行也有可能同样采用数字化等新技术，那么，中小银行服务中小企业的比较优势仍然存在。综合考虑，我想就目前的情形来看，信息技术进步对大银行服务中小企业和农户的影响应该还只是边际性的。

反思理论假设，辨析关键概念

赵佳雯

一、关于理论的假设条件的思考

最近在读《本体与常无》，看到林老师对于弗里德曼实证主义的一些表述。林老师指出，理论是解释世界的工具，在能够帮助我们理解经济现象的前提下，越简单越好，比如信息充分、竞争完全的标准的简单化假设。林老师强调这一切的前提一定是理论可以解释现象。这的确启发了我对于经济理论的认识与思考。我觉得我们希望用简单的理论解释世界，不仅是因为模型的复杂本身毫无意义，更是因为我们希望抓住经济现象中最为本质、最有普遍应用意义的规律。然而，这种前提的确不应该违背我们"解释经济现象"的初心。【林毅夫：这点认识很重要！"君子务本，本立而道生"这个原则必须处处体现。构建理论和学习理论的初心是"解释经济现象"，然而，一个现象经常可以用好几个理论来解释，所以，在创新或学习理论时，不能仅仅满足于所提出的或所学到的理论能够解释现象，而且，这个理论还要能够帮助我们改造好世界。一个理论只有揭示了一个现象的根本性、决定性原因时，才能使得认识世界和改造世界的功能统一起来，这也是为何新结构经济学为理论创新和学习设定了"知成一体"的目标。】

我最初时觉得其中显得有些玄之又玄的地方在于，如果我们用简化的理论可以解释现实现象，那么就很可能沿用该理论对未来进行预测并进行政策制定。那么，如果经济社会正在发生变化，简化的理论假设是否可能带来政策制定的谬误？【林毅夫：对于一位学习者来说，这是个至关重要的问题。所有现成的理论都是"刻舟求剑"，一个现有理论因为暗含前提发生变化以至于不适用的情形常会有之，所以，一位学习者对于现有的理论，不仅是来自发达国家的理论，而且还包括来自我们自己国家的理论，甚至是一个学者自己提出的理论，都应该以一种"常无"的心态来对待，在观察真实世界的现象时每次都应该以"初生婴儿的眼睛"来审视，这样才能避免对号入座，看不到现象背后真正的根本的决定因素。如果学者应该以"常无"的心态来看世界，那么为何还要学习现有的理论？其实，就像要成为一名画家，每一幅画都应该是新的创作，但是，画家的培养都要经过临摹名画的阶段，临摹不是为了能够画得像已有名画，而是为了学习掌握绘画的基本技能，学习现有的理论不是为了学习现有理论的"知识点"，而是为了学习如何构建新的理论。《道德经》开篇说"有"和"无""两者同出而异名，同谓之玄。玄之又玄，众妙之门"。"玄之又玄"的意思是以"无"来观察现象，认识了现象的本质和决定因素而实现了"有"，在下次观察现象时又重新从"无"出发来实现"有"。"玄之又玄，众妙之门"的意思就是，以"常无"实现"常有"，放弃"常有"实现"常无"是认识世界的根本办法。】

对于这个问题，我现在觉得，这正是我们应该坚持"常无"的心态的重要原因。即便是自己提出的理论，也不要被其束缚，而要加深对现实社会的了解，坚持从现象出发。如果某个标准的简单化假设，如信息充分，成为阻碍理论解释现象的重要障碍，那么现实社会一定会在众多方面露出迹象，这就有点需要类似于"多现象综合分析"的能力，见微知著，从经济社会或多或少的、多个方面的变化中抓住正在对经济社会产生重要影响的变量。

【林毅夫：很好，没错，确实如此！】

进一步，我还想到，一定要克服理论不能解释现实世界时心中认知失调的感觉，始终坚持从现象出发，而不是试图为不能解释现象的理论生硬地找补（就像一些西方学者看到我国经济表现并非如预期一般，就认为中国政府公开的数据是假的）。现实中的现象必然是客观存在的，个体盲目地在主观上忽略现象、描补理论，都无法脱离现象，最终只能是害人害己（害己是指对现实世界认识错误，从而可能影响作为学者的研究成果与学术影响力；害人则是指可能因为错误的认识而导致错误的政策取向，从而给经济社会带来不良影响）。

【林毅夫：很好！很到位！】

然而，由于现实世界纷繁复杂，各种经济条件、现象千变万化，如何从中提炼出最为基本的规律？如何判断某些前提假设是可以被简化、被忽略的？而这些假设又是否成为对社会经济具有重要影响的变量？尽管可以利用"一分析，三归纳"的方法辅助思考，上述问题对于我们每一个有志于经济研究的人依然是巨大的考验，或许也是未来很长时间内需要经历的磨炼。【林毅夫：没错！对于每一位知识分子来说，认识现象的本质和根本性决定性因素的能力是一个从渐修到顿悟的过程。一位初学者只要持之以恒，不半途而废，临事都以"常无"来视之，按照"一分析，三归纳"来求索，那么认识真实世界现象的本质和决定因素的能力一定会不断精进，早晚有一天会像孙悟空拥有火眼金睛一样，一眼望之就能看到妖魔藏在何处。]

二、辨析自生能力与比较优势

最近我在自生能力和比较优势这两个概念上的使用上还是会犯错，所以也进行了一些思考。

根据《解读中国经济》一书中的定义，自生能力指的是在一个自由、开放、竞争的市场中，一个正常经营管理的企业，在不需要外力的扶持保护下，即可预期获得可以接受的正常利润的能力。此外，林老师在书中给出的辨析是，自生能力从企业预期获利能力角度出发，侧重于企业；比较优势从产品或者产业在开放竞争市场中的竞争力出发，侧重于产业。且严格来说，比较优势适用于开放的经济，自生能力对于开放的或封闭的经济都适用。不过，两者都取决于国家要素禀赋结构。

我最近思考的结论有：（1）企业有自生能力的前提往往是企业身处于具有比较优势的产业，而身处于具有比较优势产业的企业也往往有自生能力。因为具有比较优势意味着符合禀赋结构特点，只有符合禀赋结构特点才能说产业具有比较优势；而也只有符合禀赋结构特点，企业由于生产成本低，才可能在没有补贴的条件下赚取利润、形成竞争力，才具有自生能力。（2）自生能力和比较优势又不是完全等价的。自生能力有两个重要假设，一个是对于市场的，一个是对于企业管理的。对于身处具有比较优势产业的企业，如果两个条件缺少一个，都可能在现实条件中不能获得可以接受的正常利润。管理的重要性不言而喻；而如果没有一个良好的市场环境，政府的扶持、行政命令或者寻租腐败都可能导致企业无法以正常的成本进行生产或者正常地售卖产品，进一步导致企业不能获得可以接受的正常利润。此外，考虑到垄断市场的存在，也可能出现企业即便所处行业不符合比较优势，依然盈利的现象。这两个假设也成为自生能力应用的限制。

　　自生能力进一步形成了一个标杆，帮助我们衡量、判断现实中的企业的状况，指导我们应该发展什么样的企业，预测某个企业的发展并对现实中的企业提出改良意见。【林毅夫：以上的辨析很好，在学习任何理论和概念时都应该有同样的辨析，只有这样才能准确把握理论和概念的内涵及可运用的边界，才不会误用、滥用理论和概念。不过，自生能力的定义是，在开放竞争的市场中，一个正常管理的企业在无需外部补贴的情况下就有获得市场上可以接受的预期利润率的能力。一个企业具有自生能力的前提是企业所处的产业符合其所在经济体的要素禀赋结构所决定的比较优势，一个企业是否具有自生能力只能用来判断企业所在的行业是否符合比较优势，这可以用来指导企业进入什么行业。除了企业的行业选择，自生能力无法用来"指导我们应该发展什么样的企业"，或"预测某个企业的发展并对现实中的企业提出改良意见"。提供后面这几个方面的意见依靠的应该是管理学。】

希望请教的问题

　　1. 我们常常说要关注现实现象。然而，现实社会的确纷繁复杂，我们应该如何入手去关注现实现象？此外，现在信息冗杂，我们又如何去判断所了解到的现实现象是否与真实世界存在偏差？

　　林毅夫：真实世界的现象确实复杂，可以先根据自己现在把握真实世界现象的能力，提出自己认为的这个现象的本质，谁是这个现象中的主要决策者和其行为动机、选择等，并由此构建自己解释这个现象的内部逻辑自洽的暂定假说，然后，根据这个暂定假说做出推论，用历史纵向、当代横向和多现象综合的数据、资料等来检验这些推论。如果内部逻辑不自洽，或是数据、资料不支持上述推论，就代表上述暂定假说和真实世界存在偏差，没有真正揭示这个现象的本质和决定因素，那么，就要重新开始，再根据观察提出其他暂定假说，直至上述"一分析"提出的假说能够通过"三归纳"的检验为止。天下无难事，只怕有心人。只要不畏难，学而时习之，熟能生巧，终能运用自如。

　　2. 现在经济学研究的一个重要趋势是越来越专业化，研究金融的可能不懂财政，研究财政的可能不懂贸易。我个人感觉这种分隔很可能不利于我们正确认识经济现象。想问一下林老师如何看这种趋势，以及对我们是否有什么建议？

林毅夫： 确实目前有此专业化的趋势，但是，正如孔夫子说的"君子不器"，一位希望贡献于社会进步的知识分子不应该把自己的能力和所能做的贡献限制在很小的领域。怎么克服这种专业化的局限性？关键在于了解经济学的本体，不管哪个领域的理论都是在解释"理性人"怎么在他所知的可能选择方案中做出他认为的最优选择。从这个"理性人"的本体出发来研究金融，所得到的结果就属于金融经济学的范畴，研究宏观问题就属于宏观经济学的范畴，研究产业组织就属于产业组织经济学的范畴，研究农业就属于农业经济学的范畴。所以，只要掌握了"理性人"这个本体和用"初生婴儿的眼睛"以"一分析，三归纳"的方法来探索一个现象的本质和决定因素，那么就应该可以研究任何和经济相关的问题；等自己对一个所要解释的现象有了满意的假说以后再去看相关的文献，了解自己的假说在现有文献中的地位；如果自己的假说和现有的理论相同，代表自己和提出这个理论的经济学家有相同的洞见能力，并且，即便如此也不白费力气，因为可以写一篇实证论文以说明这个现象可以用这个理论来解释，绝大多数的经济学论文都属于这个性质。如果经由这样的思维程序产生的假说在现有的文献里不存在，那么这个假说就是一个创新性的理论。如果这个现象很重要，那么这个理论就会是重要的理论，提出这个理论的经济学家就有可能成为有重要影响的经济学家。目前，一般学经济的学生以及许多教经济的老师，之所以会觉得他们的研究或他们对现象的认识受到专业领域的限制，是因为他们通常以现有的理论作为出发点来观察和解释真实世界的现象，自然就会有隔专业如隔山的感觉。可是，从现有的理论出发来观察世界很容易对号入座，只是看到次要或表层的原因，而未能揭示问题的本质和真正的决定因素。这种研究出发点会让学者错失时代所给予的理论创新的机会，而且，很可能所得到的认识似是而非，不仅误导自己而且可能误导社会。这也就是为什么在新结构经济学实验班我反复强调诸位学子要以"一分析，三归纳"的方法直面现象，而不要以现有的理论、现有的文献为出发点来观察真实世界的现象。

保持"常无"心态，做有意义的经济学研究

赵祥瑞

一、关于保持"常无"的心态

我们不能过分推崇现有的理论，要敢于批判，敢于质疑权威。<u>保持"常无"的心态，并非说我们要在没有任何理论积累的基础上去凭空想象。"常无"是指我们在学习了很多的理论后，多加反思，然后用这些理论互相辩驳，理解它们之间在逻辑上的区别和矛盾，将其真正内化后的一种顿悟。"常无"的心态是我们不断批判，洗尽铅华，真正领悟各种理论的精华后的一种"不过如此"的自信与从容。</u>【林毅夫】保持"常无"的心态确实不是说不要同学们学习任何现有理论，但也不是"学习了很多的理论后，多加反思，然后用这些理论互相辩驳，理解它们之间在逻辑上的区别和矛盾，将其真正内化后的一种顿悟"，或者对现有理论"不断批判，洗尽铅华，真正领悟了各种理论的精华后的一种'不过如此'的自信与从容"。"常无"是要求同学们在观察真实世界的现象时，必须不以任何现有的理论为出发点，自己根据对现象的本质的把握，来探索造成这个现象的决定因素的方法论和认识论。如果只是对现有理论的反思后的"顿悟"和"'不过如此'的自信与从容"，那么，保罗·克鲁格曼就不可能在观察到70%的国际贸易是发生在发达国家之间时，摆脱先前的李嘉图的技术决定的比较优势理论和赫克歇尔-俄林要素禀赋决定的比较优势理论的影响，提出一个完全不同的理论，认为发达国家之间的贸易是规模报酬递增所决定的比较优势造成的。面对70%的贸易是发生在发达国家之间这一现象时，用李嘉图的假说或赫克歇尔-俄林的假说只要增加一些其他因素也是可以解释的，例如可以说是当时发展中国家普遍推行进口替代战略，减少了对发达国家的进口，以至于大多数的贸易发生在发达国家之间。保罗·克鲁格曼之所以能够提出全新的假说，就在于他放弃了现有的理论，完全根据自己的理解，从规模报酬和专业分工的视角来构建解释他所观察到的现象的假说。同样，在面对发展中国家的许多现象时，现有的来自发达国家的理论也是可以解释得通的，例如用产权理论也可以来解释为何国有企业效率低，但是，可以解释得通并不代表这些理论揭示了发展中国家产生那些现象的原因。要永远铭记任何理论都是"刻舟

求剑",为了警惕学习者看到一个现象时用现有理论来对号入座,我才强调必须保持"常无"的、不以任何现有理论为出发点的心态来观察现象。但是,要保持"常无"的心态也不是要同学们不去学习现有的理论,只是学习现有的理论就像在学画时的临摹,不是为了以后能画出像所临摹的名画的作品,而是为了了解这个理论在什么状况产生、如何产生、时代背景如何以及理论提出者如何从错综复杂的众多社会经济变量中抽象出保留在理论模型中的决定因素等,以学习掌握怎么从"理性人"这个经济学的本体出发,直面现象,根据"一分析,三归纳"的方法来构建一个新的理论。】保持"常无"的心态十分重要,不过对于"常无"心态的培养是一个慢过程,切忌过于急迫,揠苗助长。对现有理论的积累固然重要,更重要的是反思与体悟。现有理论那么多,我们很难做到对于所有理论都了如指掌,我们要做的是尽量多积累,多思考,一步一个脚印,这样积累到一定数量之后才能真正的顿悟。并没有必要贪多,力求了解所有的学说观点。就算了解了所有的学说观点,如果只是囫囵吞枣,做一个现有理论的接收者,也很难达到真正的顿悟,也不能具有真正意义上的"常无"心态。【林毅夫:生也有涯,学也无涯,对现有理论的反思与体悟确实比对现有理论的积累更重要。一个学者既要学习现有的理论,又要以"常无"的心态来观察真实世界的现象,必然需要有一个困知勉行的过程。不过,用"常无"的心态来观察真实世界的现象并不需要等了解了所有的学说和观点之后再去进行,实际上,可以边学习现有的理论,边以"常无"的心态来观察真实的世界。而且,当面对一个真实世界的现象时,应该是先以"常无"的心态,根据"一分析,三归纳"的方法,自己提出解释以后,再去看现有文献里的各种理论和假说。】

二、关于构建自己的理论

现象是复杂的,理论则是从现象出发,对于现象的根本决定因素进行探究。理论是简单地抛开复杂现象的不相关的、相关但是没有影响的、有影响但是不是决定性的因素,抽丝剥茧,最终得到根本决定因素。【林毅夫:很好,这个描述很到位。】而现有的理论主要可以分为两类:一类是试图用简洁的语言和逻辑解释经济现象出现的根本决定因素,探究其本质和决定性原因;而另一类是针对一个经济现象,探究其相关的、有影响的却并非本质的因素。【林毅夫:现有理论的来源有两个:一个是如你所说的"试图用简洁的语言和逻辑解释经济现象(通常是成功的经验)出现的根本决定因素,探究其本质和决定性原因",例如亚当·斯密的自由市场理论、李嘉图的比较优势理论、熊彼特的创造性破坏理论;另一个是揭示现实世界所存在的重要问题产生的原因,提出解决的方法,例如,凯恩斯主义的积极财政政策和货币政策理论。应该说不存在专门"针对一个经济现象,探究其相关的、有影响的却并非本质的因素"的理论。通常来说,一个理论总是以提出一个现象或问题的决定性因素为目的,然而一个决定因素的重要性不是一成不变的,在某些现象、某种情况下是重要的决定因素,在另外一个现象、另外一种情况下可能变成次要的,或是相关的,甚至是毫不相干的因素,成语"水可载舟,亦可覆舟""成也萧何,败也萧何"揭示的就是这个道理。这也就是为何学者面对现象时必须保持"常无"的心态,不能以现有的理论、现有的经验为出发点来考察真实世界的现象。】我们学习和研究理论的目的就是认识世界与改造世界。显而易见,为了达到改造世界的目的,第一类探究根本决定因素的研究是更有意义和价值的。探究根本决定因素的理论是有一定共同性的,可以解释很多类似的经济现象,就有普适性。【林毅夫:一个理论若揭示的是一个现象的根本决定因素,则这个理论可以经得起和这个现象相关的历史纵向、当代横向和多现象综合的检验,但是,根本决定的因素是随现象的不同而异的,未必是"普适的"。也就是"根本性、决定性的"因素和"普适的"因素是两个不同的概念。】而想要改造好现实世界,更需要抓住根本决定因素。如果我们只是抓住一般的影响因素,可能会获得与目的背道而驰的结果,南辕北辙,使现实经济越改越糟糕。【林毅夫:很好,要改造好世界,确实需要抓住现实世界现象的根本决定因素,而不是一般性、表层性因素。一般性、表层性因素可能是和根本决定因素并立的、互补的因素,有影响,但不是决定性的影响;或者由根本性原因所造成的果因与要解释的现象同时存在而被误认为是和根本原因并立的因。就改造世界而言,如果属于前者会事倍而功半,如果属于后者则可能徒劳而无功,甚至会有出于好心而办了坏事的结果。】

新结构经济学为我们提供了一个新的思考问题的逻辑体系:从要素禀赋结构出发。新结构经济学使我们有了更多的机会去解释经济现象的根本决定因素,而不是在传统的理论框架下,按照已有的逻辑,做一些探究影响因素、边际贡献不大、对改造世界影响不大的"边角余料"。所以新结构经济学为我们提供了一个新的理论"金矿",使我们有大把大把的矿石可以开采,而不用像从前一样在旧的理论体系下努力翻找，才能找到一些别人剩下的"残羹冷炙"。【**林毅夫**：相比于现有的以发达国家的结构作为理论暗含前提的主流经济学理论，新结构经济学对于有志于认识世界、改造好世界的同学们来说确实是一个"金矿"，这是因为新结构经济学主张不同发展程度的国家有内生的结构差异性，符合历史唯物主义经济基础决定上层建筑、上层建筑反作用于经济基础的基本原理；同时，新结构经济学以要素禀赋结构作为整个理论体系的分析原点和公理，符合辩证唯物主义的宇宙观、方法论、认识论，揭示了经济发展、转型、运行的最根本的、第一性的决定因素。相比于已经发展了接近二百五十年的主流经济学，新结构经济学作为一个来自中国、来自发展中国家的经济学理论体系，还处于星星之火的阶段，非常高兴有新结构经济学实验班的诸位同学来学习，一同深化、完善。相信随着中国经济的发展、中国经济现象在世界重要性的提升，新结构经济学也会在世界上产生越来越大的影响。而且，新结构经济学把以发达国家的结构作为唯一结构的现有二维理论体系扩大为不同发展程度的国家有不同结构的三维理论体系，可以帮助任何发展程度的国家的人们更好地认识自己国家的现象和问题，实现他们改造好世界的目标。学习和推动新结构经济学的发展可以贡献于经济学理论的发展，也可以贡献于我国乃至人类社会的发展。欢迎各位同学加入！】

三、关于研究的方法和心态

要有心怀天下的责任心。要留意现实的现象，关注时事与发展，做一个心怀天下的青年。"风声雨声读书声，声声入耳；家事国事天下事，事事关心。"只有关注事实和发展，我们才能更好地发现值得研究的问题。只有明确了自己真正想要的是什么，我们才能真正不被外物诱惑，心怀天下，做真正有意义的研究。当今时代物质生活极大丰富，信息传播途径也十分广泛。与过去相比，我们年轻人的确有了更多的可能性，选择也更加丰富。但选择多了，我们反而迷茫了，我们常常这山望着那山高，犹豫不决，感觉这个也好，那个也不错，难以下决定。而在我们纠结迷茫的时候，时间就过去了，等到真正选择的时候，才发现对任何一个领域的了解都很泛泛，没有在任何一个领域真正深耕，这就十分可惜。我们要尽早明确自己想要的到底是什么，只有真正明确了目标，我们才能更加坚韧，更加积极，真正做到心怀天下，做有意义的经济学研究。【**林毅夫**：很好，认识非常到位！君子务本，本立而道生，一个时代青年必须对自己想要怎样的人生、想成为一个怎样的人有清晰的认识，才能心无旁骛、坚定不移地克服各种困难和诱惑，勇往直前地向着自己追求的目标迈进。各位从小过关斩将，通过各种激烈的竞争和筛选，万里挑一，进入北大。在这百年未有之大变局中，只要各位以天下为己任，下定决心，做到"风声雨声读书声，声声入耳；家事国事天下事，事事关心"，就一定可以成就一番非凡的事业。】

我们要保持对外界事物的好奇心，从现象出发，具有探究现象根本原因的欲望。我们要有打破砂锅问到底的恒心，追求现象的根本影响因素，不满足于表象的原因，不满足于现有的理论解释，对现有的文章、理论进行审视，常常去思考我们学习的理论是真的有道理还是只是看似有道理。【**林毅夫**：很好！很到位！只要能够一直对真实世界的现象充满好奇心，一直以批判的心态看待任何现有的理论，就一定能够从"常无"出发而到达"常有"的彼岸。】

希望请教的问题

问：虽然有着"一分析，三归纳"的思考方法，但我在实际的方法应用中还是会感觉纠结，感觉每个因素都是有影响的，都很难以割舍，并不能很确定地说哪个因素一定不是主要原因。在进行纵向或者横向检验时尤其感觉力不从心。可能这需要我进行很久的关于事实的积累才能真正做到"心中有丘壑"。那么现阶段，我应该怎么对待"一分析，三归纳"这种思考的逻辑呢？我怎样才能更好地应用它呢？

林毅夫：好问题！我的建议是：（1）要从认真学好现有的理论、现有的各门学问入手。在学习时要把概念、理论的内涵和运用的边界弄清楚，要了解任何理论都是"刻舟求剑"，若产生理论的国家条件改变，这些理论也就被扬弃，所以，来自发达国家的这些理论在发达国家不是"百世以俟圣人而不惑"的真理，在我国和其他发展中国家，由于前提条件很难相同，因此更不会是"放诸四海而皆准"，必须以这种批判性的方式来学习现有的理论。（2）要以天下为己任，"风声雨声读书声，声声入耳；家事国事天下事，事事关心"，厚积对历史、对国家、对社会、对国际、对国内事事物物的知识和信息，以备在观察现象、分析问题时，各种相关事实信息可以随手拈来。(3) 要有老子所言"上士闻道，勤而行之"的精神，按"一分析，三归纳"的方法，如孔子所言"困而知之""勉强而行之"的毅力，努力践行，不怕挫折；同时，只要提出的观点和看法经得起"一分析，三归纳"的检验，就要有孟子所言"自反而缩，虽千万人，吾往矣"的气概，敢于提出和社会主流观点不同的观点和看法。遵此三者，"勿忘勿助"，学而时习之，必然能够越用越熟练，最终达到"从心所欲不逾矩"的境界。

对新结构经济学的哲学思考

钟睿煊

在本学期最后一次学习心得中，我想粗略思考一下，作为经济学本体的"理性"与作为第一性的"物质"之间的关系。

之所以思考这个问题，是因为在这一学期"中国经济专题"课程的学习中，我深刻体会到了以要素禀赋结构为中心的新结构经济学背后体现的马克思主义物质第一性原理，也深刻体会到了人类行为中的理性在经济学中的"本体"地位。【**林毅夫**：很好，这两者正是新结构经济学的精髓，很高兴你能体悟到。】但这学期在学习微观经济学的过程中，我也了解到理性背后是人的偏好，而偏好本身是意识层面的东西。因此，是否可以说经济学中的理性是非物质的，进而认为理性作为经济学本体这个论述与马克思主义哲学中物质第一性的原理相矛盾呢？

【**林毅夫**：好问题！理性的定义是，一个决策者总会在他所知的可选择方案中选出他所认为的最好方案。这样定义的理性反映的是人的主观能动性，是客观实在的人的天性，在哲学上属于物质，在现代经济学中则属于公理。定义中的决策者"可选择的方案"取决于其预算等，是物质的应该没有疑问。"所认为的最好方案"既反映决策者的认知，也反映决策者的偏好。在经济学中，属于人的基本需求的偏好是不会变化的，会变化的是满足偏好的方式和条件。例如，人们在冬天喜欢暖气，在夏天喜欢冷气，并不是因为人的偏好变化，而是满足偏好的方式随着季节而变化；再例如，旅行时，富豪搭商务飞机、有钱人坐头等舱、普通人坐经济舱，这三种人对"方便和舒适"的偏好其实是相同的，只不过是满足偏好的支付能力不同

（关于人的基本偏好是恒常不变的，详见 George J. Stigler 和 Gary S. Becker 的 "De Gustibus Non Est Disputandum" 一文）。这些不变化的基本偏好来自人的客观实在的、不变的天性，所以也是物质的。另外，像天气的变化、收入的变化等也属于物质的变化，所以，偏好满足方式的变化也是物质的变化所引起的。再深究之，决策者的选择可能受到文化、价值和意识形态的影响，但是，文化、价值和意识形态也内生于经济基础，所以，最终的决定因素还是物质的。综上所述，不管是理性本身，还是构成理性的内涵，应该都是唯物的。]

弄清"理性"与"物质"的关系，对于我们理解新结构经济学非常重要。因为目前对新结构经济学的官方定义中，有提到新结构经济学"以历史唯物主义为指导，运用新古典经济学的方法"，如果理性本体性与物质第一性相矛盾的话，那么这个定义内部也有逻辑问题。以下我试图初步论证经济学理性本体性与物质第一性的统一关系。

我认为：经济学的本体是理性，理性是人的主观能动性，是人的意识（偏好）对于客观世界的能动作用。主观能动性和客观规律性是辩证统一的，因而理性本体性和客观规律性是辩证统一的，进而理性本体性与物质第一性是相统一的。

一、经济学的本体是理性

1. 什么是理性

所谓理性，根据《本体与常无》中的定义，指的是一个决策者在做决策时，在他可做的选择中，总会选择他认为是最好的选择。

2. 理性作为"本体"

经济学的本体性体现为两个方面。首先，任何经济学理论都是建立在这个本体论的基础上的。例如在生产者和消费者的决策过程中，生产者在利润最大化的目标下，根据已有的技术与要素价格，选择最优的生产方式；消费者在效用最大化的目标下，根据已有的价格和收入，选择最优的消费束。其次，任何理论，只要以理性为出发点来观察、解释社会经济现象，即使所观察、解释的现象和物质利益无关，也是经济学的理论。例如加里·贝克尔以理性选择及效用理论为出发点，对种族歧视、犯罪、家庭决策、药物滥用等社会现象进行经济学分析。

二、理性是人的主观能动性

1. 辨析：理性与偏好

在进一步论证理性是主观能动性之前，我们要辨析一下理性与偏好的关系。在我看来，理性是偏好的结果，而非偏好的原因，偏好是外生的，而理性是内生的。【林毅夫：这个理解有误，理性选择的结果是内生的，但是，理性作为人性是外生的。】如果没有偏好，理性便不存在，就像没有目标函数，最优化便无从谈起；而偏好是人脑的机能，其形成既有先天的生物因素，也有后天的社会因素。而理性是在偏好给定的情况下，决策者在可行选择集中选择最符合他偏好的选项，因而理性是偏好的结果，是内生的。【林毅夫：这个推论有问题。理性指的是决策者会去做最好的选择，强调的是主观决策者的主观能动性，会选择什么内生于偏好（不因人而变的效用函数），当然，也内生于决定可选择集的预算（随决策者而变），但是，会去做最大化的选择本身既并不内生于偏好，也不内生于预算约束，这样的行为取向本身反映的是人的天性，是外生的。】因此，理性的本体性不代表偏好的本体性，仅仅用偏好的非物质性无法推出理性本体性与物质第一性的矛盾。

2. 理性是人的主观能动性

意识与主观能动性的关系可以帮助我们辨析偏好与理性的关系。

在辩证唯物论中，意识是人脑的机能与属性。物质决定意识，意识对物质具有反作用。物质决定意识，源于意识是自然界长期发展的产物，也是社会历史发展的产物。从本质上看，意识是人脑的机能与属性，是客观世界的主观映像。意识对物质具有反作用，这种反作用就是意识的能动作用，也就是主观能动性。意识的能动作用体现在意识的目的性、计划性和创造性上。意识的目的性和计划性是指，人们在反映客观世界的时候，总是抱有一定的目的和动机，在实施行动之前还要预先制定蓝图、目标、行动方式和行动步骤等；意识的创造性是指，人的意识可以运用概念、判断、推理等形式，对感性材料进行加工制作和选择建构，在思维中构造一个现实中所没有的理想世界。

回到偏好与理性的关系。偏好是人脑的机能，其形成既有先天的生物因素，也有后天的社会因素。在偏好给定的情况下，这个偏好为决策者的理性行为设定了一个目标，在这个目标下，决策者总会在可行选择集中选择最符合他偏好的选项。这恰恰体现了意识（偏好）的目的性和计划性，也就是意识的能动作用。因此，理性是主观能动性，是人的偏好对于客观世界的能动作用。

三、主观能动性和客观规律性是辩证统一的

在辩证唯物论中，主观能动性和客观规律性是辩证统一的。

尊重客观规律是正确发挥主观能动性的前提。规律是客观的，它是不以人的意志为转移的，它既不能被创造，也不能被消灭。规律的存在和是否发挥作用都不以人的意志为转移。规律客观性是第一性的，主观能动性是第二性的。规律客观性制约着人的主观能动性。

只有充分发挥主观能动性，才能正确认识和利用客观规律。发挥主观能动性是认识和掌握客观规律的必要条件。在客观规律面前，人并不是无能为力的。人可以在认识和把握规律的基础上，根据规律发生作用的条件和形式利用规律，改造客观世界，造福于人类。认识规律离不开人的主观能动性的发挥。同样，利用规律改造客观世界，也离不开人的主观能动性的发挥。

四、理性本体性与物质第一性是统一的

主观能动性与客观规律性是辩证统一的，从而理性本体性与客观规律性是辩证统一的。

客观规律性决定了理性决策者有什么可动员的资源，有面对什么不可逾越的限制条件，进而决定了可选择集。只有在这些可行的选择中，决策者才能选择其认为最好的。理性的本体性也有助于决策者认识和利用客观规律，根据规律发生作用的条件和形式利用规律，认识世界和改造世界。

因而我认为，理性的本体性与客观规律性是辩证统一的，进而理性本体性与物质第一性是统一的。

五、总结

综上，经济学的本体是理性，理性是人的主观能动性，是人的意识（偏好）

对于客观世界的能动作用。主观能动性和客观规律性是辩证统一的，因而理性本体性和客观规律性是辩证统一的，进而理性本体性与物质第一性是统一的。

理清理性本体性和物质第一性的关系后，回过头来再看"以历史唯物主义为指导，运用新古典经济学的方法"的新结构经济学，发觉自己的理解更加深入了。【林毅夫：作为一名大二的学生，学习经济学仅半年就能认识到新结构经济学"以历史唯物主义为指导，运用新古典经济学的方法来研究发展过程中的结构和结构变迁的决定因素和影响"的精髓，并提出以理性作为经济学本体的新古典经济学方法和以物质作为第一性原则的马克思历史唯物主义是否矛盾的问题，这很难得。虽然认为理性是内生于偏好的看法有待商榷，不过全文分析严谨，推论精彩，看法独到，非常令人佩服。】

希望请教的问题

问：我记得在北大新结构经济学研究院成立五周年大会上，有位老师提问新结构经济学为什么从生产侧出发，而没有从消费侧出发。我记得林老师的回答是：消费取决于收入，收入取决于劳动生产率，劳动生产率取决于生产方式，最优生产方式取决于要素禀赋结构，因而可以说消费是取决于要素禀赋结构的。

我对这个回答有两点疑惑：

（1）我在目前对微观经济学课程的学习中，认识到消费不仅仅取决于收入，还取决于商品间的相对价格，能不能说相对价格取决于要素禀赋结构呢？

林毅夫：确实，要素禀赋结构是商品间相对价格的主要决定因素。例如，在土地相对丰富的国家土地密集的农产品的相对价格低，在劳动力相对丰富的国家劳动力密集的产品的相对价格低，也正是因为如此，美国才向中国出口土地密集的玉米、大豆、小麦，而中国向美国出口劳动力密集的制造业生活必需品。同样，在一个资本相对短缺、劳动力相对丰富的国家里，资本密集的产品的价格和劳动力密集的产品的价格相比会高，而且随着资本的积累和要素禀赋结构的变化，这个比价会不断降低，也就是资本密集的产品的相对价格会下降，而劳动力密集的产品的相对价格会上升。所以，商品间的相对价格不管在国际还是在一个国家内部都主要由要素禀赋结构决定。

（2）林老师一直要我们寻找最根本的决定因素。新结构经济学强调要素禀赋结构为最核心的决定因素。这点在生产侧容易理解，因为生产侧决策者的目标相对单一（最大化利润或最大化社会效益或赶英超美……）。但在消费侧，我认为消费者的目标是最大化自己的效用，而几乎每个人的偏好都存在差异，因而是否可以认为人的偏好才是决定性因素，而收入和价格只是中间的影响因素呢？

林毅夫：首先，如前面心得部分的第二个批注中引用 George J. Stigler 和 Gary S. Becker 的研究时指出的，人对生存、舒适、方便、安全、尊重等的基本偏好不会因人因时因地的不同而变化，会变化的是满足这些基本偏好的方法、方式。例如，为满足舒适的偏好，夏天人们会喜欢冷气，冬天会喜欢暖气。其次，就那些表现出来的、满足人们基本偏好的个人偏好而言，从短期来看，个人偏好是外生给定的，但是，从长期来看，个人偏好同样是内生决定于要素禀赋结构。因为要素禀赋结构不仅会影响到商品的相对价格，而且会经由意识的目的性和计划性在长远的社会历史发展中形成个人的偏好。例如，人的生存需要粮食，在我国，北方人对粮食的偏好是面，南方人对粮食的偏好是米，一个重要的原因是北方相对干旱，适合种植小麦，南方雨水多，适合种植水稻。在古代，水路交通不便，北方小麦的相对价格较水稻低，在南方则相反。出于最好地保证人的生存的意识，在长期的社会历史发展中就形成了北方人对由小麦加工成、相对价格较低的面的偏好，以及南方人对由水稻加工成、相对价格较低的米的偏好。所以，对于一位消费者来说，偏好在短期内是外生的，从长期来看则也是内生于要素禀赋结构的。同样的情形，在1987年我第一次到日本时观察到日本人的房子一般很小，但是，在房子里有很大、很新的电视机；在美国我所看到的情形则正好相反，一般人的房子很大，电视机则经常很小、很老旧。这种表现出来的偏好实际上反映的是当时日本和美国的人均 GDP 大致相同，但是，日本土地稀缺，地价、房价高，美国土地丰富，地价、房价远低于日本，电视机作为一种可贸易商品的价格在日本和美国基本相同，于是在日本电视机相对于房价便宜，在美国房价相对于电视机便宜，房子和电视机同属于满足人们舒适和享乐的需求的产品，因此就表现为日本人和美国人对房子和电视机的偏好的差异。所以，正如辩证唯物论所阐述的，物质（要素禀赋结构）经由意识决定了一个人的偏好。同时，也正如我和邢海鹏老师合作的"Endogenous Structural Transformation"那篇论文的未定稿里所指出的，一个国家或社会里的各种结构具有三个特性，结构性（要素禀赋结构一环扣一环地内生决定了产业技术结构、制度结构、价值偏好结构）、期间稳定性（各种结构在一定期间内是稳定的，但是，不同的结构有不同期间的稳定性，有的较长，有的较短，总的来说最根本的要素禀赋结构的变动会最快，最上层的价值偏好结构的变动会最慢）、可转变性（各种结构稳定的期间长短不同，但是都可转变）。就可转变性来说，例如，以面食为主的北方人到了南方以后会增加对米的食用，日本人到美国当教授，面对和美国人相同的房子和电视机的相对价格后，表现出来的偏好同样会趋同于其他同样收入水平的美国教授。不仅消费者本身的迁移会对其偏好产生影响，要素禀赋结构的变动也会对其偏好产生影响。例如，随着我国资本的积累和交通基础设施的改善，米和面的相对价格在南方和北方会逐渐趋同，南方人的膳食结构中面的比重会增加，北方人的膳食结构中米的比重会增加。总而言之，由于消费者的偏好在短期内是稳定的，表现出一定的"外生"特性，于是会和要素禀赋结构所决定的产品的相对价格、收入水平共同决定对消费品的选择，但是，从长期来看，偏好同样是内生决定于要素禀赋结构这一新结构经济学理论分析的最根本、第一性的决定因素。当然，说要素禀赋结构是一个国家作为经济基础的产业、技术和生产关系的结构以及决定交易费用的基础设施和属于上层建筑的各种制度、价值结构的第一性决定因素，并不是说其他因素就毫无作用，例如佛教徒食素，那么，在纯佛教徒的国家里就不会有以肉食为目的的畜牧业和屠宰业。但这种影响应该是次要的，因为随着资本的积累以及要素禀赋结构和比较优势的变化，其他产业、技术结构与软硬基础设施的结构的变化与其他国家的变化规律是相同的。

CHAPTER 03

第三部分

午餐会交流

为了与学生深入研修学问之道，林毅夫教授自2021年春季学期开始，每月与第一届"林班"学生进行一次午餐会，会前同学们书面提交心得体会，会上口头互动，会后林老师给出书面反馈。三年来，林老师如约与第一届"林班"学生进行了18次午餐会。午餐会交流实录按照林老师提出的"道正""术高""业精""实求""事达"五大理念分为五篇。从理论学习到实践探索，从学术感悟到人生规划，对于同学们的每一次分享和疑问，林老师都如诊脉般，逐一给出点拨和建议。①

---

① 考虑到篇幅限制及学生未来研究与发表需要，本部分未收录全部午餐会交流文章。本部分文章虽然按五大理念分篇，但仅是各有侧重，并非彼此割裂。（由于是午餐会形式，故"术"的交流不多，"术高"篇幅相对较少。）

道 正 篇

如何确定未来的研究方向

（郭若菲　2021年3月16日）

通过完成上学期的课程课题，我发现自己对环境、金融都有比较强烈的兴趣。我的导师徐佳君老师研究的开发性金融与开发银行的应用实践尤其吸引我。但由于仅学习了一个学期的经济学课程，我对经济学的其他领域还没有足够的探索与尝试。您认为我们在现阶段确定自己未来的研究方向，然后进行深入学习是否合适？还是应该广泛探索经济学的不同领域，广泛尝试，再确定自己的研究方向呢？

【林毅夫：孔老夫子说"君子不器"，一个有作为的人不会一辈子只做一个或一类工作，在现代经济快速发展、产业迅速变迁的社会更是如此，像你们这么优秀的学生将来的发展必然会远远超过现在所学的领域。那么，怎么为未来做好准备？这就在于"道"和"业"之间的关系，如果能够从"业"的学习掌握到"道"的奥妙，就能"一通百通"，无往而不利。反之，如果没有对"道"的掌握，则所谓"宽口径、厚基础"只是一堆杂乱无章、鹦鹉学舌的知识，所谓"专业"只是给自己的发展设限，学了什么就只能做什么事。后者显然不是各位对自己的期望，也不是我对各位的期望。这也就是为何我在上学期的课上一而再、再而三希望从"业"的学习来启迪各位对"道"的体悟，而且，也只有经由"业"的学习才能登堂入室到对"道"的体悟。如果能抱着对"道"的体悟来学习"业"，那么现在就选定研究方向既不会妨碍本科生教育所要求的"宽口径、厚基础"的培养目标，也能更好地为毕业后的第一份工作做好准备，并为未来承担更大的责任打下坚实的基础。】

经济学研究的意义

（赵祥瑞　2021年3月16日）

　　首先，我想总结假期的一些收获。我印象十分深刻，上学期第一次午餐会时，林老师问我们，我们的"本"是什么。那时我还比较懵懂，眼光也比较有限，只是出于自身的成长经历，希望能够认识东北经济发展略显疲软背后的真正原因，然后尽自己的能力去改变它，加快东北的经济发展速度，提高东北人民的收入水平。【林毅夫：很好！从关心家乡开始是"计利当计天下利"的一个很好的起点。】但我当时是有些迷茫的，感觉自己的愿望很大，但又不知道要怎么下手才能逐渐实现自己的理想；同时也并不是十分坚定，看到一些同学、学长学姐选择投身业界，取得了很好的成绩，偶尔也会有动摇。但经过一个学期的深入学习、一整个假期的思考和假期参加的一些社会实践，我越来越清楚我最看重的是什么、我想要成为一个怎样的人，我的"本"也越发坚定，很少再为未来怎么发展而纠结。【林毅夫：确实，一个知识分子应该追求超乎小我的事业和人生，有这样的追求才能不纠结于眼前的利益得失，而有坦然的心境和格局去学习、工作和面对各种挑战，取得更大的成绩，做出更大的贡献。】上学期期末"新结构经济学导论"的课程作业是让我们做一个自己家乡的分析报告。以这份作业为契机，我认真查阅了我的家乡建市以来的统计年鉴，真正了解了我们市的支柱产业与产业结构变迁，同时也意识到了一些问题。我发现了很多之前很少关注的东西，比如我们市的支柱产业是很出乎我意料的，因为我的生活经历有限，根本不知道在这一方面我们市已经很有优势，一直以为这是我们市所欠缺的。之前我所认为的，也仅仅是认为而已，脱离了现实。此外，比如我的家乡的人均收入，以收入中位数计，其实还不高，并不是人人都能衣食无忧。我的家乡的人均受教育水平也并不是很高。我真的十分幸运，获得了很好的教育资源。所以我更要肩负起自己的使命，竭尽自己所能，做一个对社会有用的人。【林毅夫：是的，要做出贡献必须先对实际状况有准确的把握，才能知道从什么地方着力可收实效。这也就是毛主席倡导的"没有调查，就没有发言权"。】报效祖国，这是根本；服务人民，这是宗旨。

【林毅夫：以此立志，很好！】研究中国的现实经济发展十分有意义、有价值，在此过程中获得的成就感是巨大的。所以我现在十分坚定我的理想，想要研究中国经济发展中的现象，同时兼顾实践，做有价值的研究。

其次，我认识到了很好地掌握数理模型、计量方法的重要性。上学期中，我学习的更多是"一分析，三归纳"的思维方法。从最开始的只是会背、只知道是什么，到渐渐隐约明白，但想要应用时又变得困惑，似懂非懂。我对思维方法的理解是在逐渐加深的。但是通过"中国经济专题"的课程论文，我意识到了模型与计量方法的重要性。【林毅夫：是的，学而知不足，才会知道在哪些方面需要加强！】我当初的论文是研究中国产业结构对教育结构的影响，我可以通过新结构经济学的思维框架将内在逻辑想得很明白，也讲得很清楚。但涉及实证部分就感觉很是力不从心，这使得我文章的效果大打折扣。确实，研究一个现象最重要的是思考，是抓住问题的本质是什么，这是最终目的。数学只是工具和方法。但是没有数学是万万不行的，数学能力不够确实会使自己文章的说服力大打折扣。【林毅夫：没错！】所以在以后的学习过程中，除了分析能力，我也会格外注重提高自己的数学能力。

最后，我还有一些困惑，希望能够得到老师的指点。我们说"有为政府"要以"市场有效"为依归。究竟什么是"有效市场"呢？【林毅夫：有效市场是一个充分竞争，能够充分反映各种要素和产品价格相对稀缺性，能够引导技术创新、产业升级和资源配置的市场。充分竞争是有效市场的前提，后面几点是有效市场的效应，因为在经济发展过程中，有效市场使企业家能够将具有潜在比较优势的产业变成具有显性比较优势的产业，进而成为具有竞争优势的产业，使得经济能够稳定发展。】我们经常会在地方政府工作报告里看到，未来某地区着重发展某些产业，或者要完善哪些产业链，使其上下游完整，或者要补齐哪些短板。这是否算是对市场过度干预呢？如果干预了，可能会造成扭曲。【林毅夫：这取决于那些产业是否符合这个地区的要素禀赋结构所决定的比较优势，以及政府要做的事是不是在克服企业家所解决不了的市场失灵。如果是，那么这样的政府就是"有为政府"；如果不是，那么就是"乱为"。如果这些事是"有为政府"所该做而不去做的，那么这样的政府就是"不作为"的政府。】但如果不干预，又可能会失去机遇。而且，不同的地区、不同的时间点情况都是不同的，就算大致差不多，也不是完全一样。【林毅夫：确实如此！像中国这样的发展中国家，新结构经济学根据一个地方的产业的技术和世界技术前沿的差距、研发周期的长短以及是否符合比较优势三个标准，将现有产业分成为追赶型、领先型、转进型、换道超车型和战略型五种类型，政府可以根据每种类型下市场失灵可能发生的地方而有针对性地采取措施。】在一个政策真正执行前没有人能确保最后的结果是好是坏。所以说，在真正的经济建设中，貌似实践才是检验真理的唯一标准。【林毅夫：确实"实践是检验真理的唯一标准"，不过新结构经济学给实践提供了一个了解现象、把握全局的框架，根据这个框架做事前的分析判断可以减少错误，提高成功干预的概率。就像自然科学做实验不是随机的，而是根据理论的指导来做，这样可以提高成功的概率。】循序渐进，有什么决策，一点点推进，一点点试错，每次只迈出一小步，合适就继续往前走，不合适就撤回来，好像才是现实经济的成功之道。【林毅夫：循序渐进，不急不躁，积小胜为大胜，一点点推进是个好办法，尤其是在科学的理论指导下来做】那么，请问我们做经济学理论研究的意义何在呢？【林毅夫：经济学的理论是解释经济现象的因果关系的逻辑模型，和其他科学的理论一样，其功能在于帮助我们认识世界，改造好世界。要实现这个目的，要求理论的前提存在于要解决问题的国家，并且在这个国家有待解决的问题的决定性因素，就是理论所强调的因。现在经济学中的主流理论来自发达国家经验的总结或为解决发达国家的问题而被提出。为了简洁，通常一个理论在构建时只从产生理论的国家的万千社会经济变量中抽象出一个变量作为因，其他变量就被舍象成为这个理论的暗含前提。由于理论来自发达国家，这些被舍象的变量就包含了发达国家的发展阶段、产业、技术和各种制度安排等。由于发展阶段不同，那些被舍象的变量在发展中国家不一样，因此，来自发达国家的理论在发展中国家经常会因为暗含前提不符合而不能起到认识世界、改造好世界的作用。这也就是为何我们要提出总结于发展中国家经验、理论的暗含前提和发展中国家的真实条件一致的新结构经济学。在这种情形下，学习现有的西方经济学理论有何意义？其目的在于学习如何观察世界，如何从真实世界的现象和问题中抽象出决定性因素来构建解释现实或解决问题的因果逻辑模型。就像我常打的比方，画家去临摹名画不是为了能画出一幅几可乱真的画，而是为了学习作画的技巧。学习现有的经济学理论的目的也是如此，因此，我常告诫学生在面对问题时，要从真实世界的现象出发去了解背后的因果逻辑，不要用现有的理论去套真实世界的现象。"一分析，三归纳"给了解真实世界背后的因果逻辑提供了一个方法，新结构经济学给了解中国和其他发展中国家的现象或问题提供了一个可资参考的框架。】

关于学术与政治的关系

（郭若菲　2021 年 4 月 14 日）

从 2020 年美国指控中国为汇率操纵国，到近日美国宣布取消这一认定，许多学者在其中起到了助推作用。美国提出中国是汇率操纵国，一定需要学者提供理论支撑；推翻这一指控，也需要学者提供论据。由于政治目的的不同，学者可以用同样严密的逻辑推导出两套截然相反的结论，这是否意味着学术难以完全脱离政治而独立存在？林老师从本体出发，将中国政府视为理性人的做法也曾被一些人误解为维护中国政府的行为，如何看待这些声音？作为一名学者，在政治漩涡中如何自处？【林毅夫：确实，在同样严密的逻辑下，假设不同，得出的结论就不同。这也是为何我一再强调作为一名知识分子不能满足于一个理论的逻辑自洽，而应该在逻辑自洽并能够解释观察到的现象的前提下，看理论的各种推论是否经得起"三归纳"的检验。在这些能够解释观察到的自洽理论中，只有经得起"三归纳"检验的理论才是真正揭示了现象背后决定机制的理论。一名学者的"本"是帮助人们认识世界、改造好世界，而不必在乎社会一时如何评价，推动社会进步的研究必须是真正抓住现象的本质和决定因素的研究。出于政治目的或是迎合社会舆论偏好的研究，到头来会妨碍社会进步。例如，美国有许多社会经济问题未能解决并愈演愈烈就在于不能正视自己的问题，每次出现问题就指责中国或其他国家。美国把巨额贸易逆差归咎于中国的汇率操控就是一个例子，结果没有对症下药，逆差越来越大。另外，像苏东国家内部存在很多问题和社会矛盾，但是休克疗法也与似是而非、没有抓住问题的本质和决定因素的理论所推波助澜形成的社会舆论和思潮有关，结果带来了社会的混乱和国家的倒退。所以，知识分子需要有孟子所说的"自反而缩，虽千万人，吾往矣"的道德勇气，像陈云所说的，"不唯书，不唯上，只唯实"，只对"真"负责，不怕逆社会潮流而言而行，这样才能挽狂澜于既倒，推动社会进步。】

由"中国改革专题"反思研究方法

（黄卓楷　2021年4月14日）

这一学期我选修了周其仁老师开设的"中国改革专题"。这门课程主要是周老师对中国改革历程的梳理，他给出一些对中国改革的看法并推荐给我们许多关于改革开放的文献，以便拉近我们和历史的距离。其中我又对几个问题有了更深刻的体会。

首先，认可农民的理性是认识农村改革的一个重要角度。在20世纪50年代农业合作化时期，中国就已经出现了农民单干的做法。当时农村合作化运动的程度还不够高，还未将合作化的概念完全迁移到政治上来，所以退社权在农民手上。农民在理性决策之下，有权选择适合自身、能够实现利润最大化的做法。在退社这一行动被上升为"政治错误"后，农村的生产率出现了大幅下降。如果能够认识到农民的理性行为，从理性行为角度出发认识农民"单干"的诉求，或许改革的进程能够加快。【林毅夫：很好，确实如此！】

其次，我国的改革路线是一条实事求是解决问题的道路，而这种渐进式的改革路径对于我国经济在社会稳定中转型有很大的意义。当时为了从本质上解决广东民众违法到香港打工这样一个社会现象，试图引进香港的企业到内地做加工贸易合作区。这是经济特区最初的雏形，也是我国对外开放的第一步，再之后发展成为"三来一补"等多种丰富的贸易形式。这说明实事求是地解决问题的渐进式改革道路是适合中国国情的改革之路。【林毅夫：是的，实事求是比理论更重要。现有的理论都是过去"刻舟求剑"的结果，未必适用。实事求是就是以一种"常无"的心态去想问题、找原因，这样才能抓住问题的本质，制定出推动社会进步的政策来。这就是为何我在《本体与常无》中说最好的政治家和最好的经济学家认识问题的方式是一样的。】

最后，我再次对林老师在课堂上提到的"思路决定出路"这一观点有了更新的认识。农村作为我国改革的试验场，从一个国家的一个产业开始对原有的经济制度进行改变是对一个民族的思路进行更新的过程。这个过程在思想解放之初，想要向前迈进一步都是极其困难的。但是，事实上，"包干到户"能够给生产力带来跳跃性的提升，是一个已经在历史中或轻或重地书写了多次的命题。关键在于有没有敢于转变思路从认识世界到改变世界的担当。【林毅夫：很好，确实需要有担当。】当下国内经济学研究，有许多总是紧跟西方文献，缺少开创性研究成果，这也是缺乏改变世界的担当。在现今的经济学研究中，对于结构内生性的忽略是一个明显的缺陷，在研究宏观经济的模型中以标准模型进行思考难免南辕北辙。【林毅夫：很高兴你能有此认识。】在今后的学习中，我要时刻谨记，对于学到的知识不要固滞于此，应该保持批判性的眼光。我认为对于理论学习要有这样两个认识阶段：在学理上，努力理解提出者提出理论时的思维过程，认识到它的逻辑精要之处；在解释世界乃至改造世界的过程中，批判性地对理论暗含前提进行分析，从本质出发分析问题，做到"一分析，三归纳"。【林毅夫：很好，很到位！而且，只要能够把学习现有理论当作画家临摹名画时的揣摩，在观察现象时，时时自觉地使用抓住问题的本质和决定因素的"一分析，三归纳"的方法，那么，一定能够有凡事豁然开朗、临事"从心所欲不逾矩"的一天。】

在这一学期，我还在努力学习难度较大的信息经济学和博弈论的相关内容。这里面的思维模式比较理想化，处理的博弈问题更多是从"构造一个符合直觉的博弈均衡解"的目标入手，不断地精炼博弈均衡解概念。我发现自己对此比较有兴趣。今后我会努力提高自己的博弈论水平，同时保持批判性思维，认识经济学的本体，保持"常无"的心态，争取能够为新结构经济学在信息经济学方面的理论创新做出自己的贡献。【林毅夫：很好，只要努力，一定可以有成。】

学术成果的主要作用在于帮助人们认识世界，并进一步改造世界。在学术的道路上将所学运用到实践中，以实现经世济民的初心是一段漫长的路程，我会将您在上课时教导我们的研究方法和学习心态谨记在心。【林毅夫：君子务本，本立而道生！很好！】

关于学术研究和职业选择的思考

（赵佳雯　2021年4月14日）

这学期我出现了心态不稳定的情况，其中一个很重要的方面是我突然犹豫自己是不是应该读博士并从事学术研究。

我从大一开始就相对坚定地选择了读博和从事研究的发展道路，促成这个决定的主要原因包括：我希望能够对这个社会有所影响，让世界因为我的存在而有所不同；我学的是经济学专业，在当时了解到的比较有限的发展路径（其他路径包括去金融行业就业、考公务员等）中，我感觉学术研究一方面会比较有挑战性，符合我对自己坚持"终身学习"的期待，另一方面也更容易对社会有所贡献；同时，我通过网络看到了许多国内经济学家的讲座和研究，感觉他们充满了智慧并对国家怀揣着赤子之心，是我觉得很理想的状态。

但是，最近让我产生犹豫的因素有：（1）在和一些师兄师姐交流的过程中，我真切地感受到论文发表带来的种种压力。虽然林老师之前常说，中国是一座"金矿"，不要"站在金矿上挖煤矿"。研究中国的问题会有很多好的文章出现，但是我也很担心有一天会为了论文能够发表，放弃自己感兴趣的问题而去研究那些热门、容易出成果的问题，或者利用"神奇"的计量方法对数据修修补补，硬生生得出符合自己结论的回归结果；（2）最近我非常痴迷于听《一席》讲座，从中真切感觉扩大了自己的视野，看到了这个世界上各种人从事各种各样的事业（其中的一些的确很令人震惊甚至觉得很奇怪）。过去自己对于人生的想象可能只局限于师兄师姐的发展路径和自己了解到的一些职业。结合最近的了解，尤其是看到一些从事公益事业的人，我有些犹豫，因为我觉得从事公益事业虽然只能服务于有限的人群，却是真正地，而且很可能是即时地对社会做出了影响和贡献。而从事研究，我还需要经历漫长的积累过程，需要研究的成果能够发表，自己的想法和建议能够被关注到，进而被政策制定者采纳，才能最终有所贡献。在这个过程中，感觉不确定因素有很多，很容易就无法达到最终的结果。同时，虽然林老师常说21世纪是中国经济学家的世纪，但是感觉对于过去的英国和美国，虽然的确出现了很多经济学大家，但是相比于当时从事经济学研究的人来说，也只是其中的一小部分。这些不确定性确实让我感到焦虑，并对自己的未来产生了无法掌控的感觉。【林毅夫：对于这个问题，建议你参考实验班在荷花池畔举行第一次午餐会时，我对赖端仪的问题的回答。在考虑未来的专业和职业时，我们不要以这个专业或职业是否热门、收入高不高等为出发点，而是首先要问自己擅长什么，在擅长的事中最喜欢的是什么，把最喜欢的事作为自己的专业和职业。人生追求的目标应该是自己能过得舒畅愉快、心满意足，同时对国家和社会做出贡献。做自己擅长而且喜欢的事本身就是享受，一定会心情舒畅、心满意足，努力去做，甚至不眠不休地做；自己擅长又喜欢的事，而且努力去做，一定会有所成。社会上存在的工作不管热门不热门都是有价值的，所以，热门最好，即使不热门也同样会对社会做出最大贡献。反过来，如果一个工作自己不擅长，事倍功半，或是自己不喜欢，不会努力去做，结果都会做得很一般，自己不会有成就感，对社会的贡献也一定有限。尤其一个工作如果很热门，去做的人一定会很多，竞争非常激烈，其中有些人会是擅长又喜欢，这样自己可能被淘汰，即使能留下也会有很大的压力，不仅对社会的贡献有限，自己也会度日如年。】

意识形态、理性人假设与价值判断

（叶子欣　2021年5月14日）

最近一个月我和许多不同背景的人进行了交流，认识到原来大家看世界的方式是如此不同，在这一过程中我也产生一些困惑。一位来自哥伦比亚大学经济学专业的交换生和我聊到了东欧改革：在她接受的教育里，休克疗法是被认为最好的，渐进改革被认为十分低效；【林毅夫：这是20世纪80年代、90年代初学界从理论模型得来的看法，但是，实践的结果证伪了这种看法。显然，这位同学所上的课没有把90年代以后的苏东和东亚实践的结果放在课程内容里。】我从新结构经济学的角度谈了看法，她觉得很有道理，但也觉得非常不可思议——两种教育里，观点竟如此不同，似乎双方都受意识形态的影响。【林毅夫：你和哥伦比亚大学这位交换生的观点差异不是来自意识形态，而是来自理论模型。苏东改革所依赖的模型把改革前的各种扭曲当作外生的，而新结构经济学则引进了不同发展程度的国家有内生的结构差异性，扭曲源于发展不符合比较优势的产业，所以扭曲是内生的，而不是外生的。消除扭曲是最终目的，对于内生的扭曲，在没有消除产生扭曲的原因之前把扭曲取消掉，结果会更糟。所以，新结构经济学主张双轨渐进的改革，一方面以"老人老办法"继续给原来违反比较优势的国有企业转型期的保护补贴以维持稳定；另一方面"新人新办法"，放开符合比较优势产业部门的准入，因势利导，促使它们快速发展，以积累资本，使得原来不符合比较优势的产业变成符合比较优势，为消除扭曲创造条件。理论是在帮助人们认识世界、改造世界的，但是，理论都是从过去的经验或问题中"刻舟求剑"而来的，所以，我强调在观察我们这个时代的现象或问题时，需要有"常无"的心态，以"初生婴儿的眼睛"来看世界，否则理论可能会妨碍我们认识世界，甚至误导我们改造世界的努力方向，导致许多出于好心办了坏事的情况。在推行休克疗法的苏东转型和推行渐进双轨的中国、越南的转型绩效存在巨大差异时，哥伦比亚大学的老师如果不顾事实还在教学生休克疗法是最好的，渐进改革是低效的，则很可能是这位老师受到意识形态的影响，忽视了结果与其意识形态不同的事实，或是看到这种事实，为了宣扬其意识形态，而不肯把事实告知学生。】

那么意识形态和理性人的关系是什么呢？我的理解是，在讲"政府是理性人"时，是指它在某种意识形态下做出的决策是理性的，可是意识形态的选择是否正确便不可知。【**林毅夫：**在《本体与常无》一书中，我对理性人的定义是当一个人需要做决策时，他总会在他可能的选择方案中做出他所认为的最优选择，他"所认为的最优选择"会受到他的知识、经验、思路（idea）和意识形态的影响。所以，我强调在观察世界时，我们必须有"常无"的心态直面现象或问题，以"一分析，三归纳"的方法来找出现象或问题背后的决定因素和因果逻辑，而不应该以现有的理论、经验或意识形态作为出发点。另外，理性人是会从经验中学习的，当发现结果与原来的预期有差距时，是会根据结果来调整原来的理论、思路甚至意识形态的。这也就是为何新结构经济学在提出"知成一体"的哲学理念的同时提出"因行得知，用知践行，以成证知，知成一体"的四句教诲。】

此外，一位老师提到杨小凯对经济学的四层次分析框架，第四层便涉及价值判断。最近我在做新加坡的案例分析时，发现新加坡政府兼具精英性与社会性，极大地促进了经济发展。但我们似乎也不会去考虑发展背后牺牲的精神性的诉求，例如民主。还是说发展就是最好的民主呢？毕竟拉丁美洲的民粹主义便是造成其发展困境的原因之一。【**林毅夫：**价值判断也是内生于过去的经验的，例如，

《圣经》教导基督徒要追求上帝的王国，而不是天上的民主国家，这是基于基督教产生的那个时代人们的认知，即好的公共治理是有一位像所罗门那样英明、智慧、公正的国王。同样，民主在过去曾经被认为是比封建、独裁好，但是，从现在的实践来看，将来也许人们会从经验实证中了解到像新加坡那样开明的、依靠专家治理、以人民的利益为目标、以发展为诉求、有实事求是的理论指导的一党制比一人一票、容易受到利益集团绑架的民主好。】

意识形态与价值判断似乎属于政治经济学，那么我们是否会有新结构政治经济学呢？【林毅夫：是的，有一个小组的老师正在编写新结构政治经济学方面的教材。】我的猜想是，可能会有，在这门学科里，我们进行价值判断的基础可能是"是否有利于发展"。【林毅夫：价值判断的标准应该是有利于现在和未来全体人民的幸福程度的不断提高。中国共产党所强调的执政为民、习近平总书记所倡导的"创新、协调、绿色、开放、共享"新发展理念是符合上述标准的。】

关于心理学的跨学科思考

（郭若菲　2021 年 6 月 17 日）

近日阅读阿尔弗雷德·阿德勒的《自卑与超越》一书，发现书中的许多心理学理论与新结构经济学的核心观点具有相通之处。例如，阿德勒认为精神病人产生反常行为的根本原因是他们选择了错误的人生目标，如果忽视其错误的目标，而仅仅通过电击、药物等手段纠正其表现出的行为，则只会导致病人通过其他的反常行为来达成其错误的目标。要想根除病症，关键在于修正其人生目标。这与新结构经济学的"扭曲内生性"很一致，大概这种内生性对于微观的个体行为与宏观的经济运行都是共通的。【林毅夫：很好！是的，许多事有共通性。】不过，这本书对于精神病人产生反常行为的根源的说法只是众多说法中的一种，有多少比例的精神病人的反常行为是由此引起的还有待进一步验证，不能因为此书有此说法并有作者所列的证据就认为其是普遍的、唯一的原因。并且，即使最后这个看法被证明为真，是否书中所建议的办法就能将病根治？对此，我存疑。精神病人选择错误的人生目标是先天得来的还是后天学习来的？如果是先天得来的，靠说理是难以改变的。即使是后天学习得来的，当一个人接受了一种观点以后，即使是错误的，也经常会难以改变。所以，是否如书中所言，靠修正其人生目标就可以根治其行为，还有待更多证据的佐证。】同时，本周选修"新结构金融学"课程的几位其他院系的学长将自己的专业特长与新结构经济学的要义相结合，分享了他们的研究计划。这些都让我看到了新结构经济学的跨学科可能性。如果不仅仅局限在经济学内部，而是广泛与各专业人士交流，或许能够碰撞出新的火花。【林毅夫：确实，与不同领域的专业人士的交流有利于相互学习，扩展知识，产生新的认识，碰撞出思想的火花。】

新结构经济学的"一体两翼"

（郭若菲　2021年6月17日）

新结构经济学强调的"一体两翼"【林毅夫：准确地说是"一个中心，三个基本点"："一个中心"是以要素禀赋及其结构为新结构经济学整个理论体系和结构分析的逻辑原点；"三个基本点"是各种结构内生于要素禀赋结构，各种扭曲则内生于对要素禀赋结构所内生的结构的背离，以及在结构内生和扭曲内生的前提下，经济运行的规律也是内生的。"一体两翼"是徐佳君老师用来描述新结构经济学研究院的组织方式，是指以教学科研的老师为一体，以国际发展合作部和国内发展合作部为两翼，相互学习推进，以实现"知成一体"的目标。】中，"两翼"是结构内生性与扭曲内生性。在我看来，结构与总量是矛盾的两个方面，【林毅夫：把结构和总量称为矛盾的两个方面不是很贴切，更合适的说法是，结构和总量是一个实体或现象的两个侧面或维度。】两者相互对立而相互关联。而且，在很多情况下，总量同样是内生于经济体的发展阶段的。【林毅夫：给定人口和自然资源，一个经济体的总量确实内生于这个经济体的发展阶段。但是，处于同一发展阶段的两个经济体，它们的总量则内生决定于这两个经济体各自的人口数量、资源数量。】例如，对于绿色金融而言，发达国家最适宜的绿色金融体量应当大于发展中国家。请问新结构经济学注重结构，而不那么看重体量的理据有哪些？【林毅夫：在研究上到底结构重要还是总量重要，视问题和现象而定。我们在课上谈的比较多的是结构，例如，我们谈中国作为一个发展中国家有后来者优势，其来源就是因为中国与发达国家的产业有许多结构的差异。但是，我们也不是没有谈到总量的影响，例如在谈到中国在以人力资本投入为主、研发周期短的新产业上有换道超车优势时，事实基础是中国作为一个大国拥有人才数量的优势、市场规模的优势以及产业配套齐全的优势，这些都是总量所带来的。另外，中国按人均收入水平计算在全世界只是七十多名，但按购买力平价计算是世界第一大经济体，则是人口总量带来的结果。在面对问题和现象时，我强调要以"常无"的心态和"一分析，三归纳"的方法，直接了解问题和现象的本质和决定因素，该结构重要时就强调结构的重要性，该体量重要时就强调体量的重要性，而不是从学过的理论或从读过的书本出发来看问题或现象。这样才不会因为现有的理论或书中没有谈到或认为不重要，我们就也认为不重要，或因为现有的理论或书中认为重要，我们就认为重要。否则，在了解现象或解决问题时，经常会是缘木求鱼。】

对认识现象与学习理论的新体悟

（赵祥瑞　2021 年 10 月 27 日）

不知不觉，进入林班已经一年有余，这一年我学习了很多经济学的理论与方法，但最令我受益匪浅的还是林老师对于我们认识世界、改造世界的方法论的教导。经过上一学年的体悟，我认识到，现象是客观的复杂的，理论是主观的简单的，不论是分析现象还是学习理论，我们都要做到"一分析，三归纳"。【林毅夫：很好！】在这学期一个多月的学习与研究中，我对如何认识现象与学习理论有了更多的体会，因此想借此次午餐会的机会，对我之前的认识进行一些补充，并希望能与林老师分享。

在此之前，我先简要总结一下我上一学年的方法论的体悟：

在认识现象时，我们要做到"一分析，三归纳"。所谓"一分析"是指：当我们面对一个现象时，应该根据事物的本质，以演绎的方式分析所要研究的现象中谁是决策者、要达到什么目标、有什么可动员的资源、面对什么不可逾越的限制条件、存在哪些可行的选择。"三归纳"是指：在面对一个现象时，除了需要关注现象的本身，还需要将现象进行历史纵向归纳、当代横向归纳以及多现象综合归纳。

在学习理论时，我们也要做到"一分析，三归纳"。所谓"一分析"是指：当我们在学习一个理论时，应该根据理论提出者的逻辑，从理论的暗含假设（大前提）出发，以演绎的方式分析所要研究的理论的内部逻辑结构与概念体系，同时了解理论家的个人经历与理论的提出背景（或所针对的现象）。"三归纳"是指：在面对一个理论时，需要结合该理论所解释的现象，用历史纵向、当代横向以及多现象综合的三种归纳方式进行检验。【林毅夫：一个经济学家如果有很强的直觉，能够一眼就认识到一个现象的本质、根本决定因素和关键机制，那么，他可以从"一分析"开始，来构建解释这个现象的因果模型，并用历史纵向、当地横向和多现象综合检验来验证这个模型的各种推论，以确定"一分析"所揭示的确实是这个现象的根本决定因素和关键逻辑。如果一个经济学家的直觉不够强，没有能力一眼就看穿现象的本质、根本决定因素和关键机制，那么，可以从"三归纳"着手，来获得对现象的本质、根本决定因素和关键机制的认识，有了认识以后，再构建因果逻辑的模型，并进行"三检验"。在还没有很强的经济直觉时，可以经由"三归纳，一分析，三检验"的反复实践来提高认识现象本质的直觉能力。】

在这学期一个多月的学习与研究中，我对如何认识现象与学习理论有了更多的体会。

首先是认识现象的层面。这学期开始，我开始协助朱礼军老师对中国财富不平等现象进行梳理，也在王勇老师的指导下对中国不同所有制劳动力工资差距及其变迁的影响因素进行探索。不论是在助研工作还是本研工作中，两位老师都特别强调现象先行的重要性。【林毅夫：很好！】我也在他们的指导下，通过对公开数据的收集与整理，对所关心现象及其特征进行了客观的刻画，这使我对认识现象的"三归纳"方法有了更切身且实际的体会。要对现象进行横向、纵向以及多现象综合归纳，前提是我们要对此现象有足够的了解。【林毅夫：是的！】在我看来，了解一个现象的途径主要有三种：

（1）直觉性认识。这类认识主要来源于个人的生活体悟与所见所闻，例如我们可以切身体会成长过程中经济增长给日常生活带来的一些变化，以及一些改革措施对于我们身边人的影响，同时我们也可以通过主动的调研形成对一个现象的切身体会。这一类认识，不论是资料来源还是认识过程，都是一手的，当我们对一些现象进行思考时，这些最直观的体察有时候能为我们提供一些切入点。但是也要意识到，这类认识可能存在代表性的问题，有的时候现象的全貌和我们身边的体察可能并不一致。【林毅夫：有此理解，很好！】

（2）文献性认识。这类认识主要来源于他人对现象的描述，例如有的现象发生在我们出生之前，我们没法通过自身的体察来对此类现象进行认识，但可以通过他人对于现象的描述，例如关于该现象的历史著作、相关课程的老师的讲授，进行初步了解。这一类认识，不论是资料来源还是认识过程，都是二手的，当我们试图认识比较久远的现象时，他人的描述能帮助我们对所关心的现象有一个大概的了解。但同时也要意识到，他人对一个现象的描述很多时候也受到叙述者本身认知的影响，并不一定能让我们看见事件的全貌。【林毅夫：确实如此！】

（3）数据性认识。这类认识主要来源于官方或研究机构公布的统计数据，例如我们可以通过历年的家户调查数据，对中国 20 世纪 90 年代以来财富构成的特征以及财富不平等变迁有比较直接的认识。这一类认识，尽管资料来源是二手的，但认识过程是一手的。当我们面对一个现象时，我们可以利用现有的该现象的相关数据，对其进行一个主动全面的考察。但同时我们需要认识到，不是所有的现象都能找到相关的数据支持，而且现有的统计数据可能会存在一些偏误，不过相较直觉性认识和文献性认识而言，这一类认识是相对客观的。
【林毅夫：很好！】

这三种认识彼此也非互斥的，可以相互印证与比较，由此得到的对于一个现象的了解，可以帮助我们对现象进行"三归纳"，从而帮助我们在对现象的解释中，抓住一个现象背后最本质的因素。【林毅夫：是的！】

其次是理论学习的层面。这学期，在大二微观经济学和宏观经济学的基础课程上，新结构经济学研究院和经济学院的各位老师为我们开设了很多门选修课，我在这些课程的学习中对经济增长、国际贸易与货币相关理论模型有了更多的了解，对理论学习"一分析"的过程也有了更多的体会。正如林老师常说的，我们学习理论都是一个临摹的过程，我们在学习一个理论时，除了需要掌握理论的内部逻辑（模型设定与假设、演绎过程、概念体系），还应该对这些理论所要解释的现象以及建立过程进行了解。【林毅夫：能以临摹的心态来学习理论，很好！】在我看来，在对理论的临摹中，我们要有意识地培养两种思维能力：

（1）从具体到抽象。现象是客观的复杂的，理论是主观的简单的，每一个理论都是对一个复杂现象的主观解释。在理论学习中，我们需要弄清楚每个模型的提出是基于什么现象，理论模型的提出者是如何抓住了他所认为的该现象的本质，并在模型设定中体现，同时舍象掉其他变量。【林毅夫：很到位！】

（2）从抽象到具体。经济理论往往通过数学的形式呈现，但其显然不是纯粹的应用数学游戏。在理论学习中，我们需要弄清这些模型设定及演绎过程中的数学表达背后所蕴含的经济直觉与现实含义。【林毅夫：这一点认识很重要，否则，在数学模型面前容易出现本末倒置的问题。】

这两种思维能力同样也不是割裂的，常常需要交替运用。通过在理论与现象之间、抽象与具体之间不断穿行，我们不仅可以对作为"鱼"的理论本身有比较细致的了解，同时还可以对经济研究的"渔"有更深刻的体悟。【林毅夫：很好！】

林老师多次在讲话中提到：21世纪是中国经济学家中大师辈出的世纪，也是中国经济学家的世纪。中国经济转型与发展的现实为我们留下了太多理论创新的金矿，作为一名未来有志于经济学理论研究的初学者，我希望可以在当下的研究训练与理论学习中，不断贯彻上述方法论的认识，以"常无"的心态，不断提升自己认识现象与解释现象的能力，力争在理论创新的道路上，抓住时代给我们的机遇。【林毅夫：整篇认识都很到位，只要能够在学习和研究过程中不断践行，这个时代就会是属于你的！】

对理论与现象关系的再体会

（钟睿煊　2022年2月21日）

上学期，我主要梳理了改革开放后东部与中西部收入差距先上升再下降的现象，并用文字解释了为什么我认为产业升级与产业转移是造成该现象的最主要的机制。在这个假期，我一直在朱礼军老师的指导下，试图通过建立一个动态一般均衡的经济学理论模型来将此机制更加严谨地表达出来。在研究过程中，我对理论与现象的关系有了一些新的体会，希望能借这次午餐会的机会与您分享。

尽管在之前的学习过程中，我已经尝试用"临摹"的方法，学习了不少经济学理论。但是，当自己开始独自直面经济学现象时，还是遇到了一些挑战。

首先是语言叙述与数学语言的转换过程，这需要大量的积累，这个积累不仅包括看前人是如何用一个数学模型比较好地刻画一个现象背后的机制，而且还包括数学本身的基础知识。否则可能出现的情况是，尽管已经有比较顺畅的语言逻辑，但是还找不到合适的数学模型或方法进行表述论证。【林毅夫：确实如此。】

其次在模型设立求解过程中，很容易陷入数学而忘了背后的经济学含义，这可能是因为当下我的数学知识还需要不断积累，在技术问题上还需要花很多时间。【林毅夫：确实如此。】但在建模过程中，我还是始终需要时刻提醒自己，对于模型设定，为什么要加入这个因素，这个因素对于我想描述的机制是否必要。【林毅夫：在建立模型之前应该把要解释的现象的本质和根本决定因素了解清楚，根据这个了解来建立模型，就不会出现在建模时是否应该把某个要素加入的问题。】因为现象是复杂的，理论是简洁的，如果放入太多因素，尽管可能模拟出我们想要的现象，但是并不能告知我们背后的最主要的因素究竟为何。【林毅夫：这句话有问题。一般来说，在回归的计量模型中，只要加入足够多的自变量，那么，确实可以得到相当好的回归模型的拟合。但是，在数理模型中如果加入的变量多了，一般这个模型是解不出来的。在这里你似乎混淆了数理模型和回归模型。】

路漫漫其修远兮，吾将上下而求索。作为经济学研究的初学者，我还是要不断扎扎实实地积累，通过学习数学与计算机知识，不断地丰富自己的武器库，同时，我们还需不断地向以往的大师们学习，学习他们是如何针对一个现象，抓住他们所认为的该现象的本质，并以一个简单的理论模型进行表述的。同时，我要利用好已有的"一分析，三归纳"的能力。只有这样，我们才能在面对一个新的现象时，提出自己的见解，抓住可能的理论创新的机遇。

对经济学方法论的再反思

（钟睿煊　2022 年 11 月 4 日）

经济学家的目的是认识世界，改造世界。只有正确地认识世界，才能够正确地改造世界。【林毅夫：君子务本，本立而道生！改造世界是经济学家之本，认识世界是改造世界的前提。】由于现实世界十分复杂，所以我们必须借助一定的工具来认识现象背后的因果关系。而理论则是我们用来认识现象的工具。【林毅夫：现实世界确实很复杂，因因果果，果果因因，像一团乱麻纠葛在一起。但是，认识世界的工具不是理论，而是必须了解什么是这团乱麻中的第一因、第一推动力，这涉及世界观、认识论、方法论。从我自己三十多年的治学经验来看，辩证唯物主义确实揭示了社会经济现象的第一因，坚持了以具有物质第一性的要素禀赋及其结构作为第一动力来观察中国和当今世界的各种社会经济现象，才使得我能够在错综复杂的发展和转型的现象中，形成了一个一以贯之的思想、理论体系。在这一点上，我以我的切身体验，完全赞同习近平总书记在哲学社会科学工作座谈会上所说的："人们必须有了正确的世界观、方法论，才能更好观察和解释自然界、人类社会、人类思维各种现象，揭示蕴含在其中的规律。马克思主义关于世界的物质性及其发展规律、人类社会及其发展规律、认识的本质及其发展规律等原理，为我们研究把握哲学社会科学各个学科各个领域提供了基本的世界观、方法论。"】

现象是复杂的、客观的，而理论是简单的、主观的。任何伟大理论的提出都有其所针对的现象。【林毅夫：同意！】由于一个现象可能被多个理论解释，因此更重要的是对该理论用"三检验"的方法来进行检验。【林毅夫："三检验"的运用是在对所关心的现象已经有了可以用来解释的理论之后，确保这个理论的因果逻辑确实揭示了所关心的现象的根本决定因素、关键作用机制。在"三检验"之前必须有解释现象的理论，否则会是无的放矢。】

而对于经济学初学者而言，我们学习理论的目的是提高自己从真实现象出发抓住问题的本质进而提炼出理论的能力。因此我们在学习理论时，相较理论的内部逻辑而言,更应该以一种临摹的态度去学习:了解理论提出者所要针对的现象,体会如何对复杂的现象进行舍象,了解理论背后的暗含前提与假设,并对这些理论在现实中进行历史纵向、当代横向、多现象综合的检验。【林毅夫:是的,学习理论就像画家临摹名画,是为了提升自己作画的能力。所以,必须以解析的、批判的方式来学习。】

我们如何从现象出发,找到现象的本质呢?

如果我们能一下子找到现象的本质,那么我们就可以采用"一分析,三检验"的方式。其中,"一分析"是指:我们根据现象的本质,以演绎的方式分析所要研究的现象中谁是决策者,要达到什么目标,有什么可动员的资源,面对什么不可逾越的限制条件,存在哪些可行的选择,进而提出自己的理论;"三检验"是指对我们提出来的这个理论在现实中进行历史纵向、当代横向、多现象综合的检验,来检验自己是否真的抓住了现象的本质。

如果我们不能一下子找到现象的本质,那么我们可以采用"三归纳,一分析"的方式。其中,"三归纳"是指,我们针对想研究的现象,去看这个现象在过去是不是同样发生过(历史纵向归纳),【林毅夫:历史纵向归纳指的是从这个现象何时发生中去寻找什么因素的变动导致这个现象的出现。】要去看不同发展阶段的经济体是否也存在同样的现象(当代横向归纳),【林毅夫:当代横向归纳是指看同一个时代里哪些地方有这个现象、哪些地方没有这个现象,去寻找是什么因素造成这种差异。】然后将历史纵向和当代横向结合起来进行多现象综合归纳,【林毅夫:多现象综合归纳指的是在现象发生的地方还会有其他同时发生的现象,从这些一起发生的现象中去寻找背后的共同决定因素。】进而去分析这个现象背后可能的本质因素。

不论是对现象进行"三归纳",还是对理论进行"三检验",我们都需要对现象有着足够多的认识。【林毅夫:是的!这种认识来自平常对事物的关心,"风声雨声读书声,声声入耳"。】我曾在大三上学期第一次学习心得中将认识现象的途径主要分为三种,分别是直觉性认识、文献性认识以及数据性认识。【林毅夫:这三个层次的划分很好,对其优缺点的认识也很到位!】直觉性认识主要来自个人的生活体悟与所见所闻。这一类认识,不论是资料来源还是认识过程,都是一手的,当我们对一些现象进行思考时，这些最直观的体察有时候能为我们提供一些切入点。但是也要意识到，这类认识可能存在代表性的问题，有的时候现象的全貌和我们身边的体察可能并不一致。文献性认识主要来源于他人对现象的描述，这一类认识，不论是资料来源还是认识过程，都是二手的，当我们试图认识比较久远的现象时，他人的描述能帮助我们对所关心的现象有一个大概的了解。但同时也要意识到，他人对一个现象的描述很多时候也受到叙述者本身认知的影响，有的时候并不一定能让我们看见现象的全貌。数据性认识主要来源于官方或研究机构公布的统计数据，这一类认识，尽管资料来源是二手的，但认识过程是一手的，当我们面对一个现象时，我们可以利用现有的相关数据，对其进行一个主动全面的考察。但同时我们需要认识到，不是所有的现象都能找到相关的数据支持，而且现有的统计数据可能会存在一些偏误，不过相较直觉性认识和文献性认识而言，这一类认识是相对客观的。

这三种认识彼此也非互斥的，可以相互印证与比较，由此得到的对现象的了解，可以帮助我们对现象进行"三归纳"，以及对理论进行"三检验"，从而帮助我们在对现象的解释中，抓住一个现象背后最本质的因素。

最后谈一谈如何处理写文章的特殊性和一般性的关系。就像新结构经济学虽然是源于中国的发展经验，但最终在新古典经济学的基础上发起了结构革命；也如林老师早期的农业文章，虽然都是从现象出发，但最后将其规律进行了一般化的总结。因此我们尽管都是从特定现象出发进行理论解释，但也可以从中概括出一般规律来，这也有助于提升自己文章的重要性。【林毅夫：是的，在做研究时，目的之一就是从特殊的现象总结其一般性的道理。】

这些方法论单拎出来看其实都非常浅显易懂，但是运用在实际的研究中却没那么容易，这需要我们在平时的研究与学习中不断地打磨，才能将我们从课上习得的经济学的"术"与林老师传授的"道"更好地结合。【林毅夫：没错，从可以朗朗上口的"知"到可以从心所欲不逾矩地运用的"悟"是一个质的飞跃，说来容易做来难。不过天下无难事，只怕有心人，如果能以此存心，学而时习之，终会有豁然开朗的一天。】

【林毅夫：很好！第一部分关于方法论的整理、总结基本到位。如果你能把第一部分对这些方法论的认识在研究中不断践行运用，一定能越用越熟悉，而达到"不勉而中，不思而得"的境界。如果能这样，你一定能够抓住时代所给予的理论创新的机遇。】

如何挖掘有意义的选题方向？

（郭若菲　2023年3月1日）

本学期，我希望能够训练自己挖掘值得研究的经济学问题的能力，为博士阶段的科研做准备。以下是我在此过程中总结的心得，希望得到您的建议。

在我的理解中，思考选题主要有两种途径，一是从已有文献入手，二是从现实问题出发。第一种方法是指钻研一篇经典的文献，挖掘其中与现实不吻合的前提假设，从而丰富原有模型。采取这一途径时，需要避免的一个误区是对原有模型机械的、模式化的拓展，如看到同质的模型就想到个体异质化，看到静态的模型就想到动态化。这样的头脑风暴是有帮助的，但并不一定是有价值的，需要进一步反思这样的模型拓展能否带来更为深入的见解。通常而言，原作者也会想到此类常见的拓展，而他之所以没有采用这样的拓展，可能是因为此类拓展并没有过多的价值，抑或是问题变得过于复杂，数学上无法处理。因此，机械地对已有模型进行小修小补往往收获不大。【林毅夫：同意！】思考的重点还应放在现实情况与模型所刻画的情况是否一致，尤其是其前提假设与实际情况是否一致。特别地，考虑主流模型在发展中国家背景下是否适用、经典模型在现代社会技术革新背景下是否适用，我认为是很有帮助的。【林毅夫：是的，可以从"历史纵向、当代横向、多现象综合"对这些经典理论模型做检验，尤其是，可以用"一个中心，三个基本点"审视来自发达国家经验总结的理论的不足之处。】

第二种方法则是指在现实生活中，通过阅读新闻、与各行各业的人交流，反思自己日常生活中的经济运行机制，挖掘出违反直觉的事实，并试图进行解释。这种方法更加注重对现实生活的观察。但我在采取这种方法时往往也面临着困境。有时发觉了一些有意思的现象，却发现用现有的模型就已经可以对其进行很好的刻画，并未产生新的洞见。有时发现一个问题尚没有人探索，却发现是因为该方案不可行。当全世界的经济学家都挤在经济学知识的边界，试图拓宽人类对经济运行的认知时，发现新的未探索领域确实是很有挑战的一件事情。[**林毅夫**：这点未必，全世界的经济学家关注的是发达国家的现象，但是，全世界85%以上的人生活在发展中国家，尤其在像中国这样快速发展的国家，到处是用现有理论难以解释的现象，到处是理论创新的金矿。新结构经济学尤其是把总结于发达国家的经验、以发达国家的结构为暗含前提的二维理论体系变为不同发展程度的国家有内生的异质性结构的三维理论体系，增加了一维以后，可以进行创新的理论会指数级地增加。]我只好一方面多多体会经典文献是如何由经验事实发展出新的洞见，从而提升自己的洞察能力；另一方面持续关注现实世界，不断产生新的想法，以期待能够找到他人还没有关注的经济问题。

学术研究的定力与心态

（黄卓楷　2023 年 3 月 1 日）

这学期我修读了"新结构金融学"课程，前几节课听下来感觉收获很大！新结构金融学是在新结构经济学指导下，强调将结构的视角引入金融学研究，强调不同发展阶段的国家的实体经济存在资金需求规模和风险特征的系统性结构差异，因而服务实体经济的金融体系及其结构需要随着实体经济的结构差异而有系统性的不同。

我在课程中尤其感受到了徐老师在您指导下积极开创开发性金融这一研究领域的艰辛与毅力。首先要反思当下已有理论和自我观察到的现象的差异，意识到开创一个研究领域是对经济学乃至人类福祉有着极大意义的事业；然后要总结一套更能够揭示本质的理论；为了佐证这样的理论，还需要寻找合适的实证依据。

对于此，我想起徐铭梽老师提到："我们应该要让回归替我们说话，而非让我们的思路被回归牵着鼻子走。"这很重要，作为尚在成长阶段的学生，我们容易被纷繁的现象牵着鼻子走。为了避免这样的问题，我们应该对自己做出的每一个结论，都"一分析，三检验"，寻找问题的决定性因素。

作为一个新的研究领域，寻找的证据当然依赖于更新的数据与方法。徐佳君老师带领众多辛勤的助研整理出来一套完整的开发性金融机构数据。这得益于新结构经济学研究院能够给予新结构金融学良好的发展土壤，并且提供了大力支持。这样的机遇，纵观世界都难以找到。我十分羡慕徐老师能够抓住这个时代给予的机遇，得到您的赏识与帮助，开展一番自己的事业，大大推动人类从新结构经济学的视角认识世界。

但话说回来，纵观当今的经济学学术界，似乎这样的开创性机会并不多。一个经济学者的典型成长路径是：通过博士项目的学习，将自己放入一个很细的研究领域，深耕五到六年；提出一个想法，做一段时间，发现这个想法好像要么无法得到数据支持，要么模型上现有技术无法突破；再次回到起点，重新寻找一个想法，再做。【林毅夫：新结构经济学把总结于发达国家结构的二维理论体系拓展为不同发展程度的国家有不同内生结构的三维理论体系，如果能够深刻体会和把握新结构经济学"一个中心，三个基本点"的视角，这种维度的增加必然带来许许多多做出原创贡献的机会。】这样五到六年之后，可能也只有一个想法能够最终呈现为一篇较好的工作论文。呈现出来还不够，做出来的内容不一定被学术界喜欢。

所以在这样的学术圈中，我深感做成一番事业，特别是符合自己想法的事业是难的。紧跟主流学术，大家都喜欢什么，就做什么，这样看起来是能够实现局部最优，尽自己的能力满足自己的生存需求。【林毅夫：这样的研究必然会很内卷，花的时间精力多，即使能发表也不会有影响，成就感小。】但我认为，对现实的想法进行反思，做开创性的事业，这样才能够实现全局最优。【林毅夫：非常赞成这个看法。】

这样总结下来，我似乎理解了为何古今中外影响力大的经济学家如此稀少。要成为这样的经济学家，需要拥有与权威平等对话的智慧与心态，需要有面对一切困难百折不挠的毅力和恒心——不论这种困难是学理上的还是人为的。

【林毅夫：如果能够摆脱"在文献中找可研究的问题"以及"以现有的理论来解释所观察到

的现象"的研究方式，改为以"常无"的心态，"观察真实世界的现象，了解其本质是什么，背后的决策者是谁，想达成什么目标，有何可动员的资源及不可逾越的限制条件，有哪些选择，什么是最好的方案"的研究方式，那么，在中国这样快速发展的国家，到处是可做出原创研究的机会。】

您成功开创了新结构经济学，我们看到您的学术之路实现了您所说的越走越宽，但我们也看到很多学者却是越走越窄。十分期待您对我们做学术心态上、境界上的指导！【**林毅夫**：在元旦写给各位的信中，我提到新结构经济学的发展现状就像20世纪30年代科斯刚提出交易费用视角时，以及60年代穆斯刚提出理性预期视角时的情况一样，谁能抓住新结构经济学的结构革命所给予的推动理论创新、引领学术新思潮的机遇，就取决于谁能吃透"一个中心，三个基本点"的视角，自觉地运用于研究中。希望各位珍惜这个机会。】

科学哲学的发展及对新结构经济学的启示

（钟睿煊　2023年4月11日）

在这段时间，我比较系统地回顾了科学哲学的发展历程，以下是我的一些梳理，以及对新结构经济学方法论的再理解。

一、科学哲学的发展

在我看来，科学是认识世界的一种正确的方法。科学哲学史上的争论，简单来说也是对正确认识世界的方法的争论。

在科学革命之后到20世纪之前，科学哲学的主流是归纳主义。归纳主义认为，科学知识的获得是基于观察和实验的归纳推理。归纳推理是从具体的事实和例子中推导出一般性原理或规律的过程。归纳主义者认为，只有通过积累大量观察数据并从中总结出规律，我们才能确立科学理论。这种观点强调了实证主义的重要性，即认为所有知识都来自经验和观察。

然而，20世纪初兴起的逻辑实证主义对归纳主义提出了批评。他们认为归纳主义主要存在以下三种问题：第一，归纳主义假设未来会像过去一样，但这种假设没有逻辑基础。18世纪哲学家大卫·休谟强调了这个问题，认为在未来，过去观察到的模式不一定会继续存在。第二，归纳主义假定经验证据可以唯一地确定科学理论。然而，逻辑实证主义者认为，多个理论可以解释同样的经验数据，因此，单凭经验证据是不足以证实或反驳一种理论的。第三，观察往往受观察者的理论框架的影响，因此很难得到完全中立、无偏见的经验数据。逻辑实证主义者认为，归纳主义没有充分考虑理论在塑造我们对证据的观察和解释方面所扮演的角色。

相较归纳主义者而言，逻辑实证主义者更加关注逻辑和演绎推理，而不是简单的归纳法。逻辑实证主义者认为科学家并不是到处收集数据，然后试图解释他们发现的东西；相反，他们是首先提出假设——关于现实某个方面的明确问题或论述，然后着手收集用于验证这些假设的实证证据（假设演绎法）。他们认为，科学论述和理论要具有科学有效性，总是需要根据证据进行检验。因此，科学的关键是经验性验证，科学家的任务是不断寻找证据来支持他们的观点。【林毅夫：新结构经济学根据研究者对所要研究的现象的认知水平的不同，倡导"一分析，三检验"和"三归纳，一分析"两种研究方法。如果一个研究者在开始时就对现象的本质、根本决定因素和关键作用机制有所认识，则根据这个认识构建因果模型，提出可检验的假说，并进行历史纵向、当代横向和多现象综合的"三检验"以确定这个认识真正揭示了现象的本质、根本决定因素和关键作用机制；如果研究者在开始时缺乏对现象的本质、根本决定因素和关键作用机制的认识，新结构经济学则强调"三归纳，一分析"的方法，即从历史纵向、当代横向、多现象综合的归纳来认识现象的本质、根本决定因素和关键作用机制，然后再根据所得到的认识，构建因果模型，提出可验证假说，用经验数据给予检验。所以，新结构经济学的方法其实包括归纳主义和逻辑实证主义，并主张不同认知能力的人应该采用不同的方法。逻辑实证需要运用者拥有很强的"顿悟"能力，一眼就看穿事物的本质，而归纳主义则像"渐修"，经由历史纵向、当代横向、多现象综合的归纳来得到对现象本质、根本决定因素和关键作用机制的认知。】

逻辑实证主义在界定什么是科学方法方面产生了极大影响。然而，到了20世纪30年代末，它的核心原则——验证，受到了证伪主义的攻击，其中，卡尔·波普尔对逻辑实证主义进行了最系统的批判。波普尔认为，验证并不是一个强大的原则，因为几乎任何理论，无论多么不切实际，都可以找到一些支持它的证据。【林毅夫：同意！所以，新结构经济学强调应该进行"一分析，三检验"而不是"一分析，一检验"。】验证永远不能彻底解决理论的争议。一个更强大的原则是否定。广泛的理论应该引导假设，至少原则上，可以被证伪。科学家们积极寻找否定或证伪他们自己假设的案例。例如，我们可能假设"所有天鹅都是白色的"，并开始验证这个说法。然而，无论我们观察到多少只白天鹅，这个假设永远都无法被证实，因为可能仍然存在非白色的天鹅。但我们只需要找到一只黑天鹅，就可以毫无疑问地证伪我们的假设，并发现关于世界的一个简单真理——并非所有天鹅都是白色的。根据波普尔的证伪理论，每个科学家都对所有理论拥有着开放的思想，推动科学理论在不断被证伪、修改、再证伪、再修改的过程中线性向前发展。

然而，在20世纪60年代和70年代，科学史学家的详细研究对波普尔的科学观念提出了质疑，其中最重要的批评来源于托马斯·库恩的《科学革命的结构》。通过对科学及其理论的实际历史和发展进行梳理，库恩发现，自然科学的历史表明，科学家们倾向于在特定理论框架（如物理学中的牛顿力学）的总体假设下工作，这种框架被称为范式。【林毅夫：也正因如此，新结构经济学主张用"常无"的心态来观察世界，并主张放弃学界通行的"一分析，一检验"，改为"一分析，三检验"。】科学家们致力于扩展他们的范式，并实践一种解决问题的"正常科学"形式，这种形式扩展了范式的证据基础，并将其假设传授给新科学家，而从不真正质疑它。库恩说，"正常科学"占据了所有科学工作的大部分。随着时间的推移，会出现一些与现有范式不相符的"反常"现象。在牛顿力学的例子中，一个关键的失败是范式无法解释光的运动。然而，与其对现有范式提出挑战，已经接受这种范式的科学家们可能反而质疑这些数据或实验的有效性。简而言之，尽管波普尔期望科学家以开放的思维方式工作，但库恩发现在实践中，他们坚决捍卫自己的范式，摒弃相反的证据，并忽视了相当合理的挑战。至于他们为什么要这样做，从社会学的角度来看，也许是因为科学职业不仅仅包括对

知识的探寻，还与研究者自身的职业生涯、声誉和地位有关，而这些大多与一种研究范式紧密结合。【林毅夫：同意！】

库恩认为，在关键时刻，往往是年轻科学家们不那么受限于特定范式，致力于研究新出现的异常现象，并为了解释它们而被引导去构建新理论和建立替代范式。【林毅夫：同意！】例如在 20 世纪初，爱因斯坦相对论的诞生为光的运动提供了一个令人满意的解释。随着新理论成为新范式的中心，"正常科学"得以继续进行，库恩称这一范式转变的过程为"科学革命"。但是，这并不是波普尔所想象的累积性科学进步。库恩特意强调，即使新范式发展起来，也不是因为旧范式已经被彻底证伪。旧范式和新范式通常是无法比较的；它们根本无法相提并论。相反，随着越来越多的科学家被新范式所吸引，旧范式因缺乏兴趣而逐渐消失。【林毅夫：同意！】在这种情况下，科学实践与哲学家所提出的纯粹方法论大相径庭。

二、对新结构经济学的启示

从研究方法上看，新结构经济学的研究方法更多将归纳法和演绎法相结合，并不断尝试"三检验"进行证伪。首先，新结构经济学强调一切研究都要从现象出发，这似乎是一种归纳主义的路径。但和纯粹的归纳主义不同的是，我们会有意识地减少观察现象时所带的理论预设，即"常无"。同时，新结构经济学又强调"一分析"，即从经济学的"本体"理性出发，认为一个决策者在做决策时会在他能选择的范围中选择他认为最好的方案，这似乎又是一种逻辑实证主义的路径。但新结构经济学的这个理论前提足够基本，而且我们会有意识地对从这个"本体"延伸出的理论进行"三检验"，以一种"自我革命"的心态审视自己的理论。【林毅夫：很高兴你有如此到位的认识！】

根据库恩的论述，一门科学的发展要经过"前科学时期——常规科学——反常与危机——科学革命——新的常规科学"这样一个过程。在我看来，现在的以西方主流范式为主的经济学已经迈过了前科学的阶段，成为一门常规科学，但是经过多年的发展，主流经济学正面临着反常和危机，其中一个很重要的反常就是按照为主流经济学所不齿的双轨制进行的中国经济转型的成功与按照西方主流经济学建议进行的东欧与非洲经济发展与转型的失败。而新结构经济学以一个经济体在每一个时点给定、随着时间可变的要素禀赋及其结构为切入点，较好地解释了中国崛起的现象，并在世界范围内得到了一些实践的检验。因此，新结构经济学可以看作对现有西方主流经济学理论范式的突破，或如林老师所言，是一场"结构革命"。但是正如库恩所说，范式转换的"科学革命"可能是一个漫长的过程，在这个过程中，接受了新范式的研究者需要加倍努力地对这个范式进行推广，解释更多的反常现象，才能推动这个范式的被接受范围不断扩大。【林毅夫：是的！】作为"林班"的第一届学生，我愿意接受这一挑战，并为之努力。【林毅夫：太好了！有志者事竟成！】

田野调查、价值观与方法论

（叶子欣　2023 年 5 月 24 日）

近日我回顾了大四这一年在方法论上的新体会，以及梳理了此前午餐会心得的变化，今天的分享将围绕这两个主题展开。

一、田野调查与方法论

在本科阶段最后一年，我接触到比较多社会学相关的课程与书籍，结合上次毕业答辩后关于实践课程的讨论，我重新梳理了对实践的认识。

深入组织内部和微观个体的田野调查有助于社会科学的同学更全面地理解现象，而非停留在由假设和概念构造的世界中。【林毅夫：赞同！并且至关重要！】例如，曾经在分析印度 IT（信息技术）产业时，我仅能从"重工业优先发展战略不当""劳动法和工会组织的成熟程度与经济发展水平不匹配"等宏观角度看问题，但后来阅读了社会学者项飙《全球"猎身"：世界信息产业和印度的技术劳工》一书时，了解到"劳力行组织"对印度 IT 劳工输出的重要性。例如印度本土的大型 IT 公司并非直接招聘本土培养的 IT 人员，而是从海外招聘那些成功向上流动的 IT 劳动力。在这个过程中，劳力行不仅担任中介，还会对 IT

劳工进行培训，从而有效地将 IT 劳动力向海外输送。于是，与常见的大企业引导带动中小企业发展不同，在印度，这些非正式的劳力行与印度侨民经营的海外中小 IT 企业，促进了本土大的 IT 企业的发展。同时，这也有助于理解为何印度 IT 产业相关的教育投入没有带来显著的知识溢出。IT 人才培养过程中，非正式的劳力行和海外企业承担了教育角色，印度本土的高等教育投入并非这些人才的主要知识来源，也不如想象中覆盖面广、重要性强。总结来看，如果没有理解印度 IT 劳工究竟来自何处、如何形成，及其所处的关系网状况，便难以真正理解印度早年的 IT 产业发展。印度"劳力行组织"的研究令我对真实世界的细节有更多认知，【林毅夫：是的，要认识真实世界的现象，需要对细节有所了解，当然，也不能迷失在太多的细节之中，而理不出头绪。如何对细节有足够关注但又不迷失在众多细节之中，关键还在于对现象的本质的把握，然后根据现象的本质来关注相关的细节。】促使我做案例分析时，重视微观机制。

对我影响较大的另一个田野调查，是华中科技大学教授吴毅的著作《小镇喧嚣：一个乡镇政治运作的演绎与阐释》，该调查的研究对象是我家乡的隔壁乡镇，这本书从"乡域政治"视角，描述基层迎接税检、土地开发纷争、农民"种房"等现象。我曾经难以理解，中国的基层政府为何如此强调政治话语体系，或者下达任务时十分强调"中心工作"。通过作者的深度调研，我了解到二十年前一个中部地区的村干部乃至乡镇干部的实际素质与行政水平，认识到对语汇与中心工作的强调，有时也是提高效率的方式。又如，一项政策出台后影响大，为何各级政府没有积极根据实际情况提建议？此前我仅将其归结于行政能力不足，但没有从实际出发揣摩其中的人性因素：在权利和责任不对等的情况下，下级更倾向于在政策推行过程中遇到困难后再提醒上级调整政策，而非以违背上级的方式做前瞻性忠告，于是信息会自下而上经历层层屏蔽和筛选等。该田野调查的一系列研究令我认识到人性的复杂，社会科学研究面对的不是抽象的个体，但同时，尽管一些社会学或政治学学者不愿承认，但经济学的理性人假设十分有效。

【林毅夫：是的，理性人假设是理解社会经济现象的一个最有力的切入点，而且，多数行为被认为是不理性的是对当事者面对的限制条件缺乏认识所产生的误解。】

当然，了解现实，如果缺少合理的分析方法，有时更容易被现实遮蔽。

【林毅夫：同意！新结构经济学的"一个中心，三个基本点"视角结合了理性人假说和理性人的决策所必然需要考虑的总预算和相对价格，是一个了解现实的有力分析框架，"一分析，三归纳"的方法则有利于找到一个现象的根本决定因素。】在《全球"猎身"：世界信息产业和印度的技术劳工》中，作者详尽探讨了印度的种姓不平等、性别不平等对IT劳工产业链的影响，例如在嫁妆制度下，年轻男子以妻子的嫁妆作为教育资本，学习IT知识从而出国获得相对更高的薪酬。这个田野调查发现给人们提供了新颖且细致的微观视角，但有读者总结高度的不平等是印度IT劳动力生产机制的根源，这样便失之偏颇，忽略了印度IT产业发展的其他客观条件，比如20世纪90年代的外部机遇，以及印度自身的要素禀赋与政策支持。运用"一分析，三归纳"的方法，也能认识到高度不平等的国家有许多，但并非每个不平等的国家都能发展出印度的IT产业。深入实践的同时，仍应提醒自己采用正确的分析方法，才能避免被现象遮蔽。【林毅夫：同意！】

二、价值观与方法论

回顾过往的午餐会分享，我发现自己曾经在思考现象时，受到一种倾向的束缚，即"价值观先入为主"，认为和"政府管制"相关的现象天然有问题，或者盲目以"中国落后"的态度看待产业升级。例如，研究品牌问题时，我将中国没有好的奢侈品品牌归结到"缺乏讲故事的能力"，或是归结到"意识形态不受西方主流市场欢迎"的因素上，在这个过程中，我夸大了意识形态的作用，忽略了一国经济基础对上层建筑的影响；探讨中国与西方国家"脱钩"的问题时，我仅关注中美冲突，并且将中美冲突再次联系到意识形态问题上，缺乏对其他欧洲国家理性决策的思考；探讨区块链等换道超车型技术时，我再一次先验地认为中国监管政策的僵化，会阻碍区块链等金融科技的发展，但忽略了西方政府同样会对金融科技做出限制，因此，这无关政体与意识形态，而应该更多地考虑区块链这一新科技本身带来的问题。【林毅夫：知不足而后进，很高兴看到你三年来的进步！】

后来，我在分析问题时，会更加从现实出发，而非从意识的偏见出发。例如，在关于"科技的周期"的争论中，当同学笼统地认为中国现在不能、未来也无希望引领科技周期时，我会通过划分五大类型产业的方式，来解释中国在领先型、换道超车型产业的优势，以及在追赶型、转进型和战略型产业的特点。又如，后来在分析医疗行业投资时，我一方面能认识到市场对医药政策的盲目炒作，但同时也意识到中国资本市场本身和发达国家的资本市场处在不同阶段，A股上市公司的质量也难以完全和国际市场对标，而非将问题归结于政府对医疗政策干预过多，或是这种干预由意识形态与政府角色决定。从实际出发，认识到内生性，能避免戴有色眼镜观察现象。【林毅夫：从人的理性为不动摇的"本体"出发，以"常无"的心态来观察真实世界的现象，继续努力，你将来一定会不管面对多复杂的社会经济现象皆能"照见"其本质、根本决定因素和关键作用机制，而达到"认识世界、改造世界"统一的境界。】

上周您提到，总结多年经验，发现世界观对认识世界影响很大，唯物主义世界观最经得起"一分析，三归纳"的检验。我发现，尽管在艺术、文学、哲学等学科中会接触到许多不同的世界观，其中的内容或许对人的心理、情感与意志有很大的解释力；但当我们处在这个真实世界，做社会科学研究时，坚持物质第一性，从客观存在的事物出发，更能避免从主观意识出发的偏见与路径依赖。【林毅夫：很好！继续努力精进，也许有一天你也会发现即使心理、情感与意志也反映时代的特征而有其物质基础。】

关于经济学学术研究与政治动机

（郭若菲　2023年5月24日）

本月，我参与了财政部国际财金合作司关于"新形势下世行支持中国高质量发展"的调研座谈会。在会议中，我发现，无论是财政部还是世界银行，都不仅仅将经济学研究看作指导政策制定的工具，还将其作为宣传自身意识形态的措施。【林毅夫：这是重要的观察，很好！】在会议中，一位学者汇报了国务院发展研究中心（DRC）近期与世界银行合作的两篇报告，指出在合作过程中，世界银行对于宣传中国特色发展理念较为谨慎。例如，在撰写《中国减贫四十年：驱动力量、借鉴意义和未来政策方向》的过程中，两方就"精准扶贫"单立章节的问题进行探讨，最终，DRC 成功保留了这一章节；而在《绿色中国》研究旗舰项目的报告中，则就习近平生态文明思想进行了委婉阐述。由此，他认为通过扶贫、可持续发展等敏感性较低的议题，可以潜移默化地推广中国的发展理念。另一位学者则分享了自己近期的研究成果，结论是中美贸易争端对气候变化的负面影响，很大程度上抵消了世界银行在减排方面的努力。他认为，这个研究具有鲜明的政治含义，也就是呼吁和平共处、互利共赢的外交原则。

我相信这些学者在进行研究的过程中，都是本着寻求真理的原则，进行科学、严谨的调研。然而，一方面，他们在最初提出研究假设的过程中，就可能蕴含了政治动机，导致研究问题的提出本身就蕴含着政治倾向；另一方面，即使他们的动机是完全中性的，这样的研究结论也是客观的，但就像诺贝尔在发明烈性炸药时是将其作为打通隧道的工具，并没有考虑到这个工具之后会被应用于战争中，<u>客观的经济学研究也可能被政治家用来服务于某种意识形态的推广与宣传</u>。【林毅夫：学者的职责是以"常无"的心态，以不预设立场、观点的方式，客观研究真实世界的现象，如果所发现的是不合时宜的，要有"自反而缩，虽千万人，吾往矣"的勇气，如果所发现的是对我国所做工作的肯定，也要有不怕被认为是对当权者的阿谀而说出来，至于结果会被怎么用不应该成为研究的出发点。学者真正难的是如凯恩斯所说的"生活在现实中的人，通常自认为能够完全免除于知识的影响，其实，往往都还是某些已故经济学家的奴隶"。】我没有系统地学习政治学，无法评价这样的政治宣传是好是坏，也无法评价政府进行政治宣传的动机，只是为学术与政治宣传（而非单纯政策制定）的相互关联隐隐感到担忧。

一个主要的担忧是，政府对于符合自身政治倾向的研究显然会表示支持，但对于不符合自身政治倾向的研究成果，一个仅关注经济发展的政府也会给予重视，并进行自身的改革。但现实中的大多数政府并不只关注经济问题，也会将政治因素（如自身权威的保持、意识形态的扩张）纳入考量范围，这是否将导致这样的研究成果受到抑制？想到这里，我不禁对学术研究的客观性与独立性感到担忧。

不过我又想到，经济学与政治学也许本来就难以分割。回顾历史上的每一次重大改革，并不仅仅依靠经济学的理论指导，也都依赖着特定的历史、政治契机。从经济学理论来看，改革开放是有利于经济发展的，但是没有邓小平"不管黑猫白猫，能捉老鼠的就是好猫"的政治定调，没有宏观战略由重工业赶超向按照比较优势发展的变化，改革开放就难以实现。由此来看，作为经济学家，政治动态是不应忽视的。相反，如果希望自己坚信正确的经济政策能够得以采纳，还应该懂得政府的政治需求，利用他们的政治需求扩大正确理论的影响力。【林毅夫：政府固然在考虑经济问题时，难免掺杂政治的考量。但是，就像"没有安全发展就不可能，没有发展安全就不能持续"，一个经济学家如果真能不预设立场，对问题做出客观的分析以提出解决的方案，那么，这样的研究迟早会对政策产生影响。】这样看来，前面提到的座谈会上的老师们的做法，是非常有智慧的。

总结三年认识论上的提升

（黄卓楷　2023 年 5 月 24 日）

时光流转，三年时间已经过去。我想在这个时间点，简要地总结一下我三年来所学到的最核心的三个方面。

从本质出发分析问题，用"三检验"的方法对观点进行自我批判。这是对我改变最大，也是使我受益最大的一点。我从这套方法开始理解了理性思考的步骤，对一个问题，首先思考问题的本质是什么、决定性因素是什么。在思考出来决定性因素之后，通过当代横向检验、历史纵向检验、多现象综合检验，对自己提出来的机制进行分析、修正。这样得到的结论，才会真正直击要点，真正能够认识到问题的核心，并且给出解决问题的方案。我很认同林老师的观点：一个优秀的经济学家其实和一个优秀的政治家、优秀的企业家，在思考方式上是十分相似的。【林毅夫：很好！能认识到分析一切问题要从理性人的"本体"出发，把握问题的本质、根本决定因素、关键作用机制，并用"三检验"来确定自己提出的解释是否揭示了现象的本质、根本决定因素和关键作用机制，如果能学而时习之，那么，在将来的学习、研究和工作上将能无往而不利！】

做经济学研究的目的是改变世界，知成一体。在做经济学研究的过程中，我们明确了一个重要目标：为了改变世界而做研究，实现知识与行动的有机结合。【林毅夫：是的，只有以"认识世界、改造好世界"作为研究的初衷，才能避免采用"一分析，一检验"的学术常规而不厌其烦地以"一分析，三检验"为自我的要求。】传统经济学更注重理论和模型的构建，而新结构经济学强调研究的目的是改善社会、推动经济发展和提高人民福祉。林老师常拿俄罗斯早期经济学家的例子教育我们，作为发展中国家的知识分子，应该以批判性的视角看待现有理论，应该让自己的学问和现实世界知成一体。

产业不断依照禀赋结构决定的比较优势升级，这是经济发展的一大源泉。在实验班的学习中，我们对不同地区的产业结构进行了深入研究，发现产业升级和技术创新是推动经济持续增长的重要因素。我们认为要素禀赋是思考经济问题的出发点，这是最为本质的一项决定因素，由此出发才能够对经济问题进行最本质的分析。【林毅夫：是的，要素是人类社会任何经济活动的最小组成元素，并且决定一个社会里理性决策者的预算约束和相对价格，是理性选择的不可分割的内涵。】

在北京大学新结构经济学实验班的三年学习中，我通过分析问题的本质、追求知识与行动的结合，认识到产业升级对经济发展的重要性。这些收获将在我今后的学术研究和实践中起到指导作用，帮助我更好地理解和应对经济发展的挑战，为推动社会进步做出积极贡献。【林毅夫：很好！相信你会是在现代经济学的结构革命大潮中醒得早也起得早的经济学家，继续努力，你将有机会引领理论创新的新思潮。】

术 高 篇

学习计量经济学和概率统计的体会

（吴梦　2021年3月16日）

最近在学习计量经济学以及概率统计的课程，从中我看到对来自生活的鲜活的数据进行处理，就可以得出量化的结论，而这种从现象中总结出的结论可能会对整个社会包括人们的思想等带来巨大的启发，运用这些结论则可能改变社会。对此我感到十分神奇。这种类似于经济学直觉的主观认知与客观的现实数据高度抽象后总结出的公式、结论等之间的完美融合令我惊叹。比如概率统计中十分经典的取小球计算概率的问题，我们每一次都无法准确预知取出的小球是什么颜色的，但是经过人们的思考，每种颜色的小球被去除的可能性在其他条件不变的情况下是相同的，再经过长时间的实验与总结，最终总结出了每种事件发生概率的计算公式。而实际上当实验次数足够多时，事件发生的概率也确实总在计算所得概率附近，而这样的有关概率与数据统计的应用早已体现在生活中的方方面面。我们不是预言家，但是可以运用这样的知识来有效应对种种不确定性。之前对这方面的知识没有很多了解时，不免觉得一些数据尤其是较为宏观的数据的背后是纷繁复杂的实际生活，有太多无法统计到的活动与因素。一些具体的数学模型总是感觉有些浮于表面，解释问题时也不是很有说服力。现在我觉得，一方面，这些数据才是最真真切切反映社会生活、经济活动的学术资源；另一方面，正是因为实际生活过于复杂，所以才需要直观的数字来帮助我们认识它，比如在比较不同国家的发展程度时，GDP数据确实在很大程度上较为全面地展现了发展情况以及差距大小。而且也是因为现实生活过于复杂，所以我们不应该苛求通过一些数字和模型就能把真实的世界浓缩其中，觉得自己已经在俯瞰这个世界了，对事情的来龙去脉都可以解释得很完美。因此，我今后也要以更加包容的心态去聆听和思考不同的声音，并且希望自己也可以培养敏锐的触角，不仅从书中、数字中、模型中去认识世界，还要时刻牢记自己也是社会的一分子，多深入生活中去了解自己与他人，感受真实世界的运行规律，尤其是多关注一些微观问题。

【林毅夫：很好！不断学习，不断进步！不过，也要知道计量经济学和概率统计等都只能告知我们哪些变量是相关的，但是不能告知我们何者为因，何者为果。因果关系还是需要经由对现象的本质和决定因素的把握来认定，否则就会像我年轻时在台湾听到的一个故事：在推行少生优育政策时，有个研究人员发现，生育辅导员数量越多的乡镇，生育率越高，就据此写了一篇论文认为那些乡镇生育率高是政府派的生育辅导员太多所致。另外，人类社会的情况和统计学里取小球计算概率不一样，球本身没有主观能动性，只要实验者不作假，则其实验和自然科学实验一样，反映的是自然规律。人类社会里的人有主观能动性，会对政策变化、环境变化做出反应。在"中国经济专题"课程上我们讨论过，我国的农业合作化运动，从互助组、初级社到高级社，规模不断扩大，产量也不断增加，但是，到了人民公社，规模更大，却突然出现三年困难时期。我们在课堂上讨论了发生这种突然变化的主要原因是"入社自愿、退社自由"的原则在人民公社时被取消了，导致农民的生产积极性突然降低。在人类社会中政策或其他因素的变化时有发生，以过去的数据中总结的规律来预测未来就未必准确，这就是诺贝尔经济学奖获得者芝加哥大学的 Lucas 教授提出的"卢卡斯批判"以及理性预期学派的核心观点（对此感兴趣的同学可以参考 Robert E. Lucas 的 "Econometric Policy Evaluation: A Critique" 一文）。也正因如此，我才主张作为一名知识分子，不管是从事科研或是将来进入社会从政从商，在观察社会经济现象时都要有"常无"的心态，直面现象了解其本质和因果逻辑，而不要照搬或套用现有的理论、过去的经验。】

关于"最优"的度量

（郭若菲 2021 年 5 月 14 日）

在林老师的建议下，本学期我正在尝试进一步完善上学期"中国经济专题"

课程中的最优绿色金融结构课题。第一，完善数据收集工作，将横截面数据扩展为面板数据，增大样本量；第二，试图寻找更为严谨的实证方法，来检验理论上所谓的"最优"（optimality）的存在。为此，我参考了一系列研究最优金融结构的文献所使用的实证方法。如 Demirgüç-Kunt 等使用经济合作与发展组织（OECD）国家的金融结构关于其发展水平的函数刻画最优，然后用其他国家实际金融结构与"最优"金融结构的偏差（financial structure gap）解释其经济发展绩效的差异。① 我认为，这一做法的问题在于，发达国家与发展中国家之间可能不仅存在收入水平的量的差异，而且存在质的差异，因此不能用相同的函数预测其最优金融结构。【林毅夫：确实如此！】任晓猛、张一林对这一方法进行了完善，将国家按照不同发展阶段分为几组，选取每组中发展最快的国家衡量最优金融结构。② 但我的疑问是，发展快的国家与发展慢的国家是否就不存在质的差异？另外，这些国家的高速发展是否一定由其金融结构的适宜导致，用它们的数据能否一定得出最优金融结构？【林毅夫：发展快慢不同的国家是存在质的差异，但是，并非所有差异对所要研究的问题来说都是关键的。就研究金融结构而言，根据新结构经济学的分析框架，发展阶段的不同代表要素禀赋结构的不同，这会内生地导致产业、技术以及作为上层建筑的金融、监管、法律等结构的差异。可以推论在同一个发展阶段发展好的国家其金融结构应该是和其产业、技术结构较相适应，因此，可以作为该发展阶段适宜的金融结构。在同一发展阶段的国家发展快慢不同，除了金融结构的差异，可能还跟政府是否实施了因势利导的经贸政策有关，但是就研究金融结构而言，这个政策差异就不是关键变量了。如果是研究一个经济是否发展得好，那么政府的政策则可能又变成关键变量。所以，哪些变量是关键变量应视研究的问题而定，同一变量在某一问题上可能是关键变量，在另外一个问题上则可能变成次要变量。】如果我仿照这一做法，将国家分为发展中国家与发达国家，选取各组中绿色绩效最好的一些国家衡量最优绿色金融结构，得出的结论是否准确？【林毅夫：绿色绩效和发展阶段有关，可以将发展阶段划分为以农业

---

① Demirgüç-Kunt A, Levine R. Financial Structure and Economic Growth: A Cross-country Comparison of Banks, Markets, and Development[M]. Cambridge, MA: MIT Press, 2001.

② 任晓猛，张一林. 最优金融结构与经济发展：一种新的度量方法与应用[J]. 当代经济科学, 2019, 41（5）：1-10.

为主的低收入阶段、以制造业为主的中等收入阶段和以服务业为主的高收入阶段。绿色绩效也和政府的环保措施及监管有关，如果政府有政策支持绿色金融作为达到绿色绩效的措施，那么，绿色金融就会发展得较好。但是，是否可以把绿色绩效最好的国家的绿色金融结构作为最优绿色金融结构，我不敢确定。首先，绿色金融是一个新的手段，即使是采用这个措施的国家，其执行时间也不长，还处于探索阶段。其次，绿色绩效差的国家可能为了改善绿色绩效而大力采用这个措施，就像在计划生育的时代，一个地方可能是因为计划外生育的家庭多而多派了生育辅导员，但不是因为多派了生育辅导员而导致多计划外生育。就绿色金融作为研究题目而言，我想目前可研究的是，一国在推出了绿色金融的政策以后，哪些企业或哪些产业更多地运用了绿色金融，这些企业和产业是否和发展阶段有关，该国的绿色绩效是否提高，哪些行业采用绿色金融对绿色绩效的贡献会更大，等等。】

计量经济学学习感悟

（吴梦　2021 年 5 月 14 日）

　　随着学习的进一步深入，我发现计量经济学在探讨过一些基本的数据处理与分析方式（包括对一些可能存在的问题进行修正，比如排除各个变量相互之间的影响，使最终得到的回归结果更接近各个变量单独对结果的影响）后就缺失了一些经济直觉上的分析。计量方法具有的直观、说服力强等优点，在越过了之前所说的基本数据处理后，反而在一定程度上成为阻止我们在经济学问题上进一步发挥想象力和创造力的障碍。【林毅夫：确实如此。在做计量分析之前，应该先有对现象或问题背后因果逻辑的假说，再用计量方法来检验，而不是没有假说就去做计量，看到什么变量之间相关再去找可以解释这种相关性的假说，这样做很可能把相关关系当作因果关系。而且，数据经常是不全的，包含许多噪声，应该先有解释现象的假说，才会知道用什么办法来克服这些数据不全和噪声的问题。】当然，我对计量经济学的认识还很粗浅，也还没有在更多的实践中看到它强大的力量，我并不否认它是研究问题时很重要和有力的工具，以上所说只是到目前为止我感受到计量经济学或者说过度使用具有工具性质的计量经济学可能存在的弊端。毋庸置疑的是，经济数据为我们认识真实的世界提供了客观准确的参考和标准，但是当数据以及处理数据的方法被滥用，我们是否会被蒙蔽，侧重于用眼睛甚至计算机去看世界却忽略了用我们的心去感受世界？【林毅夫：确实存在这个问题。】更为严重的是，现实数据本身就受千千万万变量的影响，对数据的过度解读是否会给我们带来误导，反而成为我们获取真理、找到最重要的影响因素路上的阻碍呢？【林毅夫：没错！要时时警惕这种可能性。】这就仿佛是在我没有能力获取整体的地图时暂时有能力获得了局域地图，通过这部分地图我认识到了什么叫作按图索骥，地图可以帮助我建立起道路的模型而不需要我自己去一点点探索和记录，这使得我在方法论上有了巨大的进步，可是后来我沉迷于研究这份局域地图以至于忘记了真正要去的终点根本不在地图上，甚至这份地图引导我走向和终点相反的反向。【林毅夫：这个比喻不是很恰当。地图通常是用来比喻帮助人们认识世界、改造世界的理论，容易使人误以为地图上不存在的在真实世界中就不存在，或在地图上存在的在真实世界中也必然存在。但是，真实世界可能发生变化，或者拿一幅地图作指引，却忘了去查看这幅地图是否根据所要旅行的地方绘制。计量是一种方法，合适的比喻是一把刀，我们不能用同样一把刀去干从削铅笔到杀牛的活，而应该根据具体的活确定用什么样的刀。】以上种种思考让我意识到在计量之外的对世界敏锐的触感同样重要，回归结果显示的终究只是单纯的数字之间的相关关系，数字代表的经济学含义是人赋予的，而现实世界运行背后不变的逻辑体系是否有时直接由身处其中的人去感受会更加容易、更加全面呢？【林毅夫：是的，所以我强调要把问题了解清楚，自己有了假说再去做计量分析。】这种认识也让我时刻提醒自己要兼顾对现实世界的感知，包括对已有理论的学习借鉴和对数学等工具的学习使用，我想这两点对于学好经济学都是必不可少的。以上就是我最近的一些心得体会，可能有不正确、不全面的地方，还请您指教！【林毅夫：很好！很深刻，很到位。】

关于未来研究方向的思考

（郭若菲　2021 年 10 月 27 日）

最近一段时间，我对未来的研究方向有了一些新的思考与尝试，向您汇报，也期待您的建议。

　　首先，本学期我选修了新结构产业经济学、博弈论、高级微观经济学、高级宏观经济学，加深了我对理论建模的兴趣。尤其是王勇老师讲授的新结构产业经济学，纠正了我对于模型应当涵盖经济体所有细节的误解。【林毅夫：模型就像一幅卡通画，自然不会包含所有细节，只需要把要解释的现象的根本原因以最简洁的方式表达出来即可。】王老师通过最简单的两个企业、两个商品的两期模型，却能将问题中核心的影响技术引进的因素刻画出来，并通过严谨的数学逻辑，揭示出直觉上难以考虑到的不同可能性。【林毅夫：这一点要很谨慎。一般是有了对要解释的现象的直觉以后，也就是对要解释的现象背后的因果机制的理解以后，再构建数学模型把这种直觉以最严谨的方式，也就是用数学的模型表示出来，而不是相反。这是因为只要把模型稍微改动就会有不同甚至相反的结果，那么，孰是孰非？如果不是先理解要解释的现象的因果逻辑就去构建模型，这样的模型经常会是没有意义的数学游戏。】因此，本学期我跟随经济学院的张博老师，担任他的碳市场课题的助研。在课题中，我们发现在某些情况下，碳市场的建立与社会最优是有差距的。【林毅夫：问题是那些情况存不存在？即使存在，是否用不同的建模方式、不同的函数设置就会有不同的结果？除非那些情况是必然存在的，而且，不管采用什么样的方式建模、不管什么函数形式结果都是相同的，这样的结果对帮助我们认识世界是没有帮助的。】这一违反直觉的发现让我意识到，有时模型不仅用于反映我们认识中的客观世界，将其用更严谨的语言表达出来，而且也可能刷新我们已有的认知（关于这个不成熟的想法，也希望听取老师的理解）。【林毅夫：这一点我存疑。最好是在对现象背后的因果逻辑有所认识以后，再以数学模型把这种认识表示出来。】希望能通过助研经历，加深对如何展开严谨的理论研究的认识，同时不断思考自己希望研究的选题。

　　其次，我进一步坚定了进入国际组织，帮助发展中国家实现更好的发展，尤其是可持续发展的志向。【林毅夫：很好！】本学期，我担任徐佳君老师"国际发展前沿"课程的助研。在课上，我们主要就六个位于非洲与东南亚的发展中国家展开了研究，研究结果大大改变了我对这些国家的认识。先前，我常常认为发展中国家都应学习中国的成功发展路径。但或许这样的想法就如同西方国家认为中国应该学习西方的体制一样，是缺乏灵活性的。虽然同为发展中国家，但这些"一带一路"共建国家与中国改革开放前的发展状况还是有诸多差异的。例如，许多国家还仍受到政治不稳定与战乱的制约，难以展开国际经济合作；此外，这些国家多数并没有经历重工业赶超的阶段，经济绩效却依然很差，一大原因是产业升级并没有在这些国家发生，其主导产业仍然是农业，而出口品仍然以原材料为主。这些差异时刻提醒着我，要"以新生婴儿的眼光"看待这些国家的发展。否则，一味主张非洲国家学习中国的发展路径，就如同主张中国学习西方的发展路径一样，包含着境况良好者对于境况恶劣者的傲慢。【林毅夫：没错，既不能要其他国家照搬美国的做法，也不能要其他国家照搬中国的做法。其他国家能学习的不是具体做法而是经济发展的基本规律，然后，把这个规律结合自己国家的事实，采取具体的措施，就像中国革命的成功是马克思主义真理结合中国实际而取得的一样，这样才不会出现"尽信书不如无书"的问题。像我这样的学者的工作是从中国的具体做法中了解成功和失败背后的根本原因以形成理论解释，而各位则是通过这些理论学习来了解成功和失败的根本决定因素，然后，在实践中结合当地的实际，以达到"知成一体"。】

最后，我认为环境这一议题在未来一段时间内对中国及其他发展中国家将是至关重要的。上周，我参加了"一带一路"能源部长级会议。在撰写我的演讲稿的过程中，我思索了发展中国家、青年人与绿色能源之间的关系，大概它们（他们）都是新兴的、发展中的、通向未来世界的。【林毅夫：这一点认识很重要！】对"绿色"这一话题的讨论在发达国家中可能已较为成熟，但我想这在未来的一段时间内应当是发展中国家的重要议题。然而，对于如何发展绿色产业，目前学术界的研究仍然是欠缺的，尤其是在发展中国家更是如此。因此，我希望能够就这一领域展开更为深入的研究。【林毅夫：这是新结构环境经济学要研究的课题，上海大学的新结构经济学本科实验班这个学期开设了"新结构环境经济学导论"，我和郑洁、付才辉老师合作撰写了《新结构环境经济学初探：理论、实证与政策》一书，可以参考。】

业 精 篇

如何应对发达国家对中国的科技限制

（郭若菲　2021年3月16日）

上学期的讨论中，老师已经说过，目前发达国家对中国的科技发展设限，并不是反对利用后来者优势的理由。但目前我们确实面临了这种设限，应当如何应对？与理工科的同学交流时，不少同学都认为许多技术瓶颈短期内根本不可能攻克，那么，这些中国已经利用后来者优势发展到前沿，然后受到发达国家打压的产业，未来是否会陷入停滞？我们应当违背比较优势，将大量财力投入这些产业的技术研发中吗？这样做的成本必然是高昂的，效果也是值得怀疑的。但难道我们应该允许这些较为先进的产业真的陷入停滞吗？这样做对经济的打击是否过大？

林毅夫： 每个国家要发展好都应该遵循比较优势原则，这个原则的运用要求充分利用国内国际两个市场、两种资源。这个原则适用于我国，也适用于发达国家。发达国家若对我国设限，就放弃了我国的市场，我国不仅有世界最大的市场，而且有世界发展最快的市场。自2008年以后，每年世界市场扩张的30%左右来自我国，因此，对我国科技产品的进口设限是"杀敌一千，自损八百"的行为。美国政府愿意这么做，是出于维持其世界霸权的政治目的，其他发达国家若也这么做，只是为美国"做嫁衣裳"。放弃了我国的市场就会使其具有优势的产品、技术从高盈利变成低盈利，甚至亏损。发达国家在高科技产业上要维持领先地位，需要投入大量的研发费用，如果放弃了我国的市场，想要继续维持现有产业的科技领先地位就会力不从心。所以，真正会对我国进行技术封锁的可能只会是以维持世界霸权地位为政治动机的美国，美国若要其他发达国家跟随它，就像要其他发达国家"搬起石头砸自己的脚"，这也就是为何德国总理默克尔公开表示不愿意在中美两国间"选边"的原因。因此，我国需要利用举国体制的优势花大量财力来发展的只是那些美国有、其他国家都没有的科技产品。对于其他产品和技术，我们可以像任正非所说的，可以有"备胎"，但是只要在市场上能买到，并且比自己生产的便宜，就从市场上买，也就是要按照比较优势并充分利用后来者优势来发展经济。而且，我国发展得越好、市场越开放，其他国家为了自己的发展，就越会选择与我国合作共赢地发展。】

关于中国人口红利的一些看法

（黄卓楷　2021年3月16日）

关于人口红利，我理解的是劳动力要素相对丰富，以至于劳动力价格相对低廉，从而该地区适宜发展劳动密集型产业。【林毅夫：劳动力价格相对低廉不是人口红利的定义，如果以此来定义人口红利，那么，不也可以把资本相对丰富的地区或国家资本价格相对便宜的情况定义为具有资本红利吗？关于人口红利，要注意两点：第一，人口红利一般是指有大量的剩余劳动力在农村，生产率很低，把这样的劳动力转移到生产率高的制造业可以提高整体的生产率，促进经济增长。第二，人口红利与人口的年龄结构有关。劳动就业人口在总人口中占比高，依赖人口占比低，则被认为有人口红利，这种红利会随着人口老龄化而降低。对于第一点，在两部门模型中把劳动力从生产率低的农业往生产率高的制造业转移有人口红利，但现实世界中不只是存在农业和制造业两个部门，制造业中实际上有很多生产率不同的部门，把劳动力从生产率低的制造业往生产率更高的制造业配置也同样会有人口红利。对于第二点，可以通过延长退休年龄和加强教育、提高劳动力素质，增加就业人口和就业人口的有效劳动力供给，来克服人口老龄化所带来的不利影响。】林老师课上谈到，当前中国农村劳动力占总劳动力的比重仍高于30%，发达国家从事农业的劳动力占比一般低于5%，像美国现在只剩下大概1%，也就是说，我们还有把农村劳动力转移到制造业的空间。如果这样转移，同样的劳动力能够创造的产值就在增加，这是一种红利。我觉得这里劳动力价格或许可以从收入水平上看，中国的收入水平处于不高不低的位置，与发达国家的差距还极大，人均收入低于美国的六分之一。但是中国又已经无法和越南、印度等劳动力价格低廉的市场匹敌，因为中国的收入水平大概是东南亚国家的4~5倍。所以说，

中国现阶段应该在劳动力价格水平提高的同时，发展附加值更高的产业，努力按照比较优势，占据行业发展先机。【林毅夫：同意。】

我也注意到网上所谓"阶级对立"的批评，认为人口红利就是"阶级剥削"。我认为这是没有逻辑支持的，【林毅夫：同意。】劳动力价格是由生活必需品价格来决定的，【林毅夫：劳动力价格应该是由生活必需品价格和劳动力的供给与需求来决定。如果所得工资低于生活必需品的价格，劳动力无法维持生存，自然也就不会有劳动力供应。然而，在正常情况下，这种情形一般不会发生。所以，劳动力价格主要是由劳动力的供给与需求决定。】我们应该要利用好这段时期，乘势而上，快速发展经济，而非乱扣帽子！【林毅夫：确实应该如此。】

关于人口红利和人力资本问题

（叶子欣　2021年3月16日）

我认为人口红利并不一定指大量廉价的劳动力带来的经济效益。人口红利在不同发展阶段的作用不同。我没有找到一个关于人口红利的权威定义，姑且用百度词条中的定义："人口红利是指一个国家的劳动年龄人口占总人口比重较大，抚养率比较低，为经济发展创造了有利的人口条件，整个国家的经济呈高储蓄、高投资和高增长的局面。"【林毅夫：即使按照这个定义，在我国也可以经由延长退休年龄来提高劳动年龄人口占总人口的比重，以及通过增加教育、提高人力资本、把现有劳动力从生产率低的产业重新配置到生产率高的产业来扩大劳动年龄人口的有效劳动供给和产出，从而提高储蓄和投资，促进增长。】在改革开放时期，符合比较优势的产业基本是劳动密集型产业，这时人口红利的价值就在于廉价劳动力带来的收益；而未来人口红利可能更具多样性。按照比较优势来看，能发展劳动密集型产业的就发展，应该转型升级的产业就转型升级。【林毅夫：同意。】农村劳动力转移到城市里来，有的可以就近选择工资水平低的地区从事制造业，有的则可以更多地承接大城市服务业的就业。

不过，劳动力转移面临许多阻碍。随着社会主义新农村建设的开展和社会观念的变化，新生代农民工在工资以外，对城市各项福利与上升机会的需求增大。劳动力转移最重要的还是城市化以及按照比较优势进行产业转型升级，从就业机会与软福利上为农民工群体提供激励。【林毅夫：有道理！】

此外，关于人力资本的问题也困扰我许久，中国有大量的科研从业者，但是理科方面的研究质量与创新成果仍不及美国。【林毅夫：这和发展阶段有关。发达国家产业所用的科技已经处于世界前沿，如果没有基础科研上的突破，很难有技术创新的机会，因此，为了支持技术创新和经济的发展，美国等发达国家的政府会投入大量的资金以支持基础科研。这些基础科研投入大，需要的时间长，产出属于公共知识。对于经济发展仍处于追赶阶段的我国来说，应该把有限的资金用在运用已经取得突破的公共知识来开发有利于我国产业升级的新技术，这种运用型科研的回报会较高。等到我国的经济发展、产业、技术等和美国接近或处于同一水平时，我国在基础科研上的投入和突破也就会更多，到那时我国的经济规模至少是美国的2倍，天才的数量是美国的4倍左右（基于人口数量推算），我国在基础科研上的突破将会数倍于美国。其实，美国在发展早期，处于追赶阶段时和我国的情形相同。只要我国保持经济发展，就像世界经济学的研究中心会转移到我国来，引领世界经济学理论新思潮的大师会大多出于我国一样，到那时候，自然科学的研究中心也会转移到我国来，自然科学的突破也会水到渠成地大多出于我国。】除了基础科学的积淀，我认为这和我们的教育体制重视公平相关：美国大学更多的是精英教育，人数不一定多，但是给予"天才"充分的发挥创造空间；中国的大学是面向大众的，人非常多，但人均资源有限。【林毅夫：其实美国的情形和我国差不多，绝大多数人进入的是面向大众的社区大学，质量很一般，我国的"211工程""985工程"大学则和美国的名牌大学一样是精英教育。】这一背景会导向"以发表评职称"的机制，【林毅夫：美国杜兰大学的李志文教授在《华裔美国教授：重要的是，得先把北大清华浙大从三流提升为二流大学》一文中指出，在美国也是三流大学数论文数量，二流大学数影响因子，只有大师云集的一流大学才不对论文发表提要求。目前我国"以发表评职称"是因为在我国，即使北京大学、清华大学等也尚少有学界公认的引领世界理论思潮的大师，大学尚未成为世界一流。】导师对博士生的"压榨"也会更多，科研人员工作的幸福感与自由度较少。这是否意味着我们面临公平与创新的权衡取舍

呢？【**林毅夫**：如上所述，问题不在于公平和创新的取舍，而在于我国还处于追赶阶段，尚未达到发达国家的水平。】

关于供需平衡以及人口红利问题

（吴梦　2021年3月16日）

我们在"新结构经济学导论"的课上学习了以新结构经济学视角解释中国高储蓄率之谜，其中提到高储蓄率与中国按照比较优势发展的程度及中国处于高速发展的阶段相符合，而由消费拉动增长是不能成为主要方向的。这似乎涉及了需求与供给的决定与被决定关系。如果消费没有显著的增长，那么随着投资的持续，基础设施建设也趋于饱和，市场的供给多于国内市场的需求是要依靠出口来消化吗？如果不是，那么投资与发展之间的滚雪球式增长会不会造成供需之间的不平衡呢？如果会，又该如何化解？

【**林毅夫**：首先，只要投资是用于技术创新、产业升级、消除软硬基础设施的瓶颈，那么，生产力水平和工资、收入水平都会提高，消费自然会增加。其次，在长期中是否会造成供需不平衡的问题，按照比较优势发展自然是需要充分利用国内国际两个市场、两种资源，尤其现代制造业规模经济很大，即使中国经济的规模很大，相对于世界还是小的，要充分利用规模经济，产品就不仅要进入国内市场，也要进入国际市场。】

我还关注到林老师在两会期间提到中国的人口红利还可以持续很久，对于如今社会热议的人口老龄化造成的人口结构逐渐失衡以及如今年轻人的结婚生育意愿越来越低的现象，请问林老师有什么建议吗？

【**林毅夫**：随着收入水平的提高，一来传统的养子防老的需求不复存在，二来养孩子的机会成本大量提高，对妇女来说更是如此。所以，随着收入水平的提高，生育率下降是一个在各国、各民族、各地区都存在的规律。在这两个原因中，前者是发展的必然结果，政府可能影响的是后者。我国可以像有些发达国家那样，采取对生育子女给予税收优惠、财政补贴、延长生育假，以及在工作场所提供幼儿托管服务等措施。】

关于发展战略与收入不平等的跨国实证研究

（钟睿煊　2021年4月14日）

在这学期的"新结构经济学导论"课堂上，付才辉老师要求我们写两篇实证论文，这给了我一个契机来研究我比较感兴趣的收入不平等问题。

就现象而言，长期中，各个地区的收入不平等程度随着时间的变迁、经济的增长，大致存在着先升后降的趋势。但是近期的数据表明，收入不平等程度在世界各个地区几乎都呈上升趋势，特别在美国以及欧洲这样的发达国家及地区，收入不平等程度在近几十年也有显著上升。

针对这个现象，不同的人提出了不同的理论。就长期收入不平等现象而言，一个代表性的理论由库兹涅茨提出，他认为，不管经济政策如何选择或者不同国家间的其他差异如何，收入不平等程度可以在经济发展的高级阶段自动下降，并最终稳定在一个可以接受的水平上。就近期收入不平等的现象，皮凯蒂提出资本收益率高于经济增长率是收入分化最根本的力量。

关于收入不平等现象的理论浩如烟海，我还是想先分析收入不平等的本质。

【林毅夫：很好！研究现象或问题时要从本质开始！】

（1）人们为什么会有收入？

就收入本身而言，可以划分为劳动收入和资本收入。【林毅夫：劳动收入和资本收入是主要的，当然，还可能包括来自政府、亲戚和慈善机构的转移收入，不过后者是次要的，所以可以暂时不予考虑。】劳动收入来源于个人作为劳动力供给方提供劳动所获得的报酬，劳动者的真实工资等于其边际产品。资本收入主要来源于个人已有财富的投资所带来的增值。

（2）人们的收入为什么会有差距？

就市场机制而言，不同行业中，劳动者的平均边际产品不一样。资本密集型行业中，劳动者的平均边际产品较高；劳动密集型行业中，劳动者的平均边际产品较低。劳动者的个人差异带来边际产品的差异。个人差异在农耕时代主要表现为体力上的差异，在工业时代、信息时代逐渐转变为脑力上的差异；人力资本的因素逐渐超过先天的体力因素。除此之外，某些职业自身具有较高的风险，需要在工资上对此进行一定的补偿。【林毅夫：很好的观察和分析。】

就政府作用而言，政府可能会制定最低工资等政策，来干预收入的分配；同时政府也会制定产业政策，从而影响一个经济体的产业结构，进而影响一个经济体的收入分配结果。除此之外，政府还会通过税收对收入进行二次分配。【林毅夫：很好的观察和分析！】

在我看来，补偿性工资的存在和个体的人力资本差距固然会影响收入不平等，但不会造成当前收入分配如此不均。【林毅夫：很合理的假说，应该也可以做计量检验。】我认为当前收入不平等的本质决定因素还是在于一个经济体的结构和产业选择。产业结构的选择可能是经济发展的自然结果，也可能是违背经济发展阶段和比较优势的扭曲结果。【林毅夫：很好！】

在要素禀赋结构给定的条件下，如果一个经济体推行重工业优先发展的赶超战略，鼓励和支持违背比较优势的产业（尤其是重工业产业）的发展，将降低劳动力需求，进而降低均衡工资水平，工资收入下降将导致企业家和民众之间的收入差距扩大。【林毅夫：这一点在以私有产权为基础、由私有企业来进行进口替代的国家是正确的，但在以国有制为基础、推行平均工资制的国家则不正确。改革开放前，我国的收入分配相当平均。】

相反，在要素禀赋结构给定的条件下，如果一个经济体采取符合比较优势的发展战略，企业将具备自生能力，获得市场可以接受的利润和更多的剩余。在动态中，资本的积累将促进禀赋结构的升级，从而带动产业结构的不断升级。随着产业的不断升级，工资水平会不断上升，企业家与民众之间的收入差距将会不断缩小。

因此我提出假设：世界各国的收入不平等程度内生于各个国家的发展战略。在发展水平给定的条件下，发展战略违背比较优势，则当地的收入不平等程度相对较高；发展战略符合比较优势，则当地的收入不平等程度相对较低。

我试图通过跨国层面的面板数据来验证我的假设。数据来源主要包括世界银行发展数据库以及皮凯蒂的世界不平等数据库。发展战略运用技术选择指数

（TCI）进行操作化，不平等程度的衡量指标包括基尼系数以及按收入由高到低排序前百分之几的收入总额占人口总收入额的比重。【林毅夫：如前一条点评所指出的，除非像中国在1978年以前，采用全国统一的工资制度，要不然确实会如此。我在马歇尔讲座和其他研究中对这个假说用世界银行的跨国数据和中国的跨省数据做过检验，这些研究收录在《新结构经济学文集》一书中。但是，我没有用皮凯蒂的数据做过检验，你可以试试看。】

关于发达国家收入不平等程度上升趋势

（钟睿煊　2021年4月14日）

近期的数据表明，收入不平等程度在世界各个地区几乎都呈上升趋势，特别在美国以及欧洲这样的发达国家及地区，收入不平等程度也有显著提高。这个现象似乎与一国或地区的发展达到一定程度之后收入差距会缩小的看法有点背离。林老师曾经说过，当现实和理论背离时，一定是理论出了问题。因此我想请教林老师，对于近几十年来发达国家收入不平等程度不断上升的现象，我们可以怎么解释呢？【林毅夫：这是一个值得研究的好问题。我觉得可能有如下几方面的原因：(1)发达国家的技术处于世界前沿，高科技创新靠自己研发，政府对基础研究有补贴，这种制度安排等于在补贴少数有能力组织高科技研发的企业家，并且发明成果有专利保护，可以给成功者带来垄断利润，使得少数成功的科技企业家暴富，这种现象随着互联网等短研发周期的新经济的出现而更加明显。各国都涌现了一批科技新贵。(2)对于美国来说，收入不平等程度上升还因为美元是国际主要储备货币和贸易的计价货币。1971年美元和黄金脱钩以后，在华尔街的推动下，美国实行了金融自由化，银行的准备金不再有管制，在给定储蓄下银行可以提供更多贷款来赚存贷利差。华尔街的金融家还进行了各种金融创新来获利，导致了房地产和股市泡沫，同时，也是在华尔街的推动下，各国开放了资本账户，华尔街的金融家可以到其他国家套利，使得美国的企业利润大量集中在华尔街，其获利在2007年曾经占美国企业总利润的40%。华尔街创造的就业机会很少，而且在金融泡沫破灭以后，在宽松的货币政策下，华尔街的金融家总体而言没有受到冲击。(3)发达国家在资本密集型制造业上的比较优势逐渐丧失，就业减少，资本密集型制造业是传统上发达国家中产阶级就业的主要来源之一,能从该行业转移到高科技产业或金融业的人数很少。更多劳动力就只能到服务业(当中许多都是不需要多少技能、收入水平低的生活服务业)就业。(4)在前述原因之下,如果一国政府没有好的二次分配政策,收入分配状况就会恶化。】

新结构金融学课程感想

(郭若菲 2021年5月14日)

本月起,徐佳君老师的"新结构金融学"课程邀请资本市场等领域的实务专家们为同学们进行课程讲座。一方面,专家们的分享让我发现实务中关心的问题、遇到的困难与新结构金融学所关注的问题高度重合,使我更加确信新结构经济学抓住了主要矛盾的主要方面;另一方面,专家们提出的解决方案五花八门、充满创意,很难通过理论研究拍脑袋想出,而必须在实践中通过"干中学"的方法产生、完善,这使我更加深刻地认识到实践之于理论研究的重大意义。必须广泛与业界人士交流,甚至亲身参与实践,才能把握现实生活中决策主体的权衡取舍,产生有价值的理论,而非对着既有模型玩数学游戏。【林毅夫:很好!】在了解实践中的权衡取舍后,要使现实经验转换为理论,我认为重要的一步是,发现现实经验与既有理论间的裂缝,并试图回答为何既有理论无法解释现实现象。我认为,这种裂缝是理论创新的源泉。【林毅夫:很好,确实如此!不过在程序上最好是面对一个要解释的现象时,先自己了解其本质和决定因素,再看现有文献里的理论解释。如果程序反了,看到了一个现象就去查文献,很容易戴着现有理论的"有色眼镜",结果很可能是对号入座,而未能认识到现象的本质和根本决定因素。】

关于国际贸易

(黄卓楷 2021年5月14日)

首先我对中国与澳大利亚近段时间的贸易摩擦事件进行了一些思考,【林毅夫:很好,家事国事天下事,事事关心!】从政治、经济的角度对中澳两国的经贸关系做出了一些解释。中澳经贸关系是国际贸易中最为理想的合作伙伴关系，对于双方来说都举足轻重。中国与澳大利亚的经济互补性极强，中国拥有世界上最为完备的制造业体系，劳动力价格相对低廉，在制造业方面具有比较优势。澳大利亚矿产资源优质而丰富，制造业相对走向衰落，失去了比较优势。根据澳大利亚官方统计局的数据，采矿业在其划分的 18 项产业之中工业增加值比重最大，占到 15%，产业结构较为单一。所以，根据对经济结构的分析，中澳经贸关系将会十分紧密。从数据上来看，中澳两国货物贸易在 1986 年后规模不断扩大，2019 年澳大利亚与中国的贸易额达到 1 492 亿澳元，出口额达到近 795 亿澳元。中国已经是澳大利亚第一大货物贸易进口国和出口国，对澳大利亚经济有极大影响力。【林毅夫：确实如此！】

而澳大利亚国内资源企业大多由外资控股，[①]国家对经济的掌控力不强，所以澳大利亚对于中国国有企业"走出去"的战略怀有警惕情绪，担心对国家安全造成进一步的威胁，对中国的态度反复多变，甚至存在敌意。【林毅夫：这是一个值得关注的视角。】

从本质上看，澳大利亚的外贸政策是对国家安全和经济利益进行权衡取舍的结果。从中澳经济影响力来看，中国对澳大利亚的影响远大于澳大利亚对中国的影响。那么，在中国始终走和平发展道路的开放态度下，我判断澳大利亚会在看到中国进一步发出包容、友好信号后，选择继续与中国进行密切经贸往来。我认为核心在于中国如何给出可信的承诺，让澳大利亚在地缘政治上的利害关系让位于经济利益。【林毅夫：有见地！一方面，我国需要发出包容、友好的信号，给出可信的承诺；另一方面，我们也需要克服当前澳大利亚的媒体和舆论受到西方白人至上和所谓的民主自由意识形态垄断的情况，才能使澳大利亚客观看待中国包容、友好的信号。后者涉及我国的话语权和软实力，而这两者则又取决于我国是否可以解释我国的发展并能够让其他国家接受的自主社会科学理论的创新。如果是用现有西方的主流理论来看我国，则可能看不到我国的成绩，看到的只是问题；或是看到成绩不能用现有的理论解释，就把这些成绩主观地归因于对技术的窃取，对其他国家采取不公平的贸易措施。这种

---

① 比森，李福建. 中澳关系：地缘政治抑或地缘经济？[J]. 国际问题研究，2012（3）：38-49.

理论当道，就很难让国际社会接受我国，遑论话语权和软实力。正因如此，我们才需要有像新结构经济学这种来自我国经验的理论创新。】这就是我在余淼杰老师的"国际贸易"课程论文中表达的主要意思。

如何平衡金融自由化与金融管制？

（赵祥瑞　2021 年 5 月 14 日）

金融自由化（如放开利率和汇率、资本自由流动、准入自由化、充分发挥市场机制的调节作用等）似乎可以促进金融本身扩张，促进资源配置和金融发展，看起来似乎有不少好处，但实际上风险较大。<u>针对金融自由化则国家不稳，金融压抑化则地方"不活"，请问老师怎么看待？平衡好自由和压抑程度的关键是什么？</u>【**林毅夫**：金融自由化带来的如果是进入实体经济的外国直接投资，则确实会给资本相对短缺的发展中国家提供更多资本，而且，这样的投资通常会进入这个国家具有比较优势的产业，并带来技术、管理和市场等，对发展中国家的发展有好处，一般发展中国家对外国直接投资是开放的。给发展中国家带来问题的是短期的资本流动，这种流动以投机为目的，一般会在看好一个国家时，大举进入股票市场、房地产市场，但是并不带来实体经济资本的增加，只是带来了泡沫，而且，短期资本的大量流入会推高汇率，降低实体经济的出口竞争力。等实体经济表现变差时，短期资本又会大量流出，导致流入国的股市、房地产市场的泡沫破灭，出现金融经济甚至货币危机，所以，对这种短期资金流动应该给予管制。我在"Why I Do Not Support Complete Capital Account Liberalization"一文中专门对这个问题做了讨论，你可以进一步参考。20 世纪 70 年代以来被倡导的金融自由化理论，一般不像新结构经济学那样去区分长期进入实体经济的资本和短期流动性的投机资本，而是把资本笼统地归为一类，并指出发展中国家资本相对短缺，推行金融自由化方便资本流入，对其发展有帮助。在发达国家的理论和 IMF（国际货币基金组织）等国际发展机构的推动下，许多发展中国家推行了金融自由化，开放了资本账户，结果出现了频仍的金融危机。我很高兴看到，在 2008 年的国际金融经济危机之后，IMF 已经改变了它的一贯立场，改为主张发展中国家应该对资本账户进行管理。除了金融自由化，在发展中国家的发展转型过程中，还有许多重要政策问题。作为对国家、民族的命运负有责任的发展中国家的学者，我们不能等国际发展机构或发达国家的理论界改变了思路以后再跟着改，我们应该有独立的看法和判断，随时都做我们该做的事，而不是"跟着发达国家的音乐跳舞"。】

卢卡斯悖论与资本流动的现实制约因素

（赵祥瑞　2021 年 5 月 14 日）

卢卡斯悖论认为现实中资本并不会从富国流向穷国。对此卢卡斯提出了三点解释：一是劳动质量或人力资本的异质性，即新古典理论将不同国家工人的人均有效劳动投入视为相等的，忽略了劳动质量或人力资本的差异；二是人力资本的溢出效应；三是发展中国家的政治风险或资本市场不完全。

请问老师您是如何看待卢卡斯悖论的？卢卡斯悖论是否真的有理论依据？如果该悖论确实存在，那么在现实世界中，对于资本流动，人力资本的异质性、人力资本的溢出效应和政治风险中哪一个因素的影响更为重要呢？地方政府该更加重视什么，才能够很好地促进跨省的资本流动，引进投资呢？【林毅夫：现有的对卢卡斯悖论的三个解释，暗含资本必然从发展中国家流向发达国家，可是事实是在发展好的发展中国家，资本是流入的，资本流出的发展中国家是那些发展不好的发展中国家，所以，并非资本必定会从发展中国家流向发达国家，所以，现有的解释通不过当代横向的检验，因此，只看到表象，而非揭示了卢卡斯悖论所发现的资本一般从发展中国家流向发达国家现象的根本原因。从新结构经济学的视角来看，造成发展好和发展差国家出现资本流动方向不同这种差异的主要原因是发展战略：一个发展中国家如果采取违反比较优势的发展战略，经济发展会不好，资本回报率会低，那么，资本就会有流出的积极性；反之，如果推行的是符合比较优势的战略，经济发展绩效会好，政治风险就会低，即使资本市场不完全，人力资本不高，资本回报率也会很高，资本就会流入。可参考我和王歆老师合作的"Development Strategy and International Capital Flows"一文。】

城市化对碳排放的影响以及关于有为政府的思考

（吴梦　2021年6月17日）

我最近在写"新结构经济学导论"的课程论文，主要研究城市化对碳排放的影响。在收集相关文献时我发现切合新结构经济学思想的文献较少，部分文献强调城市化对碳排放的增长作用，但部分文献又刚好相反，认为城市恰恰是一种集约资源、最大化效率的方式，从而可以减少碳排放。但基于新结构经济学思想来思考这一问题，却可以用结构与发展阶段的不同作为根本原因将以上所讲两种相反的观点进行统一。在不同的经济结构以及发展阶段，城市化对碳排放的影响是不同的。我用国别数据进行了检验，发现在多数发达国家，城市化程度与碳排放强度是负相关关系，而在发展中国家尤其是发展很落后的国家，城市化程度与碳排放强度是正相关关系。我目前对该现象的解释有：不同发展阶段城市大力发展的产业不同，给碳排放造成的压力不同；用于减少碳排放的开支、技术、意识等都不同，造成了城市化对碳排放的影响不同；城市扩张初期对硬件基础设施的需求较大，而扩张后期对硬件基础设施的需求相对不大，同时技术的发展为城市化进程带来了更多的助力，因此也造成了不同发展阶段城市化对碳排放的影响不同。【**林毅夫**：同意你的分析。处于中等收入阶段的发展中国家的城市是为了便利制造业的发展，因此能源密度和排放密度都高；发达国家已经过了制造业为主的发展阶段，城市的产业主要是服务业，因此能源密度和排放密度都低。按此思路来分析的文献少，正好可以就此写一篇论文。】恳请老师指正！在写课程作业的过程中我更加体会到了结构内生性、扭曲内生性以及以其为基础衍生出的逻辑链条，同时我也看到了新结构经济学思想在许多领域和方向都有着很大的发挥空间和研究潜力，后续新结构经济学思想在不同领域的发展值得期待！【**林毅夫**：很好！也期盼你对新结构经济学理论的深化、拓展和运用做出贡献！】

第二个问题是由近期印度的新冠疫情恶化所想到的。印度政府早期的严格封锁措施很好地控制了疫情，却在长期埋下了更大的隐患，这不禁使我想到在学习微观经济学时企业在短期内的最优决策从长期来看并非是最优的。毫无疑问的是，即使政府相比于市场具有强得多的统一协调性，但在政府与市场的博弈过程中政府的决策主体也是无法得到完全信息的人。相比于个体，政府更应着眼于长期的利益，就像在经济过热时要适当泼冷水，使得经济可以取得一个更稳步的持续增长，但是除了信息不完全，可能还有其他考量影响政府决策。如特朗普政府2020年为换届选举造势时将病毒政治化，没能很好地应对。当然这里仅以对疫情的管控为例，但我想对于纯粹的经济难题，政府在决策过程中同样面临着各种不利因素的干扰。政府如何避免各种不利因素干扰，做出对长期更有利的决策，以成为长期的有为政府，是一个值得深思的问题。期待林老师的高见！【**林毅夫**：这是一个好问题、大问题，是亚当·斯密出版《国富论》以来近二百五十年间众多经济学家想回答的问题，也是新结构经济学想做出贡献的领域。简单来说，我认为关键在于理论和思路，如我在马歇尔讲座里（见《经济发展与转型：思潮、战略与自生能力》一书）所认为的，政府作为决策者、领导人，其决策动机有二，即有利于长期执政以及在长期执政不成问题时青史留名，实现这两个目标的最好办法是给人民带来安居乐业，给国家带来富强。但是，目前尚无这样的理论，在没有合适的理论指导下，大多数政府的执政不仅不能带来民富国强，反而导致各种经济社会危机不断，以致失掉了人民的信任和支持。领导人为了继续执政，就会以政策干预创造租金来建立支持领导人的利益集团，这些措施进一步恶化了发展的环境，降低了发展的绩效。怎样的政策才能带来民富国强？从发展的本质来说，经济发展是一个技术不断创新、产业不断升级、基础设施和各种制度安排不断完善的过程，这个过程要快速可持续进行，必须遵循要素禀赋结构所决定的比较优势来选择产业和技术，并根据产业和技术的需要来完善基础设施和制度。一个国家要按比较优势来发展经济，一方面需要有效的市场给企业家提供准确的产业和技术信息，另一方面需要有为的政府来帮助企业家克服技术创新、产业升级和基础设施及制度完善过程中不可避免的市场失灵，上述这些都是新结构经济学的核心观点。在经济发展过程中有为政府如何才能不越位乱为或缺位不作为？一方面需要有像新结构经济学这样揭示经济发展本质和不同发展程度的国家所面临的机遇和挑战的理论的指导，另一方面需要领导人解放思想、实事求是，根据自己的国家有什么、能做好什么，在开放竞争的市场中帮助企业家克服瓶颈限制，把能做好的事业做大做强。】

关于外部性的私人解决途径

（郭若菲　2021年10月27日）

最近读到一则新闻，几大信用卡公司迫于舆论压力，对一色情网站进行了制裁。这让我不禁反思，为何私人企业在这个事件中取代了公共政策制定者的监管者角色？这些公司的垄断者地位固然使得其具有市场势力，但它们为何有激励采取不符合自身利益的制裁？诚然，它们是迫于舆论压力，但已有的关于外部性的模型告诉我们，由于民众只考虑自身利益，他们施加的舆论压力总和应当是小于社会最优的。我想到的一个解释是，舆论本身也是具有外部性的。例如，我在网上发表对某一信用卡公司的谴责，这不仅会对该信用卡公司造成影响，也会加剧其他看见我的评论的网友的愤慨，产生回声室效应，使得最终施加的舆论压力实际上高于每一位独立网友所施加的舆论压力的总和。【林毅夫：确实如此。】在类似的例子中，舆论正在促使一些奢侈品牌转向可持续时尚。更进一步，在互联网时代，能否认为是有可能利用私人途径解决外部性问题的？即使不考虑本案例中的几个寡头的市场势力，在完全竞争市场中，舆论压力促使某些企业抵制该色情网站，而另一些企业出于扩大客户的考虑不抵制该网站，然后消费者通过"voting by foot"（用脚投票）决定社会最优的抵制程度，这样的"私人监管"也似乎比"公共监管"更具效率，因为政策制定者并不了解每个个体对该网站的反感程度。因此我想请问，通过舆论作用，私人能否成为解决外部性的一个途径？【林毅夫：舆论可以部分解决外部性问题，但是，对同一件事，社会上会有不同的看法，产生不同的舆论，所以，政府还是无可替代。例如，最近一位芝加哥大学的中国学生被一位黑人抢劫并开枪打死，这是两三年来的第二次，很多中国学生出来游行要求学校和当地的警察加强治安，但也有学生出来游行反对，认为加强治安会增强对黑人的歧视，要求政府减少治安，把省下来的钱用来增加对黑人和其他低收入群体的教育、福利等。】

为什么发达国家和新兴国家的政府援助形式不同？

（郭若菲　2021 年 12 月 20 日）

发达国家的理论普遍认为，应该更多采用拨款而不是贷款的形式对欠发达地区进行援助，因为贷款可能导致这些地区债台高筑。基于这样的理论指导，2020 年 8 月，OECD 宣布将债务免除也作为 ODA（政府开发援助）的一种，以鼓励国家共同努力解决欠发达地区的负债问题。然而，我们在现实中看到的事实是，如中国、印度等新兴国家，由于不受 OECD 激励政策的影响，更多是通过贷款的形式进行国际援助，而受到援助的欠发达地区，并没有因为贷款会导致负债加重而对这些贷款避之不及，甚至愿意放弃国际开发协会（IDA）免费但规模有限且附带限制的拨款，转而向中国等国家贷款。我的问题是，以 OECD 为代表的发达国家、以中国为代表的新兴国家，以及被援助国家，它们似乎有着共同的目标：使被援助国获得更好的发展，然而为什么采取的方法却不同呢？（发达国家更偏好拨款，发展中国家更偏好贷款。）【林毅夫：我想这个差异主要是因为来自 OECD 国家的援助主要用于教育、健康等人道主义项目，并不直接促进生产，创造就业，增加这些国家的政府税收和出口；而来自中国、印度等新兴国家的发展援助则用于对生产有直接促进作用的消除基础设施瓶颈和资源的开发，这些项目直接促进生产，创造就业，增加这些国家的政府税收和出口，提高其偿债能力，所以，这些贷款并不增加债务负担。】

我的一些初步想法：发达国家采用拨款以减轻欠发达地区负债的理论，暗含一个前提假设，即负债一定是不利于当地的经济发展的。【林毅夫：没错。】然而，这一假设与现实中观察到的欠发达地区主动借债的现象产生了矛盾。【林毅夫：好的观察和推理。】我认为，对于这一矛盾可能存在两种潜在的解释，而这两种解释哪一种正确，取决于贷款的用途（是否真正用于帮助被援助国家发展）：（1）如果贷款确实被用于帮助当地发展，如基础设施建设、产业园建设，那么现期的贷款在长期将产生更高的价值，对当地是有利的。（2）如果贷款没有被用于发展，而是通过腐败变为某些官员的一己私利，那么被援助国家一定长期无法偿还，这种贷款是有害的。【林毅夫：很好！影响还债能力的因素除腐败的问题外，也如第一条批注所指出的，与贷款项目是做什么有关。】国际援助的困境，不在于究竟贷款是否被用于发展，而在于由于腐败可能存在，清廉的政府没有办法向发达国家发送信号，来证明自己会将贷款用于发展，从而产生了柠檬市场。【林毅夫：（1）即使政府清廉，完全没有腐败，如果贷款是用于教育、健康等人道主义项目，也不能直接促进生产、增加政府的税收和出口创汇，那么，政府也无法还债，贷款就会变成债务负担。（2）中国在非洲的投资经常遭受到存在腐败的指责，但是，这些贷款是用于和生产直接有关的项目，提高了贷款国家的还债能力，所以不增加其债务负担。当然，能不腐败更好，所以，在"一带一路"倡议中，我国政府提出 open、green、clean（开放、绿色、廉洁）的原则，clean 指的就是廉洁，没有腐败。】因此，问题不在于使用贷款还是拨款，而在于给定拨款的有限规模，能否进一步完善国际贷款市场的机制，使发达国家能够有效区分腐败与清廉的欠发达地区政府。

一种可能且正在被使用的方法是，发达国家可以将贷款与改革打包出售，即发展中国家如果向自己贷款，就必须经过一系列制度改革。但由于这些改革往往依据发达国家的理论与经验，不适合发展中国家产业结构所决定的制度结构，因此并不一定利于发展中国家的发展。我想请问的是，如果自上而下的由发达国家主导的筛选机制，会由于信息不对称而不可行，自下而上的由欠发达国家主导的发信号机制，能否使得发达国家甄别出清廉的政府？【林毅夫：从新结构经济学的角度来看，更主要的是做什么项目，根据发展中国家有什么、能做好什么，帮助它们把能做好的做大做强，而不是从发达国家的标准，来看发展中国家缺什么、需要什么、该做什么。】

关于政府与市场的关系

（吴梦　2022 年 2 月 21 日）

在刚刚过去的寒假中，我有幸参加了冬季奥运会志愿者的工作，虽然做的事情十分有限，但我从这段经历中学习了很多，并为自己能够为这样一场世界级的体育盛会做出贡献而感到骄傲，在此和您分享我的喜悦。【林毅夫：恭喜！】

在服务冬季奥运会之余,我还阅读了 Michael J. Sandel 的《公正:该如何做是好》,该书由哈佛大学的一门公开课的内容整理而成,以政治哲学为中心展开了对现实世界中一系列问题的思考。其中有一部分在探讨自由至上主义时提到了最小政府这个问题,从自由至上主义的哲学思想出发,只有职责仅限于保证合同执行,保护人们不受压迫、偷盗和欺骗的最小政府,才是正当的。由此出发,自由至上主义者反对政府的家长式作风,比如他们认为政府的戴摩托车头盔的法律就侵犯了个体决定承担何种风险的权利,他们还反对收入或财富的再分配,认为政府没有权利强迫富裕的纳税人为穷人买单。当然了,在现实世界中,我们看到几乎所有的政府都侵犯了自由至上主义者口中的个体权利,所谓最小政府也只存在于概念中。如果说政府的职责是推动整个社会的利益最大化,那么这一现象是否就证明了哈耶克曾经所说的"任何企图带来更大的经济平等(或效率)的尝试都注定具有压迫性,并且对一个自由的社会是有害的"?

所谓最小政府,实际上是在探讨我们之前已经有过一些讨论的政府的边界问题,即什么是政府理应承担的,什么是政府不应该插手的。如果暂时把道德因素放在一边,仅仅从经济或者福利的角度来衡量政府的边界问题,那么这就是一个政府该在何种程度上干预自由市场的问题,而政府与市场的关系又是新结构经济学中一个十分重要的命题,所以在阅读的过程中我也尝试用新结构经济学的思想来从不同的角度看待书中所探讨的话题和事例。

新结构经济学思想认为,政府与市场是相辅相成的关系,可以各自发挥自身的优势,在合作的过程中,政府可以根据发展阶段与产业等的不同进行因势利导,对市场进行不同程度以及不同形式的帮助,以使整体达到最优。【林毅夫:新结构经济学的"有为政府"是"市场有效以政府有为为前提,政府有为以市场有效为依归"。如果市场出现失灵,政府不去克服,则为缺位,是"不作为的政府";如果政府的作为超过克服市场失灵,则是越位,成为"乱为的政府"。市场失灵在不同的领域和不同的发展程度的国家会有所不同,因此,实事求是,而不是教条式地去规定该做什么,不该做什么。】在前面所提的自由至上主义者口中,这就是政府的家长式作风,以"为你好"之名侵犯了民众的自由。而在我看来,如果以育儿作比的话,遵循新结构经济学思想的政府是完全正确的,而自由至上主义则是一种极端与偏执的想法。

有为政府就像是社会普遍认可的合格父母所做的那样,在孩子成长的不同阶段进行不同程度与方式的引导,直至这个孩子成长至思想健全,能够获得充分的信息,能够为自己的选择负责时才能放手。如果如自由至上主义者所言,充分尊重孩子的所谓人权,可能孩子的存活都是问题,更谈不上自由。父母"侵犯"孩子的自由之所以被认可,是因为孩子无知且短视,无法确定给予其绝对的自由是否能给其带来好处。放在政府与市场的关系身上同样如此,即使市场中的每个人都是理性的,按照博弈论也无法保证整个市场是理性的,即市场存在无知和短视,所以不应拥有完全的自由。我想正如政府应该有边界一样,自由也是要有边界的,绝对的自由是无法达到的,更遑论自由至上了,自由与长期的福利之间存在相互冲突的部分。

以上是我对书中最小政府这一问题的一些引申思考,失之偏颇的地方希望林老师进行指导,同时期待您对该问题的灼见!【**林毅夫**:很好,政府和市场是任何国家、任何社会两个最重要的制度安排,其作用和关系很值得思考。知识界对于政府的看法,存在着立场和意识形态的问题。如果从自由主义或新自由主义的立场来看,就像哈耶克所主张的"任何企图带来更大的经济平等(或效率)的尝试都注定具有压迫性,并且对一个自由的社会是有害的",但是,从"君权神授"的出发点来论证,那么,也可以得出君主应该有绝对的权力。立场或意识形态也是一种制度安排(见《解读中国经济》附录一"经济增长与制度变迁"),到底何者为好,需要在竞争中来验证。在"君权神授"的意识形态及相关的制度安排与自由主义的意识形态及相关的制度安排的竞争中,自由主义获胜,但不见得自由主义的"有限政府"意识形态或制度安排就是最优的。如果政府是像宏观经济学理论中假设的社会计划者(social planner)或以全体人民的利益为目标,那么政府有责任克服市场失灵,以提高市场的效率,其作用会大于新自由主义主张的最小政府的"有限政府",而是新结构经济学的"有为政府"。那么,到底是新自由主义的"有限政府"还是新结构经济学的"有为政府"的制度安排对国家对社会对人民较好,由于立场的问题,理论上的争论必然是"公说公有理,婆说婆有理",谁也说服不了谁,只能在实践上,由采用不同意识形态和制度安排的国家在经济社会发展的竞争中来决定。】

关于产业升级与劳动力流动

（钟睿煊　2022年2月21日）

新结构经济学认为，一个国家的产业结构会随着禀赋结构的不断升级而不断升级：随着一个国家的资本不断积累，其主导产业会变得越来越资本密集。由于产业升级的背后是劳动力流动，在现实的数据中，我们也应该能从家户数据中看见劳动力从低资本密集度的行业流动到高资本密集度的行业。近期我利用美国收入动态追踪调查（Panel Study of Income Dynamics，PSID）和现状人口调查（Current Population Survey，CPS）2013年前后的面板数据，观察了美国在两年内换过行业的人的流动方向，【林毅夫：要素禀赋结构变化导致产业结构变化是一个中长期的趋势，两年之间劳动力就业的变化，不太可能是由要素禀赋结构变化所导致的产业结构的变化所引起。在经济快速发展、资本快速积累的中国是这样，在美国这样经济发展慢、资本积累慢的国家更是这样。对短期的产业和就业变动的现象，应该从短期的影响因素来考虑，而不是从中长期的结构变动因素来考虑。】发现劳动力流动并没有呈现出新结构经济学理论所推论出的这一模式，向高资本劳动比行业（或者用劳动收入份额、劳动生产率衡量）流动的比重基本为50%，和向低资本劳动比行业流动的比重大体相当。

该结果似乎与新结构经济学的推论不相一致，但我对此的初步解释为：美国作为发达经济体，其禀赋结构与产业结构变迁的速度相较中国这类赶超中的发展中国家更慢，因此产业结构以及相对应的劳动力流动结构相对稳定。对于该现象，也想听听老师您的看法。【林毅夫：我认为你研究的这个短期现象和新结构经济学的结构变迁理论的关系不大。就新结构经济学来说，在中长期里随着一个经济体的经济发展、资本积累，产业会越来越资本密集，主要指的是制造业。但是，随着经济发展，一个经济体还会从以农业为主变为以制造业为主，再变为以服务业为主（这就是所谓的随着经济发展，农业的比重不断下滑，制造业的比重呈倒U形，服务业的比重不断上升的库兹涅茨曲线）。美国现在农业的比重不到2%，制造业的比重大约为20%，服务业的比重则接近80%。服务业分为生产服务业和生活服务业，生产服务业像金融、法律等是人力资本密集，而生活服务业像餐饮、理发等是劳动力密集。另外，随着资本积累，不管是农业、制造业还是服务业，所用的技术都会越来越资本密集。从中长期来说，在发达国家像美国，失掉比较优势的制造业会不断被淘汰，剩下的制造业在世界的最前沿。在全球化和全球供应链生产碎片化的大潮下，这些剩下的前沿制造业集中在人力资本密集、风险大的研发和销售的微笑曲线两端上。微笑曲线两端所提供的就业少，加工部分不是改为自动化，就是转移到工资水平较低的中国等发展中国家。从失掉比较优势的行业被淘汰的工人，以及在加工环节被转移到发展中国家或被自动化而淘汰的工人，无法进入高附加值的金融服务业，就仅能进入工资水平低、劳动生产率水平低的生活服务业。］

文献阅读与思考：Agent Based–Stock Flow Consistent Macroeconomics

（吴梦　2022 年 3 月 25 日）

最近我阅读了 Alessandro Caiani 等人的"Agent Based-Stock Flow Consistent Macroeconomics: Towards a Benchmark Model"一文。该文于 2016 年发表在 *Journal of Economic Dynamics and Control* 上，试图在标准的动态随机一般均衡模型（Dynamic Stochastic General Equilibrium，DSGE）的基础上进行一定的改进以得到一种更加符合现实的模型。

首先什么是动态随机一般均衡模型呢？动态指的是模型中各经济主体基于其偏好、技术和约束条件等求解跨期最优化问题，从而探讨各宏观经济变量随时间变化而变化的动态性质；随机指的是模型中包含多种外生随机冲击，如全要素生产率冲击、劳动供给冲击、货币政策冲击等，刻画了现实经济中存在的各种不确定性；而一般均衡指的是模型中所有市场同时出清，从而得以分析各经济主体和经济变量之间的相互联系与相互影响。动态随机一般均衡模型是现代主流宏观经济理论的基本研究范式，不仅在学术领域中占据主导地位，也在中央银行的政策分析和经济预测中发挥巨大作用。该模型有诸多优点，比如它很好地解决了传统计量经济模型中微观经济分析与宏观经济分析基本完全分裂的问题，它还采用了理性预期，可以同时讲述经济运行规律、进行政策实验以及进行经济预测。我发现我们所学习的传统宏观经济学基本都采用DSGE框架，包括新凯恩斯主义，只是模型随着人们对这一框架的研究逐渐深入而变得越来越复杂。但是在2008年国际金融危机爆发后，宏观经济学以及作为主流宏观经济学基本分析框架的DSGE模型都受到了猛烈的质疑和批评，DSGE也遭到了内部人士的反思和批评，如罗默和斯蒂格利茨。

说回到上面的文章，该篇文章大体上仍然采用DSGE框架，使用AB-SFC模型，其中AB是指Agent based（基于代理人），即模型中分为各个部门，包括家户、资产类公司和消费类公司、银行、政府和中央银行，SFC指的是Stock Flow Consistent（存量与流量相一致），即模型中每一期各指标的流量是与经济体的存量有关的。因为我对同类型的文章研究近况了解不多，所以暂时不清楚该篇文章的重要创新点在哪里，是在模型中方程的完善上还是思路的拓展上，后续我还会继续进行相关了解。不过文章中的存量流量相一致倒是启发我将其和新结构经济学的思想联系起来。如果用结构性差异对经济体进行划分，存量就是一个很好的刻画不同经济体发展阶段的指标，因为存量不同，个体对于每期流量和增长率的预期以及最终实现效果就不同，【林毅夫：新结构经济学的精粹不仅在于重视存量的不同，而且还在于重视结构的不同。例如，不同发展阶段国家的要素禀赋，固然有存量的差异，但是，也有结构的差异，这种结构的差异导致生产结构（产业和技术）以及基础设施和上层建筑的各种结构的不同，DSGE框架研究的是在一个给定结构之下的资源跨期配置问题，要研究新结构经济学的问题，需要有不同发展程度的国家内生结构的差异和结构的内生变迁。】每个经济体的发展路径就不同。这样在模型中就可以看到不同经济体会采取不同的策略来发展，或者观察到当一个经济体采取了不适宜的发展策略时会有什么样的影响。而这样一种比较不应该只是通过在模型中为不同的经济体赋予不同的预期参数来实现，而是应该在模型设定中就考虑到经济体本身就会不自觉地根据既有禀赋来进行预期和发展，对未来的预期和选择的发展策略是内生于禀赋条件的，经济体之间参数设定的不同，不是由于预期的不同，而是由于初始禀赋的不同。这些也是我在看文章时关于新结构经济学思想的一些小联想，期待林老师的见解。【林毅夫：在读到一篇文章时能联想到新结构经济学的思路，很好！在 DSGE 框架下确实可以看到不同禀赋对预期和最终实现效果的影响，但是，如上一批注所指出的，这可能还只是捡了芝麻（资源配置）而丢了西瓜（结构变迁）。在做研究时，我倡导的方法是先把要研究的现象的本质、决策者、根本决定因素和作用机制想清楚，再来考虑如何构建数理模型把上述理解刻画出来，而不是从现有的模型去思考问题。】

此外，我很喜欢经济模型能够将现实中复杂的经济主体和它们之间千丝万缕的联系进行提炼和量化，但是在看过这篇文章以及相关的一些文章后又深感现有模型对现实模拟之粗糙与简陋，甚至与现实完全不相符。【林毅夫：模型总是要简化的，如何才能真正用模型帮助我们认识世界、改造世界，在于沿着上一批注所倡导的，在解释现象时，先把要研究的现象的本质、决策者、根本决定因素和作用机制想清楚，再来考虑如何构建数理模型把上述理解刻画出来，而不是从现有的模型去思考问题或去加个变量、减个变量，这样会削足适履，与现实不符。】这一方面与现有的算力不足有很大关系，但另一方面也有可能是因为逐渐复杂的模型使人们忘记了感受和思考底层逻辑以及提纲挈领地分析问题，【林毅夫：算力不足不是问题，在 20 世纪 50 年代以前没有计算机，数据和现在比更是少得可以忽略，但是并不妨碍经济学的发展，问题出在你指出的第二部分，人们忘记了感受和思考底层逻辑以及提纲挈领地分析问题，也就是我说对问题本质和决定因素的把握。】即分析马克思主义中主要矛盾和次要矛盾的差别。我想政策制定者是需要时刻思考这一问题的，大概有为政府就是要能够找到市场真正需要的并最大限度地利用有限的力量去做到吧。【林毅夫：确实，好的政治家和好的经济学家一样都需要有把握问题本质和决定因素的能力。】

文献阅读与思考：Trade Integration, Market Size, and Industrialization

（毕斯源　2022 年 3 月 25 日）

最近我对 Benjamin Faber 的 "Trade Integration, Market Size, and Industrialization: Evidence from China's National Trunk Highway System" 一文进行了精读、总结和进一步的思考。【林毅夫：很好！】

道路作为一种基础设施，可以有效降低交易成本、推动城市之间的连接并促进贸易的发展。道路建设在连接大城市的同时，也将大小城市之间连接起来。大小城市之间存在的市场规模差异在道路建设的背景下可能会促成两种效应：一方面可以推动工业化和总体经济活动向周边地区扩散，另一方面也可能会加强空间生产的集中。对于不对称市场、道路建设、贸易等方面结合产生的影响的相关研究还比较少，因此该文作者尝试对这一问题进行研究。

文章的作者利用中国的国道主干线系统规划（NTHS）作为一项自然实验对该问题进行研究。1992 年，中国国务院批准在国道主干线系统规划，计划建设由七个横轴和五个纵轴组成的"7-5"网络（"五纵七横"国道主干线系统），既定目标是在高速公路网络上连接所有省会城市和城市户籍人口超过 50 万的城市，并在目标中心和边境省份边界之间建设路线。网络原定于 2020 年竣工，但在 2007 年年底前提前竣工。中国交通部（现交通运输部）规划人员将建设分为启动阶段（1992—1997）和快速发展阶段（1998—2007），1998 年加速建设的原因是：公路建设成为亚洲金融危机后政府刺激支出的一部分。

由于道路建设并非随机，规划者主要选择的是具有重要政治意义和经济比较发达的地区，因此变量存在内生性问题。为了解决这一问题，作者构建了两个假设的生成树高速公路网络作为实际路线布局的工具变量，第一个是最低成本路径生成树网络，第二个是欧几里得生成树网络。由于使用土地覆盖和海拔数据，最低成本路径生成树网络在全中国最小生成树上的任何给定双边连接之间产生更精确的路线预测，而欧几里得生成树网络则是表示连接两个城市的直线道路。

在最后，本文作者得出的结论是，NTHS道路建设对于当地工业产出增长、非农产出增长、地方政府收入增长以及GDP总量增长具有显著的负面影响。【林毅夫：如果这是一个各地普遍的现象，何来过去这四十多年中国经济的快速发展？】接下来，作者还指出了导致这种负面影响的机制。作者认为，有两种途径可能导致这种现象：一是贸易作用，即道路连接了县城的市场，从而使许多廉价工业品从其他地方运输过来，对县城本地经济产生负面影响；二是扩散作用，即县城本身的工业由于道路建设扩展到邻近的区域。如果第二种假设成立，则应该观察到的特征事实是被道路联通的县的周边地区经济出现了发展，但是经过实证检验后，这一途径不成立，因此作者认为是道路建设促进了贸易，从而对当地经济增长率出现了负面影响。

这篇文章本身存在一定的技术问题，如工具变量本身仍有内生性、采用的回归本质上是截面回归等，其结论也不完全可靠。但对于这篇文章本身研究的话题，我认为可以在一定程度上从新结构经济学的角度来思考。如果作者说的途径确实成立，那么道路建设带来的实际上是市场竞争——竞争淘汰了县城本地不具有比较优势的企业。但是与之相对的，如果县城本身有一些企业具有比较优势，在市场竞争之下则很可能不会受到冲击，而是由于道路建设降低了交易成本，实现更好的发展。【林毅夫：很好，完全同意你的看法，你可以用他们的数据，加上新结构经济学的产业和要素禀赋结构的匹配度来衡量道路建设对地区经济发展的影响。】因此我认为，这篇文章可能揭示了一些现象，但是没有代入异质性的视角。如果从这一角度思考的话，我认为可能会出现的事实是：（1）如果从企业异质性视角出发，道路建设对当地符合比较优势的企业产生了积极影响，而对于当地不符合比较优势的企业则产生了消极影响；（2）如果从地方异质性出发，自身具有比较优势的县城，或者说实行符合比较优势发展方式的县城在道路建设的过程中会受到积极影响，而没有发挥自身比较优势的县城则会受到消极影响。如果能找到县级企业数据，我认为或许可以检验这两个假说。【林毅夫：这两个假说可以用上一批注的思路来检验。新结构经济学研究院的尤炜老师在做城市和区域方面的研究，你可以和他联系，请教怎么推动这个研究。】这是我的一些不成熟的思考，还请老师多多批评指正！

读书心得：《置身事内：中国政府与经济发展》

（叶子欣　2022 年 3 月 25 日）

　　3 月在学习之余，我阅读了几本书，其中一本是近期许多人都在读的兰小欢的《置身事内：中国政府与经济发展》。这本书比较务实，上篇讨论政府运行的微观机制，下篇则谈论房价、贫富差距、债务危机、国内国际失衡等宏观问题，并以"分税制改革、土地财政与要素资源错配"为贯穿全书的主线。我和同学们也进行过讨论，在此向您分享和请教。

　　该书侧重于分析地方政府在经济运行中的影响，所以从地方政府事权划分与激励机制谈起，同时注意到不同省市与国家的结构差异，整体上实事求是，不过也有待讨论之处。例如作者在分析比较优势时，认为它具有很大不确定性，可以人为创造：20 世纪 70 年代韩国具有比较优势的产业是纺织业，如果按照比较优势发展，韩国就应该致力于纺织业，但当时韩国一头扎进了本国没有的产业，例如轮船和电子产品产业，而这些产品也成为韩国 20 世纪 90 年代最具比较优势的出口产品。

　　我的理解是：我们应当注意要素禀赋积累的渐进性，以及潜在比较优势的概念。【林毅夫：没错，确实如此。上述对韩国在 20 世纪 70 年代只能发展纺织业的看法是对比较优势随着要素禀赋结构变化的理论的不理解。】20 世纪 60 年代是韩国劳动密集型产业的重点发展阶段，这一期间韩国按照比较优势发展，从进口替代模式向出口导向模式转变，积累资源，拾级而上；70 年代则进入重工业阶段，集中力量调整产业结构。从事实来看，轮船和电子产品产业的发展离不开前期的资本积累，当资本积累到一定程度，轮船和电子产品产业已成为具有潜在比较优势的产业，需要有为政府进行支持。我向同学们分享了这一看法，他们表示认同，但也认为和书中内涵一致，只是用了更多概念将产业转型过程描述得更标准化。我认为这是有必要的，以免出现理解上的偏误。如果有理解错误，也恳请您批评指正,谢谢!【**林毅夫**:你的理解和解释很到位,实际上那本书的看法是许多人,包括一些著名经济学家,对按照比较优势发展概念的误解。参见以下文章:樊纲."发展悖论"与"发展要素"——发展经济学的基本原理与中国案例 [J].经济学动态,2019(6):148-151;刘培林,刘孟德.发展的机制:以比较优势战略释放后发优势——与樊纲教授商榷 [J].管理世界,2020(5):67-73.】

从省际贸易角度对区域不平等动态变迁的新思考

(钟睿煊 2022 年 3 月 25 日)

改革开放之初,东部相较西部具有一定的先天技术优势,【**林毅夫**:我想改革开放初期,中西部地区有三线建设的企业,技术并不低于东部。东部的优势可能主要在于区位,容易和国际市场连接,发展具有比较优势的劳动密集型产业,产品可以进入国际市场。】尽管东部和西部都拥有具有比较优势的产品(包括最终品和中间品),但是由于东部和西部地理相隔,基础设施不完善,区域间的贸易成本十分高昂,东部的产品再便宜,运到西部后其价格也会高于西部本地生产的产品的价格,因此对于大部分产品各地都会选择自给自足,区域间贸易十分不发达。【**林毅夫**:可能最大的影响不在于区域间的交易成本高,使得各地形成自给自足;而在于前一批注所指出的中西部参与国际市场的困难,使得中西部的比较优势无法得到充分发挥。例如,在 20 世纪八九十年代中国最有名的彩电是四川绵阳生产的长虹彩电,但是,长虹彩电要卖到国际市场需要用铁路运到东部沿海的港口,单单这一段运费每台彩电就要 50 元,而在国内市场,每台彩电的利润也就 50 元。东部的劳动密集型产业,经常一个产业集群的产量就占全球市场的 30%、40%(例如浙江诸暨大唐的袜业、嵊州的领带),中西部的相同产业在无法参与国际大市场的限制下难以像东部那样大规模发展,发展受限,中西部的劳动力就流动到东部来就业。】根据《中国交通年鉴》省际铁路运输统计数据,1985 年,东部地区(不包括东三省)生产的产品(不包括外贸产品),只有 25% 会运送到中西部地区,中西部地区生产的产品也只有 33% 会运送到东部地区。

【**林毅夫**:可以作为竞争性假说来检验到底阻碍中西部发展的主要原因是交通基础设施不足导致中西部的地区自给自足,还是无法参与国际市场而使得具有比较优势的产业难以充分发挥。】改革开放后，中央让东部地区率先与世界市场接轨，由于在世界市场上，东部劳动密集型的产业具有明显比较优势，通过世界贸易以及技术的不断引进，东部技术优势进一步加大，促进了本地的资本积累，但是高昂的贸易成本令东部地区的技术进步对中西部地区的带动作用变得十分有限。这使得东部制造业占全国的份额不断扩大，东部与西部的收入差距也不断增加。

2000年左右，国家推出了西部大开发战略，开始加快兴建西部的基础设施项目，这使得东部与西部间的贸易成本开始逐渐缩小。贸易成本的下降会扩大区域间贸易的规模，主要体现在东部与西部专业化分工的扩大。同样根据《中国交通年鉴》省际铁路运输统计数据，2017年东部地区（不包括东三省）生产的产品（不包括外贸产品）运送到中西部地区的比例提高到了40%，中西部地区生产的产品运送到东部地区的比例提高到了50%。技术水平较低的西部从区域间贸易的扩大中获得更高的收益，因为西部不仅可以出口更多自己具有比较优势的产品，还可以利用东部的技术优势，进口更多的廉价中间品，提高自己的生产效率。此时东部地区资本积累的速度已经放慢，西部资本积累的速度不断加快，西部制造业在全国的占比开始增加，东西部收入差距开始不断缩小。

【林毅夫：按照比较优势发展应该可以充分利用国内国际两个市场、两种资源。如第三个批注所指出的，要看基础设施不足对地区经济发展所带来的不利影响主要是造成区域贸易的不足，还是造成无法充分利用国际市场。】

【林毅夫：能够自己观察现象、提出解释现象的假说是一个重要的能力，你做得很好。不过，如课上强调的，一个现象可以用许多假说解释，到底哪个对，要善于用"一分析，三归纳"来检验。】

从国内国际贸易的角度对区域不平等动态变迁的再思考

（钟睿煊　2022年4月29日）

在上次的午餐会中，我试图仅从区域内贸易的角度对东西部收入差距先上升再下降的现象进行解释。您在回复中指出，影响东西部收入差距一开始拉大的主要原因不在于区域间的交易成本高，使得各地自给自足，而在于中西部参与国际市场的困难，使得中西部的比较优势无法得到充分发挥。因此，在上次午餐会之后，我又查阅了一些资料，发现改革开放后，东部地区的进口与出口占 GDP 的比重有一个迅速的增加，但西部该比重增加的幅度十分缓慢。这表明引入国际市场对于解释东部与中西部的收入差距是十分必要的。我对我的解释进行了一些修改，希望可以得到林老师的指正！

改革开放以来，中国地区间的收入差距呈现出一个先上升后下降的趋势。从 1952 年以来东部与中西部地区人均 GDP 差距的变化中可以看出，东部与中西部的收入差距从改革开放初期的 50% 上升到 21 世纪初的 80%，然后又回落到 2020 年的 40%。从 1983 年以来中国各省人均 GDP 的分布中也可以明显地看到各省的人均 GDP 分布呈现出一个先发散再收敛的态势。

针对这一重要现象，现有文献要么只解释了收入差距扩大的阶段，要么只解释了收入差距缩小的阶段，缺乏一篇文章用一个统一的理论框架对整个过程进行解释。我的研究则试图填补这一文献上的空白。

通过将现实中的数据与一个三区域（东部、中西部和外国）的动态一般均衡模型相结合，我认为由对外开放带来的生产率的提升以及由基础设施建设带来的贸易成本的下降是导致区域间收入差距先上升后下降的重要原因。

具体而言，改革开放初期，<u>在一些偏向性政策的影响下，东部地区率先向世界开放，</u>【林毅夫：倒不一定是偏向性的政策导致东部率先向世界开放，更大的可能性是地理之便。在改革开放之后，除了四个经济特区，对内改革、对外开放的政策应该没有区域的差异，但是，东部沿海地区一来本身和海外联系方便，二来在外的侨民也多，我想这才是东部地区外向型的劳动密集型产业率先发展起来的原因。】这让东部地区的对外贸易规模迅速增加，从贸易中得到了很多好处（例如<u>生产率的提升</u>）；【林毅夫：开放后带来的生产率的提升，一方面是因为劳动密集型的制造业的生产率比农业高，另一方面是因为外贸的迅速发展、劳动密集型产业的迅速扩张，使得更多的劳动力能够从农业转向劳动密集型的制造业。】但是中西部地区身处内陆，且基础设施尚不完善，这导致中西部与其他地区之间存在较高的贸易成本，在改革开放初期中西部地区国内贸易以及国际贸易的规模都比较小,并没有享受到贸易的好处,这导致东西部收入差距拉大。随着基础设施的不断完善,中西部地区与其他地区之间的贸易成本不断下降,中西部地区国内贸易以及国际贸易的规模越来越大,可以从国内以及国际贸易中获得越来越多的好处,同时东部地区的资本回报在不断下降,【林毅夫:东部的资本回报未必绝对下降,而是中西部的资本回报经由上一批注所指出的两个渠道快速上升,使得东部的资本回报和中西部比相对下降。】这导致之后东西部收入差距开始缩小。

为了呈现这一机制,我将现实中的数据与一个三区域的动态一般均衡模型相结合。在模型基础上,我假设东部、中西部和外国在1978年都处于稳态,然后中国开始了改革开放。首先,中央政府让东部地区率先对外国开放,【林毅夫:如第一批注所示,东部先得益于开放未必是中央政府的政策使然。只要模型中有交通运输成本,在改革开放初期,东中西部的工资处于同一水平,劳动密集型产业的"要素生产成本"相同时,中西部由于运输成本高,其劳动密集型产业的总成本高于东部,从而难以发展。只有到了2000年以后,东部由于资本积累,要素禀赋结构变化,劳动力由相对多变成相对少,工资水平大幅上升,使得劳动密集型产业的"要素生产成本"高于中西部;再加上交通运输条件的改善,中西部的交通运输成本也下降,使得劳动密集型产业的总成本在中西部低于东部,并且,中西部劳动密集型产业的总成本也低于国外的竞争者,所以,劳动密集型产业就由东部转移到中西部,并且中西部的生产率经由本文第二个批注所指出的两个渠道快速提升,收入快速增长。这样的机制意味着东中西部收入差距先上升再下降的现象是由地理位置所形成的交通运输成本和禀赋结构所形成的比较优势的差异"内生"造成,而非外生的政策所导致。】在模型中体现为东部与外国的贸易成本迅速下降。【林毅夫:改革开放之前,对外贸易没有开放,换句话说,对外贸易的制度性成本太高,就像水库有闸门,把水挡在水库里,推行了开放政策后把闸门打开,水就迅速从水库往外流。而同样的对外开放政策不增加中西部的对外贸易,是因为交通运输成本太高,中西部产品的总成本在国际上没有竞争力。】其次,中央政府还不断完善区域间的基础设施建设,在模型中体现为西部与东部以及西部与外国的贸易成本逐年下降(下降的速度低于东部)。模型变化后,模型的结果可以很好地与现实的数据匹配,这说明该理论对于中国的区域间收入差距先上升后下降的现象具有较高的解释力。

通过以上研究,我认为在愈发强调共同富裕、区域协调发展的今天,有为政府与有效市场相结合变得十分重要。首先,政府应该继续保持对外开放,降低制度性交易成本,使各个区域的企业都能够充分享受两个市场、两种资源;其次,政府还应该继续推进基础设施建设,畅通国内与国际大循环,令每一个区域的比较优势都能在两个市场中得到发挥。

关于国内要素流动成本降低对于要素禀赋结构出发点的影响

(钟睿煊　2022 年 4 月 29 日)

新结构经济学强调以要素禀赋结构为中心。要素禀赋结构决定要素之间的相对价格,从而决定最适宜的产业结构。在现有新结构经济学的研究中,对于一个地区的要素禀赋结构,目前大多是用当地的 K/L(资本与劳动之比)来衡量。如果这个地区是一个国家,由于国家之间要素流动的成本很高,我们可以将其拥有的资本和劳动力当作给定的;中华人民共和国成立之初,各地之间的要素流动成本也很高,因而对于地方政府,其要素的相对价格也不会受要素流动的太大影响。但随着要素流动成本的降低,当我们在分析中国的各个区域的禀赋结构时,行政区域(县市)内的 K/L 在多大程度上能够衡量当地的要素禀赋结构呢?

【**林毅夫**:这个问题在《关于新结构经济学禀赋内涵的探讨》(《新结构经济学工作论文》No.C2019009)中有详细讨论,在里面我是如此解释的:"如果要素可以流动但是不改变要素价格基本上是由要素禀赋结构决定时,那在模型中和讨论时是可以假定要素是不流动的。在真实世界中,劳动力是可以跨国流动的,但是,有没有哪个发展中国家的劳动力成本因为外流而导致其工资水平跟发达国家一样了呢?非洲的劳动力可以流到欧洲去,印度、巴基斯坦、斯里兰卡、孟加拉国的劳动力可以流到中东去,有没有看到他们母国的工资和欧洲或中东的产油国一样高了呢?有没有看到这种情形呢?同样的情形,资本可以流动,有没有那个发展中国家因为资本的流入,其人均资本拥有量和发达国家一样高,资金的价格和工资水平和发达国家趋同？过去我在上课时，常有学生跟我说因为要素流动会导致要素价格均衡（Factor price equalization），所以，禀赋结构决定产业结构的观点在开放经济中是不正确的。但现实的世界不出现这种情形，那就不能把这样的理论作为观察世界现象的基础，否则，就会像我在上课时经常告诫学生的，不要被理论骗了。其实，从决策者都是理性的角度来思考，也可以推论出上述趋同的状况不会出现，以资本流动为例，高收入国家的资本拥有者为何要流动到资本相对短缺的发展中国家？为了获得比在自己的国家更高的回报。如何才能？有两种可能：一是、在发展中国家建立生产基地去出口，出口的产品必须符合所在国的比较优势才会有竞争力，才能获利，因此，不会去投资和其母国的资本同样密集、违反当地比较优势必然亏损的产业；二是、为了规避进口壁垒，在发展中国家建立生产基地以生产产品在当地出售，为了利润最大化，投资者会在技术选择上尽量利用当地廉价的劳动力要素替代昂贵的资本，参观日本、美国的汽车组装厂各种工序都由机械操作，基本看不到工人，在中国的合资厂则到处是工人。"上述讨论的是要素的跨国流动，但其实也适用于要素在国内的流动，劳动力可以流动并没有使得劳动力的价格在各个地区一样，另外，资本在国内的流动也是逐利的，必然会投入流入地禀赋结构所决定的具有比较优势的产业。]

关于基础设施建设政企合作的思考与问题

（毕斯源　2022 年 4 月 29 日）

我最近读了关于法国信息经济学家 Jean-Jacques Laffont 的一些工作的总结。Laffont 的一生中有大部分时间都在做机制设计，但是直到比较晚才注意到发达国家和发展中国家监管情况（主要是指政府和私人部门合作的领域，如基建领域）的区别。他在现实的很多案例中发现，传统的、在发达国家中被详细阐述和应用的监管理论框架，在发展中国家的用途比预期要有限得多。其中，Laffont 认为发展中国家在政企合作中的相关问题包括：

（1）监管机构监管能力有限。发展中国家的监管机构通常缺乏资源，这一般是因为政府收入不足，有时是因为政府故意扣留资金作为削弱监管机构的手段。由于缺乏资源，监管机构无法聘用具备适当技能的员工，而受过高等教育的专业人员稀缺以及使用公务员薪酬等级的广泛要求使这项任务变得更加艰巨。除此之外，审计系统不发达、司法机构缺乏经验也会限制其监管能力。

（2）不负责任。Laffont 认为，这是因为很多发展中国家的政府和监管机构都可能是在追求自身的特殊利益，如果问责制松懈，政府与包括受监管厂商在内的各种利益集团之间的勾结更有可能发生。

（3）承诺有限。Laffont 认为，许多发展中国家的制度框架使得人们不可能依赖合同。1985—2000 年在拉丁美洲，超过 40% 的特许经营被要求重新谈判（其中大部分是应政府的要求），对未来重新谈判的恐惧是吸引私营部门参与的严重障碍。

（4）财政效率有限。Laffont 认为，发展中国家财政制度薄弱，很多情况下无法为补贴支付足够的资金。

我认为 Laffont 所说的政府与市场合作时发生的这种市场失灵可能确实存在。在现实中，发达国家的基础设施融资有更高的私人部门参与率，而发展中国家的基础设施融资则主要由政府主导。【林毅夫：这种差异还在于基础设施的投入大，发达国家资本相对丰富，民间资本多，尤其有退休基金等可以投资于长期项目的资金，而发展中国家资本相对少，也缺乏可用于投资长期项目的私人管理的退休基金。】

以 Laffont 为代表的现有研究认为导致这一现象的原因是：私人部门的参与程度往往与所在国的制度环境相关；当且仅当政府能够提供长期合作的可置信承诺、不损害私人部门的投资利益时，私人部门才会愿意参与基础设施投资。在一些制度环境不完善的发展中国家，政府有可能出于特定的目的而违背与私人部门订立的合作契约，这会弱化私人部门投资基础设施的积极性，造成发展中国家基础设施的融资瓶颈。因此，一国的基础设施投资能在多大程度上吸引私人部门的进入与其政企关系、契约和法治环境紧密相关。【林毅夫：发展中国家私人部门在基础设施上的投资少于发达国家，我想更主要是由于上一批注所述的差异，而不是 Laffont 所说的"政企关系、契约和法治环境"。】

从新结构金融学的视角出发，基建融资结构的差异可能取决于与经济体所在发展阶段的实体经济相匹配的基建融资规模与类型的特征。【林毅夫：同意，

很好！】

在基建融资规模方面，在经济发展前期，政府较高的基础设施投资虽然对家庭部门构成了税收负担，但可以迅速提高企业的生产率，降低企业成本，刺激企业提升投资水平，加速企业财富与资本积累，缓解金融摩擦带来的资本积累不足，也可以为家庭创造更多工资水平较高的就业机会，带来家庭收入和储蓄的增加。在经济发展的中后期，随着经济的发展，企业的自有财富越来越多，其用于投资的资本也就越来越多，此时政府可相对减少基础设施投资。所以，在发展的早期阶段，经济体的基建融资需求更大，其社会资本积累较少，需要政府在基建融资方面发挥更大的作用。【林毅夫：有较高的基础设施投资可以迅速提高企业的生产率，降低企业成本，刺激企业提升投资水平，加速企业财富与资本积累，缓解金融摩擦带来的资本积累不足，但是，更重要的是基础设施投资使得产业升级变成可能，使得要素得以配置到具有更高生产率水平的新产业。等基础设施投资多了，不再成为产业升级的瓶颈，而且，随着经济发展，产业越来越往服务业转型，服务业对基础设施的需求比制造业少，所以，政府对基础设施的投资也就减少。】

在基建类型方面，在早期发展阶段，经济体需要诸多类型的最基本的基础设施形成合力，例如煤电油运，并需要规划与早期发展阶段的产业相配套的基建，方能带动经济腾飞和增长，从而在中长期确保基建的收益。上述全域内多类型的基建投资以及基建与产业的协调一般超出了私人部门的能力与意愿，需要有为政府发挥关键作用。相较而言，发达国家的基建缺口的类型更为明确，其现金流的收益测算更为稳定，而且，社会有较高的资本积累和较完善的金融体系，因而可以吸引更多的私人部门的投资。【林毅夫：这种发展阶段的不同带来协调各种基础设施投资需求的差异，是一个很有见地的观点。】

我认为或许大方向上确实如此，但是我还是对政府与私人部门共同进行的基础设施建设有一些细节上的疑问，比如发展水平较低的发展中国家，如当前的非洲国家，其基础设施建设是否应该全部或绝大部分都由政府主导？【林毅夫：在发展水平较低的国家，除了容易收费的移动通信有许多私人投资，其他基础设施的投资基本靠政府。】但是这在客观上又对财政有了比较高的要求。此外，在发展的过程中，类似的监管机制设计是不是经济学里应该仔细考虑的内容？当前中国的基建是否已经脱离了完全由政府主导这一阶段，应该逐渐向政府和社会资本合作转型呢？【林毅夫：当前在中国，容易收费的高速公路以及可以把发出来的电卖给电网的风电、太阳能和水电有私人参与投资，其他基础设施的建设主要是政府投资。】

性别平等程度是内生于经济发展阶段的吗？

（郭若菲　2022年4月29日）

我在参与非营利机构工作的相关过程中，发现一个与直觉不同的事实，希望能同林老师探讨。

在我的想象中，性别平等程度应当是内生于经济发展阶段的。可能的情况有：（1）更高的经济发展阶段意味着更高的生育福利，妇女生育后可以更快投身工作，因此受到的职场歧视更小；（2）更高的经济发展阶段意味着产业以服务业为主，男性在工农业中的体力优势不再显著；（3）更高的经济发展阶段意味着更高的教育水平，可以促进性别平等观念的传播。然而，在查找数据的时候，我发现发达国家在性别平等方面的优势，远不及其在其他指标（如环境质量指标）方面的优势。如在2020年的《全球性别差距报告》中，尼加拉瓜排名全球第五，卢旺达排名全球第六，菲律宾排名全球第八。这些国家排名前列似乎很难用经济原因来解释，而更多是文化与法制的原因。以菲律宾为例，其历史上性别平等程度一直较高，这种社会意识可以追溯至菲律宾的远古神话。因此，希望与林老师探讨：如何看待经济因素的决定性地位？文化的影响是否可能占据一定程度的主导地位？【林毅夫：性别平等程度的影响因素很多，除了和发展阶段相关的就业结构、就业机会和收入水平，文化传统、意识形态以及外来因素（在多边和双边的援助中，经常把性别平等作为给予援助的前提）等都会有影响，而且，在不同的国家，这些因素的作用强度会不同。在研究上，一个可以检验的假说是，给定一个国家的文化传统、意识形态、外来援助等，收入水平提高或适合妇女的就业机会增加，衡量性别平等程度的指标会提高。】

非农业对农业增长的带动作用与结构转型

（黄卓楷　2022 年 4 月 29 日）

在工业革命之后，人类从以农业为主的经济模式进入了非农业蓬勃发展的经济模式，经济增长速度得到了极大的提高。这说明单独的农业发展模式难以实现经济的快速增长。在经历了工业化之后，技术水平极大进步，世界经济进入一个更高水平的发展阶段。这时我们看到，实现了机械化、规模化的农业（如美国、澳大利亚、新西兰的农业），能够带来较大的增加值，成为经济支柱。我对于这一现象的初步想法是，在没有制造业等产业的情况下，地区的技术禀赋、资本禀赋较低，农业无法实现较快的资本积累，带来如此之快的经济增长。在技术水平进步、制造业发展达到一定阶段之后，农业才能够引入现代化机械，实现资本深化。【**林毅夫**：在发展早期，一个国家的劳动力主要集中在农业，这个国家单独依靠提高农业生产率难以实现快速、持续的经济增长，这是因为农产品的国内需求弹性低，国际市场的规模很小，需求弹性也非常低，增产会带来"谷贱伤农"，增产不增收。所以，经济要持续发展，需要把农村劳动力转移到生产力水平更高、需求弹性大、国内国际市场大的制造业。随着非农产业的发展，农业的生产也会增加资本投入，这是因为：一方面，资本不断积累，劳动力会从相对丰富变为相对短缺，工资在城市和农村都会上涨，农业生产也需以机械设备来替代劳动投入；另一方面，出于粮食安全的考虑，当农业劳动力减少时，需要提供粮食生产补贴以鼓励农民增加资本投入，保证粮食生产。至于美国、加拿大、巴西、澳大利亚、新西兰出口粮食，是因为它们地多人少，粮食和畜牧是土地密集型产品，是它们的比较优势，所以能够出口。但是，即使如此，农业劳动力占总劳动力的比重也不到 5%，农业在 GDP 中的比重也同样少于 5%，不是支柱产业。土地稀少的国家更不会把农业作为支柱产业，去出口土地密集型的农产品，随着制造业的发展、收入水平的提高和资本的积累，农业在这些国家 GDP 中的比重同样会不断下降到 5% 或更低。】

如果按照这样的推论，那么一个经济体在发展过程之中，就会需要制造业等非农业对农业起到带动作用，提升经济的资本和技术禀赋结构，这样才能使农业在经济增长过程中依照比较优势发展。【**林毅夫**：请参照我的上一批注，其实，如果不是出于粮食安全的考虑,在一个开放经济的发展过程中,农业和制造业一样是必须遵循比较优势的。只有当一个国家随着经济发展,农业尤其粮食生产的比较优势逐渐消失时,此时出于粮食安全的考虑才会补贴、保护粮食生产,而违反比较优势。】而这种依照比较优势发展的产业状态,在劳动力占比上就会呈现出结构转型现象,人口从农业不断向非农业转移。我阅读到 L.Rachel Ngai 和 Christopher A. Pissarides 的 "Structural Change in a Multi-Sector Model of Growth" 一文,它希望解释劳动力从农业向制造业再向服务业转移的现象。文章给出的解释是劳动力会从技术水平进步率更高的产业不断向技术水平进步率更低的产业转移,来补足对于这些低进步率产业生产的需要。【林毅夫:我想他们的模型是一个封闭经济的模型。而且,他们没有考虑由要素禀赋结构变化所导致的比较优势变化,只考虑了不同产业技术变化速度的差异在封闭经济下的影响。】

在我看来,这两个现象——结构转型、农业在禀赋结构提高后生产率增长快——被这篇文献捕捉得很到位,但是我认为其中的解释机制不完全对。从当代横向来看,仍然有经济体依赖农业出口(如澳大利亚、新西兰,甚至美国),并非如这篇文献所讨论的,就业最后只会集中到制造业、服务业两大行业的情况。【林毅夫:如前所述,他们的模型没有考虑要素禀赋结构变化对比较优势的影响。】我认为经济发展会使得农业的生产率增长在工业化前期低于非农业,在资本深化之后高于非农业,呈现出螺旋式上升的态势。【林毅夫:在一个发展良好的开放经济中,农业的生产率的变化未必是前期低、后期高。可以参考 Theodore W. Schultz 的 *Transformation of Traditional Agriculture*。】基于这一点,我考察了中国省际农业劳动生产率的变化。

回归结果表明:在 1997—2020 年,在 2009 年以前,农业劳动生产率的增长率低于非农业约 3.99 个百分点,2009 年以后农业劳动生产率反过来高于非农业约 3.73 个百分点,逆转了 7.72 个百分点!【林毅夫:(1)在改革开放初期的 20 世纪 80 年代,农业劳动生产率的增长率可能高于非农产业。(2)2009 年以后农业劳动生产率高于非农产业,有相当大一部分可能来自政府出于粮食安全考虑而对农业生产的补贴。】而我认为这个现象最后能够通过我国在 1997 年以来城乡收入差距先扩大后缩小的现象来解释。

关于中美两国技能溢价的观察和思考

（黄卓楷　2022年4月29日）

近一个月以来，我在朱礼军老师的指导下对中国和美国的技能溢价进行了思考和观察，得到了一些很有意思的现象，希望能和您交流。

首先，我通过整理美国 CPS（现状人口调查）数据与中国城镇住户调查和 CFPS（中国金融人口调查）数据，看到以美国为代表的发达国家的技能溢价在不断提高；以中国为代表的发展中国家的技能溢价也在不断提高。具体来看，美国在 1968—2008 年技能溢价一直上升，2008 年之后技能溢价开始下降。

根据国际贸易 Hecksher-Ohlin 模型的预测，贸易开放会使得一个国家相对丰裕的生产要素获益，相对短缺的要素受损。【林毅夫：国际贸易分析一般用静态模型，而且假设所有国家都有相同产业，没有考虑不同发展程度的国家有不同的产业，以及一个国家的产业会随着要素禀赋结构变化而不断升级的问题。】这样的话，技能溢价在技能劳动力相对丰裕的美国的确会上升，但在非技能劳动力相对丰裕的中国应该下降。【林毅夫：如果按上一批注所说，贸易使中国更好地发挥比较优势，使得经济发展快，资本积累快，要素禀赋结构和比较优势升级到资本和技术更密集的产业，则贸易也会在中国带来技能溢价。】我们考虑到中国在开放贸易之后依照比较优势发展，承接劳动密集型的产业；同时中国正处在一个结构转型的发展阶段，中国的农村剩余劳动力一直作为非技能劳动力的供给，压制了我国的非技能劳动力工资上涨；而随着我国的发展，要素禀赋结构升级，经济引入了换道超车型产业，出现了领先型产业，对于高技能劳动力的需求也越来越高。【林毅夫：换道超车型产业在中国是在 2010 年以后才涌现，我想在 1990—2010 年的中国，技能溢价更多的是来自：（1）在追赶型产业中升级到资本和技术更密集的产业区段；（2）在领先型产业中人力资本密集的自主研发的增加；（3）在转进型产业中升级到人力资本密集的微笑曲线两端。】所以中国的高技能和低技能劳动力工资差异不断扩大。【林毅夫：在 1980—2000 年，劳动密集型产业中的劳动真实工资基本没有上涨，但是在 2001 年中国加入 WTO（世界贸易组织）以后，劳动密集型产业迅速扩张，低技能劳动力工资的上涨非常迅速。尤其是 2010 年以后，劳动力开始出现短缺，保姆的工资上涨就是明显的例子，劳动密集型产业的工资也增加得非常快。】

目前关于技能溢价的文献对这一现象提出的解释都没有考虑到发展中国家的发展阶段，【林毅夫：这正是新结构经济学可以做贡献的地方，你可以考虑本文的第一个批注到第三个批注所建议的机制，看如何来模型化，并做检验。】所提出的假说都没有揭示最主要的因素。最早由 Robert Feenstra 和 Gordon Hanson 所提出的外包（outsourcing）理论，解释美国与墨西哥之间的贸易使得两国的技能溢价同时上升。其中的假设是美国外包给墨西哥的产业相对于墨西哥是高技能劳动力密集的，从而造成了墨西哥的技能溢价提高。但是我国开放外贸之后，虽然引入的产业技术水平提高了，但是这些产业并不需要高技能劳动力，而是"扫除文盲"之后的劳动力就能承担的工作。所以外包理论恐怕无法解释中国的现象。

Fernando Parro 认为的资本与技能劳动力的互补性能够提高贸易双方的技能溢价。Parro 认为，贸易降低了资本的价格，而资本与技能劳动力的互补性使得贸易各方都提高了对于技能劳动力的需求。【林毅夫：相对于贸易降低了资本的价格的影响，我想更重要的是本文前三个批注所讨论的结构变迁的影响。】这一结论对中国有一定解释力，但是外国的资本流入有两种方式：一种是通过资本市场——由于中国资本账户管制，外币无法通过国内资本市场融资；另一种是直接投资——这一部分在我国是重要的，但是在 Parro 对于利率数据的分析中并未刻画。

Ariel Burstein 和 Jonathan Vogel 认为贸易更多的是发生在技能密集的大企业之间，所以贸易会促进资源向技能密集的大企业分配，这样技能溢价就会进一步提高。但是中国的外贸企业有华为、腾讯、中海油这样的大企业，也有长三角、珠三角的衣服、玩具等日用品制造厂，早年还有资金并不雄厚的乡镇企业。这一结论显然并不适合对于结构转型中的中国的描述。【林毅夫：同意。对中国来讲，本文前三个批注所讨论的结构变迁机制更重要。】

Francisco Buera、Joseph Kaboski 和 Richard Rogerson 认为技能偏向的结构转型是技能溢价提高的主要原因。他们认为在发达国家，收入提高，产业升级到技能更密集的区段，从而就能产生更大的技能劳动力需求。这一解释没有考虑到中国等发展中国家的情况，恐怕不能完全用来解释中国等发展中国家的现象。【林毅夫：其实，如本文前三个批注所示，我认为在中国技能溢价也主要是由向技能更密集的产业和生产活动的转型带来的，只不过这种结构变迁所发展的产业和发达国家不太一样，在资本积累、要素禀赋结构升级时，除了领先型产业会像发达国家的产业那样进行自主研发的技术和产业升级，追赶型产业和换道超车型产业也会向资本和技能更密集的生产区段转型。】

所以我认为要解释中国的技能溢价的上涨，结构转型之中农村剩余劳动力对于非技能劳动力工资的拉低，有着重要的作用。

关于中美两国技能溢价问题的再思考

（黄卓楷　2022 年 5 月 27 日）

这个月我对于技能溢价研究事实的梳理得到了一些更加稳健的结果。首先，是对于技能溢价的计算和事实，我经过多方调整，阅读了关于劳动的文献[1]，选取了最为成熟的方法得到以下结果：中国和美国在进行贸易之后，技能溢价都在持续上升，其中，中国的技能溢价上升趋势更加陡峭，美国在 2010 年之后的技能溢价上升趋势趋于平缓。

对于不同部门与产业的技术密集度，我也进行了测量。第一产业、第二产业、第三产业的技术密集度在中美两国都随产业依次递增。

同时，在三大产业层面上，能非常清晰地观察到中美两国的结构转型过程和发展阶段差异。首先，美国的工业化进程主要集中于 19 世纪之中的镀金时代；在 20 世纪初，美国已经进入了以第三产业为主、第二产业已达顶峰的后工

---

[1] Autor D, Katz L, Krueger A. Computing Inequality: Having Computers Changed the Labor Market? [J]. Quarterly Journal of Economics, 1988, 113: 1169-1213.

业化时代。结合上文提到的产业技术密集度事实，这说明美国依然在不断向着技术更加密集的方向进行产业升级。<u>中国在七十多年间出现了明显的从农业国到工业国的结构转型过程，在 2010 年之后，第三产业劳动力占比增长到第一位。这说明我国的产业结构也在不断向技术密集的方向升级。</u>【林毅夫：向第三产业转型本身并不代表就是向资本技术更密集的方向升级。实际上拉丁美洲和非洲在 20 世纪 80 年代以后出现去工业化，大量劳动力从制造业和农业转向第三产业，但其生产力水平低于制造业，其原因是第三产业包括生活服务业和生产服务业，生产服务业的技术密集，但生活服务业的技术很简单，而生产服务业的发展是内生于第二产业的需求的。拉美和非洲因为出现去工业化，进入服务业的劳动力绝大多数进入了生活服务业，技术需求小，所以，也就不会有技能溢价。①】

　　<u>我认为贸易带来的市场效应首先促进了中国的结构转型和产业升级进程——正是全球市场扩大，使得中国的资本积累更快，中国的企业家在前期的加工贸易之中发挥廉价劳动力优势，快速积累资本，不断转向资本密集度、技术密集度更高的产业。</u>【林毅夫：就中国本身而言，在 80 年代中国进行改革开放以后，贸易自由化确实带来了经济快速发展、资本的积累和制造业的不断升级。但是，同样在 80 年代，拉丁美洲和非洲却在贸易自由化之后出现了去工业化的情形，其差异在于贸易自由化以前，中国和其他发展中国家都推行了违反比较优势的进口替代战略，靠政府的保护补贴建立了一批资本密集的制造业，在 80 年代，中国推行的是渐进双轨的转型，"老人老办法，新人新办法"，对原来的产业继续保护补贴，以维持其生存，对新的符合比较优势的产业，通过建立工业园、加工出口区以及招商引资等措施帮助企业克服软硬基础设施的瓶颈而发展起来。拉美等则在贸易自由化以后取消了对原有产业的保护补贴，不少产业破产，而政府在新自由主义的影响下，没有对新的符合比较优势的制造业产业克服软硬基础设施的限制给予必要的帮助，这些产业因此发展不起来，以致出现去工业化的情形。所以，贸易是否带来市场的扩张以及经济的发展和资本的积累，还在于政府是否发挥因势利导的作用。可参考《解读中国经济》第十四讲，以及 Lin J Y, The Washington Consensus Revisited: A New Structural Economics Perspective [J]. Journal of Economic Policy

---

① Rodrik D. Premature Deindustrialization [J]. Journal of Economic Growth, 2016, 21: 1-33。

Reform, 2014, 18(2): 96-113。】在这样的结构转型的过程中，城市的资本积累是一个由少到多、动态的过程，人力资本的提高也是动态的过程，人们会随着产业不断升级，更新自己对于未来工资的预期，提高自己的受教育程度。所以第二和第三产业在相当长的时间内，以较低的工资吸纳农村转移出的低技能劳动力。【林毅夫：(1) 我想受教育水平的提高应该是各国的普遍现象（请查一下拉美和非洲的数据），技能溢价是否存在主要看是否出现需要更高人力资本的就业机会，如果有这样的就业机会就有技能溢价，否则就不会有。当然，如果一个国家的经济发展得好，需要有高教育水平、有技能溢价的就业机会不断增加，也会鼓励人们增加对教育的投资，关于这个机制可以另外再写一篇有关教育需求的文章。(2) 这前后两句话，逻辑矛盾。由前一句话，推论不出"所以第二和第三产业在相当长的时间内，以较低的工资吸纳农村转移出的低技能劳动力"。】

对于美国，由于禀赋结构的决定性作用，具有比较优势的产业在不断变化：去工业化使得对于低技能劳动力的需求不断减少，劳动力需求转移到技能密集型的第三产业。【林毅夫：其实，美国去工业化以后，只有一小部分劳动力可以转移到高技能的制造业和研发及金融服务业，大部分劳动力转移到低技能的生活服务业，这是美国中产阶层的比重不断下降，而低收入阶层的比重不断上升的主要原因之一，这造成美国出现民粹主义和反全球化浪潮。】

在转型过程中，对低技能劳动力需求的缓慢动态增长使得中国的技能溢价不断上升，【林毅夫：这句话又是不合逻辑，也不符合前面发现的中国的技能溢价上升速度比美国快的现象。】收入在技能维度上的不平等不断扩大。而美国对于低技能劳动力的需求正在不断减少，也就使得美国的技能溢价也在上升。这一效应对于中美这样的国家的收入不平等变化趋势，应该有着不可忽略的解释力。【林毅夫：其实，改革开放以后我国的产业虽然和美国比属于劳动密集型产业，但是，从80年代初的来料加工开始，在劳动密集型产业的内部，技术和产业升级的速度非常快，所以，才会使得技能溢价的上升非常快。我常说不要用现有的理论模型（例如贸易理论的模型里只有资本密集型和劳动密集型两种产业，并且美国和中国的产业都一样，只不过比重不同）来思考问题，而应该根据真实世界的现象来构建模型，以解释所观察到的现象。要解释上述美国的技能溢价上升速度比中国慢，而且中产阶层的比重下降，而中国的技能溢价上升速度快，并且中产阶层的比重不断上升的现象，应该构建多部门的模型。美国要升级的产业靠自己研发，新的资本技术更密集的产业出现的速度慢，中国的产业升级可以用后来者优势以引进消化吸收作为产业升级所需要的新技术的来源，成本和风险比自己发明小，所以，中国在改革开放以后，在政府的因势利导下，按照比较优势发展，经济发展快，资本积累快，要素禀赋结构升级，不断进入国际市场而取代了美国原来具有比较优势的劳动力密集的产业，因此，中国的技能溢价高，美国的产业升级速度和技能溢价上升速度则相对于中国慢，并且，由于被中国取代的产业失掉的就业人数大于进入有技能溢价的新产业的人数，多出来的人只能进入工资水平低的生活服务业，所以，中产阶层不断减少。（可以请朱礼军老师一起讨论，怎么根据上述思路，构建理论模型。）]

"经济低迷、基建托底"是否适当？

（赵祥瑞　2022 年 5 月 27 日）

今天我主要想向老师请教基础设施建设的问题。想请教您关于"中国已经过度基建""用基建作抓手会导致房地产价格进一步上涨""政府基建的资金来源最终会通过房地产转化为居民的负担，扩大基建也难以促进消费"这类观点的看法。[林毅夫：是的，作为知识分子不应该人云亦云，对各种流行说法、观点需要有自己的分析和判断。]

越来越多的金融机构对未来两年的经济形势进行了悲观预测，高盛在 2022 年 3 月份发布报告，把美国 2023 年经济衰退的可能性从之前预估的 20% 提升到 30%。疫情、气候、粮食、能源、战争、通货膨胀几大危机在世界同时爆发，全球经济增长放缓，对中国来讲未来经济发展的压力非常大。

"经济低迷、基建托底"似乎已经成了各国政府的常规操作。如大萧条时期，美国总统罗斯福的大基建，第一年把 GDP 增速调整到了 10.8%。这场基础设施建设是非常有效的，经济增长的主要驱动力由政府购买变成了依赖居民消费。2008 年全球金融危机时，中国以四万亿计划（资金主要用于基建领域）托底，GDP 增速重返 10.6%。2015 年以"棚改货币化"刺激经济，百姓获得拆迁款,又用这些拆迁款买房,开发商获得资金后又可以向政府买地,很大缓解了政府财政压力。

但基础设施建设刺激经济是有一定副作用的:【林毅夫:任何举措在带来正面效应时,难免会有负面作用,正确的态度是要总结经验,有针对性地改进,而不是一有问题就全盘否定,那样就会"把婴儿和洗澡水一起倒掉"。】基建似乎总是与房地产绑在一起,好像每次搞大基建,房价就会大涨。每次问到中国修这么多路的钱从哪里来,大家就会看到赚得盆满钵溢的房地产。背后的逻辑是:政府的主要经济来源就是土地收入,即政府基建—土地收入—开发商购买—刺激居民买房—居民贷款。这就造成了一个问题:如果房地产价格增速大于居民收入增速,那么居民的钱就都投在了房地产上,仍然没有钱消费,那么刺激经济就还是摆脱不了对政府支出的依赖。所以基础设施建设的关键就是房价不能涨。

因此,2022年的基建托底与以前不同,格外注重精细化。2022年5月,中共中央办公厅、国务院办公厅印发了《关于推进以县城为重要载体的城镇化建设的意见》。文件指出县城是我国城镇体系的重要组成部分,是城乡融合发展的关键支撑,对促进新型城镇化建设、构建新型工农城乡关系具有重要意义。如今的基建重点不再是一二线城市,不再是铁路、公路、机场,而是县城的基础设施建设,主要包括产业园区、市政道路、防洪排涝设施、老化管网改造、老旧小区改造、基础设施数字化改造、污水处理设施。

政府把县城分为五类:第一类是大城市周边城市,完善基础设施,做好产业转移承接准备;第二类是专业功能县城,有一些特殊的资源禀赋,如乌鲁木齐的一些产煤城、义乌(小商品)、山东即墨(汽车装备)等,进行基础设施建设可以进一步促进产业集聚,降低交易成本;另外三类是农产品主产区县城、重点生态功能区县城、人口流失县城,如一些资源枯竭城市,它们的地方财政薄弱,就不应该再盲目基建,促进人口区域内流动、形成小规模人口集聚或许才是更加重要的。

在经济发展如此低迷的情况下,利用基础设施建设托底是不可避免的,但如何使基建更好地发挥作用,仍有很多值得我们思考的问题。【林毅夫:从新结构经济学的视角来看，经济要发展，必须通过技术的不断创新、产业的不断升级来提高生产力水平，并通过基础设施和制度的不断完善来使技术和产业所蕴含的生产力得以释放。基础设施建设具有外部性，会出现市场失灵，因此需要政府发挥主导作用，在经济低迷时，政府在基础设施的投资上既可以拉动需求、创造就业，帮助经济走出低迷，也可以消除技术创新、产业升级的瓶颈，使经济得以快速发展，所以，是"一石二鸟"的举措，我把这种在经济低迷时的基础设施建设取名为"超越凯恩斯主义"的逆周期财政政策。当然，这样的基础设施建设必须针对的是作为技术创新、产业升级瓶颈的基础设施，才会有上述"一石二鸟"的作用。关于这方面的思路和看法可以参考《解读中国经济》第十二讲以及《新结构经济学导论》（下册）第17章中的讨论。】在这个疫情、气候、粮食、能源、战争、通货膨胀几大危机同时爆发、经济放缓的世界，我们青年更要承担起时代的责任和使命，把经济学研究扎根在中国大地上，对未来保持信心，不断拼搏。【**林毅夫**：很好，年轻人就应该有这种抱负！】

关于中美技能溢价上升速度的研究

（黄卓楷　2022年6月4日）

【**林毅夫**：如前面所倡导的，做研究时必须以"常无"的心态来理解所要解释的现象的本质，然后找出所要解释的现象的根本性决定因素和关键机制。用这种方法来研究中美技能溢价这个现象，在看到20世纪90年代以来中美都呈现了技能溢价，而中国技能溢价上升的速度比美国快的现象时，不是先去看现有文献中有什么解释技能溢价的理论或文章，以及这些理论和文献如何解释这个现象，这样做很可能会对号入座，限制了自己对现象背后根本性决定因素的认识；而是应该先自己了解技能溢价的本质是什么，哪些因素可能会造成技能溢价，然后想想在那些因素中是哪个因素可能会造成中国的技能溢价上升得比美国快。从本质来说，技能溢价指的是有高人力资本的劳动者的工资比有低人力资本的劳动者的工资有优势，这何以可能？一定是涌现了需要高人力资本的工作机会和需求，因此，高人力资本的劳动者能够得到这个机会，而低人力资本的劳动者不能得到这个机会（如果是涌现了需要低人力资本的工作机会，则有溢价的将是低技能劳动者，在我国大城市里的保姆就是一个例子。经济发展，双职工的工资增加，对保姆的需求增加，在教育水平和工作机会增加的条件下，愿意从事低技能的保姆工作的劳动者少，所以，保姆的工资不断上涨，其实这也是一篇可以做的论文）。需要高人力资本的劳动者的产业有两个来源：一是产业中所用技术的升级；二是从一个低技能产业升级到高技能产业。那么，中国为何会有比美国更高的技能溢价？可能的原因则是美国的产业和技术处于世界前沿，技术创新、产业升级靠自己发明，中国有后来者优势，如果按比较优势发展，技术创新和产业升级都可以靠引进，速度会比自己发明快，所以，对高技能劳动者的需求比美国高。从上述的"一分析"来说，造成中美技能溢价上升速度不同的根本决定因素是在按比较优势发展的前提下，技术创新、产业升级的速度不同。有了这样的认识以后，再来进行"三检验"：从历史纵向来看，中国的技能溢价应该在按比较优势发展、充分利用后来者优势的改革开放以后才出现，历史事实是否如此？从当代横向来看，那些按比较优势发展、充分利用后来者优势、经济发展快的发展中国家，技能溢价的上升速度应该都高于美国，而那些不按比较优势发展、没有利用后来者优势、经济发展慢的发展中国家，则技能溢价的上升速度不仅不比美国快，而且可能更慢，经验现象是否真的如此？从多现象综合来看，中国技能溢价上升的速度快，高技能劳动者的人数和工资增长快，在总劳动力中具有高工资的人数占比应该不断提升，而美国一来高技能劳动者的就业机会增长慢，二来有不少原来有比较优势的制造业失掉比较优势，减少了就业机会，在这些产业就业的劳动者相当大一部分进不了高技能产业，可能只能在低技能的（生活）服务业就业，美国具有高工资的就业人群的比重应该会下降，经验数据是否确实如此？如果从数据来看，上述三个检验能够通过，那么，你对自己提出的解释（中美技能溢价上升速度不同的原因是在按比较优势发展下，技术创新、产业升级的速度不同）揭示了现象的根本原因和关键机制就有信心。等到做完上述的思索以后，再去看现有的文献中是否已经有同样的解释？如果已经有，可以写一篇实证文章。如果还没有，上述解释就是一个有原创贡献的理论。做完文献工作以后，再来考虑怎么把上述根本决定因素的作用机制用严谨的数学模型表述出来。在构建数理模型时，要把握越简单越好的原则，只呈现自己提出的根本决定因素的作用机制，文献中其他人提出的决定因素和作用机制除非必要，可以不放进来。有了模型以后，再根据模型做推论，提出可以检验的假说，然后以数据来检验假说。在做实证检验时，则需要把文献中现有的其他相关理论根据那些理论假说和自己提出的理论假说是竞争性或互补性，找合适的变量放进回归模型中一并检验。]

一、机制

对于中美技能溢价上升的具体研究，我修正后的机制如下。

技能溢价是高技能劳动力与低技能劳动力市场均衡的结果，我们的分析主要聚焦于需求端。进一步，我们将需求端的变化分解为跨产业效应（cross-sector effect）和产业内效应（within-sector effect）。产业内效应是指这个行业部门内部逐渐提高了对技能劳动力的相对需求。跨产业效应是指随着资本积累、技术进步，经济体向着资本和技术更密集的产业结构升级，技能劳动力涌向资本更密集的产业。为了模型的相对简化，我们首先只刻画跨产业效应，舍象掉产业内效应。

中国结构转型所带来的跨产业效应是极大的。由于要素禀赋结构的升级，中国的产业结构发生剧烈的变化。中国由于具有后来者优势，不必进行技术自主创新，而是利用资本投入购买适宜的技术，就能够实现向下一个资本、技术更密集的产业升级。同时，<u>中国由于劳动力价格低廉，在国际贸易中相对劳动密集的产业具有比较优势，产业的发展更快，中产阶级比例上升得更快。</u>

【林毅夫：这一段在推论上逻辑不严谨，中产阶级比例上升快，不在于"中国由于劳动力价格低廉，在国际贸易中相对劳动密集的产业具有比较优势，产业的发展更快"，而在于改革开放初期，中国和发达国家的收入水平、产业、技术等的差距大，所以，后来者优势的潜力大，在改革开放后，中国按照比较优势来发展的新产业，由于具有后来者优势，所以产业升级的速度快，这些新产业相对而言属于劳动密集型产业，可以创造大量就业机会，在制造业就业的劳动者人数多，随着产业的快速升级，对技能的要求越来越高，劳动者的工资水平迅速上升，所以，技能溢价提升快，中产阶级的人数和比例也不断上升。】

美国产业结构相对稳定，产业升级对于美国技能溢价的提升作用相对中国较小。【林毅夫：更准确地说，是美国的产业的技术处于世界前沿，产业升级靠自己研发，靠此机制来获得新技术、新产业，速度比靠后来者引进的慢，所以，美国技能溢价的提升速度比中国慢。】<u>由于美国在国际贸易中原本具有比较优势的制造业部门逐渐失去比较优势，工人一方面从制造业转移到高端新兴制造业和技术密集的生产性服务业，另一方面转移到不可贸易的低端服务业（如餐饮、住宿业等）。这使</u>

得美国的技能溢价上升相对中国较慢，中产阶级比例下降。【林毅夫：美国中等阶级的人数和比例下降还在于制造业比较优势丧失所失掉的就业人数比制造业升级所创造的就业人数多，两者之差所出现的劳动力就只能到工资水平低的服务业，主要是生活服务业就。】

林老师在周五的时候提到，现在的机制和赫克歇尔－俄林模型的预测不一样，而和现实是吻合的。朱老师之前给我发过几篇文献，现在关于贸易和技能溢价（skill premium），文献中主要有三种解释：

（1）贸易带来大企业比重的提高，而大企业对高技能劳动力的需求更高；

（2）贸易中的中间品贸易与高技能劳动力互补而替代低技能劳动力；

（3）贸易促进了发达国家从制造业向服务业的转型，而服务业需要更多的高技能劳动力。【林毅夫：这三个机制确实存在，不过，这三个机制不能解释为何美国中产阶级的人数和比例在下降。贸易固然在美国经由这三个机制或其他机制在其有比较优势的产业创造了更多的高技能劳动力的需求，但是，如前所述，贸易造成原来具有比较优势的制造业失掉比较优势，使得其流失的就业人数大于上述的高技能劳动力的需求，才会出现中产阶级的人数和比例下降。】

最后一种解释也是聚焦于跨产业效应，但关注的是发达国家内部的贸易，我们的研究则关注发达国家和发展中国家之间的贸易。对于发展中国家，结构转型主要是从农业到工业的转型以及工业内部的转型，而从工业到服务业的转型在相对后期才开始。这是我们的想法和现有文献的相对关系，也是在新结构经济学关注经济体不同发展阶段的视角下得到的洞见。【林毅夫：是的，在这篇文章中，只要强调这个新洞见，也就是同时解释如下事实：中国的技能溢价上升的速度比美国快。中国的中产阶级的人数和比例在上升，美国则在下降。】

由于我们希望最终拟合数据来描述结构转型为技能溢价上升带来的数量上的贡献，我们可以通过引入资本与高技能劳动力互补来构建产业内效应模型。因为本质上技术进步是需要资本作为投入，有风险地得到技术上的产出，所以这样构建产业内效应模型是合理的。我认为模型需要留下这两部分变动的空间，但如果严格来构建内生技能偏向的技术进步模型，如林老师和朱老师周五所说，会让模型变得过于复杂，掩盖核心机制。在基准模型中，我们关注跨行业的变化。之后可以将模型拓展到资本与高技能劳动力的互补，并且从数量上看后者的影响有多大，从而来回应对于我们的机制可能的质疑。【林毅夫：在模型中是需要资本与高技能劳动力的互补，不过，这个模型也需要美国产业升级的速度慢于中国，并且制造业不断失掉比较优势，导致高技能劳动力的雇用人数和在总劳动力中的比例不断下降，而中国的情况则正好相反。】

二、模型构建

【林毅夫：需要对上面批注中所提出的要解释的现象的本质及其决定因素和作用机制有清晰的把握以后，再思考怎么构建模型、需要哪些简化的假说，不要在没有清晰把握现象的本质、决定因素和作用机制之前，就试图借用现有的模型或假设。关于怎么建模，可以和朱礼军老师仔细商量。】

我们希望构建农业、可贸易低端制造业、可贸易新兴制造业、低端服务业、高端服务业五个部门（我现在还没有开始写模型，五个部门可能会过于复杂，之后我将和朱老师共同探讨是否需要调整），这些部门都将需要资本、低技能劳动力、高技能劳动力三种投入，可贸易的产业的技术水平遵循 E-K 贸易模型之中的第二型极值分布（便于进行贸易的计算）。

贸易开放前，中国资本存量低，劳动力充足，大部分劳动力停留在农业，少量劳动力在可贸易低端制造业和不可贸易的低端服务业部门；美国资本劳动比远高于中国，五个行业都存在，并且劳动力主要存在于低端服务业和制造业。由于行业分布的不同，中国的技能溢价最初是低于美国的。在贸易开放后，中美经济的转移动态呈现出中国技能溢价增长快于美国的态势。如林老师周五所说，教育水平提高带来更多高技能劳动力，这个是使得技能溢价下降的力量，不是我们论文中要关注的。在我们的研究中，可以简单假设中国和美国的高技能劳动力占比随时间外生增长（因为中国教育水平的提高由政府推动，外生增长是合理的），增长的幅度和数据吻合即可。

我认为描述中产阶级比例变化可能是模型面临的更大的挑战。在研究技能溢价时，模型中只涉及高技能的和低技能的两类劳动力，【林毅夫：按照上述思路，不需要在一个产业里分高技能劳动力和低技能劳动力，而是需要模型化：(1) 随着产业升级，资本的深化所需要的劳动力技能更高。(2) 在中国，由制造业升级到新产业的就业人数和比重上升；而在美国，升级到新的具有比较优势的制造业的就业人数（以及在仍然有比较优势的制造业中由上述贸易和技能溢价文献中的三种解释所揭示的机制中的哪一个或三个都发生作用的新技能工作人数）和比重下降。在我们前面的解释中，美国中产阶级的人数和比例下降，并不是贸易使得更多工人在原有产业中由中等技能水平变成低技能水平，而是原来具有比较优势的制造业中的工人不能被更高技能的新产业（或新工作机会）所吸纳，而被迫转移到只需要低技能的服务业。这也就是我前面一个批注所指出的，需要对所解释现象的本质及其决定因素和作用机制有清晰的把握以后，再思考怎么构建模型、需要哪些简化的假说，而不要在没有清晰把握现象的本质、决定因素和作用机制之前，就试图借用现有的模型或假设。另外，附上我在世界银行的世界发展指数上查到的中国和美国的工业部门的就业比重，中国从1991年的21.4%上升到2019年的27.42%，美国则从1991年的25.96%下降到2019年的19.91%，基本上和上面的故事一致，我相信也可以找数据计算一下制造业部门的劳均资本的变化，相信中国的劳均资本上升的速度会快于美国劳均资本上升的速度。】不能直接对应到现实中的中产阶级。Autor 和 Dorn 发现美国的"工作极化"（job polarization）现象，即高工资和低工资工作机会在 20 世纪 80 年代以来都在增加，但工资处于中间水平的工作机会在减少，这一部分对应的大部分是制造业中的工作。[1] 在完成技能溢价的研究后，我们可以进一步去记录中国相关数据的变化，并把模型拓展到更多种类的劳动力，来研究贸易对中美中产阶级规模和相对收入水平的影响。

三、下一步的工作

下一步的工作是找到中美更细分层面的制造业和服务业的劳动力份额，聚焦低端制造业比较优势转移到中国、美国高端制造业和服务业增长的事实。

在确认所有事实之后，进行模型的构建。

---

[1] Autor D H, Dorn D. The Growth of Low-skill Service Jobs and the Polarization of the US Labor Market[J]. American Economic Review, 2013, 103(5): 1553-1597.

关于中国高端消费品品牌供给的思考

（叶子欣 2022年11月4日）

中国在许多细分领域缺少高端消费品供给。这里的消费品细分领域主要指衣服、鞋履、手袋、皮具、配饰、美妆等品类，不包括消费电子产品、汽车等需要较高技术门槛的产品。在某些智能制造行业，中国企业已经走到了世界前列。尤其是在新能源汽车、5G通信技术等弯道超车领域，中国企业通过不断积累要素禀赋，提升技术能力，具备了制造高端产品和打造高端品牌的能力，例如华为、蔚来。然而，在高端消费品领域，情况有所不同：中国是全球最大的奢侈品消费国和制造国之一，却鲜有本土的受到国际认可的奢侈品品牌。高端消费品品牌溢价严重，而中国在这一价值链里长期处在附加值较低的地位，令人感到惋惜。

此前我在考虑这个问题时，参考的是科技行业：科技行业以基础科学研究为出发点，研发能力与创新能力是产品最终获得市场认可的关键；于是我认为中国之所以没有出现国际认可的高端消费品，而欧洲、美国、日韩能做到，主要是因为国内缺乏设计能力，缺乏具有较高审美水平与创造能力的研发人员。

[林毅夫：高端消费电子产品和高端新能源汽车都是有客观的、容易衡量的技术和大批量生产的产品，而奢侈品技术的先进性并不明显，且一般不是大批量生产，其产品的高溢价依靠的主要是消费者对其所代表的"高贵"形象的主观认知的软价值，这种形象的软价值是由被高收入国家的高端人群所使用而赋予的，其他国家的消费者在使用这些产品时因此有一个可炫耀的价值。发展中国家的生产企业生产的这些消费品即使质量、舒适性不亚于来自发达国家奢侈品牌的产品，但由于不能给消费者这种炫耀价值，消费者也就不愿意为其付出高额的溢价。]

不过，在"新结构国际经济学"课上，老师讲到在一些电子器件行业，国外企业不仅会向中国企业外包加工与组装环节，还有可能做研发外包。即使中国企业具备研发能力，但企业还是会选择做贴牌工作，很大一部分原因是老品牌已经具备生产与营销上的规模效应，尤其是形成了非常庞大的营销体系，培养了一大批忠诚客户,于是新企业难以成功将自己的品牌推广到市场中。我们通常关注微笑曲线的前端,然而微笑曲线的后端也非常难做,甚至不是单纯依靠要素禀赋积累便能有所进步,【林毅夫:同意,高端奢侈品要在微笑曲线的后端花很大的力量来维护品牌的高端形象,不是单纯依靠要素禀赋的积累便能有所进步,但是,高端奢侈品品牌多为发达国家的企业所拥有,发达国家则在要素禀赋结构上具有资本相对密集的优势,所以,高端奢侈品品牌和一个国家的发达程度是相关的。】而是有一定的"先到先得"的性质。这种现象在技术门槛较低、重视"软实力"(例如品牌故事与品牌效应)的行业尤其明显。从现实来看,各类高端消费品品牌确实会从不同维度笼络消费者,例如做许多跨界创新营销,打磨品牌故事,提升品牌价值。

这是否使得中国本土高端消费品的成长陷入僵局?在高端消费电子产品或者高端新能源汽车领域,至少存在技术实力与性能优势的壁垒;但在其他不需要科学技术的奢侈品领域,连底层逻辑都带有营销意味。在这种情况下,新品牌进入市场的门槛很高,因为其他高端品牌深耕行业已久,形成了成熟的价值话语与文化输出体系,建立了复杂的营销网络和很高的客户忠诚度。【林毅夫:确实发达国家有成熟的价值话语与文化输出体系,发达国家之所以能够这样做是因为其他国家愿意接受。在19世纪、20世纪初美国被认为是文化沙漠,现在各国则担心美国的文化侵略,究其原因,自文艺复兴以来世界上最发达的国家分别是意大利、法国、英国,所以,意大利、法国、英国也就拥有了文化软实力,现在世界上最强的国家是美国,美国也就拥有了文化软实力。文化软实力其实是内生于经济实力。】这种"先来后到"的模式让中国品牌难以找到机会。

一种思路是,中国难以做到高端消费品供给,但高端消费品自身的价值可能会被稀释,而这个变化来源于消费端:中国的"千禧一代"(生于1980—1995年)和"Z世代"(生于1995年后)的消费者人群数量约4亿,这部分人群的消费习惯已经发生了变化,尤其是"Z世代"。首先,是对品牌"国际"属性祛魅;其次,是更加追求性价比与个性。不过,这一种思路回避了问题本身。【林毅夫:等到中国变成不仅市场规模大而且人均收入水平最高的国家之一,中国的生活方式、习惯、消费潮流,就会成为其他国家的人群羡慕、模仿的对象(例如美国的牛仔裤、麦当劳、可口可乐），中国到那时就会引领世界的消费和时尚潮流。从十七八世纪的现代化以来，每个时段引领时尚潮流的国家是这么走过来的，未来很可能也是这样。】

另一种思路是，即使面临非常大的阻碍，中国品牌仍旧应当不断提升营销能力与品牌管理能力，例如"输出品牌故事"，这个故事可能基于传统东方美学，也可能展示创作者自己独特的理念。但是，缺乏"讲故事"的能力，真的是中国没有高端消费品供给的决定性因素吗？中国企业真的不会"讲故事"、培养不出优质的营销团队吗？冷静地观察现实，发现也并非如此：许多国货品牌都能基于所谓"东方审美"或其他品牌故事来做营销，但关键不在于"讲故事的能力"，而是"故事是否有人听"；【林毅夫：是的，在高端消费品上要做品牌，"故事是否有人听"是关键。】于是，考虑企业的目标及其面临的约束，会发现中国企业做贴牌生意比做高投入、低回报的高端消费品品牌的收益更大，因此中国难以出现成规模的奢侈品厂商。

本土的品牌故事离不开国家文化属性，而一国的文化故事是否被其他国家接纳，很大程度上取决于国家的经济发展水平：19世纪时英国人普遍轻视美国文化，但随着美国经济实力上升，其文化与价值观渗透进其他国家，世界上许多年轻人以美国文化为潮流；在日本、韩国也可以见到相似的趋势。总结来看，中国的奢侈品品牌是否能成长起来、走出去，取决于中国的经济实力和发展水平；这甚至与中国的经济学说是否被国际重视、中国的意识形态是否能被世界理解有共通之处，而这需要我们的不懈努力与耐心等待。【林毅夫：同意！高端消费品品牌的溢价不在于其设计、舒适度、质量，在这些方面中国的消费品生产和设计企业可以做得同样好，甚至更好。但是，国内的消费者之所以愿意付出高溢价去购买国外的高端品牌产品是因为那些品牌所给予的可以炫耀的价值。而那种炫耀价值来源于那些品牌是发达国家的高端人士所使用的产品这种标签作用。等到中国也成为发达国家，中国企业为中国的高端消费者生产的品牌也会给国外消费者带来同样的炫耀价值，那时，中国就会出现许多在国际上受认可的高端消费品品牌。】

从中国高端消费品品牌供给问题反思经济学方法论

（叶子欣　2022 年 11 月 4 日）

在本月的午餐会上向林老师请教之前，我对中国高端消费品品牌供给问题的思考仍停留在微笑曲线的另一端，即中国没有高端消费品供给是因为中国企业缺乏讲好品牌故事的能力。在听取老师的教导后，我感到惭愧，此前的思考确实比较马虎，经不起"一分析，三归纳"的检验。我也发现，自己在许多问题上容易陷入对文化和意识形态因素的过度关注。【林毅夫：不用感到惭愧，知不足而后进！其实，从本质来说，你以及国内许多知识分子容易过度关注文化和意识形态，其原因和国内的一般消费者追求国际品牌是相同的，因为这些用文化和意识形态而不是从物质第一性来解释发展中国家的现象的理论大多来自发达国家，发展中国家的知识分子有"西天取经"的心态，倾向于接受来自发达国家的理论。】以下我将分析自己在思考方式上存在的误区。

受到平时阅读兴趣及实习经验的影响，我有时会偏离"理性人"这一"本体"，同时没有很好地做到思考问题时的"常无"心态：【林毅夫：偏离"理性人"的本体，而用所学到的理论或所看到的国外的经验作为参照系来看国内的现象是发展中国家知识界的"通病"，也正是因为如此，我才倡导"本体与常无"，并以此作为方法论著作的书名。】（1）在生活中我常阅读文学类书籍，在一些对我产生较大冲击的观点上，我会比较轻信和偏执。例如因为一些反思强权的文章，质疑政府作为"理性人"的合理性；因为媒体报道，质疑不同的意识形态是否存在不可调和的矛盾，但我的质疑也多为空想，缺少事实依据。于是在对待中国高端消费品不被接受这件事上，我容易以文化和意识形态问题先入为主，缺少从"理性人"的角度来思考厂商究竟面临何种约束条件。（2）有时在实习中研究过的案例会给我留下很深的印象，导致整体思考的偏误。例如，我深入接触到一些不重视品牌建设的企业，积累了许多关于缺失差异化的品牌故事的案例，于是潜意识里夸大了品牌文化对奢侈品的影响力。当然，问题不在于我读了什么书、做了什么研究，而在于我每一次理解事物时，是否秉持客观的态度，不被现有的狭窄理论和经验束缚,而是以理性的思维去思考问题。【林毅夫:是的,这一点很重要。如果能按我所倡导的像画家临摹名画那样的态度去学习各种理论和观点,就会比较容易避免被现有的理论和观点所束缚。】

在具体思考方式上,我偶尔会结合别人的理论和自己的想法,先想出一个结果,再去证明我的结果是对的,但这个过程本身是扭曲的。林老师多次强调过"本体与常无"的方法论:"常无欲以观其妙;常有欲以观其徼"。面对复杂现象,不应当先入为主,去找和结论相匹配的现实;而应当从原原本本的现实出发来思考问题,从而更准确地分析决策者所面临的目标与约束条件。【林毅夫:很好,希望你不仅知之,而且,能够行之。】

关于伯南克获诺贝尔经济学奖的讨论

(赵祥瑞　2022 年 11 月 4 日)

2022 年 10 月 10 日,瑞典皇家科学院宣布了今年的诺贝尔经济学奖得主:本·伯南克、道格拉斯·戴蒙德和菲利普·迪布维格,表彰他们在银行与金融危机研究领域的突出贡献。瑞典皇家科学院当天发表颁奖词说,获奖者的研究成果"加深了我们对银行在经济中作用的理解,尤其是在金融危机期间",其中一个重要发现是"为什么避免银行倒闭至关重要"。现代银行研究阐明了"我们为什么有银行、如何使它们在危机中不那么脆弱以及银行倒闭如何加剧金融危机",这些研究的基础是由三名获奖者在 20 世纪 80 年代初期奠定的,他们的分析在规范金融市场和应对金融危机方面具有重要实际意义。

今年的诺贝尔经济学奖关注的问题很宏观,如货币政策、经济危机、银行挤兑等问题。今年三位得主的研究都关注流动性,他们从不同角度研究流动性的重要性。

伯南克 2006 年接任美联储主席,随后遇到了次贷危机。他对 20 世纪 30 年代的大萧条有着自己的理解。关于大萧条的起因,这些年有很多的研究,如巴林·艾肯格林在《金色的羁绊:黄金本位与大萧条》一书中指出:大萧条时很多国家其实是金本位制，很多政府和银行家很信赖黄金，这导致央行对于经济的调节非常依赖黄金储备，而黄金储备会随着国际贸易的变化而变化，那么大量的贸易逆差就会削弱央行调节经济的能力。在这种情况下，量化宽松就会很难，所以当时的金本位制国家大多会进入通货紧缩状态，首先德国放弃了金本位制，后来英国、法国也逐渐退出金本位制，后来罗斯福新政，美国也放弃了金本位制。总结起来，在伯南克之前，对由通货紧缩到经济衰退的链条的解释有两个：一个是工资，企业现金流紧张时，由于工资的刚性，企业会进行裁员，导致总需求进一步下降；一个是利率，利率升高意味着现金的投资价值变高，会使投资下降。伯南克提出了由通货紧缩到经济衰退的第三条渠道：金融系统。通货紧缩使得银行拥有的资产价值缩水，债务价格升高，资产负债表不平衡，银行收回贷款并且放贷意愿降低，这会进一步加重危机，并且因失去人们的信任而遭到挤兑。【林毅夫】：碰到经济危机时，金本位制确实会降低央行采用货币政策来调节经济的能力，导致国家进入通货紧缩状态。但是，从理性人的角度来看，金本位制是对央行行为的一个约束（discipline），央行了解到如果平常对经济的调节不审慎为之，可能会带来通货紧缩甚至经济萧条，那么，其货币政策就会更审慎，这样发生经济危机的可能性就会下降。在发生经济危机时，一个国家如果突然放弃金本位制，像德国、英国、法国在20世纪30年代经济大萧条时那样，那么，这种意料之外的政策，确实可以通过量化宽松的货币政策来增加流动性，使得经济较快地走出萧条。但是，如果央行在危机时采用量化宽松政策增加流动性变成常规做法，那么，央行可能会在平常放弃审慎的政策行为，而使得危机的发生更为频仍（在1971年放弃了布雷顿森林体系中美元与黄金挂钩、各国货币与美元挂钩的制度安排后，世界上经济危机发生的频率是增加的）。而且，这种在危机时利用量化宽松政策的效果，可能还要看一个国家的货币是不是被各国接受的储备货币。如果是，那么增加流动性所不可避免的通货膨胀会由非货币储备国所分担，用量化宽松政策来应对危机对货币储备国而言可能利大于弊；如果是非货币储备国，用量化宽松政策来应对危机的效果可能弊大于利（阿根廷就是例子）。最后，如果货币储备国因为可以在危机时采用量化宽松政策来熨平危机而失掉了平常的审慎，则会导致危机经常发生。经常使用量化宽松政策，则有可能导致各国对其货币失去信心，使该国货币丧失作为储备货币的资格，从动态的角度来看，也许采用伯南克的理论对美国最后还是弊大于利。也许你可以把上述思路作为你博士期间的研究方向。】伯南克强调财务压力造成的经济损失。而戴蒙德和迪布维格的贡献主要是揭示了银行为什么会被挤兑，如何防止银行被挤兑。由于储户对银行的信心不同，存在两个均衡：挤兑均衡和有耐心均衡。他们提出的防止挤兑的方法是政府提供存款保险和央行兜底，以避免挤兑均衡的发生。他们的研究是这个领域的开山之作。

伯南克对于大萧条的理解也转化成为应对次贷危机的政策。但是，我们在网上看到，相比于其他两位得主，伯南克的获奖引发了大范围讨论和争议，甚至引发了非学术圈乃至非经济学圈人的关注。我想或许这主要有两个原因：首先，一般来讲，学者在做的事情就是见到一个现象，对其做出解释，至于怎么办，很多学者是不太关注的。【林毅夫：做研究的目的是"认识世界、改造世界"，这个原则其实在任何社会都是一样的。只不过在多数国家、多数社会，学者并不直接参与政策制定，无法将其理论研究成果直接变成改造世界的政策，所以，学者自己所做止于认识世界，并经由其理论来帮助人们认识世界，形成社会共识或思潮，而由政治家来制定政策以改造世界。如果学者所提供的理论变成政策以后不能实现改造世界的目标，这样的理论就会被新的理论所取代。例如，在宏观经济学理论上，凯恩斯的理论被理性预期的理论所取代，理性预期的理论被新凯恩斯理论所取代；在发展经济学理论上，结构主义的理论被新自由主义的理论所取代，新自由主义的理论被新结构经济学理论所取代。】比如，自然科学领域，牛顿发现了万有引力定律，写出了万有引力的公式，但后续对于 g 的测量、定律的应用并不会关注。在经济学领域，大部分学者也并不关注怎么办，一方面是认为怎么办不重要，另一方面也是由于学者并不一定能够拥有提出政策建议的话语权。在经济学领域，对于一个学者的评价也往往不是依据其政策主张，而是依据其研究现象和对于现象的解释。经济学应该是经世济民之学，对于理论应用的忽视，是值得我们反思的。其次，与自然科学相比，经济学理论的应用效果也是很难考察的，很难去做实验。对于经济政策的效果，大家的评价也往往众说纷纭。经济学是一门极其复杂的学科，我们要树立经世济民的思想，同时，在学习过程中也一定要时刻保持谦卑的心态，不断地学习思考各种理论，绝对不能故步自封。【林毅夫：社会科学家确实需要保持谦卑的心态，其原因是任何社会科学的理论都内嵌于这个理论所产生的国家当时的社会经济结构之中，不同发展程度的国家有内生的结构异质性，即使在理论产生的国家其社会经济结构也可能从量变产生质变，而使得一个理论失掉认识世界、改造世界的功能。也正是出于这个原因，我主张社会科学家在观察其所处时代、所处国家的社会经济现象时，需要有"常无"的心态。】

对要素禀赋结构与后来者优势的再思考

（钟睿煊　2022 年 11 月 4 日）

任何国家都应该按照禀赋结构所决定的比较优势进行发展，但是只有加入国际市场，才能够更好地发挥比较优势。这个论点对于所有发展阶段的国家都成立。【**林毅夫**：同意！不过根据要素禀赋结构所决定的比较优势来选择生产（产业和产业所用技术）结构只能使得生产成本处于最低，在市场上的竞争则是根据包括生产成本在内的总成本，所以，要素禀赋结构所决定的只是"潜在"比较优势，要成为"实在"比较优势则还需有合适的软硬基础设施来降低交易费用，后者需要政府发挥因势利导的有为作用。】

首先，加入国际市场可以扩大符合比较优势行业的发展空间。

因为任何国家的经济规模相较国际市场而言都是小的，几乎每一个产业的产品在国际市场上都有足够的潜在需求和潜在供给（因为国际市场上包括不同发展阶段的国家，基本可以将不同发展阶段的供给结构和需求结构覆盖），因此一个发展中国家可以放心地利用自己由禀赋结构所决定的潜在比较优势，出口拥有竞争优势的产品，而进口那些不符合比较优势的产品以满足自身多样化的需求，这使得出口部门的资本开始快速积累，进而带动整个国家的禀赋结构快速升级。

如果一个国家与世界市场完全隔绝，那么这个国家自身的需求结构会极大地制约该国的发展。因为这个国家的需求结构中包含各种各样的产品，既包括劳动密集型行业的产品，也包括资本密集型行业产品。这会带来两个影响：第一，由于任何国家的经济规模相较国际市场而言都是小的，因此那些符合比较优势产业的产品的国内需求相较国际需求而言就会比较有限，因此国内符合比较优势产业的规模就会受限制；第二，由于没有加入国际市场，经济体只能将部分有限的资源用于生产那些不符合比较优势行业的产品来满足国内的需求。因此，对于发展中国家而言，加入国际市场可以扩大自己的专业化水平，使得具有由自身禀赋结构所决定的潜在比较优势的行业有足够大的发展空间。

【林毅夫：加入国际市场的这两个影响对在发展过程中充分利用比较优势至关重要。】

其次，加入国际市场可以利用符合比较优势行业所赚取的外汇购买发达经济体内嵌有技术的设备，从而实现技术的快速进步。【林毅夫：是的，这一点对利用后来者优势而言至关重要，因为引进的技术绝大多数是内嵌于进口设备之中。】

具体而言，如果一个国家采取了符合比较优势的生产结构，那么这个国家就可以在国际市场上出口具有竞争优势的产品，从而赚取较多的外汇，进而可以用这些外汇购买更多的内嵌有技术的设备，来推动自身技术的进步，实现经济的正向循环，使该国能够更好地发挥其后来者优势。

最后，加入国际市场可以利用本国的投入产出联系放大按比较优势发展战略所带来的好处，这个机制是否存在以及在多大程度上存在还有待检验。正如林老师所说，投入产出联系的存在本身并不能使经济发展得好，很多资本密集型产业的产业链一般会长于劳动密集型产业，而发展中国家一开始具有比较优势的行业是劳动密集型产业，因此按照比较优势发展劳动密集型产业，相较之前赶超时期发展资本密集型产业时，国内的投入产出联系可能还会降低。因此，投入产出联系是否以及在多大程度上可以作为比较优势发展战略的"放大器"，是需要再思考的。【林毅夫：是的！加入国际贸易可以扩大具有比较优势的产业的市场规模，进而扩大国内的生产规模，并且由中间产品的联系而扩大国内生产的每种中间产品的生产规模，提高其生产效率。但是，违反比较优势的赶超产业所需要的中间产品的种类会更多，对每个中间产品的需求规模都会很小，效率会很低。】

总之，我认为在现实中，国际贸易对于所有发展阶段的国家而言都是实现经济快速健康发展的必要条件。对于任何一个国家而言，如果其与国际市场完全隔离，那么该国的需求和供给就必须一致，而这些国家的国内需求，无论其规模还是构成（相较国际市场而言），都会限制其利用自己的比较优势与后来者优势进行发展的能力。【林毅夫：同意！】

对全球贸易格局变化的看法

（吴梦 2022 年 12 月 16 日）

近四十多年来世界贸易的格局、国际贸易的产品结构、企业组织和管理的方式、国家之间贸易有关的政策均发生了重要的变化。

首先，在全球贸易格局上主要有两个变化，<u>一是货物贸易中的中间品比重上升到了 70% 以上，</u>【林毅夫：我想这是因为信息技术的创新和信息基础设施的完善降低了信息费用，交通基础设施的完善降低了物流费用和时间，贸易壁垒减少等降低了制度成本等，这些和交易相关的成本的下降，使得生产一个产品所需的各种部件和环节都能利用各地的要素禀赋结构所决定的比较优势来降低总生产成本。】二是<u>服务贸易和货物贸易的总贸易量中，服务贸易的比重从百分之几变成了 30%。</u>【林毅夫：服务贸易的增加也和信息、法治等和交易费用相关的成本的下降以及货物贸易量的增加相关。】产生这种结果的原因，既有<u>全球制造业水平分工和垂直分工的演变发展，</u>【林毅夫：全球制造业水平和垂直分工的演变则内生于上面提到的信息技术、基础设施和制度环境的变化。】也有全球服务贸易的加速发展。

其次，以上两个贸易格局上的变化导致企业的组织、管理方式也发生了深刻的变化。【林毅夫：贸易格局和企业组织管理方式的变化应该都内生于通信、交通技术的变化以及相应的软硬基础设施的完善。】现在一个产品涉及几千个零部件，由上千个企业在几百个城市、几十个国家，形成一个巨大的供应链，那么<u>谁牵头、谁在管理、谁把众多的中小企业组织在一起，谁就是这个世界制造业的牵头企业，是领袖，是集群的灵魂。</u>【林毅夫：同意！但是，哪个国家的企业能成为牵头企业则内生于产品的最终市场的规模，而后者则内生于一个国家的收入水平和该国的人口规模，两者共同决定该国的市场规模。当然，在有最大市场规模的国家，哪个企业会成为牵头企业还取决于企业家才能。】所以看现在全世界的制造业，不像几十年前，看单个的企业规模多大，而是看企业链的集群、供应链的纽带、价值链的枢纽。比如全世界有几百个企业在为苹果公司加工零部件，这些企业都有属于自己的专利，而且是苹果公司所不掌握的。但是苹果公司作为将行业上下游串联起来的重要公司，设立了行业标准，具有更大的话语权。为苹果公司生产零部件的公司只有符合苹果公司设立的标准才有可能进入这个供应链并生存下去。所以，在这个意义上，当今世界的产业竞争能力，不仅仅是核心技术的竞争，也不仅仅是资本多少的竞争，也要看产业链的控制能力。【林毅夫：如上一批注所示，产业链的控制力本身也是内生的，内生于一个国家对该产品的最终需求的规模。】尤其是在如今全球贸易联系日益密切的背景下。

最后，以上贸易格局和企业管理的改变又引出了一个新的国际贸易规则制度的变化，那就是"三零"原则，也就是零关税、零壁垒、零补贴。关税越低，越代表了贸易的自由化。但在如今全球贸易格局的基础上，低关税的作用也变得十分有限了，因为即使关税较低，但如果需要十几次经过各个国家的海关，低关税不断叠加，最终也会变成较高的关税。所以在这个意义上，大家发现必须是零关税才能适应几十个国家、几百个企业共同制造一个产品。而这个产品又从最终生产厂卖到全世界，零关税在这个过程中是最合理的。零壁垒是指需要共同生产一个产品的几十个国家拥有相同的营商环境，要国际化、法治化以及公平公正公开化。营商环境具体是指知识产权、生态环保、劳动力保障、市场竞争中性等方面的法律法规和具体环境。我认为零壁垒这一适用于国际贸易的趋势也适用于我们目前所倡导的国内统一大市场，两者的隐含逻辑实际上是一致的，那就是通过降低贸易成本、减少竞争损失来从市场和贸易中获取更大好处。【林毅夫：同意！】零补贴，就是禁止国家为了争夺产业链和企业落户，有意给这些企业一定的补贴，补贴会使得跨国公司在世界各国按市场资源优化配置布点发生扭曲。【林毅夫：补贴会导致对比较优势的偏离。】当然了，"三零"原则并不被所有的国家接受，尤其是那些比较贫穷落后的、以农业生产为主的国家，它们在国家工业生产中的参与度不高，"三零"原则会使它们丧失对自己国家的保护。【林毅夫：在新结构经济学的理论框架下，一个企业若按照要素禀赋结构所决定的比较优势来进行生产活动，生产成本会低，但是若软硬基础设施不完善，交易费用太高，总成本在国内外市场上没有竞争力，这时比较优势处于潜在状况，政府应该发挥因势利导的作用，克服市场失灵，完善软硬基础设施，使得比较优势从潜在变成实在，使得企业具有自生能力。政府的作用不在于补贴，而在于给予先行企业激励以补充其外部性，并完善软硬基础设施以帮助企业降低交易费用，使得比较优势从潜在变成实在。有为政府的这个作用并不违反"三零"原则。】所以，以上所探讨的改变只是在描述国际上的大趋势，具体国家因发展水平的差异还是会有所不同。

从国际贸易格局的改变，到产业链中话语权体系的改变，再到贸易规则的改变，这三者环环相扣、互为因果，反映了在新时代、新背景下国际贸易形势也在不断变化。我认为从国际贸易形势出发是一个研究宏观经济及其变化的非常好的窗口，之后我也会多注重从这个角度来看待问题和分析问题，希望能得到更广阔的视角。【林毅夫：新结构经济学在这个课题上可以提供很好的分析视角。】

对医疗行业投资的反思

（叶子欣　2023 年 3 月 1 日）

在研究医疗行业时，其中一个重点是医疗服务。在这部分我有一个有趣的投资体会：人们通常会提到长期主义与价值投资，但是很少有人坚持它，在了解 A 股市场后，会发现投机确实对人有很大的诱惑。防疫政策放开时，我借实习机会跟踪了许多与疫情管控相关的会议，会议话题包括医疗资源挤兑、院感防控、定点医院建设。但对应到资本市场上，人们往往热衷于高估短期影响、轻视长期影响，例如抗原检测概念股、止咳退热概念股、家用医疗器械概念股，甚至是临终服务企业，在那段时间被资本市场疯狂炒作，但潜心研究疫情带来的长期影响的投资者就相对较少（例如研究新冠疫情激发民众健康意识后，带来免疫与保健类药物、慢性病体检与癌症早筛等服务的长期需求）。无独有偶，当今年 2 月上旬的一个周末出现中药新药审评标准后，紧接着的周一就出现中药创新概念股的炒作。人们不会关心这些企业的收入能否兑现，长期基本面是否优秀，先炒作再说。当出现职工医疗保险账户改革政策、定点零售药店纳入门诊报销的补充性政策后，接着的便是对几个连锁药房龙头的炒作。

当然，这也和行业性质相关，医疗、教育等带有公共品性质的行业受政策影响更大。但我认为更能认识现象背后所反映的问题、相对更有价值的研究还是长期趋势研究，也希望自己未来能够更有定力，在做研究时将目光放长远一些。【**林毅夫**：确实，股市充满炒作，尤其如《解读中国经济》第九讲所分析的，由于中国很多上市公司没有自生能力，不能分红，许多中国的基金只能靠炒作、坐庄来获利。不过，在正常的股市中，也就是只有具有自生能力的公司才能上市的前提下，固然仍会有许多人投机、炒作，但是，也会有像巴菲特那样的人靠分析长期趋势而取胜。我想中国的股市会逐渐趋于正常，分析长期趋势在资本市场中的重要性会越来越高。】

关于中国特色估值体系的思考

（叶子欣　2023 年 3 月 1 日）

本次午餐会的分享，我将围绕最近关注较多且仍有疑惑的一个话题，即"中国特色估值体系"（简称"中特估"）。

"探索建立具有中国特色估值体系"第一次被官方提出是在 2022 年 11 月 21 日中国证券监督管理委员会（简称证监会）主席易会满的发言中；2023 年 2 月，证监会报告再次提及"中特估"；3 月至今，"中特估"都是资本市场的热点话题，不少券商还逐一分析它对不同行业的影响。在该趋势下，数字中国、基建等赛道热度高涨；公募基金大幅加仓被低估的大央企，例如"三桶油"和建筑企业，截至 4 月 9 日，央企 ETF（交易型开放式指数基金）上涨约 15%，国企改革板块上涨约 11%。近日，还有许多新央企指数被公布，例如中证央企 ESG50 指数、中证央企高端装备制造指数等，引导资本市场关注央企。

为何会出现这样的情况？我对"中特估"的理解分为两方面，首先是关注点，其次是估值模型：（1）"中特估"的背景是中国式现代化，后者的特征影响前者的关注点。中国式现代化有五个特征，分别是人口规模巨大的现代化、全体人民共同富裕的现代化、物质文明和精神文明相协调的现代化、人与自然和谐共生的现代化和走和平发展道路的现代化。对应到资本市场：人口规模巨大的现代化，这是中国的独特属性，要求探索出适合中国国情与战略方向的估值方式；人与自然和谐共生，代表可持续发展，绿色生产仍是长期趋势；走和平发展道路的现代化，需要安全稳定和自立自强，高科技产业仍是重点。对应到企业与行业类型：在企业上，关注被低估但对国民经济有支撑作用、承担国家战略的国企和央企，例如国防军工企业；在行业上，关注科技、低碳等主题，例如对半导体公司给予高估值/估值宽容度，促使更多资本转化为先进生产力。（2）在估值模型上，传统模型重视企业的各项财务因子，例如净利润、自由现金流变化等，而"中特估"除了资产回报率，还需纳入国家战略价值（"卡脖子"技术、"一带一路"等）、ESG（环境、社会和公司治理）评级，对承担不同角色的企业采用不同估值方式。【林毅夫：很好，同意你这些看法。一个上市企业的股票估值的基本原理应该是该企业未来各期预期利润的折现价值，另外，还需考虑风险因素。在相同的预期利润流下，风险大的行业其企业估值应该小于风险小的企业。我想上述基本原理在中国还适用，所谓"中国特色"应该反映在中国的发展阶段、中国式现代化、新发展理念等对不同产业的供给和需求的不同影响，进而对该产业中产品的价格和企业的预期利润的影响上，因此，和国外相同产业的企业比，中国的企业可能会有不同的估值。】

在这个背景下，国企和央企估值重塑成为大趋势。观察国企和央企在21世纪的估值水平，可知2006年以前有小幅的估值溢价，因为当时的央企资产回报率高于A股市场中位数，盈利基础较扎实；而后，国企和央企从盈利到增速都下跌，面临估值折价，例如，仅看2023年2月，央企的市盈率中位数为25倍，而民营企业、外资、中外合资企业市盈率中位数分别接近30倍、33倍、31倍。在"中特估"被强调之后，人们意识到要代入新的视角评判国企和央企。积极效应是：（1）估值重塑对内能倒逼企业改革，对外能令企业重视市值管理，例如有重组整合预期、致力于重振主业的国企会更受资本市场关注；（2）从财政角度看，如果国有资本能重新释放活力，也能在后土地财政时代为政府带来收入。但消极效应是：（1）不免有借助市场情绪炒作国企和央企的行为，而且"中特估"的关注点不像传统模型那样便于量化，给真正认识企业价值带来很大困难；【林毅夫：如果我上述的理解正确，中国特色估值体系的"中国特色"反映在它对不同产业的供给和需求的影响，进而对相关产业的价格和企业的预期利润的影响上，而不是有不同的估值原理,那么,如果能分析中国特色对不同产业的供给和需求的影响,应该就不难认识中国特色对企业价值的影响。】(2)给定资金总量不变,当资金流向国企和央企,分给中小民营企业的资金变少,会抑制民营企业的活力。

因此,如何看待"中特估"与资本市场规律?西方资本市场成熟的估值体系以企业盈利能力与成长性为基础,公司股价基于未来业绩贡献的现金流的折现值;而"中特估"会额外考虑国家战略、政策方向、社会意义等诸多因素,当资本市场不够成熟,难以对企业的额外价值做定义时,"中特估"是否会变成新型"预算软约束"?例如,虽然国企和央企的盈利能力与成长性不佳,但凭借对国有资产的重估热度、对其战略意义的炒作,其股价也能上涨。【林毅夫:短期的炒作确实会使得一只股票的价格偏离其应有的估值,不过,最终应该会向其价值回归。】

关于最适宜金融结构的思考

(郭若菲 2023年4月11日)

在"新结构金融学"这门课上,我汇报了您与王勤、徐朝阳老师合作的文章"Distance to Frontier and Optimal Financial Structure",对于其中将实体经济(经济体距离世界技术前沿的距离)与最适宜金融结构(直接与间接融资决策)相联系的机制很感兴趣。在我的理解中,为了达成这一目的,模型的逻辑如下:(1)证明"间接融资的代理成本(agency cost)较高,信息成本(information cost)较低,而直接融资代理成本较低,信息成本较高";(2)证明"所在当地产业距离世界技术前沿越远的企业越在意信息成本,而所在当地产业距离世界技术前沿越近的企业越在意代理成本";(3)结合前两个结论,说明"距离世界技术前沿较远的当地产业适合间接融资,距离世界技术前沿较近的当地产业适合直接融资"。

其中,第二个结论的证明过程的直觉是,代理成本仅受当地技术水平的影响,因为只有对于当地存在不确定性的创新项目可能导致投资人与中介的判断偏差。当地技术水平越高,误判导致的经济损失就越大,因此人们越在意代理成本。而文章假设了信息成本仅受世界前沿技术水平的影响，且与之成正比，文中直接给出了这一假设作为信息成本的定义，并没有详细解释背后的理据，因此希望向您请教。【**林毅夫**：文章模型设定中的信息成本来自购买信息的费用。直接融资的情形下，每个投资者（也就是每个资金拥有者）自己必须购买信息；间接融资的情形下，则只有中介机构的管理者需要购买信息，而把钱交给中介机构来投资的资金拥有者不需要购买信息，所以，前者的信息成本较高。文章中的代理成本则是中介机构的管理者和资金拥有者对项目好坏的判断的差异所致。距离世界技术前沿越远，越以引进技术为主，中介机构的管理者的判断和资金拥有者的判断就越接近，预期的代理成本就越低；距离世界技术前沿越远，越以自主发明为主，中介机构的管理者的判断和资金拥有者的判断就越容易有差异，预期的代理成本就越高。】

在我看来，相较于世界前沿的技术水平，当地的技术水平或许对信息审查成本影响更大。以制造业为例，世界技术前沿可能是欧美利用大数据进行实时决策的智能化工厂，但如果当地的技术水平只是以人工为主的小工坊，起初的技术引进可能只是引进织布机等实体机器，其技术密集度仍然很低，信息审查成本并不会很高。即使世界前沿的技术水平进一步提升，引进织布机的信息成本也应该保持一致，不应当因为前沿的科技进步而改变。不知您是否认同上述观点？然而，如果信息成本与代理成本一样取决于当地技术而非世界前沿技术，那么第二个结论就无法成立。【**林毅夫**：同意你这些看法！信息审查成本在模型中被舍象，也就是被省略。只考虑股票市场投资，每个投资者都需要购买信息，而如果以银行为中介，则只有银行的管理者需要购买信息，把钱存在银行、让银行来投资的资金拥有者不需要购买信息。】

我想到的解决方案是，直接从要素禀赋结构，而非与世界技术前沿的距离出发。一个经济体如果劳动较为丰富，则经济中具有自生能力的企业主要分布于劳动密集型企业，它们的资本需求量较小，导致单位投资的信息成本较高（同样的资本体量，如果投资一家大企业只需要支付一次信息成本，如果投资多家小企业则需要支付多次信息成本），【**林毅夫**：你这个例子的信息成本的来源和文章中信息成本的来源不同，你这里指的是投资者自己收集投资项目信息的成本，而文章中的信息成本是指投资者购买关于投资项目好坏的信息的成本。另外，在你的例子中，资本需求量小的企业，不仅单位资金的信息成本会较高，签订合同等的交易费用也会较高。】这就导致劳动密集型的企业更在意信息成本。同时，如王勇老师在"Market Structure, Factor Endowment, and Technology Adoption"一文中刻画的，经济体随要素禀赋结构的变迁逐渐引进技术、接近世界技术前沿的机制，将到世界技术前沿的距离内生为由要素禀赋所决定。在这样的情况下，资本越密集的产业就越接近世界技术前沿，也就越在意代理成本。如此，就将由技术水平作为决定因素的模型，转换为由要素禀赋结构作为决定因素的模型，通过要素禀赋结构直接与信息成本和代理成本形成连接。

一个可能的批评是，如果用资本与劳动力的比值刻画要素禀赋结构，那么它虽然可以刻画制造业中随着自动化的过程，资本积累与技术升级并行的过程，但对于一些接近世界技术前沿却并不需要大量资本的技术密集的新兴科技产业或人力资本密集的服务业（如金融业）似乎并不适用。【**林毅夫**：同意，这时需要考虑的是风险的大小，以及通过金融中介间接融资和通过股市直接融资这两种制度安排对风险承受能力的不同。通常金融中介偏向于避免风险高的项目，追求风险低、回报也相对低而稳定的项目，而股票市场的投资者则倾向于风险高、预期回报高的项目。】我想到的解释是，虽然新兴科技产业相较传统制造业而言可能使用了更密集的技术，却不需要大量资本，但在其行业内部，仍然有随着技术进步，资本替代人力的趋势（如人工智能）。

不知这一想法是否合理？期待您的建议！【**林毅夫**：很高兴你能自己思考这些问题！关于不同发展阶段、不同资金规模和风险大小的项目的合适融资方式的问题，建议你参考《解读中国经济》第九讲里的讨论。】

推动中国产业结构升级的微观主体

（钟睿煊　2023 年 4 月 11 日）

总体来看，改革开放以来，中国采取了符合要素禀赋所决定的比较优势的发展战略，使得要素禀赋结构不断变迁，产业结构不断升级，实现了快速的经济发展。但如果从微观层面来看，我比较好奇的是推动产业结构升级的主体究竟是谁。例如在 20 世纪 90 年代，中国出口占比最高的行业是纺织业；而在 21 世纪头十年，中国出口占比最高的行业是机械行业。【林毅夫：是有效市场和有为政府共同作用的结果。市场给企业家发挥才能提供了舞台；政府克服软硬基础设施的瓶颈，为遵循要素禀赋结构的变化而推动内生技术创新和产业升级的企业家迅速将潜在比较优势变成实在比较优势提供了可能。】我好奇这些具有比较优势的机械行业的企业中，有多少是之前在纺织业中赚了钱的企业家再投资转型的，有多少是新的企业家建立的企业。【林毅夫：老产业中的企业家赚了钱，积累了资本，推动了社会中要素禀赋结构和比较优势的升级，给新产业的出现提供了必要的物资条件。进入新产业的企业家则有些是老产业的企业家，例如曹德旺、李书福、王传福等，有些则是新的企业家，例如任正非、曾毓群、马云、马化腾、雷军等。一般来讲，越传统的产业，越多是企业家赚了钱后转型升级；越是换道超车型的产业，越多是新企业家进入新产业。】有多少是之前一直没有自生能力但现在慢慢具有自生能力的国有企业。【林毅夫：传统重工业中有不少是这样的国有企业，例如，宝钢、徐工。】

读书心得：《结构性改革：中国经济的问题与对策》

（赵祥瑞　2023 年 4 月 11 日）

我读这本书的感受是，这是一本很知行合一的书。作者黄奇帆身居高位，业绩不凡，同时又有很高的理论素养。他在书中讲述了很多在担任重庆市市长期间的经济建设经验和规律总结，也讨论了一些过去几年受人关注的热点话题，如房地产问题、中美贸易摩擦、"构建国内大循环为主，国内、国际双循环的市场经济"。【林毅夫：黄奇帆确实是一位能够运用"本体"与"常无"的思维方式来分析现实问题，了解问题本质、根本决定因素和关键作用机制，又有执行能力的政府官员。他是我说的一位好的经济学家与一位好的政治家具有相同的认识世界的思维和能力的一个鲜活例子。】

书中作者从实践角度出发得出的许多结论与新结构经济学的理论不谋而合。

【林毅夫：同意，因为作者有着和新结构经济学相同的世界观和方法论。】如招商引资部分，作者认为"大呼隆"领导带队外出招商策略已经不合理，从实践经验出发，总结了新时代招商引资的十种有效方式。作者举了重庆对电子产品企业招商、引入富士康的例子，说明利用产业链式招商的重要性，即如招商对象生产上游产品，而本地具备中游和下游产业，则引进该对象可以打通上下游市场资源，形成产业链集群，提高效益。这与新结构经济学在实践中强调交易成本和产业集群的重要性异曲同工。作者讲述重庆2014年向液晶面板生产企业招商时，通过贷款政策和定向发行帮助企业补全资金短板的案例时，总结这体现了帮助企业补短板式招商的重要性。从新结构经济学的角度出发，这体现了发展产业与本地要素禀赋结构相符的重要性。这个案例中，重庆每年有大量的智能手机、电脑产出，需要大量的液晶屏，因此充分利用这些电子设备厂家的富裕资本要素，可以帮助实现液晶屏厂家的顺利融资。作者讲述了重庆利用丰富的页岩气资源优势向石化企业定向招商的案例，并总结为利用稀缺资源因势利导的重要性。这与新结构经济学强调的自然资源禀赋也不谋而合。此外，书中提到的重庆房地产价格调控的地票制度、现实存在的在基础设施和公共设施全无的地区搞造城开发等问题也很贴近现实。【林毅夫：政府的招商引资要成功，首先，所招之商必须在当地具有潜在比较优势；其次，政府能帮助企业解决当地将潜在比较优势变为实在比较优势的瓶颈限制。如能这样，招商引资就容易成功。黄奇帆担任重庆市市长期间所做的正是上述原则的体现。】

但是书中也有一些值得思考的观点：如用股市来解决公司高杠杆问题的药方是否合理。文中提到的"一二三四"逻辑，即省会城市土地面积占本省的不足10%，人口一般会占本省的20%，GDP一般会占本省的30%，服务业一般会占本省的40%。这么直观的数据是否有相关科学性还需要代入相关模型检验一下。【林毅夫：确实，这些举措适合重庆，未必适合全国或其他发展阶段、禀赋条件不同的省市。】

总体来讲，读这本书，让我对在政府中主抓经济建设的官员会遇到的现实问题有了更多的了解，也对连接理论和实践有所帮助。

实 求 篇

关于中国发展经验与西方认知

（郭若菲　2021年4月14日）

最近聆听世界银行Sebastian Eckardt教授的讲座"中国经济六问"，确实感受到了西方学者对中国经济的偏见。例如他提到，中国目前的发展很大程度上依赖于资本深化，全要素生产率的贡献较少。我想起林老师课上对这种看法的评论，于是和Eckardt教授探讨，这是不是由于中国的创新主要依靠引进技术，因而已经体现在资本投入增加上，而发达国家的研发创新则只能体现在全要素生产率上。【林毅夫：很好！正确！很高兴你学经济学才一个学期就能指出Eckardt教授研究的缺陷。】他认为，统计口径确实影响了各要素对经济增长贡献的核算，但中国的投资目前仍多以基础设施投资为主是事实，这类基础设施投资确实较少依赖于技术创新。但我想，这一事实同样未必反映了中国经济的问题。发展中国家的基础设施相对不完善，拥有更多的基础设施建设空间，进一步发展基础设施，尤其是农村基础设施建设、新基建，以及最近备受关注的环境方面的基础设施建设，对中国的长期经济增长具有促进作用。没有理由认为发达国家通过创新推动的经济增长就一定优于中国通过完善基础设施取得的经济增长。不知道我的反驳是否合理？【林毅夫：反驳得很好。包括美国在内的很多国家，过去忽视了基础设施建设，结果基础设施的落后导致经济增长出现各种瓶颈。最近，美国总统拜登也提出以基础设施建设作为提升美国竞争能力的主要措施之一。而且，江深哲老师和我在写的一篇论文发现，从经验现象来说，经济取得快速发展的发展中国家，在早期的基础设施投资都高于基础设施投资的长期平均水平。而且，从理论来说，这是利用后来者优势维持经济高增长之所必需。】或许是因为从小生活在发达国家，西方学者以发达国家作为标准衡量发展中国家，难以理解发展中国家所面临的处境，这或许是可以理解的。然而我想，这或许也说明了发展中国家创新理论、在国际组织中纳入更多发展中国家学者的重要性。【林毅夫：完全同意！】

关于1988年通货膨胀现象的思考

（黄卓楷　2021年4月14日）

关于1988年的通货膨胀，文永恒师兄和我交流的想法是，我国的通货膨胀现象应该是一个结构性的问题——由于我国工业品价格受国家控制保持高企态势，在工业品领域应该出现的是通货紧缩，即当时的价格高于实际市场交易会生成的价格；在消费品领域，由于供给过弱无法满足需求，应该出现的是通货膨胀。这个结果内生于我国的重工业比重过高的产业结构，而产业结构又内生于我国历史上的发展战略以及我国当时资本匮乏的要素禀赋结构。请问这和您的结构内生性理论的阐述是一致的吗？【林毅夫：很好！没错，我国在改革开放之前在资本短缺的条件下，推行资本密集型的重工业优先发展，导致"长线太长，短线太短"。违反比较优势的资本密集型重工业品供给过剩，但是价格受国家控制保持高企态势，在重工业品领域应该出现的是通货紧缩的压力，即当时的价格高于实际市场交易会生成的价格；在劳动密集型的消费领域则供给不足，应该有通货膨胀的压力，国家为了保持这些消费品的低价，就采用凭票购买的配给制度。所以，当时物价保持稳定。】

此外，1988年的通货膨胀还有消费者需求的压力。文永恒师兄和我达成的假说是：消费者需要有购买力作为支撑，20世纪80年代改革开放后，大干快上，固定资产投资连续7年保持20%以上的年均增速，这些项目只能是财政赤字货币化而来，使得货币超发，消费者的收入增长很快。正好这时"价格闯关"，从而造成抢购与恶性通货膨胀。您认为这种假说能够通过您的检验吗？如果这种假说不正确，那么这次通货膨胀之中，货币超发是否就不是一个应该考虑的思路呢？【林毅夫：（1）消费品在改革前就供不应求，需要凭票供应来控制价格，如果取消配给、放开价格控制，即使没有货币超发，也会出现抢购和通货膨胀。（2）改革开放以后，增发的货币用于固定资产投资，增加了对原来供给过剩的资本品的需求，增发的货币应该有相当大一部分被这些资本品所吸收。（3）以财政赤字和财政赤字货币化来支持投资所带来的居民收入增长主要应该在城市居民，但1990年全国居民人均可支配收入是1978年的2.44倍，其中城市居民收入增长到1978年的1.98倍，农村居民收入增长到3.11倍（《中国统计摘要2020》，第61页）。但1988年的人均GDP是1978年的2.3倍，1990年的人均GDP是1978年的2.4倍（《中国统计摘要2020》，第29页），所以，收入增长和总的物资供应的增长基本相同。（4）由上述数据来看，造成1988年的抢购的主要原因可能是消费品取消凭票供应、放开价格控制；货币增发有影响，但其影响可能是次要的。这个问题可以再仔细研究。】

关于中国改革开放初期的货币现象

（黄卓楷　2021年5月14日）

起初我希望从结构性的视角来考察我国1988年的通货膨胀，也就是说希望看到消费品通货膨胀、工业品通货紧缩的现象。但是获得的现实数据告诉我并没有出现这样的情况，1988年的通货膨胀是价格出现全线上涨现象，结构性几乎并不存在。这是现实与假说不符的一个例子，说明这一理论假说多多少少出了问题。后来我将1980—1988年工业各行业出厂价格指数对照各行业基础建设投资额进行分析，修正后大概得到这样的假说：优先发展的重工业在改革开放初期供给大于需求，通货紧缩较为明显（石油、化工、机械部门在1981—1983年出现通货紧缩），具有"长线过长，短线过短"的特点；而到了1985年，转型之中的市场逐渐将这一部分产能消化，轻工业生产一直无法满足需求；到1988年形成了轻重工业均处于"短缺经济"的状态，在"价格闯关"之后，被压抑的需求放开，出现各行业价格全线上涨的现象。【林毅夫：很好！在做研究时，需要先把事实弄清楚，再想背后的道理，而不是看到一个现象就拿现有的理论来套。】

固定资产投资并未完全用于生产部门，有较大比重用于非生产部门。我找到1981—1990年全民所有制单位按用途和建设性质分的固定资产投资数据，观察到非生产性建设投资在1988年以前占到生产性建设投资的50%左右，在

1988—1989年治理整顿时期，非生产性建设投资被削减的量大于生产性建设投资被削减的量，而生产性建设投资原本基数就更大。这说明治理整顿更多的是削减非生产性建设投资。此时仍然出现的短缺经济现象我认为主要有以下两个原因：（1）占市场主体的国有企业生产效率不高，生产能力发展不够；（2）固定资产投资虽然增长迅速，但投入生产性建设的只占2/3，生产能力依然无法满足市场需求。

而当下主流的结论是：我国经济在改革开放后一直受重工业优先发展的历史遗留问题牵绊，处于"长线过长，短线过短"的状态。我根据价格指数分析得到的结论似乎与这一既有结论出现冲突，需要进一步辨析其中的深层原因。

【林毅夫：很好！"长线过长，短线过短"是用来形容改革前和改革初期。到了20世纪90年代初，原来短线的部分已经补得差不多了，才会把各种票证都取消掉。】

北方的四季相比南方更加分明，这是我在北京度过的第一个春天，也看到了燕园里花木从初春时的花满枝头到暮春时的一树葱茏。结合这学期我选修的中国哲学相关课程，我思考着如何让自己的生命在以后的岁月中拥有存在的强度。这个问题指向我们人生的精神独立性——不论是对权力还是财富的追求，如果没有精神的独立性，精神都将沦为被"物"支配的境地。【林毅夫：很好，很深刻！】而我在参照您的人生发展轨迹后，感受到您对经济学经世济民使命的主动承担，让您能够拥有精神的独立性。这种精神的独立性支撑您在面对外在压力时，可以保持饱满的激情投入工作！【林毅夫：过誉了！我做的只是千百年来中国知识分子当做的事，如果有所成就，只是因为很幸运能够有这个时代所给予的机会。往前看，你们的机会会更好，只要不忘初心，不懈努力，你们一定会青出于蓝而胜于蓝！】

对印度经济改革历程的分析与思考

（黄卓楷　2021年6月17日）

您在本学期初给我们推荐了关于印度的文章，由此我萌生了对印度经济改革历程的兴趣，好奇为何中国在改革开放中取得了比印度更加瞩目的成就。为

此我阅读了一些关于印度独立后经济改革的介绍，形成了一些自己的看法，想请您指教。【林毅夫：很好！愿闻其详。】

印度自1947年后就进入了独立自主经济建设的时期。我把其独立至今的经济发展过程分为四个阶段：（1）1947年自治领建立后的经济恢复时期，印度在国大党的领导下实行重工业优先发展的战略，实行计划经济体制。（2）1980年后的经济改革时期，主要是拉吉夫·甘地初步经济改革与拉奥全面自由化改革。（3）1998—2004年的瓦杰帕伊政府时期，推行加速市场化改革，另外推行支持信息产业与高科技产业的产业政策。（4）2004—2014年的辛格政府时期与2014年后的莫迪政府时期，促进制造业发展，进一步放宽外资准入。

印度在初期与中国经济工业化拥有相似的路径，重工业优先发展，以向重点行业国有企业倾斜的方式解决资本积累率低的问题。

拉吉夫·甘地主导了一场初步的印度经济改革，经济建设重心转移到更符合比较优势的轻工业上，对外贸易逐步开放，"七五计划"期间印度经济GDP年平均增长率达到5.5%，打破"印度速度"（Hindu Rate of Growth）。但这一时期改革的效果不可持续，在1991年时印度陷入严重的政治经济危机，财政、贸易赤字巨大。为此，1991年拉奥政府进行了"自由化、市场化、全球化、私有化"的经济改革，取消工业许可证制度，鼓励私人资本进入；鼓励出口，压缩进口；金融体系进一步改革，对外国资本开放金融市场。

中国学界对于印度经济发展有批评：印度的制造业发展程度较为低下，服务业发展程度过高。高端服务业主要吸收高素质人才就业，这导致了印度经济处于无就业增长的状态。然而，我们要考虑到经济产业结构的变迁是内生于其要素禀赋的，那么为何印度的制造业难以发展呢？

我观察到印度多届政府都实行过促进制造业发展的产业政策，但多在各种原因下难以为继，例如20世纪60年代后期到80年代，政府提高投资率促进工业化，造成1991年国际收支危机。由此1991年后印度转而发展高端服务业与高科技产业。【林毅夫：我想这些政策没有取得预期的效果，很可能是因为印度政府并没有实事求是、务实地针对经济中阻碍企业把（潜在）比较优势变成竞争优势的瓶颈，并采取有效的措施来消除。莫迪在古吉拉特邦当首席部长14年，采取像东亚经济体的"基础设施投资、招商引资和出口导向"的政策，那14年古吉拉特邦的年均经济增长率高达10%，和东亚经济体没有差异。不过，印度的政体是联邦制，中央的权力有限，即使莫迪后来当上了总理，出于多党政治、劳动法、产权安排等原因，他想推动的务实政策也未能在整个印度得到落实，所以，印度经济发展不尽如人意的另外一个原因可能和发展思路、政治体制、法治体系有关。】

印度为何在制造业方面无法像中国一样形成贸易顺差？是因为印度的比较优势并不在此吗？受到您和王歆老师的研究"Development Strategy and International Capital Flow"一文的启发，我认为，一个国家的比较优势有潜在比较优势和显性比较优势，印度生产成本中劳动力成本低，具有潜在比较优势，但是由于基础设施落后，显性比较优势并未凸显。同时，过早开放资本账户的政策，一方面导致基础设施薄弱的印度难以得到更有利于实体经济发展的对外直接投资；另一方面招徕更多"热钱"，并未使得制造业实现好的发展。而中国在改革开放初期沿海地区愿意发展加工贸易，同时对进口有较强管制，在国内短缺经济能够形成较大的需求时，实现了制造业的较好成长，从而在加入世界贸易组织后，中国制造业有能力在世界市场中占据竞争优势。【**林毅夫**：(1) 关键是在鼓励发展加工贸易的同时，中国政府还设立了工业园、加工出口区等，在园区里以几通几平的方式解决了硬件基础设施的问题，同时，在园区里实施了一站式服务，解决了营商环境差的问题，因此，交易费用低，具有潜在比较优势、要素生产成本低的产业能够以很低的总成本，在国内、国际市场上具有竞争优势。这种竞争优势在20世纪八九十年代初就显现出来，而不是在加入世界贸易组织后才显现。例如，1978—2000年，按美元计价我国的年均出口增长率达15.9%，虽然低于2000—2010年的20.3%，但高于2000—2019年的12.9%。(2) 有较强进口管制的不是中国当时着力发展的劳动密集型产业，而是不具有比较优势的重工业，这是双轨制下所采取的"老人老办法，新人新办法"的转型方式，前者维持了中国经济的稳定，后者带来了中国经济的快速发展。】

莫迪政府现在提出"印度制造"的产业政策，促进制造业发展。但当下印度如何在人力成本已经高企的状态下发展制造业，则又是一项需要新思路的挑战。【**林毅夫**：印度的人均GDP只有我国的五分之一，2018年印度的人均GDP为2 036元，比越南的 2 551 美元还低，大量年轻劳动力滞留在农村或进入城市里选择工资水平低的非正式就业，所以，印度固然有很好的精英教育，培养了不少在国际上很出色的高精尖人才，也有像班加罗尔那样的软件中心，创造了二百多万个高收入的就业机会，但是，总体而言，人力成本高企不是事实。我想阻碍印度制造业发展的瓶颈是基础设施差，劳动法对工人过度保护，解雇工人非常难，无法根据市场需求的变化调节雇用的工人数量，因而符合比较优势的劳动密集型产业难以发展起来。】我认为自己的想法还不是很成熟，可能需要进一步修读产业经济学相关课程理论，才能对此现象有更加成熟的看法。

所以印度制造业发展的乏力之处在于：具有内生于要素禀赋的潜在比较优势时，经济制度结构的缺陷制约发展；失去潜在比较优势时，可能发展更加困难。【林毅夫：一个经济体不管在什么情况之下，永远会存在有（潜在）比较优势的产业，如果要素禀赋结构的变动使得原来具有（潜在）比较优势的产业失掉了比较优势，那就意味着新的具有（潜在）比较优势的产业会涌现。所以，一个经济体也就不会有失掉（潜在）比较优势而使得发展更加困难的问题。如果有发展更加困难的问题，原因会是来自其他方面。例如，我在前文的批注中所提到的那些问题。】

这一学期的课程学习即将告一段落，谢谢您费心指正。我发现相较于微观模型等，分析出这种现实宏观经济问题的本质是一件较为困难的事情，而这可能也是我今后还需要不断努力的地方！【林毅夫：其实，不管宏观问题还是微观问题，要抓住问题和现象的本质、了解其根本决定因素都不容易，但是，每个人只要有心去学习，不弃不馁、不骄不躁、持之以恒、如切如磋地去揣摩，或早或晚必然能登堂入室，豁然开朗，达到一通百通的境界。】

关于 Dani Rodrik 报告的一些反思

（钟睿煊　2021 年 12 月 20 日）

在本周的新结构经济学国际会议上，Dani Rodrik 教授在他的汇报中提出了两个很有意思的现象。通过将坦桑尼亚和赞比亚与中国台湾地区和越南进行对比，他发现中国台湾地区和越南的正式就业在总就业中的比重远高于非正式就业在总就业中的比重。同时他发现坦桑尼亚和赞比亚的制造业就业大部分集中于资本劳动比相对较高的企业,这导致这些国家的制造业劳动吸纳能力较低,进而导致经济结构转型中从农业部门流出的劳动力缺乏相应的制造业就业岗位,直接流入了服务业。对此,Dani Rodrik 认为,世界技术前沿的不断推进使得一些资本密集型的技术(体现为机械设备)更加便宜,甚至相较劳动密集型的技术更具有成本优势,因此采取高资本劳动比的技术对于企业而言可能是一个理性的选择。【林毅夫:Dani Rodrik 的研究有一个盲点,如果是因为世界技术前沿的不断推进使得一些资本密集型的技术(体现为机械设备)更加便宜,而使得非洲国家出现过早的去工业化,那么,这个现象应该也在东亚的发展中国家出现,但是在同一时期,东亚的中国、越南、柬埔寨等却快速工业化。其实原因是非洲的坦桑尼亚等国家的一些现代制造业主要是针对国内市场的饮料产业等,这些产业的产品运输费用高,从国外进口运费太高,生产有卫生要求和规模经济,所以,资本密集。非洲符合比较优势的劳动力密集产业没有发展起来则是因为没有政府的因势利导去解决基础设施等方面的瓶颈,而不是现代制造业的特性使得非洲无法发展劳动力密集的制造业。如果非洲国家能够像东亚的政府那样发挥因势利导的作用,那么,非洲应该也同样可以发挥比较优势,进行工业化,创造大量的就业和出口。所以,在这个问题上 Dani Rodrik 是倒因为果。】

在我看来,这种解释在理论上是可能存在的,但从长期来看,企业的这种技术选择对于整个国家而言可能并不是最优的,会阻碍制造业的进一步发展,导致过早的去工业化(Premature Deindustrialization)。从二战后成功追赶发达国家的发展中经济体的经验可以发现,一个可以容纳大量就业的制造业在一个发展中国家的经济追赶中是必需的。为了应对这种潜在的负外部性,我认为需要发挥有为政府的作用。政府可以有意识地引导企业使用劳动密集型的技术,通过建立工业园区、修建基础设施,产生集聚效应和规模效应,使当地将其劳动力丰富的潜在比较优势转换为实际的比较优势,进而走上工业化的最优路径。

关于发展中国家早期贸易保护的必要性

（钟睿煊　2021 年 12 月 20 日）

在本学期的"新结构国际经济学"课程中，王歆老师要求我们期末做一个国别案例。在进行国别比较的过程中，我们发现，二战后那些比较成功的发展中国家，例如日本和中国，在发展早期都实行了一定程度的贸易保护政策，并发展出了具有出口竞争力的制造业产业。相反，那些激进贸易自由化的国家，例如 20 世纪 80 年代的阿根廷，却一直没有发展出具有出口竞争优势的制造业产业。我想请问林老师，对于一个发展中国家而言，除遵循比较优势发展最适宜的产业外，这样的保护性产业政策是否也是发展中国家一开始建立制造业工业的必要条件？【**林毅夫**：二战后几乎所有的发展中国家包括东亚、拉美、非洲、南亚等地区都采取了贸易保护的政策，但是，除东亚外，都没有发展出具有出口竞争力的产业，这是因为绝大多数发展中国家保护和发展的是违反比较优势的进口替代产业，而东亚发展的则是符合比较优势的产业，政府的作用则是为其提供先行者激励和解决金融、电力、交通等软硬基础设施的瓶颈障碍。所以，关键不在于保护，而在于保护哪种产业。可参考我的《经济发展与转型：思潮、战略与自生能力》一书。】

关于美国基础设施建设情况的思考

（郭若菲　2022 年 3 月 25 日）

本次午餐会我主要希望就在美国生活观察到的一个现象——基础设施建设较不完善，与其经济发展阶段似乎不能匹配【**林毅夫**：好的观察。】——与您进行探讨。

在美国生活期间，我发现美国的许多大型基础设施便利性较差。例如，比较中美大城市的公共交通，在中国的上海和北京，地铁线路非常密集，且时间间隔短，而在美国的波士顿与洛杉矶，不同地铁站间隔距离较大，到达目的地通常需要换乘一段公交车，而公交车不同班次之间时间间隔长达半小时，并时常面临延误。【**林毅夫**：我想原因之一是和北京、上海比，波士顿、洛杉矶居民分散，密度低，为了使每趟地铁和公交有一定的客流量和收益，只能时间间隔长、站点少。在人口密度高的纽约，这种情形会好些。当然，纽约的地铁、公交等也有老旧的问题。】站点也老旧、不卫生。【林毅夫：好的观察。】

在查阅数据后，我发现，美国每年的基础设施融资缺口高达 4000 亿美元，约占总基础设施投资需求的 50%。据估计，至 2039 年，这将导致 10 万亿美元的 GDP 损失，与 300 万的就业岗位损失。这样的基础设施与美国的经济基础是不相符的，存在扭曲，无法支撑美国潜在的经济发展所需。【林毅夫：确实是如此，而之所以是这样跟思潮有关，长期以来，基础设施被认为应该由市场来提供，政府公共财政的投入少。】

我认为，美国基础设施不足的原因可以从供需两侧进行分析，依然以公共交通为例。

从需求角度，75% 的美国人自驾通勤，而非搭乘公共交通。这使得多数人对于基础设施的需求并不强烈。对于无法购买汽车的少数穷人群体，虽然他们不得不忍受恶劣的公共交通状况，却在"少数服从多数"的民主国家中无法占据主导地位。【林毅夫：有一定道理。】然而，需求侧的问题，一定程度上来源于供给侧的问题：如果公共交通足够发达，富人也可以选择通过公共交通出行。这可以提升经济效率，因为公共交通较自驾更加节省能源，与许多富人的低碳生活理念相符合，同时也可以显著提升社会平等。因此，需求侧并非基础设施欠缺的本质原因。【林毅夫：很好的视角。】

从供给角度，我认为基础设施的不足，主要源于美国"小政府"的政治理念，尤其是联邦政府的权力较小，使得跨州的基础设施建设受到限制。目前，只有 25% 的基础设施由联邦政府征收汽油税的收入出资，其余的基础设施建设主要由州政府出资。同时，联邦政府通过设定低利率贷款与购买市政债券支持州政府为基础设施融资。【林毅夫：是的，理念和思路有巨大影响。在许多国家，许多事情都是"非不能也，是不为也"。所以，需要有正确的理论，形成正确的思路。】PPP（政府和社会资本合作）处于不断发展阶段，但总量仍有限。【林毅夫：在基础设施的建设上，政府财政应该发挥主导作用，但是在 20 世纪 70 年代以后新自由主义思潮兴起，主张"小政府"，轻徭薄赋，认为基础设施也应该由使用者来付费，并由市场来提供，PPP才应运而生，但是，私人参与投资要有足够回报，于是被认为回报不够高的项目就得不到投资，基础设施的不足、不方便、老旧就更普遍，结果就更多人不去用基础设施，导致恶性循环，出现你在本文第一、第二段观察到的基础设施便利性差、站点老旧、不卫生等和美国经济发展阶段不匹配的情形。其实，如果读"五四"时期那些留美知识分子对美国基础设施的描述，其中都是充满着羡慕和崇拜，那时美国的基础设施和我国一样是由政府财政投资，二战后修高速公路也同样是政府主导。遗憾的是在70年代以后新自由主义思潮不仅影响了美国也影响了拉美、非洲的发展中国家，导致发展中国家的基础设施投资严重不足，成为经济发展的瓶颈。我的新文章"China's Belt and Road Initiative: the Rationale and Likely Impacts from the New Structural Economics Perspective"（Journal of International Business Policy, 2022, 5: 259-265）讨论为何我国提出以基础设施互联互通为抓手的"一带一路"倡议，以及这个倡议为何能得到众多发展中国家欢迎，供你参考。你也可以参考我2012年从世界银行回来后出版的对世界重大问题思考的专著（英文版 *Against the Consensus: Reflections on the Great Recession*, Combridge: Cambridge University Press, 2013；中文版《从西潮到东风：我在世行四年对世界重大经济问题的思考和见解》，北京：中信出版社，2012）中对基础设施问题的讨论。】

因此，基础设施建设的不足，主要源于资金不足。然而，当我进一步思考解决这一问题的方案时，却陷入了迷茫。想到许多解决方案，例如增加汽油税收用于基础设施建设、增加联邦政府对州政府基础设施建设的间接支持力度、进一步引入私人资本等，但是这些解决方案都有自己的优势与成本，似乎很难通过逻辑论证来说明哪一种更优。由于美国州政府承担基础设施建设的特征，也很难找到状况相似的国家进行比较。【林毅夫：基础设施建设的外部性大、周期长、是否有足够回报取决于使用的密度，基础设施使用的密度很大程度上取决于经济发展的状况，经济发展的状况则取决于政府的政策，私人企业无法主导，因此，除了容易收费并有自然垄断特征的通信基础设施，私人资本会感兴趣，绝大多数基础设施建设应该由政府来提供。如果思路对了，资金不是问题。我国的经济发展水平比美国低，但是基数设施总体比美国好，就是证明。可参考我上一批注提到的文章中的论述。】

换道超车型产业如何进行创新与风险的权衡取舍

(叶子欣 2022年5月27日)

在"新结构金融学"课上,客座讲师介绍了我国金融科技发展的现状。我一直关注这个领域,了解到自2021年以来,区块链、加密货币及NFT(非同质化通证)等产业热度极高,西方国家涌现了大量基于区块链技术的创业公司。不过在中国,区块链与加密货币政策非常严格,例如,政策文件明确规定虚拟货币相关业务活动属于非法金融活动,并且禁止个人或企业从事加密货币公开发行活动。在监管收紧的趋势下,许多人对区块链在中国的发展抱有悲观态度,甚至担心在以代币经济与区块链为基础的第三代互联网发展过程中,中国是否会被世界"抛弃"。

这个问题让我对"换道超车"产生了新的思考:首先,区块链相关产业的研发周期短,需要大市场推广应用,是潜在的换道超车型产业。然而,目前基于区块链的虚拟货币投机与炒作多,带来的金融风险大。其次,中国的金融市场不成熟,监管水平难以及时跟上金融科技进步的需要。技术落后时可以通过引进、学习等方式提升,但市场及软制度的"落后"则很难快速调整,导致某些前沿产业发展受阻,也即"换道超车"受限。当市场成熟度与管理水平等变量短期内难以改变时,发展中国家在某些新兴产业的发展较为艰难。

不过,我的观察是,中国政府以"小步慢跑"的方式在控制风险的同时,积极探索金融科技的应用,例如,央行数字货币正是中央银行积极探索新技术、促进金融数字化转型的举措。但加密货币应当在多大程度上允许民间技术与资本参与,如何在创新和风险之间进行权衡,仍是一个待探究的问题。

【林毅夫】:在考虑一个事情时,需要考虑其"利",也要考虑其"弊"。虚拟货币的金融创新会带来许多金融风险,虽然少数成功的创新者可能会暴富,但是,若无合适的监管,许多人甚至整体经济可能受害。而且,即使在金融监管很成熟的美国,对虚拟货币也是有许多管控的,最明显的就是Facebook推出的Libra。Facebook在全世界已经有二十多亿用户,并且,Libra和一篮子货币及实物挂钩,会比比特币更稳定,但是如果允许其按计划推出,那么它可能取代美元的地位。美国政府如果失掉了美元作为国际贸易的计价货币、交易货币和储备货币的发行权和管控权，美国可能就会失掉其当前的金融霸权，这对Facebook和全世界其他国家来讲应该是好的，但是，对美国来讲很可能是一个灾难，所以，美国国会和政府也反对，结果Libra"胎死腹中"。所以，在考虑事情时需要权衡利弊，并找出趋利避害的办法，才能真正推动社会进步。】

关于英国迷你预算法案等的思考

（吴梦　2022年11月3日）

我最近关注英国政治和经济领域的快速变化，对一系列戏剧性的变化深感震惊。前任首相特拉斯上任仅45天便辞职，除了政治层面的离谱表现，在经济方面，英国在俄乌冲突爆发后一直在经受高通货膨胀的痛苦，最近甚至CPI（消费者价格指数）月增速已经超过了10%，位于英国近四十年最高位，民众要面对十分高昂的能源费用，需要想各种办法省钱来确保自己能度过冬天。而特拉斯上台后出台的激进减税计划又使得英国债市一度陷入危机，这进一步加剧了英国国内形势的动荡，她也因此被迫辞职。作为长期生活在局势比较稳定的中国的人，我完全不能想象能源价格可以在一周内上涨30%，也完全不能想象全国绝大多数人口需要节衣缩食来取暖过冬。当然，在政治层面，我也无法想象一个大国的首脑以及财政大臣可以频繁地更换，且出台和前任不连续的甚至十分离谱的政策。拿特拉斯的迷你预算法案举例，我不太相信她以及她的团队不懂得激进减税会带来的后果，那么就只能解释为她在维护一部分人的利益而不是英国全体人民的利益，那么这个政府显然不是一个有为政府，甚至不算是一个乱为政府，因为这个政府站在了人民的对立面，政府利用自己的权力来伤害人民，我想这才是最可怕的事情。【林毅夫：这一点未必正确。首先，当一个人考虑问题时如果是受意识形态的驱动，而不是实事求是，那么，就经常会做出激进而结果与意愿相反的事来。苏联东欧采用休克疗法的转型就是例子，不仅带来了经济的崩溃，而且，得到好处的只是一些寡头和权贵，然而，像俄罗斯的盖达尔在20世纪90年代初推行休克疗法的初心却是俄罗斯的繁荣和全体人民的长久利益。其次，任何一个政策确实会对不同人群有不同的影响，从结果来说，可以写成一个模型说这个政策是为了这个人群的利益而不是全体人民的利益。但是，其出发点未必就是为了一部分人的利益，因为有利于全体人民利益的事经常是需要以一部分人群为载体来实现，这就是为何即使有利于在初次分配实现公平的政策也需要有二次分配。例如，按照比较优势发展经济，虽然相较于赶超战略能够更好地在一次分配中实现效率，并且，有利于创造就业，提高低收入人群的所得而促进公平，但是，符合比较优势的产业需要企业家来发展，企业家的收入会高于工人，所以，如果仅从直接效果来看，则比较优势战略似乎是为了企业家的利益而采取的措施。至于特拉斯推行的激进减税和柴契尔的新自由主义的政策在本质上是相同的，她们都认为这样的政策会提升英国经济的活力和效率而有利于英国全体人民的长久利益，只不过时不同、势不同，同一出发点、相类似的措施，结果却很不一样。这也是为何我强调要改造好世界，需要有"常无"的心态，不能照搬理论和经验，而应解放思想，实事求是，直接面对要解决的问题，了解其本质、决策者所要达到的目标、能动员的资源、不可逾越的限制条件，只有如此才能做出真正能改造好世界的决策。】同时我也在思考到底是什么导致英国出现当前的局面？在相同的国际形势下为什么中国没有出现相似的情况？是什么使得中国始终处于很稳定的状态而不是随着外部的影响出现巨幅的波动？【林毅夫：这样横向比较的思考很好！】我思考后发现了两个主要的因素。一是中国经济的体量很大，外贸的绝对值虽然大，但相对值不是特别大，尤其是在能源、食品等事关民生的商品上，在资本市场上和国外的联系也不是很密切，不像英国作为全球金融中心之一，其国债利率以及英镑币值会对国内的金融市场以及实体经济造成很大影响；二是中国的政治体制是民主集中制，虽然在制定政策时会丧失一定的灵活性，但因为要统筹全国，会把稳定性作为十分重要的考量因素。【林毅夫：这两点有一定道理！】

关于澳大利亚产业结构及要素禀赋

（吴梦　2022 年 11 月 6 日）

本学期我选修了王歆老师的"新结构国际经济学"，在学习过程中关注到了澳大利亚的外贸情况，并打算将澳大利亚作为这门课的案例研究对象。澳大利亚并不是一个传统意义上通过要素禀赋升级逐渐改变进出口结构的国家，因为它的矿产和农产品的要素禀赋实在过于丰富，以致直到今日澳大利亚仍然在主要出口这两种产品，但在国内的产业结构上，目前澳大利亚的支柱产业却是第三产业，尤其是金融业。这种进出口结构和国内产业结构上的巨大差异使我产生了极大的兴趣，我想了解澳大利亚的发展历史，进而找到这个国家独特的发展轨迹和逻辑。比如在研究前我的一个疑问就是，为什么澳大利亚没有利用原材料的优势顺势发展起第二产业，然后增加出口产品的增加值呢？在简单了解了澳大利亚 20 世纪的发展史，包括其政府进行的大规模经济改革后，我发现澳大利亚确实实施过一段时间的贸易保护来发展国内的工业。但是实践后发现国内的人口密度实在过小，企业之间的运输成本过高，且难以形成规模效应，因此工业产品的成本始终降不下来，即使是在贸易保护的条件下，国内由于人口过少，能够消费的数量也是有限的，更别提出口到自身完全没有竞争力的国际市场了。在这种情况下，澳大利亚政府放弃了对第二产业的保护，转而大力扶持第三产业，并实现了第三产业的迅速发展。我认为这是一个比较有效的有为政府的例子，澳大利亚政府也是在尝试了当时十分盛行的贸易保护理论失败后，转而真正考虑自身的比较优势来发展，所以继续大力出口矿产和农产品，并让有限的人口充分发挥人力资本的价值发展第三产业。我之后会继续深入研究澳大利亚的发展史，尝试从新结构经济学的视角对其发展经验进行解读并提取可借鉴之处。【林毅夫：你对澳大利亚产业结构的构成和动态变化的观察与解释基本正确。澳大利亚确实没有发展劳动密集型的制造业，也没有发展资本密集型的装备类制造业。没有发展劳动密集型的制造业是因为劳动力相对短缺，没有发展资本密集型的装备制造业则是因为国内的市场过小，而且，要从资源密集型产业跨过劳动密集型制造业进入资本密集型的装备制造业，技术跨度太大，学习成本太高，从而难以成功。不过，据我所知，澳大利亚除了资源产业、第三产业，在人力资本密集型的制药产业上也取得了相当大的成绩。】

在上一次午餐会上，您和我们探讨了为什么矿产资源丰富的澳大利亚没有将第二产业发展起来。听了您的分析后，我对该问题的认识更加深刻，并且也更加意识到什么才是抓住问题的本质和核心。比如在我所提出的这一问题上，一个国家应该发展的产业是其具有比较优势的产业，对于澳大利亚来说，它的要素禀赋中处于相对优势的是原材料和劳动力。【林毅夫：澳大利亚在要素禀赋中处于相对优势的是原材料和劳动力，这一点判断在澳大利亚的发展早期是正确的，但是，澳大利亚在1971年加入OECD，所以，在20世纪中后期，澳大利亚已经是资本相对丰富的高收入国家。】在这一前提条件下，澳大利亚自然而然地就会将出口原材料以及服务业作为主要发展方向。【林毅夫：澳大利亚在发展早期收入水平低，以农牧业和矿产资源等第一产业为主，那时，服务业也同样不发达。服务业的需求具有高收入弹性，是随着收入水平提高而逐渐发展起来的。】而如果要通过政府干预发展不符合比较优势的第二产业，就要权衡好这一做法带来的利弊。好处是澳大利亚可以节省原材料购买和运输成本，如果能够出口，相比于原材料可以获得高得多的附加值；坏处是澳大利亚国内缺乏资本和劳动力，地广人稀的条件下运输成本仍然很高，且难以形成规模效应，导致生产出的工业品性价比较低，国内需求十分有限，放到国际市场上同样也是没有竞争力的，因此前面好处部分的假设是难以成立的，自然也就不存在前面所说的好处了。不仅如此，工业品的价格和供需很大程度上受到国际大宗商品价格的影响，因此相比于直接卖原材料，卖工业产品要承受更大的风险，因为当供过于求时，库存也是有较大成本的。如此比较下来，通过政府干预手段来发展第二产业显然是弊大于利的，那么如今澳大利亚国内呈现出服务业是绝对支柱产业的状态也就丝毫不足为奇了。在这一整套逻辑链条中，最关键的概念就是要素禀赋和比较优势，其他的分析都是从这两个基本概念衍生出来的，也即：澳大利亚的要素禀赋中占主导地位的是原材料和劳动力，【林毅夫：澳大利亚在发展早期相对于资本，原材料和劳动力确实丰富，但是，当时收入水平低，对服务业的需求少，所以，当时服务业在经济中的占比也很低，农牧和矿产等第一产业是主导产业。现在澳大利亚成为高收入国家，资本已经是相对丰富，自然资源则是绝对丰富，劳动力变得相对短缺，服务业是劳动力相对密集的产业，现在成为主导产业则是因为绝大多数服务业所提供的"产品"是不可贸易的。服务业需求的收入弹性高，而服务业的供给绝大多数是不可贸易的，必须由当地的企业提供，所以，随着收入水平提高，服务业在经济中的占比会比其他产业上升得快，导致现在澳大利亚的服务业在经济中的占比和其他高收入国家一样，都在70%以上。】具有比较优势的业务是出口原材料和服务业，如果要发展第二产业，第二产业所需要的一些特性如规模效应、较大内需等是与澳大利亚国内的情况相冲突的，因此也就无法实现第二产业的强劲发展了。这也让我更加看清抓住问题的本质来思考是怎样把问题拆解成一个个小问题，同时又可以排除噪声干扰的，因此我下定决心以后要更加有意识地训练自己用这种方法思考问题。

至于林老师在午餐会中提到的我们存在即使反复听您讲求道的方法也总是忘记使用的问题，我在思考过后认为主要存在两方面的问题让我们难以"长记性"。一是我们对这些方法论的理解虽然比粗浅的认识要更深入一些，但由于我们没有十分频繁地或深入地按照这一方法进行研究上的实践，这些方法论就和很多其他知识一样停留于比较短期的记忆，没能在指导实践后进入长期记忆，也无法让我们在思考时下意识地使用这一套方法，而是需要在一些触发下才能想起来。【林毅夫：是的，"纸上得来终觉浅"，听来的也是浅，不管是读来的或是听来的，要真正掌握、运用自如，是需要经由"绝知此事要躬行"的不断实践。《论语》里说"学而时习之"，"时"不是断断续续的"时"，而是"无时无刻，随时随地"的意思。】针对这一原因，我认为之后我需要像上一段中说的那样——更加有意识地训练自己用这种方法思考问题，直到内化于心。二是因为我们还处于学习阶段，就会在潜意识里学习接收到的信息，而不是以问题为导向，在思考因果逻辑后主动地去寻找相关资料来进行印证。【林毅夫：也就是因为这样，我才倡导作为知识分子要认识世界必须要践行"常无"的哲学，从"理性人"的"第一义"的视角来观察世界，而不是经由现有理论或经验的"第二义"来观察世界。】拿我思考澳大利亚问题举例，我之前在查找资料时看到了很多当时政府改革的做法并会仔细研究，以此来推测澳大利亚的第二产业没有发展起来究竟是因为什么，在仔细研究时就会忘了这些资料虽然也是知识，但并不是我所需要的核心资料。实际上我应该想到的是澳大利亚政府当时在做决策时所依照的正是当时国内的具体产业发展情况，我应该直接去查询第二产业需要什么，澳大利亚是如何缺失这些东西的，在成本与收益上具体是如何体现出来的……也就是说，澳大利亚政府的一系列政策是市场反应的果，而不是因，而我不直接研究产业特点和当时澳大利亚的国内状况，而去研究政府改革的来龙去脉，这无疑是一种舍近求远的做法。针对这一点，我打算之后要时刻提醒自己完成从学生到研究者的心态转变，对于学生来说，多看看不同方面的知识以及别人的看法可以进行基本功的积累，但对于一个研究者来说，用不断地接收信息取代独立的有逻辑性的思考不仅浪费时间，而且还可能被误导，纠结于细节而难以看到问题的全面和本质。我以后会多督促自己进行"研究型学习"而不是"接收型学习"的。【林毅夫：在实验班的课上我一再强调，对现有的理论必须抱着画家临摹名画的心态来学习，画家临摹不是为了能够画出同样的画，而是为了从临摹中学会像大师那样根据自己的感悟来作画。作为学生，学习现有的理论不是为了会运用学来的理论，而是为了学会像提出现有的理论的经济学大师那样，能够根据自己对现象的观察，了解其本质、根本决定因素和关键作用机制，从而自己提出对现象的解释。需要如此才能做到认识世界、改造世界，以及抓住理论创新的机遇，乃是因为任何理论都是刻舟求剑，现象和问题可能看似相同，但是，其背后的条件和机制可能不同，尤其是现有的理论绝大多数来自发达国家，中国作为一个发展中、转型中的国家在条件上很可能不同。】

反思科技的周期

（叶子欣　2022 年 12 月 16 日）

近一个月发生了许多变化：各项防疫措施逐渐放开，各省市在积极应对人群大规模感染与医疗资源挤兑等问题，封控即将结束。这三年来，值得反思的事情非常多，例如从医疗基建、各级政府的应急响应能力，到政府权力边界等命题。此外，房地产市场新政策发布，指出在保证债券、债权安全等前提下，按照市场化原则满足房地产项目合理融资需求——新政策的出台对房企纾困、房地产市场健康发展有重要意义，也对金融市场发出积极信号。【林毅夫：确实这些事都值得关注与反思！】

由这一政策变化，我和金融系的同学讨论到周期的问题：在做投资分析时，有两个重要的周期，一个是"市场的周期"，另一个是"科技的周期"。前者主要指市场中的矛盾从产生、激化到被解决的过程，例如新冠疫情相关的封控措施、房地产"三道红线""两类占比"等严格政策，使市场产生较为悲观的预期，而随着2022年11月疫情防控逐渐放开、关于金融支持房地产市场平稳发展的政策出台，市场逐渐产生积极情绪。我和同学认为，尽管问题频出，但中国政府基本上会做出理性决策，推动经济恢复与稳定发展。【林毅夫：同意！】例如关于疫情防控，2022年针对消毒、定点医院建设、发热门诊建设、防疫新政策等各类大小事项，国家卫生健康委员会出台百余次指南，不断优化政策细节。

然而，同学对于"科技的周期"十分悲观："科技的周期"通常与革命性的技术相联系，例如曾经是微软、苹果公司，近几年是英伟达、特斯拉，下一个时代或许是美国的数字货币交易平台Coinbase或元宇宙概念的Meta。但中国从未引领"科技的周期"，因为中国企业不具备足够的创新能力。我对同学的观点有如下回应："革命性技术"通常需要极高的研发基础，中国在许多领域处于产业前沿，但尚未达到引领全球技术进步的水平，这是客观事实，不可忽略，但也不必妄自菲薄；随着要素禀赋不断积累，有为政府减少软硬基础设施的阻碍，中国企业将逐渐从"跟随者"转型为"引领者"，未来的科技高点很有可能出现在中国。【林毅夫：同意你的看法！新结构经济学将像我国这样处于中等发达国家水平的经济体的产业按和世界技术前沿的差距、是否符合比较优势、技术研发周期的长短等标准，分为五大类型：追赶型、领先型、转进型、换道超车型和战略型，在领先型和换道超车型产业中我国已经有些企业处于世界技术前沿，并在领跑世界的技术发展，例如华为的5G、大疆的无人机，还有新能源汽车。随着我国的经济发展和产业升级，会有越来越多产业处于世界技术前沿，也会有越来越多企业引领世界技术革命。这个情形就像我国在2002年时进入《财富》世界500强的企业只有11家，美国则有192家，当时我预测到2030年中国的经济规模会达到美国的水平，进入《财富》世界500强的企业数量会和美国平分秋色，这个看法在那时几乎被认为是天方夜谭，可是，实际上到2020年时，《财富》世界500强的企业中国有133家（包含台湾9家），美国则为121家，中国已经超过美国。随着我国的经济发展，越来越多产业的技术会接近世界前沿，"革命性技术"也会越来越多地来自我国，这将是水到渠成的事。】

对"印度第三产业先行"的思考

（叶子欣　2022年12月16日）

在11月底，我开始了对印度产业结构与国际贸易情况的研究。印度的第三产业占有重要地位：1980年，当印度第二产业发展尚不完善，生产总值占比24.2%时，第三产业占比37.1%；1990年，第二产业占比为27.6%，第三产业占比则为40.9%。分析原因，我发现这并非由禀赋结构或单纯的政策偏好决定，而是与进口替代时期"重工业优先发展"战略的失败有关：（1）印度独立不久，国内资本匮乏，重工业不符合印度的比较优势，难以为印度提供可持续的回报。（2）在选择"重工业优先发展"后，印度并未建立强大的行政体系，难以统筹全国资源，于是难以通过"工农业剪刀差"的方式从农业部门汲取重工业发展所需的资本，也无法彻底实行土地制度改革，导致农民普遍贫困，内需不足；同时，国有企业既不听命于政府，又从政府攫取资源，腐败问题严重，甚至成为控制政府决策的利益集团。

尽管中国和印度都选择了不符合自身比较优势的"重工业优先发展"战略，但中国通过计划经济体制在重工业发展上取得一定的成果，而印度不仅没有建立工业基础，还留下了非常严重的政治腐败问题与贫富差距问题。在20世纪90年代初，印度政府认为工业发展积重难返，于是转向另一条道路"农业—服务业—工业"，着力发展信息技术、金融等服务业，以其为支点促进国民经济发展。这是印度出现较为畸形的"第三产业先行"结构的原因。以上是我对于印度问题的思考。【**林毅夫**：基本同意你的分析。印度"第三产业先行"是第二产业发展滞后的结果，第二产业发展滞后则是因为印度基础设施落后，而且，劳动法对工人过度保护，企业要辞退一个工人经常要经过两三年的诉讼。这种硬的基础设施的瓶颈与软的制度安排的设置使得交易费用太高，导致具有比较优势的制造业的总成本太高，在国内和国际市场上没有竞争力而发展不起来。同样，在非洲、拉美的许多国家，第三产业先行也是由于基础设施和制度安排限制了制造业发展。】

事 达 篇

如何在结构升级的过程中实现绿色发展？

（吴梦　2021 年 5 月 14 日）

您之前在博鳌亚洲论坛上提到高质量发展是共享的，其核心是绿色发展。在绿色发展的过程中，一方面，我们要减少二氧化碳等气体的排放；另一方面，为了尽快地转型升级，我们还不得不在短期内大量地排放，以期达到长期比较好的环境状态。那么，在结构升级的过程中，我们该如何平衡好这两种绿色发展的方式呢？或者说可以从哪些方面来较好地判断应该以哪种方式做到绿色发展呢？【林毅夫：解决这个问题的关键在于：首先，必须承认发展中国家发展的重要性，发展要开放、可持续和包容，必须根据每个国家、每个地区的要素禀赋结构所决定的比较优势来进行技术创新和产业转型升级；其次，在低收入的农业为主的阶段和高收入的服务业为主的阶段，能源使用和碳排放密度较低，发展中国家在制造业为主的中等发展阶段的能源使用密度和碳排放会增加，为了减少碳排放则需要有绿色的技术，并且必须使绿色技术让发展中国家用得起。绿色技术的提供主要依靠发达国家和像中国这样的发展中大国的研发，在这种技术的价格还没有低于传统技术之前，发达国家需要给发展中国家的使用者提供一定的补贴。对减少碳排放以应对气候变暖的问题，国际上接受的原则是"共同而有区别的责任"，发达国家需要承担更大的责任，来帮助发展中国家采用绿色的技术。】

在投资银行实习的心得体会

（叶子欣　2022 年 2 月 21 日）

今年寒假，我主要复习了一些专业课，在中金公司做了一份实习，此外和朋友们讨论社会时事，其中有一些心得体会想与您和同学们分享。

我实习所在的部门是投行部并购组，负责企业的兼并、收购与融资项目。在实习中我也尝试从决策者的目标及其面临的限制去分析问题，发现许多事都能用简洁的逻辑理解清楚，例如在为一家以色列毫米波雷达企业融资时，国有资本投资者对这类海外技术密集型企业青睐减少，我的理解和他们的解释相近：在"卡脖子"背景下，投资者担心以色列受美国影响的政策风险，同时会给予国内优秀技术企业更多支持以呼应国家"核心技术攻坚克难"的号召。【林毅夫：很好！能够理论联系实践，既可加深对理论的理解，也可以提高对实践的把握。】不过在与前辈的交流中，我发现这类工作本质上有局限性，人们通过很强的沟通能力与执行力促成交易，在资源一定的情况下，需要深度思考或发挥更大影响力的空间有限。【林毅夫：是的，所以需要学会抓住实质而不为表面的宣传或沟通所局限，同时，也要学会如何克服沟通的障碍，提高人们对实质问题的认识和解决的意愿。】

虽然在实习中我对细分行业如自动驾驶、新能源汽车等有了更深入的认识，积累了实战经验，提升了抗压能力，但我认为更有挑战和更有趣的还是偏研究导向或者研究与实操并重的工作，我更喜欢的也是大脑不断思考时人充满激情和能量的状态。【林毅夫：提高对自己的认识至关重要。】

担任助研工作的收获体会

（郭若菲　2022 年 4 月 29 日）

在听取您的建议后，我通过参加哈佛商学院的亚太地区相关的研讨会，联系到了一位研究中国经济的美国教授，担任她的助研。同时，我还联系了选修课程的授课教师进行助研工作。【林毅夫：很好！另外，你也可以和肯尼迪学院的 Dani Rodrik 教授联系看看，他是国际经济学会（International Economic Association）的现任主席，他研究的领域是发展经济学。】

在工作过程中，老师分配的主要是编程、文献搜集、信息检索等非创作性的工作，我在完成过程中学到了很多新的技术，了解到了很多新的信息，但是也希望能够更进一步地对项目做出创造性的贡献。于是我试图通过新结构经济学的视角去看待老师们研究的问题。【林毅夫：学以致用，很好！】例如，商学院的老师在研究中国的大型集团公司的融资途径。我的第一反应就是林老师与孙希芳老师在《经济发展中的最优金融结构理论初探》中的观点，其中提出大银行主要向大企业提供贷款，而小银行主要给小企业贷款。然而，这位老师的侧重点在于，中国企业并没有如直觉中的那样，集中通过四大行获得贷款，而是贷款来源较为分散。【林毅夫：一个可能的原因是中国的经济规模很大，又是以银行间接融资为特征的金融结构。所以，四大行之外的银行规模也很大。例如，在2021年全世界最大的银行中，最大的4家都是中国的银行，而且前20家银行中，中国占了9家。在中国有不少四大行之外的银行，在国外则会被归类为大银行。】我通过绘制关系图发现，除位于中心的大型银行外，这些大企业还广泛建立了自己的小型银行贷款来源。【林毅夫：一个可能的原因是这位老师的研究项目考虑的是大型集团公司，这些集团公司中有许多小的公司，这些下属小公司向小银行的贷款也计算在集团公司的贷款中。而集团公司中的大公司则向大银行贷款。】由于小型银行的贷款体量较小，从体量而言，这与林老师的假说并不矛盾，但我却难以进一步想出如何为项目提出更多的建设性意见。这个事实似乎只是项目中很小的一个组成部分，关于整个项目的完整逻辑，老师还没有详细说明。因此希望林老师能够对如何在研究中做出创造性的贡献、如何接触项目更核心的工作提出建议。

同时，我也深感理论研究的计划与实践的差距。我注意到有些企业的小银行网络主要由农商行组成，【林毅夫：中国的小银行主要是由农商行组成，原因是在2000年以前每个县都有农村信用社，这些农村信用社现在都改制成农商行，在中国的3000多家银行金融机构中有2000多家农商行。】另一些企业的小银行网络主要由国际银行组成，【林毅夫：这可能和小企业的所在地以及业务有关，首先，小企业通常会向小企业所在地的金融机构贷款，如果从事的业务和国外有关，则会向国外业务所在国银行的在华分行贷款。】因此认为企业的何种性质决定了其小银行网络的构成可能是值得研究的问题。然而，项目中的19家企业，已经是可获得数据的全部集团公司，很难据此做出统计推断。

由于以上两点，总觉得自己不够脚踏实地，总是希望完成更难、更有创造性的工作，但可能自身的能力还不足以完成此类工作。同时，又不知道如何提升能力，以适应此类工作，还望林老师指教。【林毅夫：能发现数据的规律并认识到问题已经是很大的进步。至于能力的提升，最重要的是看到一个现象和问题时，要首先了解现象的本质特征，根据本质特征考虑其决定因素，不要一看到一个现象就想对号入座地运用已有的理论。】

在清华五道口首席经济学家论坛中的收获

（吴梦　2022 年 5 月 27 日）

最近我关注了林老师参加的清华五道口首席经济学家论坛，今年论坛的主题是"动荡中的 2022——全球与中国经济及政策展望"，我从各位嘉宾的分享中受到了很大的启发，也产生了一些个人的想法，希望得到批评指正。

首先，桥水基金创始人瑞·达利欧的分享让我不仅感叹他看问题的视角之宏观，也觉得他的研究结果十分有趣，似乎让我从历史和全球的维度重新认识了国际形势和经济规律。之前我只知道股票市场会面临牛熊周期，但是在达利欧展示了过去 500 年间十大强国与三大储备货币的交替性起伏现象之后，我意识到这种周期规律或许可以推广至更广阔的时空背景下。有趣的是，正如林老师曾经对我们说过的，每当世界秩序重建并开启下一个周期时，超越者与被超越者之间就会出现冲突。被超越者不仅要面对造成自身走下坡路的内部矛盾，还要应对外部冲突，正如如今的美国。这种强者之位终将改变的观点虽然听起来有些宿命论的意味，但在我看来其中实则蕴含着个人、政体都无法抗衡的必然内在逻辑，正如黑格尔所说，我们从历史得到的唯一教训是，我们从没有从历史中得到过任何教训。虽然历史总是惊人地相似，但是我认为在不同的时代，我们面对的问题却总是全新的，我们仍然需要全面地发挥我们的判断力和行动力，争取顺利平稳地度过这一必然的转型与冲突阶段。【林毅夫：这点认识非常深刻！历史的发展有其规律，而这种规律的实现则有赖于社会中各个层面的人的作为和努力。]

那么在如今的局势下，中国应该如何应对呢？您给出了两点建议：保持动态的经济发展以及保持开放的态度，我认为都是可以应对如今主要矛盾的举措。

第一点"保持动态的经济发展"是说，如今中国的人均 GDP 只有美国的四分之一左右，所以仍然较为被动地要接受种种打压，我们仍然要利用后来者优势和政治优势，大踏步地迎头赶上。在这一点上，我认为我们需要格外注意各个部门的协调发展与转型，比如我们长久以来依靠后来者优势取得了高速的发展，在逐步转向自主创新的道路之时，可能在配套的金融服务上存在较大的提升空间，例如较为严格的上市制度使得早期的互联网公司只能赴美上市，而中国的投资者没能享受到这一部分红利，那么我们是否应该与时俱进地进行调整呢？再比如我国虽然在"双碳"政策的倡导下大力发展新能源产业，但是长久以来所依靠的火力发电仍然有巨大的利用价值，一定程度上类似于我们的劳动力相对于资本而言所具有的比较优势，因此切不可断然抛弃，而是要善加利用，平稳过渡。我想，只有各个部门齐头并进，才能真正将"自主创新、科技兴邦"的口号落到实地。[**林毅夫：**非常同意这个看法，要赶上发达国家，固然需要在一些有换道超车机遇的领域提供必要的条件和激励，以抓住机遇，和发达国家齐头并进，甚至领先于发达国家，但是，也不能忘记我国作为追赶的国家，绝大多数产业、技术与发达国家仍有差距，仍需要重视和提供条件来充分利用后来者优势的机遇，以低成本、低风险的方式，更快地发展经济以缩小和发达国家的差距。如果放弃了后面这个机遇，就像我 2022 年 3 月 22 日在北京大学新结构经济学研究院微信公众号上发表的《中国经济增速新目标、增长法宝与共同富裕》一文中所讲的旧社会的一个上海的苦力中了彩券以后，把彩券和藏着彩券的谋生的扁担一起抛弃一样让人遗憾。]

第二点"保持开放的态度"是说，中国是全球第二大的经济体，也是全球最大的贸易国，而在贸易中是可以达到双方共赢的，因此只要我们保持开放的态度，那么绝大多数国家还是乐于与中国进行贸易并从中国的发展中获利的。我联想到近期主要由俄乌冲突导致的逆全球化趋势增强，不禁有些担忧。即使我们保持开放的态度，但是如果其他国家在当前局势下对与中国进行贸易的态度变得更加谨慎，我们该如何去应对呢？是在保持开放态度的同时，转换发力点去扩大内需比较合适，还是采取措施扩大开放力度，比如稍微放开资本管制，更加合适呢？【林毅夫：就是在当前的逆全球化观点甚嚣尘上的情况下，才需要呼吁有清醒的头脑和定力来深化改革、深化开放，除了涉及国防安全和经济安全，并且只有美国有、其他国家都没有、需要利用新型举国体制来取得突破的技术，我国都应该加大开放，让我国的发展不仅惠及我国，而且成为其他国家创造就业和发展的机遇，这是化解美国联合发达国家和我国脱钩的图谋的最好办法。上述的开放涉及的是经常账户的贸易，资本管制涉及的是资本账户，首先，资本管制的是投机资本的短期流动，长期投资资本的流动我国基本已经完全开放，投机资本的主要来源则是其货币作为世界主要储备货币的美国，这种短期的资本流动对于发展中国家弊远大于利，所以，应该有所管理。可参考我的文章《我为什么不支持资本账户完全开放》。总的来说，在资本账户对短期投机资本流动的管理上，我国需要根据国内资本市场的发育程度和人民币国际化的程度来决定开放的程度。其实，发展中国家的资本账户需要有管理这个原则也是国际货币基金组织在吸取了20世纪八九十年代以来倡导的资本账户开放给发展中国家带来频仍的金融危机的经验教训以后，在2010年提出的对发展中国家的新建议。】

在论坛发言的最后，您说到"总有一天中国的经济总量会是美国的2倍，那一天美国将不得不做一个平衡和抉择，必须跟中国做贸易和维护好关系"，我很荣幸有机会见证这一历史进程，同时也希望能够为这一目标的实现多做出一些贡献！【林毅夫：我想那一天到来时，会正是你们四五十岁的黄金年龄，希望你做好准备，成为国家和世界发展的领军之人当中的一位。】

在麦肯锡公司实习的感悟与反思

（叶子欣　2022年9月30日）

充实的暑假过得十分快，在这个假期，我主要在麦肯锡公司做了为期10周的暑期实习，并通过考核获得了全职录用的资格。【林毅夫：恭喜！】非常感谢林老师一直以来的教诲与鼓励，许多在课堂上学习到的知识与方法论，在实践中亦十分有帮助。【林毅夫：很好！】接下来我将分享自己在暑期实习中的感悟与反思，期待与林老师和同学们交流请教。

一、对企业经营现状的反思

在实习中，我参与的第一个项目是帮助一家美国的医疗科技公司进入中国市场。该公司的主要产品是创新医疗器械，例如植入式神经调控设备，其中两款主要产品分别用以缓解病人的慢性疼痛以及帕金森病。在战略设计过程中，最棘手的部分是进院流程：中国的医疗政策十分复杂，每个省市的审批流程、医保报销制度、带量采购制度都不尽相同，同时在医生与供应商之间还存在一定的"灰色地带"；对应到企业层面，药企进入不同省市面临不同的风险，海外企业进入中国市场的难度大大提升，激励减小。

这一现象令我联系到"制度作为要素禀赋"的命题。我们通常所指的要素禀赋是一个经济体在特定时点上给定的资本、劳动、土地等自然资源，如今也包括数据资源。处在不同发展阶段的国家的要素禀赋结构不同，在不同产业中面临的要素成本不同，从而在一个竞争性市场中会具有不同的比较优势。市场制度在企业的运行中起到重要作用，制度差异带来交易成本的差异，对产业选择具有重要影响，那么制度是否也应当被纳入要素禀赋的分析框架中？当然，制度通常被认为是内生变量，但在产业层面的分析中，制度是否更偏向一个外生变量——产业本身特性不同，从而导致同一个国家的不同产业有不同的外生的制度安排需求。【**林毅夫：**新结构经济学认为，一个决策者在做决策时给定的、对其有影响的变量都属于禀赋。除了自然资源、劳动、资本等生产要素被称为要素禀赋，人力资本、社会资本、制度、区位等都属于禀赋的范畴。见《关于新结构经济学禀赋内涵的探讨》（新结构经济学工作论文 No.C 2019009）。】

我参与的第二个项目是帮助一家中国本土私募基金公司进行机构化转型。这家基金公司没有规范的运作模式，在历史上凭借其在资本市场中的关系及中国的上行经济趋势获得不错的回报；然而在经济增长放缓的形势下，这家基金公司希望深化内部变革，真正提升竞争力。在我接触到这个话题时，觉得十分有意义，一家基金公司的变革，可能反映出很多中国本土企业的问题，它们在过往十余年中,凭借经济发展的东风取得了较好的收益,但企业运营本身仍存在许多缺陷。然而在具体接触中,我发现不少成功的企业家仍然十分迷信国外经验,例如对方希望我们在做对标分析时,只关注世界顶级的私募基金公司如何做,并照搬它们的经验。当我质疑为何不对标分析本土优秀的私募基金公司时,对方的理由也很简单,"看不上国内机构"。通过这件事,我反思到,尽管我实习的公司拥有丰富的世界领先企业的咨询经验,但随着中国的500强企业越来越多,我们更有必要总结与探索出中国企业的经验与方法。"橘生淮北则为枳",道理看似简单,但践行起来亦需要一代人不断努力。【林毅夫:我同意你的看法,虽然"西天取经"的心态在我国非常普遍,但是"南橘北枳",在国外适用的未必就适用于我国,更何况国外成功的公司也各有文化和治理,并且,经营策略等也经常在变。】

二、对经济发展现状的反思

在暑期实习过程中,我参与了数次午餐会。在交流中,我发现大家对中国经济发展的现状十分悲观,从表面上看是公司业务量有所下滑,尤其是许多跨国公司不再考虑将中国作为重点市场。究其原因,主要是劳动力红利消失、技术攻坚困难、中美关系紧张等问题。

我的理解是:关于国际局势,短期内,部分外资的撤离为本土企业的成长提供了一定空间,中国企业可以借此机会积极转型,提升竞争力;【林毅夫:好视角!】长期来看,走向封闭与分裂对各方皆无益。关于技术转型困境,从模仿引进到自主创新的过程本就不易,在中美关系紧张的背景下也更艰难,但是从最基本的禀赋条件来看,中国有技术进步的人才基础,同时不断优化的政策支持也有助于硬科技行业的发展,人们需要更多的耐心与勇气。【林毅夫:同意你这些看法。】

担任助研和助教过程中的心得

（郭若菲　2022 年 9 月 30 日）

时隔一个暑假，很庆幸能够在地球另一端继续向您请教我的学习思考与困惑，期待您的解答！本月，我主要希望汇报自己在担任助研与助教过程中的心得，同时也希望得到您关于未来学术发展规划的建议。

最近，我的一个主要心得是，方法论应当服务于研究观点，而非相反。【林毅夫：是的，完全赞同。】

其一，在研究不同的经济学问题时，常常需要使用不同的定性或定量方法。在科研实践中，仅仅精通一种方法往往是不够的，而是需要不断地快速掌握新的技能，以满足希望研究的议题的需求。其二，许多统计方法的结果高度依赖于理论的假设，如果在开始研究前没有将问题思考清楚，很可能导致不准确，甚至相反的结论。其三，对于方法的掌握可以让人成为优秀的助研，但是只有原创性的思考能让人成为优秀的学者。【林毅夫：这三点看法都很正确。】

例如，本学期，我在佳君老师的指导下，开展对东帝汶与所罗门群岛两个岛国的 GIFF（增长甄别和因势利导）分析。GIFF 本身是一个非常清晰易懂的分析框架（因此，我还在暑期担任助教的过程中，向同学们介绍了 GIFF，与课堂中教授的、新结构经济学批判的、以发达国家作为参照的分析框架进行对比，令人庆幸的是，大家都对 GIFF 的理念非常认可，还有同学在课程论文中尝试了使用这一框架进行对越南的分析），【林毅夫：很好！】因此课题的难点并非学会使用这一框架，而是如何基于这一框架，结合研究国的个体性特质，提出切实可行的建议。【林毅夫：确实如此，任何理论或框架只揭示一般规律，在政策实践中则必须结合当地的实际，才能提出能够推动当地进步的政策。】在进行两个国家的 GIFF 分析的过程中，我注意到一个有趣的对比。所罗门群岛用购买力平价衡量的最低工资水平相较东帝汶更低，但用美元衡量的最低工资水平却比东帝汶高出很多。由于外国投资者在投资时以美元作为依据，美元计价工资水平的高昂使得所罗门群岛在劳动密集型产业上不具备比较优势。我因而进一步查看了两国的货币政策，发现东帝汶目前将美元作为官方货币，而所罗门群岛则将当地货币与主要贸易伙伴国的货币挂钩。我对此的解释是，两国都具有较严重的资源诅咒问题，但区别在于，所罗门群岛在大量出口自然资源的过程中，美元大量流入，当地货币大量流出。【林毅夫：我想所罗门群岛的货币在国际上是不流通的，不会大量流出。所以，不会是所罗门群岛的当地货币大量流出，而是像中国在加入WTO以后一样，出口大量增加，赚取的外汇向中央银行换成本币，而使得本币的发行量和在国内的流通量大幅增加。】东帝汶，由于直接使用美元计价，就不存在货币流出的问题；对于浮动汇率制的国家，汇率的调整也可以自动防止本国货币耗尽。【林毅夫：浮动汇率防止的应该不是本国货币的耗尽，而是外汇储备的耗尽，本国的中央银行可以根据需要不断发行本国货币，所以不会耗尽。】但对于固定汇率的所罗门群岛，为了防止本国货币储备耗尽，只能通过大量印钞的方式。这导致了国内物价上升，购买力下降，以美元计算的最低工资偏高。【林毅夫：如前面批注所示，所罗门群岛采用固定汇率制，出口所得的外汇需要在中央银行兑换成本币，如果没有像中国政府在加入WTO以后那样，在外汇储备增加时，不断提高银行的存款准备金率，则会造成流通中的货币不断增加，出现通货膨胀。】不知这一推理是否严密？然而，对于如何基于此提出政策建议，我感到较为困难。经济体是一个有机整体，牵一发而动全身。例如，如果建议所罗门群岛因此将美元作为官方货币，显然存在对经济体各方面的影响，因此，非常希望向您请教，如何能够全面地考虑、权衡各方因素，从而提出切实可行的政策建议？【林毅夫：可以建议所罗门群岛采用浮动汇率或是像中国那样根据外汇储备增加的情况调整银行的存款准备金率。】

又如，在完成哈佛大学商学院助研工作的过程中，我完成了数据爬虫、数据编码、互动可视化、数据匹配等工作。通过一段时间的工作，老师对我的能力表示了肯定，并邀请我独立负责她最新的有关中国土地与资本市场政策导向的项目。我们的目标是，通过自然语言处理技术，将历史上的中国土地政策文件与资本市场政策文件分为"监管导向"与"市场导向"两类，进而观察两类文件的占比随时间变化的趋势。虽然我们之前都没有机器学习的经验，但是我发现，这些以前并未接触过的工作，其实很容易上手，进入门槛并不高。自然语言处理虽然听起来很高深，但是实际上只是调用一个既有程序包，用两行代码就可以完成的操作。因此，掌握方法虽然很重要，但一定并非科研的核心竞争力。在复制粘贴了这两行代码并运行后，我发现程序结果对于文件的分类很混乱，并没有明确的逻辑。我才发现，原来课题的真正难点在于，如何从四五种既有的自然语言处理方法中，选择最适合自己课题假设的一种；如何删除对研究无意义的词语和连接对研究有意义的词组，以优化文件分类的精度；如何确定将文件分为几个大类。这些问题都并非精通统计方法就可以完全解答的，不同的衡量指标往往会给出不同的结论。【林毅夫：这个认识很到位。】于是我首先开始研究相关政策在历史上的演进逻辑，以及不同政策时期的代表性词组；同时，我通过阅读部分文件，明晰了我需要的文件的基本分类逻辑；我还深入学习了不同自然语言处理方法背后的假设，据此选择最适合的方法。这样完善模型后，文件被清晰地分类为"监管导向""市场导向"与"无关文件"三大类。

【林毅夫：很好！】令我敬佩的是，这位老师已经很长时间没有接触过统计方法，却在我开展研究前就精准预测出了我会得出的结论。这让我意识到，要想成为优秀的学者，获得技能的途径有很多——快速自学、与人合作、聘请助研，但只有对于问题的深入思考，才是从事科研的核心竞争力。【林毅夫：是的，从事科研的核心竞争力是自己对问题的本质、根本决定因素和关键作用机制的思考和把握！】

又比如，本学期，我担任了一位宏观政策方向的经济学教授的助研。我记得在6月的心得中曾向您汇报说，希望通过理论建模的方法研究宏观政策问题。我在申请这份工作时，看到这位教授希望申请人具有数值优化的技能，因此很激动，觉得很符合自己感兴趣的方向。助研的第一份工作是学习梳理相关文献。在阅读的过程中，我才发现，自己对于理论的执着或许过于狭隘了。许多优秀的论文往往结合了理论模型和实证回归，而且很多纯理论的文章，也往往会使用数据对特定参数进行模型校准。这让我意识到，不应该局限于对于某种方法论的追求中，应该明确自己想要研究的问题，然后选择最适合的方法论。

【林毅夫：是的！】

基于这些体会，我认为自己在学习研究方法的同时，还应该更多关注经济

时事，思考经济问题。【林毅夫：是的！】

目前正值美国博士项目的申请季，我在思考的一个问题是，是否先担任一年的 predoc（博士前的全职科研助理）再进行申请。我在之前的助研经历中，时常觉得会把更多时间花在学习研究方法，而非思考问题上，因此不知一年的 predoc 经历对我的长期发展是否会有很大帮助。然而，在与学长学姐的交流中，常常听他们说，如果做一年 predoc，就更有可能申请到更好的博士项目。因此，非常希望向您请教如何取舍。我目前的打算是，以申请博士生为主，再申请一些顶尖的 predoc 项目。【林毅夫：我想如果能申请到好的博士项目，就不用申请 predoc，当然，如果未能申请，predoc 是个好选择。】

在加州大学伯克利分校交换学习的收获

（黄卓楷　2022 年 9 月 30 日）

这学期我选择来到加州大学伯克利分校交换，修读了许多课程，希望能够和您交流我的认识和收获！

一、对于新结构经济学的交流

在加州大学伯克利分校经济系，我十分热情地向各位博士生、老师介绍新结构经济学。我将您关于发展中国家经济发展的独到眼光介绍给大家。

新结构经济学可以谈的方面有很多，其中最为独到的视角就是将经济中看似外生的结果内生来考虑。[1]的确，这能够解释很多中国的谜题，对于为何不采用西方主流经济学的观点来发展经济给出了理论解释。听过我介绍的正确的发展战略——依照比较优势发展——之后，大家也都纷纷表示很信服。中国的事实清晰明了地为新结构经济学"一个中心，三个基本点"的理论框架做出了实证解释。其中，Jon Steinsson 教授也十分了解中国的相关事实，他评价中国采取了一种明智的改革方式。相对于"华盛顿共识"，中国的改革是"边

---

[1] 经济运行是内生的，经济中扭曲是内生的，产业结构是内生的。

际上"的，而这种边际上的改革方式，的的确确给中国带来了成功。他也认可，中国的这种改革方式才是中国奇迹与现代经济学理论相互印证的结果。

【林毅夫：太好了，你可以向老师、同学们推荐我的几篇作品：Economic Development and Transition: Thought, Strategy and Viability[M].Cambridge: Cambridge University Press, 2009; Demystifying the Chinese Economy[J].The Australian Economic Review, 2013, 46(3): 259-268; The Washington Consensus Revisited: A New Structural Economics Perspective[J].Journal of Economic Policy Reform, 2014, 18(2): 96-113。】

我和一位西班牙博士生的交谈很有趣。当我向他介绍依照比较优势发展，产业不断升级的发展战略之后，他立即表示：林毅夫教授是否会接受我们教材中的大推动模型或贫困陷阱模型呢？它们都讲述了政府应该在发展中国家发挥作用！我笑笑说，首先，这些模型都没有禀赋结构的概念，所说的产业升级完全是政府补贴推动的。而在新结构经济学中，如果一个地区在较好的市场条件下依照比较优势发展，是不需要政府过多的补贴的。其次，大推动模型的推动力是补贴促进了全行业的货币需求增高；贫困陷阱是说，对于某些阶段的禀赋结构，一个经济体无法摆脱贫困，这种宿命论的说法让世界银行、国际货币基金组织等组织在世界范围内发挥很大的作用。但是事实上，每一种禀赋结构都有具有比较优势的产业。【林毅夫：你的评论很到位。可以推荐这位同学读 Lin J Y, Industrial Policies for Avoiding the Middle-income Trap: A New Structural Economics Perspective[J]. Journal of Chinese Economic and Business Studies, 2017, 15(1): 5-18。】

的确，这样的思考方式从一个侧面说明，如果不是置身事内，大家的惯性思维当然是从现有理论出发，理解中国发展。我后来耐心解释，我们认识世界、改造世界是必须要从事实出发的，每一个理论能够解释一个事实，而需要解释新的事实，是万万不能套用的。【林毅夫：很好，这点认识至关重要！】这位同学也表示十分信服。

我目前自己与朱礼军老师的研究还在不断推进之中，我也不断深刻体会到新结构经济学对于理论解释的严苛性。所以在朱老师的指导下，我也在不断探索能够解释发展中国家技能溢价的理论框架，争取能够以严谨的研究成果取得

更多学者的认可。【林毅夫：很好！】

二、关于经济学问题的思考

我对于新结构经济学问题的思考产生了几个相关问题，希望能够和您进行交流。

首先，新结构经济学强调，结构转型的力量源于一个经济体依照不断升级的要素禀赋结构，发展具有比较优势的产业。我十分认可这样的看法。但是我们注意到，权威经济学学术论文研究大多忽略了这一根本性的推动力。您在《如何做新结构经济学研究》一文中也提到了这些研究，我十分赞同您的看法。我不太清楚的问题在于：这些学者也都是具有敏锐观察力的人，他们的经济学直觉也十分不错。那么为何他们不愿意相信禀赋结构推动力的根本作用，而选择舍本逐末呢？【林毅夫：因为他们习惯于 one sector（单部门）没有结构的理论模型或以发达国家的结构为唯一的、理想结构的思维，缺乏不同发展程度的国家的结构是不同的（heterogeneity）且这种不同是内生的（endogenous）的视角，自然也就忽视了禀赋结构作为结构变迁第一推动力的作用。然而，这正好给了新结构经济学研究院的师生做出开创性贡献的机会。建议你参考我今年在新结构经济学优秀学子夏令营上的讲话《新结构经济学的结构革命对现代经济学的意义》。】

通过对相关文献的熟识，我的解释是这样的。首先，目前数据表现出来的结果的确没有支持我们的假说：在经济增长核算之中，大家的结果都表明资本积累为经济增长贡献了 2%~20%，人力资本贡献了三分之一左右，TFP 贡献了二分之一左右。这些论文与研究我都仔细查看了，都是严格按照定义得到的结果，十分严谨。但为何得到如此不同的结果呢？我尝试对此进行解释。

这里首先需要划分农业向制造业的结构转型与制造业向高端服务业的结构转型两个阶段。第一阶段的转型，毋庸置疑，是依靠禀赋结构的升级。而我们的数据得不到这样的结果，是因为从我们的数据只能看到统计量的相关性，而很难看到因果性。我们的增长核算是希望利用人均资本、人力资本、TFP 的差异来对经济增长的差异进行解释。但很遗憾，线性回归结果中，人均资本的差异并没有其他几个量的大，所以解释力不足。但是，人力资本、TFP 如此显著的差异来源于哪儿？我的答案是，依然来源于人均资本（禀赋结构）。这里的增长核算是严谨的，但是变量之间的多重共线性，导致了我们识别不出来因果关系。【林毅夫：人力资本内生于人均资本，这个认识很到位。在人均资本少的国家，人力资本提高后，由于产业无法升级到资本更密集、劳动的边际生产率和工资更高的产业，结果有高人力资本的人会流动到可以使用其人力资本的发达国家。】而这一步需要我们选择更好的计量方式进行研究。我与钟睿煊同学也进行了这方面的探讨，睿煊目前正在修读相关理论的课程，他和我的看法相似，希望未来能够在此方面有所贡献。【林毅夫：很好！】

但第二个阶段的转型，即制造业向高端服务业的转型是什么推动的？我觉得这个问题的答案不如前一个那么简单。这一转型的推动力可能更加驳杂，我们观察到，资本密集度在这些行业其实不是绝对的高，它们的技能密集度更高（科研相关产业）或者流动资金更多（金融业），那么这意味着，经济体第二阶段结构转型可能真的不是因为需要多少数量的设备，可能是更高的风险（科研相关产业、制药业、金融业）、更密集的技能（金融业、科研业）、更高的需求（教育业、餐饮业），等等。我对于这一部分的解释略感疑惑，期待您的提点！

【林毅夫：随着收入水平提高，服务业的发展来自两个作用机制：（1）资本密集度高的产业需要许多生产服务业，包括研发、金融、保险、物流等；（2）收入水平提高后，工作增加收入的效用递减，休闲的效用增加，生活、消遣、娱乐服务业的需求增加。】

总而言之，我在美国的经历让我进一步打开了视野。同时，对新结构经济学的介绍得到了大家的初步认可，也让我有了更高的幸福感！【林毅夫：太好了！】

经济学训练的实践意义

（赵祥瑞　2023 年 4 月 11 日）

我周围不少朋友忙着毕业求职。我和他们讨论时，学习社会科学的同学常常抱怨，他们所学的知识和未来职业发展所用的知识脱节。在这个时代，科技井喷式发展，人的价值似乎被重新定义。我们有必要重新思考自己作为个体的独特性并规划未来职业发展。因此，我最近也一直在反思经济学训练的意义。

【林毅夫：知识、理论等都是对过去经验的总结，在一个快速变动的社会，照搬知识、理论常会出现"南橘北枳"的问题，这也是为何在实验班上我强调对"道"的把握，强调对自己"认识世界"的能力的培养。】

不得不承认，经济学理论指导经济实践在现实中会遇到很多阻碍：首先，大部分经济学研究的假设往往是"公仆型政府"。政府的目标是最大化国家效用函数。然而事实上，很多政府是"理性人政府"，如政府官员会考虑到"职业风险"等问题，在任期内求稳，不进行大项目的开发批复，不对上一任期的负责人开发的项目进行跟进；会更多关注短期政绩，而非城市长期发展。如房地产调控问题上，有的政府可能会为了短期 GDP 等政绩，不考虑人均住房面积等因素，无休止地进行房地产开发，甚至在完全没有基础设施和公共设施的地区搞"造城"开发，导致部分三四线城市的"空城、鬼城"现象。其次，理论只能提供大致宏观方向，实践过程需要更多细化领域。要填补理论与现实的沟壑，只能用"实践是检验真理的唯一标准"来不断试验。此外，现实中很多政府部门为"上传下达"式工作方式。【林毅夫：政府官员也是理性人，只有上级政府以"公仆"为官员的考核标准或官员个人以"公仆"为人生的追求时，其行为才会和以"公仆"为假设前提的理论所做推论相一致。】

但是，在这种情况下，进行经济学训练仍然是有意义的。首先，经济学理论研究是必需的。我们通过"眼、鼻、手、耳"观察，获得的只是感受。通过过去类似的经历指导如今怎么做，获得的只是经验。感受、经验只有通过不断提炼、升华才能形成理论。而只有形成了理论，才能不断迭代演进，最终认识才能上升到一定高度。其次，我们通过训练获得了辩证的思维方式，以及利用"一分析，三归纳"进行分析的判断方法。再次，经济学训练要求我们不断观察现实世界，关注世界发生着什么。这种训练过程中获得的"关心天下事"的习惯会让我们终身受益。此外，通过大量经验积累，我们能获得一种条件反射般的"直觉"训练，有助于我们迅速反应。最后，尽管存在上述"长期与短期""公仆型政府和理性人政府"之间的矛盾，我们仍然应该相信"君子务本"，牢记自己的初心、初衷、原动力，并坚守之。【林毅夫：赞同你这些观点，很高兴你经过实验班三年的学习，有此认识。】

对人才与发展的看法

（黄卓楷　2023 年 4 月 11 日）

四年的光阴过得很快，我们这一届学生即将成为 2023 级毕业生，告别本科生活，面临社会的考验。首先我想分享一些我最近读到的许多同学对自己大学本科四年经历的复盘，然后结合当下中国"人才红利"的特征对我们所处时代的情况给出我的见解。

我看到的典型的以学术为导向的同学大体上分为两种情况。第一种同学有着三段极为痛苦的经历：首先是实习海投简历遭到拒绝，面对身边拥有各种实习工作资源的同学的竞争，感到绝望；然后是寻找暑期助研或者助研机会时发出数以百计的邮件仍然无法得到回应，感到绝望；最后是申请前请求老师写推荐信被暗示推荐力度很弱时，对未来漂浮不定，感到绝望。【林毅夫：确实，就像我在第四届"林班"招生宣讲会上引用的《双城记》中"这是最好的时代，也是最坏的时代……这是希望的春日，也是失望的冬日"，当前许多同学有"失望的冬日"的感受。】

第二种同学有一个好的研究想法，但是在技术上遇到了瓶颈——传统的经济学家选择绕过某些模型设定，让研究的问题能够更方便地被解出，或者让研究的结论更加易于理解。这些同学更多的是花费了大量时间学习新的数学方法、新的计算机算法、最前沿的各种文献……甚至有的同学选择休学一年，对自己的研究进行攻关。【林毅夫：是的，这在学界是一个长期存在的问题，重视"术"而忘了"道"，克服这个问题是办"林班"的目的之一。】

说实话，第一种同学的经历首先让我十分佩服，他们在尚未立志的时候，就能够顶住如此大的压力，努力拔得头筹。这样的心理素质和坚韧品质的确是值得佩服的。但是，仔细想来，对于这些同学来说，最困难与煎熬的时刻甚至都不是对研究与问题的攻关？！相反，我的本科经历中，最难的要数研究技术上遇到的阻碍。文献中的动态贸易模型不是主流，忽略产业结构甚至禀赋结构建模能够大大减少模型复杂度，并且对其关心的问题给出十分有说服力的解答。而我克服这样的困难就依赖于朱老师每周一次见面时给我的耐心指导，高屋建瓴地提供相关文献，还有睿煊同学和我的不断讨论交流！【林毅夫：首先，恭喜你有此追求。其次，你是幸运的，能有如此耐心指导你的老师和能够相互切磋的同学。】

我在两年前和您的交流中提到：如果一个人拥有精神的独立性，那么任何外部的压力都无法将其压倒。我认为作为一个学者，最重要的就是能够立下一个全局的志向——这也是您在我们刚刚走入"林班"时所强调的：找到自己喜欢并且擅长的事情。拥有一个宏伟的志向后，所有的努力和汗水都将是我们为了实现自己理想的付出，这时面对外部的压力与困难就不会再有太多的抱怨，而是以饱满的生命力继续挑战。【林毅夫：很高兴三年下来你能够不忘记这些教导。若能"知行合一"，你必能抓住时代的机遇，不辜负时代。】

一年比一年更"卷"的毕业生就业形势很大程度上意味着经济形势的变化，由此我关注到了中国要素禀赋结构的进一步升级。新任国务院总理提到我国目前劳动力市场呈现"人口红利"转换到"人才红利"的特征。这意味着，对于现在的中国，随着大学生不断走入市场，拥有高学历的劳动力供给正在飞速上涨，这就是说，高技能劳动力的相对价格将会下降。【林毅夫：未必！在高学历劳动力的供给快速增加时，如果产业能够不断往人力资源更密集的产业升级，那么，对高学历劳动力的需求会不断增加，高技能劳动力的相对价格未必会下降，甚至会上升。】依照要素禀赋结构所决定的具有比较优势的产业，将会是这些需要进行技术研发的高端服务业——汽车设计、医药研发、大型互联网公司、航空航天、量化金融（而非传统金融业中如投行、咨询等赚取承销费用而并没有技术含量的中间商）。

这意味着，中国即将诞生如 Open AI 这样能够设计且有能力训练出大数据模型的大公司，如苹果这样不断引领数码产品时代潮流的公司、英伟达这样制造高端芯片的公司，当然，也事实上诞生了能够和特斯拉并驾齐驱的电动汽车公司，如比亚迪、蔚来、理想等。综上所述，我认为中国公司已经不再缺乏达到世界技术前沿的能力，只是需要金融市场提供大量长期投资的资本。【林毅夫：同意，中国在人工智能、数字经济等新产业上有换道超车所需的人力资本优势，不过，中国在传统产业上还有许多追赶的后来者优势，毕竟中国85%的制造业和发达国家还有差距，不能只看到前者，而忘了后者。建议你参考新结构经济学根据一个产业是否在世界前沿、是否符合比较优势以及研发周期的长短，将我国现有的产业划分成追赶型、领先型、转进型、换道超车型和战略型等五种类型的相关文献上的讨论。关于金融如何支持这五类产业的发展，新结构经济学也有许多讨论。】这些公司是千千万万创业者在市场中经由大浪淘沙所沉淀下的优胜者，这意味着很大一笔资产将会面临颗粒无收的结果，这不再是改革开放初期做什么都可能赚钱的时代，这是风险极高的投资。

反观世界其他国家，反而是那种依赖于些许技术的工作即将被震惊我们几个月的ChatGPT大型数据模型所取代。例如，我们曾经作为"世界工厂"流水线工人的工作、传统金融行业的工作、文秘工作等。这将意味着，依照中国这种先发展劳动密集型产业进行资本积累的产业发展的路径窗口会越来越小。换句话说，原本在成本低于某一个门槛值之前，劳动力都比机器好。但ChatGPT这种模型大大降低了机器成本，使得这个门槛值继续降低。在许多国家尚未积累起如此高的"人才红利"时，是难以转型升级到全行业进入世界技术前沿的阶段的。所以，我认为其他后发的发展中国家赶超的难度将会大大上升，而中国恰好已经幸运地迈过了这一阶段。【林毅夫：同意，人工智能会对缺乏物质资本和人力资本的发展中国家的发展空间造成挤压。但是，不管在任何情况下，发挥有效市场的作用，引导企业家根据当前的要素禀赋结构的特性来选择产业和技术，并在有为政府的作用下，帮助企业家克服软硬基础设施的瓶颈，将潜在比较优势变成实在的比较优势，这个原则都是适用的。】

CHAPTER 04

第四部分

微信群内的专题讨论

关于贫穷本质的讨论

2021 年 2 月 18 日

林毅夫：请各位同学阅读以下文字和视频材料，想想材料里总结的阿比吉特·班纳吉的研究揭示的贫穷的本质是否正确。若正确，为何正确？政策含义是什么？若不正确，谬误之处何在？如何才能改变一个深陷贫困的国家中众多贫困人民的命运？

> **阅读材料**：1983 年美国经济学家阿比吉特·班纳吉发现每天只吃一顿饭的穷人却省吃俭用买电视机，而不是囤积粮食，这是为什么？班纳吉为了弄清楚到底什么导致贫穷，花费了 15 年时间深入世界各个贫困地区调查，最终完成巨著《贫穷的本质》。他因为这本书获得 2019 年诺贝尔经济学奖。人为什么贫穷？书中写道："穷是因为父母穷，父母的基层生活环境和个人经历会对孩子的人格、动机和思维方式产生一生的影响。"这种影响让贫穷像脱氧核糖核酸（DNA）一代传一代。书中提出，他们看书会觉得枯燥犯困，玩游戏或刷抖音却相反，其原因是穷人只做短期规划，不做长期规划。他们对于未来的预期很悲观，经常禁不住诱惑追剧打游戏——这种即时性的快乐，对于他们来说远比看书学习新技能等需要长期投资才能产生的效益来得更有满足感。贫穷是一个死循环，不学习会导致贫穷，导致认知能力低下，进而导致没有学习意识。贫穷的真相就是如此残酷。
>
> （视频资料可参见："到底是什么导致贫穷？"，"思维智库"微信视频号，2021 年 2 月 16 日。）

叶子欣：谢谢林老师！我的粗浅看法是，视频中提到的观点并非贫穷的本质。首先，父母穷影响孩子的思维方式、"贫穷基因"是可遗传的观点有一定道理，毕竟环境对人的后天行为有很大塑造力，但是如果有好的教育机会和可预见的就业机会，父母对孩子的负面影响就比较有限。"贫穷基因"好比"文化资本"的概念，二者都不是导致贫穷或富裕的本质因素。其次，"穷人不做远期规划"可能更像是贫穷的结果，而且应该和穷人的风险承受能力相关。不过我猜想这是理性的行为，因为穷人的上升通道并不畅通，例如接受教育后也不一定能在有竞争力的产业中找到好工作，于是缺乏做长期规划的动力。最后，视频提到"贫穷是一个死循环"，可事实并非如此，否则就不存在发展了。我重新阅读了《贫穷的本质》部分章节，发现自己以前只是觉得诺贝尔经济学奖得主的观点都非常有道理，但现在看来书中"避险手段落后""不做长期规划""认知水平有限"等都不算是决定性因素，我个人认为贫穷的本质因素是没有好的产业与好的就业机会。不过视频中的观点对政策也有借鉴意义，例如不能局限在提供教育机会，而要创造有潜力的产业和就业机会，从而降低穷人的风险或提高穷人的风险承受力。

郭若菲： 谢谢林老师的分享！我也认为视频中所总结的短视心理可能并不是贫穷的本质，因为短视更像是人普遍共有的特性，也有很多富人通过买包、旅游获得即时满足，尤其是随着现代新媒体的发展，许多年轻网红利用流量暴富，然后立即将收入投入即时消费。

我认为，如果将短视程度视作先天的、对于现期满足的偏好超过对未来满足的偏好的程度，那么这个值的大小更像是在不同收入群体之间均匀分配的。班纳吉所观察到的穷人普遍对现期满足的偏好，不应归结于某种"贫穷基因"，而更像是穷人面对与富人不同的环境激励，基于自身的效用最大化而做出的理性决策。直接将穷人与富人的行为进行比较，发现穷人比富人更短视，就将他们贫穷的原因归结于此是有问题的。应当看到，穷人和富人面对不同的条件约束，因此才会产生内生的、较为短视的行为约束。此时应当改变的是外在激励，而非改变短视这一内生变量。

如果视频中认为的"贫穷基因"真实存在，其解决的前景可能是较为悲观的，因为"基因"或者观念是根深蒂固、难以改变的。但如果我们承认穷人的理性决策，我们就可以通过改变穷人所面临的条件约束，通过因势利导给予他们长远规划的激励，引导他们走出贫困，我想这可能也是班纳吉在原书中更加希望传达给政策制定者的。

但是我认为视频中的总结可能是与原书不同的视角。原书着重从宏观的视角给政府提供政策建议，而这个视频的主要受众是微观个体，它希望从一个新的视角，说明微观个体想要改善自己的生活，应当避免短视的习惯，这或许是这个视频的意义。

钟睿煊：谢谢林老师分享！我也认为视频中所指观点并非贫穷的本质。正如子欣所说，我也认为视频中所提出的"贫穷基因"是贫穷的结果而非原因，与贫穷具有一定的相关关系，但并非贫穷的决定因素。在我看来，贫穷是指一个个体没有稳定的收入来源。收入取决于劳动者的劳动生产率，而产业决定劳动生产率的高低。因此，我认为，没有符合当地要素禀赋结构比较优势的产业，才是贫穷的本质。

根据以上分析，要改变一个国家的贫困状态，首先需要在当地建立符合由当地要素禀赋结构（人多资本少）决定的比较优势的产业（劳动密集型产业），这样的产业能够创造最多的可积累的剩余，从而促进禀赋结构的逐步变迁和产业结构的逐步升级，进而不断提高劳动者的收入。

林毅夫：@叶子欣 @郭若菲 @钟睿煊 三位同学对诺贝尔经济学奖得主班纳吉力作中主要观点的评论都很中肯、到位！贫穷的本质是没有给穷人提供好的就业机会，没有好的就业机会则是因为这个社会没有不断提高生产力水平的技术创新和产业的升级。如果穷人能有好的就业机会，短视、不做长期规划、认知水平有限等都是可以随之改变的行为。所以，这些所谓的贫穷基因都不是决定性因素，否则就不会在三个世纪以前世界上所有国家90%以上的人口都生活在贫困线以下，现在却已经有一些国家改变了命运，95%以上的人都摆脱了贫困线，多数人成为中产阶层。现在绝大多数人还陷于贫困的国家，则是因为没有给其人民提供上述的生产力水平、工资、收入不断提高的就业机会。遗憾的是受到阿比吉特·班纳吉和埃斯特·迪弗洛等诺贝尔经济学奖得主的影响，现在经济学界、国际发展机构热衷于用随机控制实验的方式来改变穷人的行为，而不是从为什么有些国家可以从穷变为富、有些国家一直陷于贫困的现象出发，来找出使得穷人一直陷于贫穷以及在贫穷的国家绝大多数穷人进行理性选择却依然贫穷的原因，并对症下药，提出能够改变一个国家及其人民命运的有效措施。很高兴你们能不再把诺贝尔经济学奖得主的观点都当作对的,以后对任何人的观点都应该以同样的态度来对待。三位同学学习新结构经济学只有一个学期,评论的深度一点不亚于已经多年学习的师兄师姐乃至一些经济学家,佩服!

黄卓楷: 谢谢林老师的分享和提点!视频之中对于贫穷本质的认识确实有所偏颇——认为贫穷的本质在于穷人短视的性格,甚至将其归因于基因。这本质上在重复一个偏见:穷人是不理性的。一方面,这是因为存在完善的劳动力需求市场的暗含前提,在发展中国家对于人才的需求并不强劲,威廉·伊斯特利在《经济增长的迷雾》的实证分析中提到过孟加拉国、刚果、津巴布韦等国家并没有充足的、面向人才的就业机会,因而正如睿煌所言,需要发展具有比较优势的产业。另一方面,短视、非理性的程度在不同人群中的分布规律是相似的(正像您曾经提到的智力水平的分布)。所以本质不在于"贫穷基因",原书中更重要的是对贫穷的本质进行多方面分析和探索:穷人容易陷入贫穷陷阱、肩负生活中过多责任无法承担过高风险……化解贫穷微观上应该把激励搞对,而宏观上要依照比较优势发展,实现小步快跑式的赶超。

赖端仪: 谢谢老师!我感觉大家说的都很有道理,非常清醒地抓住了贫困的根本原因,尤其是若菲指出的穷人也是理性的,在基于自身效用最大化做决策,这一点对我很有启发。不过我也有些困惑,虽然按照比较优势发展产业、提供更多的就业是解决贫困的根本路径,但是产业的发展是长期的,那么短期内政府又应该如何做才是既不违背比较优势发展战略,又能较快帮助穷人发展的呢?

赵佳雯: 谢谢林老师分享!我也从大家的观点中学习到了很多,感觉自己和大家的观点有重合之处,也想到一些其他的论证。

我觉得,视频中提到的短视更像是一个中间的变量,是林老师说的中间的因,本质上是另一个因的果,而不是贫穷的本质原因。短视频里说的短视并非穷人特有的,而应该是人本身固有的特质。我记得短时刺激是有其生理基础的,大脑和神经分泌多巴胺等激素形成了一种奖励机制。此外,我也记得有基于博弈论的研究,分析穷人不投资于教育是因为贫穷的社会环境导致教育回报率没有那么高。很多贫穷国家人才外流也是一种佐证。

同时，结合林老师提出的理性的观点，视频里暗含的穷人非理性的观点，是错误地理解了"理性"。如果考虑到穷人面临的约束条件（如他们所能获得信息和机会），那么穷人也是理性的。

我个人感觉短视频有点曲意迎合当下玩手机浪费生命、多读书才是上进的价值观，有点扭曲《贫穷的本质》的本来观点。我之前阅读《贫穷的本质》时没有读完，但我感觉作者是认同穷人也是理性的。

我个人对贫穷问题也非常感兴趣，也有思考过贫穷的根源和解决办法。我也认为对于当今许多贫穷国家，还是应该创造产值和就业，形成良性循环，这样才能摆脱贫困。为此，需要发展符合比较优势的产业。教育或者个人学习可能对于整个国家摆脱贫困并非最根本的解决办法。不过个人感觉，对于当今中国，提高低收入人群的教育水平作用就会非常显著，因为中国处于快速发展阶段，伴随着劳动密集产业在一些地区失去比较优势、许多过去属于"赶超"的产业现在符合比较优势，低素质劳动力的就业机会相对匮乏，收入水平也很低，而对于高素质人才的需求则在增加。

同时，我也期待可以收到林老师关于张皓辰师兄问题的解答，即如何看待随机控制实验（RCT）等研究的意义。我一直觉得RCT是发展经济学家没有办法提出解释经济发展与贫困本质的理论而进行的边边角角的修补和研究。个人并不是很能理解这些研究的意义何在。

吴梦：谢谢林老师分享！视频中有关贫穷是因为父母贫穷的观点确实失之偏颇，对于原生家庭带给后代思想行为、认知能力的影响也过于夸大，我想这个视频更多的作用是激励贫穷的个人花更多的时间和精力在投资自己身上而不是娱乐上，以期在长期获得更高的回报。但是对于一个社会、一个经济体来说，在阶级壁垒不是很坚实、教育较为普及和公平的情况下，必定会有一部分人拥有更多成功的潜质（如智力、自控力）并且获得与之对应的更多的财富。我们在研究如何摆脱贫穷时，将一个社会中的穷人群体与富人群体对立起来，研究他们思维习惯上的差异似乎没有太大作用。更有效的是思考在给定社会的所有资源禀赋的条件下，如何通过一定的组合方式最大效用地利用条件，推动整体的财富积累，让所有人都吃得上饭、买得起电视机。实际上，在理性的前提下，无论什么规模的经济体都在做最优配置。最微观的个人寻找在社会中的合适位置，通过调整自己的行为或投入来获得自身的最大效用；企业组织内部形成一定的架构，调整投入以及制度获得最大产出；国家更像是一个大型企业。正如国家有贫富之分，企业也存在发展、赶超，不同产业的企业可能劳动力素质以及效率差别较大。不同国家更像是同一产业中的竞争企业，领先的企业可能只是在正确的时间做出了正确的决策，更好地配置自身资源，从而更好地提高效率，吸引更多人才与投资等，实现正向循环。

赵祥瑞： 谢谢林老师的分享！我并不能完全认同视频中关于贫穷成因的分析。视频中班纳吉把贫穷归结为"短视"：父母对于孩子人格以及思维方式的影响，往往会使孩子缺少长期投资的意识，这样会使他们沉迷于一时玩乐的快感，并不能去深入学习。这样使贫穷陷入了一个死循环。

首先，从逻辑上看，这一论述在一定程度上忽略了理论的前提条件。在这个理论中，短视这种缺乏长期规划的思维缺陷形成的前提条件就是贫穷，贫穷的家庭环境使人在成长的过程中没有受到十分良好的氛围的熏陶。但在最初，人和人之间的贫富差距并不是很大的，贫富差距是一点点拉大的，而智力等因素又是在人群中随机分配的。所以在解释为什么会产生贫穷时，用一个以贫穷为前提条件的理论是不科学的。用这种理论分析，得到贫穷是一个死循环的结论也是毫不意外。其次，从事实上看，也并不是所有穷人的孩子都继承了贫穷的生活，所有富人的孩子都继承了富裕的生活。不可否认，家庭环境对于一个人的成长会有一定的影响，但也并不至于真的达到决定的地步。除了家庭教育，后期的学校教育、社会教育都会对个人发展产生影响。要想真正摆脱贫穷，我们要关注的不是个别的个体，而是一个地区整体的情况。提高地区的整体收入水平，真正要做的是改善地区的经济发展。而快速发展一个地区的经济，就需要我们认清地区要素禀赋结构，按照比较优势发展，这样才能有更多的剩余，才能真正快速积累资本要素，使产业结构快速升级。

林毅夫： @黄卓楷@赖端仪@赵佳雯@吴梦@赵祥瑞 各位同学的发言都同样中肯到位，都主张改变贫困的关键在于发展经济，给穷人提供工资水平不断增长的就业机会。转上@赖端仪所提的我对张皓辰所问的RCT的看法，供参考。

林毅夫与张皓辰的微信讨论

张皓辰：在消除贫困的过程中，确实我们应该找到最根本的决定因素。而当前的学术和政策界确实有不少研究是通过微观干预的方式（比如做RCT）影响贫困地区的教育、文化、卫生等方面的条件，评估政策干预的影响，比如罗斯高、詹姆斯·赫克曼以及北京大学刘国恩老师的团队等。既然我们意识到这些干预可能没有从根本上解决问题，我们应该如何评估这些政策干预的成本和收益，从而得到确切的政策含义呢？希望得到您的解答。谢谢！

林毅夫：关于RCT，我个人认为做这方面的研究是"捡了芝麻，丢了西瓜"的工作。这个方法之所以盛行，是因为二战以后国际上盛行的思潮是结构主义，国际发展机构也按这个思潮给新独立的发展中国家的工业化、现代化提供了各种帮助，但是不成功。到了20世纪80年代，国际盛行的思潮转为新自由主义，为了推行"华盛顿共识"的改革，国际发展机构给发展中国家提供了带有约束性条件（conditionality）的"结构调整项目"（structural adjustment program），也就是给予援助的前提是发展中国家必须按照援助机构的要求进行市场化、私有化、自由化改革，这些援助则作为在改革期政府的财政补贴。但是，其效果同样不好。国际发展机构，尤其北欧的双边发展机构，对前述的两波"宏观性质"的发展援助的效果感到失望，因此，按照当时盛行的人力资本是一个国家发展成功的唯一决定因素的看法，把发展援助项目改为直接帮助穷人提高人力资本的教育、健康等微观援助项目。然而，这类项目也出现了一些问题：学校建了，学生不来学习，老师不来上课；医院开了，病人看了病，拿了药，回去以后把药丢掉，等等。于是，RCT应运而生，用随机控制的方式，来找出如何才能让学生愿意到学校来，来了愿意好好学习，病人拿了药愿意吃，以提高这些微观援助项目的效果。其理论基础就是新药上市之前必须用RCT，随机选定两组人，一组用药，一组用安慰剂，以保证两组人的主要差别在于有没有用该新药，从而确定新药是否有疗效。这种方法看起来很科学，但是，作为发展政策制定的方法，实际上是"捡了芝麻，丢了西瓜"。

第一，药是否有效取决于人的基因，人的基因95%以上是相同的，因此，一个经过RCT检验有效的药，对全世界绝大多数的人应该都有效。但是，一项政策是否有效则取决于许多经济、社会、文化因素，这些因素在不同国家、一个国家的不同地区千差万别。所以，在一个地方经过RCT检验有效的政策干预在全国推广后不见得有效。例如一个非常有名的 RCT 实验，在一个村子里，给看病的人一袋红豆，来看病的积极性会提高。但是，不同村的人看重的奖励可能不同，同样一个奖励到其他地方就不见得有效。所以，一项政策要保证在全国都有效，等于需要在全国每个村子都做 RCT 实验。

第二，经由 RCT 检验成功的项目固然对提高个人的教育、健康程度等有帮助，但是，是否就会带来发展和减贫？未必！如果没有工资水平较高的就业机会的增加，那么即使个人的教育、健康程度提高了，收入的增加也会非常有限，甚至还会带来个人更大的挫折感，导致更多对社会的不满。像北非的突尼斯、埃及等国家，教育和健康水平在 20 世纪八九十年代以后提高了，少数幸运的人可以到美国、欧洲打工，绝大多数人留在国内，但是，好的工作机会并没有随着教育水平的提高而增加，人民的不满情绪不断积累，于是在一个很小的导火索的刺激下，爆发了社会动荡。

第三，实际上，从工业革命以来发展成功的国家，RCT 的项目所希望达到的减贫、提高健康程度、提高教育程度等目标都达到了，但是，它们都没有用 RCT 作为政策制定的根据。因此，我认为去了解这些国家为何成功、有何可以学习的经验教训，比去做这些微观的看似科学的 RCT 更有价值。有许多因素可以影响人的行为。例如，在一个贫困的国家，要解决学校建了如何让学生来上学的问题，一个方式是像有些 RCT 那样，给上学的学生发奖金，不上学的学生不发奖金，这种方式会增加学生到学校来的积极性（但学生来到学校后不见得好好学习，为了让到学校的学生好好学习，则需要另一个 RCT）；另一个方式是在建学校的同时发展劳动密集型加工业（或发展了劳动密集型加工业后再建学校），上过学的学生会有更好的就业机会，工资会更高，更有晋升的可能。看到这种示范效应，学生自己去上学和家长把孩子送到学校的积极性都会更高，而且，在学校里学生也会有更高的积极性好好学习。这两种方式中，后一种方式对减贫、提高健康程度（因为有了工资收入后，营养会改善，生了病可以去就医）和国家的可持续发展会更有效。工业革命以来成功的国家基本都是沿着后一种方式发展起来的。所以，我认为用亚当·斯密主张的了解问题的本质和决定因素的研究方法对消除贫困、发展经济、推动国家现代化会更有效。

固然，目前做发展问题研究如果不用 RCT，不容易在国际学术期刊上发表，但是，我相信几年后这个热潮就会过了，这就像在 20 世纪 90 年代做发展问题研究如果

> 不做内生增长就很难发表一样，但是，现在基本上已经很少有人还在做内生增长。现在去赶热潮，很可能已经赶到潮流的末尾了，而且，更重要的是，我们做研究应该秉持的原则是什么是对的，什么是对认识世界、改造世界的知识增量有贡献的，而不是去赶潮流。这也是我常说的"君子务本，本立而道生"。

毕斯源： 谢谢林老师的分享！从林老师和大家的发言中学到了很多，我会从中学习，不断进步。

赵佳雯： 谢谢林老师的分享！

赖端仪： 谢谢林老师的分享！我非常赞同您对于 RCT 的看法。在逻辑上，RCT 的普适性无法保证，在经验上，不用 RCT 的国家依然发展成功，且 RCT 缺乏激励的长期持续性，等等。而新结构经济学所提倡的比较优势发展战略则可以从更本质、更长期的角度在真正意义上为减贫带来机会和激励。但我依然有一定的困惑：产业的建立、扩张等毕竟是一个较长周期的事情，在比较优势产业真正开始推动经济发展之前，短期内人们的贫困又该如何得到缓解呢？除政府补贴、加强基础设施建设以提供就业等早已被公认的措施，从新结构经济学角度来看，是否存在一些从禀赋结构角度出发的、特色的短期政策来缓解贫困？

林毅夫： @赖端仪 成功解决发展问题的基本原则是解放思想和实事求是。中国在 1978 年时，全国 84% 的人口生活在绝对贫困线以下，现在则全部脱贫，为全世界的减贫贡献了 70% 以上。实际上，如果把中国减少的贫困人口排除在外，世界的贫困人口不仅没有减少，而且还在增加。中国解决贫困不是靠"一口吃成胖子"，也不是一次性地解决所有问题，而是首先在农业上先是禁止、后来允许一小部分地区的集体生产队变成个体的家庭联产承包制，发现这种方式提高了农民积极性，再逐步在全国推广。如果仅靠农业仍然不能使绝大多数人脱贫，则需要发展工业。发展的工业必须符合比较优势，同时需要有许多合适的软硬基础设施。政府在全国改善软硬基础设施的能力有限，于是采取在一些地区设立工业园、加工出口区来招商引资的方式，让一部分人、一部分地区先富起来、先发展起来，来积累经验和资源，再逐步推广到全国，并且不断进行产业升级，靠这种"小步快跑"的方式创造了人类经济史上的奇迹。成功的国家基本都是用这种"小步快跑"的解放思想、实事求是的方式来实现发展的,既不在困难面前束手无策,也不是试图一次性地解决全国所有人民的所有问题。这种实事求是的小步改善方法,会比现在主流的全国改进教育、改进营商环境、改善治理的政策建议容易施行得多,而且有效得多。"十全大补"式的改革建议看起来很令人满意,但是,考虑到政府可动用的资源和执行能力有限,这种方式实际上是画饼充饥。在资源有限的条件下,必须实事求是,把好钢用在刀刃上,在一点上取得成绩,以积累更多资源,一步步推广到更多、更广的领域和地方。这种方式看似慢,但从历史经验来看却是最快的方式。可参考《繁荣的求索:发展中经济如何崛起》《战胜命运:跨越贫困陷阱,创造经济奇迹》两本书中的讨论。

赖端仪: 谢谢林老师指点!小步快跑和实事求是的发展方式确实智慧无穷,尤其背后有着极其理性的权衡取舍,比如先富带动后富等。"小不忍则乱大谋",着眼一时、盲目求全就犯了您之前所提到的"捡了芝麻,丢了西瓜"的错误。看来这样的错误确实处处都易发生,我会不断以此提醒自己的。

黄卓楷: 谢谢林老师!我刚刚仔细思考了您对 RCT 的见解。RCT 方法从本质上看其实是牛顿式自然科学的对照实验方法的一种拓展。如果单纯是为了验证在做了某一项改变之后,对项目受众会有怎样的影响,这种实验就是偏实证的,偏向于自然科学而少了经济学的思维(idea)。研究的问题并非您所提到的"重要的问题",而我们需要研究的重大问题,应该是如何逐步走好科学的发展道路,而不仅仅是局限于"愿不愿意好好上学、好好看病"。

我有一点拙见:RCT 的使用者当然不会是非理性的,这种方法对结论的验证是实打实的,在面对经济学家相互矛盾的观点(例如,该不该提供免费蚊帐等)时,能够得出比较令人信服的观点。但是,由于这样的问题可能不是新结构经济学的主要研究方向,应该正如各位同学所说,按照比较优势发展战略,把格局放大些,认识世界、改造世界更本质、更彻底。

林毅夫: 同意你的看法,即"RCT 这个方法从本质上看其实是牛顿式自然科学的对照实验方法的一种拓展,如果单纯是为了验证在做了某一项改变之后,对项目受众会有怎样的影响，这种实验就是偏实证的，偏向于自然科学而少了经济学的思维（idea）。研究的问题并非……'重要的问题'"。我也同意你说的，"RCT的使用者当然不会是非理性的，这种方法对结论的验证是实打实的。在面对经济学家相互矛盾的观点（例如，该不该提供免费蚊帐等）时，能够得出比较令人信服的观点"。

我对RCT的最大保留意见有两点：第一，RCT的项目即使被证明是成功的，也不见得能在全国推广（scale up），例如，在一个地方发蚊帐没有效果，并不见得在其他地方发蚊帐就没有效果。同时，在一个地方用某种条件来发蚊帐会有效果，并不见得用同样条件在其他地方发蚊帐也会有效果。这是自然科学和医药的对照实验与发展项目的对照实验之间的最大不同。第二，RCT能做的是一些小的干预，重要的能够改变一个国家的思维（idea），经常是需要许多政策干预的组合，这样的组合是难以用RCT来做实验的。例如，按比较优势发展要成功，需要克服许多软硬基础设施的瓶颈，这在不同地区、不同产业是不同的。实际上是无法按RCT的要求有效地控制实验的。同时，也难以有效地做到随机，例如不能在一个村庄、一个城市、一个国家里随机地把人、家庭分成两组，一组按比较优势发展，一组不按比较优势发展，然后经过三五年来验证按比较优势发展的效果。

黄卓楷：谢谢林老师的剖析！RCT的实验方法的确在结论推广上有较大缺陷，在分析更复杂的政策干预方面也很乏力。对其进行验证又回到了您所说的历史纵向归纳和当代横向归纳的分析方法！实事求是的思考方式和"小步快跑"的发展模式实际上是饱含智慧的捷径！今后面对相关问题时自己一定多从这些方面思考。

关于俄罗斯转型失误的讨论

2021年3月2日

林毅夫：请各位同学看看以下这篇文章，评论一下俄罗斯经济转型的主要失误何在。

> **阅读材料**：一个强大的工业体系，为何在短短二十年里消失得几近无影无踪？（"潇湘韬略"微信公众号，2021年2月27日，https://mp.weixin.qq.com/s/-9MrdfzXfds0BceL5k1FcA，作者：陈斯文）

赖端仪：谢谢林老师分享！我理解这篇文章把苏联工业乃至经济的衰落归结为决策者缺乏牺牲的勇气和选择的智慧，个人感觉这有些主观。从新结构经济学的视角分析这一现象似乎更加客观也更加本质。我想到了两个主要原因导致苏联工业的衰落：首先，苏联发展工业和研发的策略违背其比较优势，这也是最根本的原因。苏联在做出决策优先发展重工业、大搞军备竞赛时，是一个农业大国，其禀赋结构并非重工业以及研发所要求的资本丰富，如此发展是违背比较优势的，是投入大于经济剩余的。因此，苏联工业未来衰落的种子早在采取计划经济、用农业养工业的时候就已经埋下了。反观美国，由于较早地完成了两次工业革命，成为现代工业化国家，资本积累十分深厚，相较于同期的苏联，具有典型的资本丰富的禀赋结构。开展重工业、军工业和进行研发创新等资本密集的经济活动，符合美国的比较优势，能够带来源源不断的利润。

其次，苏联采用计划经济体制运行经济，这导致违背比较优势发展的弊病不能得到及时有效的反馈。决策者基于极其不对称的信息进行经济发展的决策，所以才会出现苏联明明有更具竞争力的移动电话项目却被政府叫停的情况。不过，计划经济本身没有问题，关键在于决策者在计划经济体制之下没能做出符合比较优势的科学规划。而市场经济相较于计划经济确实能更好地利用价格信号引导人们发展具有比较优势的产业，比如同期的美国和改革开放后的中国。这也是为什么中国虽然前期和苏联一样采取了违背比较优势的发展战略，而后来经济却没有同苏联一样急转直下。当然，禀赋结构这一原因依然是最根本的。苏联之所以采用计划经济体制，也是因为违背比较优势的资本投入不能依靠市场完成。

最后，作者在文末感慨当今的俄罗斯缺乏自主创新的产品，我觉得这未必就是不好的，而只是符合俄罗斯当下发展阶段的。

以上是我的一点粗浅思考，还望和老师及同学们交流。

赖端仪：刚刚我和一个同学聊天，他关于苏联利用美国经济危机这一时机获得国外援助的看法给我很大启发，也和大家分享一下："考虑到斯大林执政早期的国际形势——西方资本主义国家陷入大萧条，资产价格畸低，这确实是一个后发国家发展重资产行业不可多得的良机。事实上，苏联也的确获得了大量廉价的来自西方的技术转移，甚至在敏感的军工业领域，所以我觉得禀赋不仅仅由一国内部因素决定，还受到国际形势的影响。"

黄卓楷：谢谢林老师的分享！苏联经济转型失败的根本原因在这篇文章中没有揭示出来，苏联经济转型失败的根本原因在于一直坚持结构主义的赶超战略，违反比较优势发展。这篇文章的逻辑是苏联在计划经济体制下没有能力腾出资源来发展电子产业，导致其无法做到与美国超强的半导体研发能力相匹敌，从而导致了苏联的衰落。事实上，苏联的衰落本质上并不仅仅是半导体行业所决定的，苏联衰落的本质依旧在于其经济发展未遵循比较优势路径，而又没有成熟的市场机制，造成经济衰退。未取得电子产业的行业领先地位只是其中的一个果——由于苏联经济发展程度太低，所以没有剩余来发展电子产业。所以苏联未投入资源进行这个行业的建设，实际上是一个理性的行为，并非文中所讨论的没能抓住时代的机遇云云。

经济发展需要有新视角，文章作者想从该行业开辟新视角，但是仍然没有抓住问题的本质。如果能够以廉价的方式持续获得电子产业的技术，那么对于经济体而言，引进与自我研发并无区别。

赵佳雯： 我个人感觉，这篇文章认为，苏联在计划经济和官僚体制的制度设计下，官员只关心"别墅、轿车与升迁"，没有做到所谓的"把握趋势"，从而导致在电子产业落后。而作为前沿竞争领域，电子产业的落后导致了国家的失败。

在新结构经济学相关的课程上，我们了解到苏联工业体系的失败是因为长期违反比较优势，实施赶超战略。然而国家体量大、自然资源丰富，使其在相当长的历史时期内都可以发展违背比较优势的产业。同时，尽管苏联实施赶超战略、发展重工业有特殊的历史原因，但苏联并没有如中国一样，通过发展符合比较优势的产业实现剩余积累并进而改善禀赋结构，从而使违反比较优势的重工业成为符合比较优势的产业，所以在依靠售卖石油、农业反哺工业等政策无法再获取充足的资本时，工业体系就无法维系。

此外，文中一些表述，如"在现有的制度下，计算机工业不能自己造血，就会吸干苏联财政"，也暗示了苏联本身缺乏雄厚的资本禀赋。在资本禀赋并不充裕的条件下，维持航空事业已经十分艰难，自然无法再大力发展电子产业。

我还在思考，美国也面临着发展航空和电子产业的选择。这似乎在某种程度上也可以看作处于经济前沿的大国在前沿技术研发投入的选择。在这种决策上，可能领导者决策等因素会对科技、竞争力产生影响，不过这种影响应该只是短期的。错误的决策会导致一时的落后，但并不会如本文所认为的，从根本上决定一个国家的兴衰。就像文章提到苏联发现从欧洲购买仿制品的成本更低，如果可以合理利用这种模仿，同时在适当时机发展本国的研究，未必不能实现赶超。

赵佳雯： 另外，关于端仪分享的"禀赋受到国际形势的影响"，我个人感觉其本质是世界范围内要素的流动。这种要素流动固然会受到经济政策（如自由主义还是贸易保护）和政治因素（如冷战）的影响，但是最根本上还是由禀赋自身决定。

叶子欣： @赖端仪 嗯！我记得之前付才辉老师在讨论拓扑方法时，讲到过并不完全是要素禀赋决定生产方式，决策者不是凭空选择理论意义上的生产方式；

一个国家所处的环境不同，决策就可能不同。例如，美国和英国在要素禀赋相似时，美国有后来者优势可以发挥，因此它的工业化方式与速度就和英国不同。

郭若菲：我认为文章中将计划经济归结为苏联发展失败的原因之一也是不恰当的，因为苏联的计划经济是从 1936 年就已确定的，但直到 20 世纪六七十年代苏联的衰落才显现出来，因此计划经济不应当是苏联衰落的本质原因，最多是起到了加速作用。说计划经济"成也萧何，败也萧何"是没有道理的。

赵祥瑞：谢谢林老师的分享！读了这篇文章，我认为苏联经济转型失败主要是由于当时的决策者对于何为经济发展、何为最优的认识有误区，以至于选择了违背自身要素禀赋结构的发展战略。在当时给定的要素禀赋结构条件下，苏联的执政者把重工业赶超、努力发展航空航天业当作目标，所以会把资源集中到航空航天领域，但又由于当时的资本积累程度并没有达到可以轻松发展航空航天业的程度，该行业不具有比较优势，因此需要依赖很多的外部补贴，造成了很多的经济结构扭曲。文章中提到的半导体产业发展欠缺，就是用经济剩余大量补贴航空航天领域的结构扭曲的一个结果。最优的经济发展不应该以重工业发展程度来衡量，最优的发展模式应该是发展具有比较优势的产业，这样能够获得更多的剩余，从而会进入一个良性的循环，资本快速积累，产业结构不断快速升级。

林毅夫：各位对产业结构的内生性都有很好的把握，对苏联计划经济为何不可持续的分析都很好，尤其 @赵祥瑞 讲的"苏联的执政者把重工业赶超、努力发展航空航天业当作目标，所以会把资源集中到航空领域，但又由于当时的资本积累程度并没有达到可以轻松发展航天业的程度，航天行业不具有比较优势，因此需要依赖很多的外部补贴，造成了很多的经济结构扭曲。文章中提到的半导体产业发展欠缺，就是用经济剩余大量补贴航空领域的结构扭曲的一个结果。最优的经济发展不应该以重工业发展程度来衡量，最优的发展模式应该是发展具有比较优势的产业，这样能够获得更多的剩余，从而会进入一个良性的循环，资本快速积累，产业结构不断快速升级"的看法更是到位。不过，各位可以再想想，苏联在 1990 年开始转型时所面临的问题和中国在 1978 年开始转型时所面临的问题基本是相同的，但现在俄罗斯从苏联时期继承下来的重工业绝大多数都垮了，成为高度依赖资源的国家，除航天和军工产业外乏善可陈，而中国现在是世界上产业门类最齐全的国家，很多制造业在国际上非常有竞争力。为何两国的出发点基本相似，转型想达到的目标也相同，但结果却如此不同？两国在收入水平的提高上更是无法比较。到底俄罗斯做错了什么，中国做对了什么？

补充一点说明，根据麦迪逊在2010年公布的历史数据，按购买力平价计算（以1990年国际元计），俄罗斯在1990年的人均GDP是7 779国际元，仅为美国人均GDP（23 201国际元）的三分之一。航天和军工产业都是最前沿的违反比较优势的产业，需要政府保护补贴。在美国，这些产业和民用产业的差距小，而且在整个国民经济中的比重小，政府易于用财政给予补贴而不干预市场，并且航天和军工产业对民营产业有很大的外溢作用。在俄罗斯，因为航天和军工产业与民营产业的差距大，而且航天和军工产业在国民经济中的比重大，用财政补贴会挤占巨大财政空间，使得政府无力支持民生和其他产业的发展，同时，因为产业差距大，航天和军工产业对民营产业的外溢作用很小。这是量的差异引起质的差异的一个例子。

郭若菲： 苏联解体后，俄罗斯总统依然延续了休克疗法，希望借此快速矫正过去的扭曲，结果是不符合比较优势的重工业企业没有自生能力，直接倒闭，大量工人失业，国家又没有足够经济剩余用于发展具有比较优势的产业，最后经济崩溃。中国则采取了渐进双轨制的改革方法，继续维持重工业的运转以保证社会稳定，同时开始支持符合比较优势的新产业的发展，以促进经济快速发展，最终要素禀赋不断升级，过去不符合比较优势的产业也变得符合比较优势。

老师的补充也对我很有启发。看来一直被当作"替罪羊"的计划经济，是实行赶超战略的必然结果，而不是本质的原因。

林毅夫： @郭若菲 很好，到位！其他同学是否还有补充？

黄卓楷： 俄罗斯在转型期选择休克疗法，一步跨过鸿沟，希望借自由市场实现教科书式的经济增长。但是休克疗法忽略了经济体本身的产业缺乏自生能力的现状，俄罗斯在休克疗法之后经济出现 L 形下滑。而中国选择对于企业实行"老人老办法，新人新办法"，实事求是地发展产业，并取得瞩目成果。

从林老师的介绍和分析中可以看到，俄罗斯的军民产业差距和美国的军民产业差距不同，其实表明了经济理论和经济实际的差距，所以不能盲从西方理论。中国的实事求是的改革转型思路才是抓住了问题本质，从而取得良好效果！

赖端仪： 我也还有一点小小的补充。首先，关于在相同困境和目标下，俄罗斯转型失败而中国转型成功的解释，我同意若菲指出的俄罗斯采取了休克疗法而中国选择了渐进式改革这一关键原因。其次，对于为何俄罗斯没能走上渐进式改革之路，我还有以下的思考。苏联解体的直接原因是戈尔巴乔夫的改革，他的改革其实有些类似于渐进式的风格，如改指令性计划为指导性计划。然而由于其改革似乎更侧重于政治而非经济，所以苏联的经济形势没能好转。我猜测俄罗斯进行休克疗法是想做出和苏联最后所采取的渐进风格不同的改革。外加俄罗斯相较于中国，面对着更大的落差（毕竟苏联曾是超级大国），因而相比于中国可能更缺乏渐进式改革的耐心。

吴梦： 苏联在发展初期利用美国的科技援助，重视航空、电子等行业，并投入全国之力，确实发展迅速，但是这种超越有些停留于表面，计划经济体制面临着较大的风险。首先，整个国家对于大方向的选取至关重要，就像苏联前期认识到基础科研的重要性以至于在这方面超过了美国，而后期因为官僚体制等原因没有听取工程师的建议在计算机领域进一步开拓，当然，彼时的情况怕也是有心无力了。其次，计划经济无法在微观层面做到及时的反馈和调整。基础技术在民用产业上的商业拓展和应用的可能性受到了遏制，所以苏联的工业体系之大存在虚假的成分，在没能认清实际情况时进行高科技领域的竞赛并不明智。而中国的重工业在还未达到苏联当时可以与美国比肩的程度时就开始了改革，在一定程度上平衡了中华人民共和国成立初期要在重工业和国防等领域突破技术封锁、保障国家安全与各领域共同进步、协同发展的关系，并在其中充分借用了市场的力量。

林毅夫： 借鉴外国经验和借鉴发达国家的主流理论一样，不能简单照搬。戈尔巴乔夫在20世纪80年代也借鉴了中国的家庭联产承包责任制，而且比中国更彻底，给农民的承包期是50年。中国的承包期开始是1年，后来延长到3～5年，又延长到15年，最后才延长到30年。但是，苏联集体农场的农民全国没有几个人响应。究其原因在于苏联地广人稀，农场规模巨大，高度机械化，高度依赖市场提供的石油等作为投入，产出的农产品也需要运输到很远的市场，把国有农场分成单家单户无法有效经营。而中国人口高度密集，农业投入以自己的劳动力为主，生产出来的产品可以卖到就近的市场。另外，戈尔巴乔夫上台以后，在工业上也曾推行过放权让利改革，把工业产品的定价权和工人工资的决定权都交给国有企业的厂长经理，经理就猛提工资以讨好工人，同时利用计划经济形成的垄断地位猛提高产品的价格，造成通货膨胀，生产和市场混乱。戈尔巴乔夫不得不放弃经济改革，转而推行政治改革，结果降低了中央的控制能力，导致了苏联的解体。中国的放权让利改革则是边际的放权和让利，开始时推行的是利润留成，企业必须完成原来的计划，只是在增收或减亏的部分分得12%，其中三分之一（也就是4%）可以用来增加工人的工资；80年代中推行承包制，企业也是在完成承包任务以后，才可以将增收的一部分作为奖金，政府对企业的工资和奖金总额还有限制，超过限制企业要交税。所以，中国在转型期没有出现像苏联在戈尔巴乔夫时期的失控。另外，所谓官僚主义、预算软约束等其实是内生于在资本短缺下推行资本密集的赶超战略，这需要政府去配置有限的资源。在其他国家或体制下，如果需要政府用行政手段配置短缺的资源，也同样会出现官僚体制，如果是赶超的产业像美国的军工产业，也同样是预算软约束非常严重。计划经济的失败是忽视了产业结构的内生性，对于这一点各位都已经有了清醒的认识。苏东转型的失败则是忽视了扭曲的内生性。各种扭曲都是有代价的，但是，如果不把扭曲的原因消除，而试图去消除扭曲，一般情况下结果会更差。中国的国有企业改革，虽然没有出现苏联改革那样的失控，但是也有许多类似的经验教训。可以参考我的文章《新结构经济学视角下的国企改革》。

林毅夫：正好今早（2021年3月3日）华大基因董事、曾在科技部担任司长的梅永红先生发来了他对国内转型相关问题的讨论，和诸位的讨论异曲同工，供参考。

梅永红和杨青的微信讨论

梅永红：2004年珠海市政府准备把格力卖给一家《财富》世界500强企业美国开利，董明珠坚决反对："九亿美元你们就想把格力卖给老美？休想！"领导劝她："给你开到年薪八千万，知足吧！"没想到董明珠坚持道："八亿年薪我都不会同意。"甚至于为了保住格力，董明珠硬着头皮把事情上报到中央。好在后来《上市公司股权分置改革管理办法》颁布，才终于阻止了这场近乎是白送的买卖。而现在，格力已经依靠自己的努力跻身《财富》世界500强，市值达到了3700亿元，比当年开利想要收购格力的价格高了70倍不止。董明珠在面对当时实力强于格力数倍的美国企业开利没有低头，因为她深刻明白：开利之所以想要收购格力，甚至开出了珠海市政府都无法拒绝的天价，就是为了得到格力的销售渠道，以方便自己打开中国市场。以后只要时机一到，格力一定会被拆分，最后一步步被吃得连渣都不剩。所以她始终坚持不能出售格力，而显然日后格力的发展也证明了董明珠的选择是对的。这些年来她硬生生凭借自己的骨气和远见把格力带到了空调行业第一的位置，虽然这两年出于种种原因格力遇冷，被美的夺走第一宝座，再加上董明珠之后接连两次跨界，带领格力走上造车和造手机的道路，最终双双宣告失败，导致现在很多人都对她的眼光和领导能力产生了质疑。但不得不说的是，格力如今在空调市场上依然拥有巨大竞争力。只要董明珠回过神来注重格力自身的核心业务，以她能帮助格力走向行业第一的眼光和领导能力，未来格力的发展也未必不如美的。

梅永红：这就是2004年，咱们卷进了这场世纪风暴。如今回想起来，仍觉惊心动魄。巨变下的中国，巫婆神汉，泥沙俱下。稍有差池，便是难以挽回的损失。

杨青：现在想来，我们做了一件多么正确的事，有些后怕。特别是您的加入，使我们的调研有了上送的渠道，也因此结识了路风、高粱老师，一帮人特有战力，也特有能量。真是一段激情燃烧的岁月。

梅永红：是的，虽有偶然，也是必然，位卑未敢忘忧国。看到那种乱象，不挺身而出就不是你我了。幸哉，天佑中华！

杨青：真应该把那一段经历写出来。2015年时路风教授曾有动议，把那十几家装备工业骨干排头兵企业走一遍，题目也想好了，"合资变局十年记"，后来没能实现。

梅永红：真可以考虑。可以写成三部曲：第一部是记录那段历程；第二部是没被并购的企业（如徐工、格力等）的现状；第三部是已被并购企业的现状。

梅永红和林毅夫的微信讨论

梅永红：这是发生在2004年的一段难忘经历。当时跨国公司发起了对中国装备工业龙头企业的"割韭菜"并购行动，全国骨干企业几乎无一幸免，号称"斩首行动"。各地政府为了所谓的招商引资，尤其是招引世界500强，基本上都是紧密配合，以"白菜价"奉送。中国工业报社总编辑杨青找到我，希望科技部关注此事并向中央反映。我对此非常震惊，认为这是对中国装备工业的摧毁。美国等西方国家对跨国并购都有严格规制，特别是国家安全审查，而当时的我国却国门洞开，其中不少还是明显的里应外合。为此我牵头组织了一次全面调研，涉及三十多家企业，对其中近二十家企业的并购做了扎实的调研案例，并且通过新华社上报了8篇动态清样，引起了中央高度关注，为阻止这场疯狂劫掠打响了第一枪。已经故去的时任国家发展和改革委员会副主任张国宝受命担纲，牵头处置，不辞辛劳地奔波，义正词严地争辩，堪称国士，立了大功。

林毅夫：非常敬佩！功在国家，功在人民！国家的命运，民族的复兴，经常需要敢于奋不顾身、逆势而为的少数人的坚持和努力！

梅永红：是啊，中国半个世纪的科技和经济积累，基本上都体现在这些龙头企业上。如果都被并购了，成了别人的装配车间，科技创新何以为继？产业及经济安全何以保障？这本是常识，却成了我们的巨大盲区。

林毅夫：这关系到理论和思潮。从当时的主流观点来看，做那些事的人有许多也认为这是为了国家的长远发展而必须做的事。我和俄罗斯主持休克疗法的代总理叶戈尔·盖达尔以及经济发展和贸易部部长格尔曼·格列夫后来有许多交往，他们都是非常诚恳、对国家民族有很强责任感的人，被叶利钦重用。前者是莫斯科大学的经济系主任，后者是经济系教授。两位都是当时引领俄罗斯理论思潮的青年才俊，当时他们确信休克疗法是拯救俄罗斯之路。2019年北大新结构经济学研究院和莫斯科大学在莫斯科合办了一个经济转型30年研讨会，格列夫做了一个主旨演讲，回顾了决策动机和心路历程，结尾时高度赞扬了我的主旨演讲中所阐述的中国渐进双轨制的道路。我觉得在理论上需要把中国的经验讲清楚，这对中国未来的发展和其他发展中国家的发展都至关重要，也是北大新结构经济学研究院成立的宗旨。

梅永红：点赞。

叶子欣： 十分感谢林老师的分享！今后我会更注意在分析问题时，把握好何为内生性与外生性，不然也谈不上正确地从改变外生条件入手，小步快跑，实现发展。此外，国别之间的比较带来不少收获，我对即将学习的"解读世界经济"课程也更期待了！

赵佳雯： 林老师对于苏联和美国"量"和"质"的分析，以及对比中国和苏联的改革是否"失控"，对我都很有启发。经济政策的制定很有"失之毫厘，谬以千里"的感觉，虽然看上去是一样的政策，然而对问题根源的认识和现实条件的约束都影响政策的成功与失败。

林毅夫： @叶子欣 @赵佳雯 两位的心得很好！在小班课上我们讨论了在观察现象、分析问题时需要把各种可能的解释变量分成是否相关、是否有影响；在有影响的变量中，这些变量是否共同内生于其他更根本的因素。例如，预算软约束似乎可以解释国有企业管理差、效率低的现象，但是，国有企业的效率低和预算软约束其实本身都是内生于这个企业所在的产业违反了比较优势，企业具有战略性政策负担，并且在冗员还没有下岗、老职工的养老还没有从企业剥离并改为由社会保障基金支付之前，国有企业也承担了社会性政策负担，政策性负担会导致政策性亏损。政府必须对政策性亏损负责，国有企业就有了预算软约束，因此，效率低和预算软约束两者都内生于国有企业所在产业违反了比较优势。在独立的外生的有影响的变量中，还要弄清楚哪个变量具有决定性的影响。例如，在波特的竞争优势理论中，他列出决定一个产业是否具有竞争优势的四个因素：是否使用了国内丰富的要素、是否有大的国内市场、是否有产业集聚、是否在国内有竞争性市场。这四项中，第一项是发展的产业是否符合比较优势，第三项和第四项是内生于第一项，所以，独立的外生解释变量只有两个：是否符合比较优势和国内市场的大小。在这两个独立的外生解释变量中，前者更重要，是具有决定性影响的关键因素，因为如果一个产业符合比较优势，就可以充分利用国际市场。这也就是为何新加坡、瑞士、北欧国家规模很小，但是收入水平可以很高。我们在学习各种理论和其所强调的解释因素时必须把握好这些差异，才能达到认识世界、改造世界的目标。同时，也要警惕这些差异在不同的国家或同一个国家的不同发展阶段可能会不同，在某个国家、某种状况下具有决定性影响，未必在另外一个国家、另外一个状况下也具有决定性影响，这也是为何我一再强调必须有一种"常无"的心态，面对任何问题或现象都要解放思想、实事求是，以"初生婴儿的眼睛"来了解现象或问题的本质和决定因素，只有这样才能避免把学习到的理论和经验变成教条。既然要有"常无"的心态，那么为何还要学习各种理论？小班课里我提到学习现有的理论是为了培养我们根据具体的状况提出新理论的能力，学习现有的经验是为了提高我们创造新经验的能力。这种学习要求学者了解各种理论和经验产生的背景、那些被保留在理论模型中的解释变量或经验的决定因素为何在那种状况下是重要的、其成立的条件和前提是什么等。就像在学习数学的各种定理时，不只是学习定理的结论，更重要的是学习这些定理如何提出以及一步一步推理的过程。只有以同样的方式来学习经济学和社会科学的各种理论，而不是记知识点，才不会是教条式的学习，也才能使自己在面对一个现象或问题时，有能力去了解这个现象或问题的本质，找出那个现象或问题所处时空中的关键的决定因素。

赵佳雯： 谢谢林老师！您的分享和教导使我不断回顾课上所学的内容，对这些思想的理解与认识正逐渐从"似是而非"慢慢向"内化于心"发展。

林毅夫： 大道至简，但是，理一分殊，平常在书本上学习到的理论都是"刻舟求剑"，都是"道"在特定情况下的表现形式的"分"。如果不能从"分"的学习中体悟"道"，则如《道德经》里所说的"前识者，道之华而愚之始"。由于大道至简，所以，"下士闻道，大笑之，不笑不足以为道"，"中士闻道，若存若亡"，只有"上士闻道，勤而行之"。以各位的天赋应该都是属于"上士"之才，只要能"勤而行之"，必定能够从"似是而非"登堂入室到"内化于心"。我对各位有信心！

关于中国改革开放奇迹与政府角色的讨论

2021 年 3 月 14 日

林毅夫： 过去几个月，许小年老师的一个采访视频被一转再转。作为新结构经济学实验班的学生，各位如何看待视频中提出的"中国改革开放的奇迹是政府退出的结果"的看法，以及"政府退出哪里，哪里就繁荣"的主张？

> **阅读材料：** "财经面对面"对话经济学家许小年（"经济学家圈"微博视频号，2021 年 1 月 7 日，http://finance.sina.com.cn/facetoface/2013/0305/72.html）

赵佳雯： 我认为许老师并没有分清政府过度干预、扭曲市场的行为与政府"以有效市场为依归"的作为。所谓的政府退出后就会繁荣，其实是政府放弃了赶超战略，改革减少了对市场的扭曲，使得符合比较优势的产业得以发展，经济自然繁荣起来。许老师的观点并不能通过"三归纳"的检验，如不能解释苏联等采用休克疗法改革的国家为何失败，这些国家的"政府退出"比中国更彻底、更快速。

同时，许老师所说的，改革开放没有规划，全凭市场参与者自发的力量，在一定程度上也归因于当时新自由主义盛行，没有正确的、高度抽象的经济理论，因而没有形成如休克疗法一般完整的、系统的规划。（设想一下：如果当时有人提出了类似新结构经济学的理论，或许我们的改革会有"比较优势疗法"指导改革进程。）

此外，许老师在视频最后也说，政府不能无为而治，要规划大方向，还要进行行政管理。我认为所谓的大方向其实是引导市场在禀赋结构发生变化时，向存在潜在比较优势的产业转变，此外可能还包括支持国防安全等战略型产业在前沿科技上进行突破与发展。而行政管理也包括建立良好的软基础设施。

吴梦： 首先，问题的根源还是在探讨政府的权力应该延伸到哪里以及有多大。

这个问题已经有很多政治家、经济学家、思想家的争论，比如美国思想家托马斯·潘恩就曾说，管得最少的政府是最好的政府。如果考虑时代背景的话，当时美国是要脱离英国殖民地的地位，对约束过多的英国政府自然是有仇恨心态。在看待我国政府的干预程度时也要结合时代背景。视频中提到的政府的"退"是在之前为了集中力量发展工业而配套的计划经济体系的前提下，这里只强调了"退"之后的发展而刻意忽略掉了"退"之前的阶段性目标的不同，容易令人忽视达成前一阶段的目标的那套体系存在的合理性和必然性。

其次，政府作为一个古而有之的组织机构，对整个社会持续健康发展的重要性不言而喻，所以要看的还是政府的权力到底有多大。我认为一个有为的政府也是一个懂得随着环境阶段的变化调整自身对市场干预强度的政府。视频中说继续发展需要改革，需要"打破政府对资源的垄断"。但我想的是如今政府是否再退一步就失去了与市场之间的较优比例呢？比如应对疫情，政府是否还能免费提供具有公共品属性的疫苗；如果电力系统在民营企业手中，公司破产是不是民众要停电受冻……假如市场化占据绝对优势，可以预见到的一点是贫富差距迅速扩大，那么这是否还能达到我们的"初心"呢？

最后，关于政府与市场谁更"高瞻远瞩"的问题，对于一个具有潜力，尤其是技术变革较大的新兴行业来说，能率先推动其发展的都是独具眼光的个人。这种人出现在政界就是出色的政治家，出现在业界就是优秀的企业家，而对于大家普遍看好的产业，毋庸置疑，政府可以调用的能力和资源要大得多，所以我觉得这种言论有些夸大政府在决策不是最明智时调用资源给社会带来的相对负面的影响。

赵祥瑞： 谢谢林老师的分享！下面是我的一些看法。

首先，关于中国改革开放的奇迹就是政府退出的结果，这种看法本身就是有问题的。回顾历史，如果政府退出就能使经济腾飞，那么苏联实行休克疗法，政府完全地、迅速地退出，经济早就应该腾飞了，何至于到经济瘫痪、政权解体的地步？由此可见，政府退出并不是经济腾飞的充分条件。

做任何决策都要清楚地认识到目标是什么，现实中有哪些约束条件，可选范围是什么，最好的决策是什么。确实，过于扭曲经济结构会对经济发展产生不利影响，健康的经济发展模式应该是逐渐发展，逐渐积累资本要素，发挥市场的作用。但是，中国现有的情况是，由于重工业赶超战略等，中国的经济已经存在着扭曲，并不是一个完全按照比较优势发展的健康的经济体系。如果我们一味追求市场的作用，政府完全撒手不管，那么现在那些需要政府补贴的企业，就会由于不具有自生能力，又失去了补贴，难以维持生计，造成大量的人员失业和企业倒闭，不利于社会稳定，也会浪费很多资源。这些没有自生能力的企业并不具备自己转型的能力，所以需要政府去帮助它们，进行政策性引导，转到具有比较优势的行业，获得剩余，然后政府才可以完全退出。所以，并不是政府不能退出，只是不能突然退出，政府的退出是逐渐的，抽丝剥茧、实事求是地减少干预。

新结构经济学讲的"有为政府"，并不是指掌控一切、随心所欲的政府，也并不是排斥市场力量的政府。有为政府是以有效市场为依归的！我们的有为政府是给企业提供信息、为市场提供良好的外部环境、避免潮涌现象的政府。调整企业之间的关系，助力建成产业集聚是使资源得到充分有效利用的政府行为。视频中提到的光伏产业、风能行业的状况并不是因为政府干预过多，相反，正是因为政府做得还不够。如果真的做到了"有为政府"，调整好企业的关系，做好信息的提供工作，是会减少潮涌现象的。

叶子欣： 不应仅关注"退出"的表象及其结果，而忽略政府之前所面临的处境以及需要达到的目标。政府退出不是繁荣的根本原因，企业的发展符合比较优势、具有自生能力才是根本原因。政府未退出的产业，可能退出后效果更加糟糕，但如果这样试错，那么国民经济将遭受沉重打击。更何况，政府从根本上来讲没有退出（始终承担解决市场失灵问题的责任）。

"改革开放没有规划"或许是一种误解，当初确实是"摸着石头过河"，没有可以完全参照的成功经验，但是从十一届三中全会到"十五大"，市场在双轨制道路上循序渐进地放开，也是一种实事求是的规划。

关于政府和市场谁更"高瞻远瞩"，以创新为例，我个人认为创新离不开市场推动，不过提供支持创新的沃土，使人力资本的效用更大、涌现更多创新的点子，并将其孵化成生产力，都需要政府更重视教育、加大基础科学研发投入、完善制度，而不是做无为政府。

黄卓楷： 对于"中国改革开放的奇迹是政府退出的结果"，我和上面同学的看法一致，该观点通不过"三归纳"的检验。

我想就许小年老师的核心论点（政府给不了充分信息）和核心论据（光伏产业）做一些评论。在 2008 年政府选择光伏行业进行干预（补贴）是因为政府得到了更多的关于光伏产业的信息——光伏能源在可预见的未来是不会枯竭的，并且其技术是欧洲新兴的能源技术。当化石能源越来越少、开采成本越来越高时，光伏将会是很好的替代能源。这是理性的选择，因为光伏行业需要全产业链的技术攻关。国家的补贴，本质上是对技术创新的推动——通过补贴，带动资本市场对光伏行业投资，大厂投入资金进行技术攻关。这让中国光伏产业技术走到世界前列。但是这招致了世界各国的反垄断、反倾销，加之光伏产业并没有预期那样得到足额利润，所以被广为诟病。

总而言之，我认为政府对光伏产业的补贴是对经济增长重要变量——技术进步的助推，是抓住了经济增长本质的行为。但是目前成效还不显著，这与世界能源形势的变化息息相关，不能苛求政府。不能因光伏产业的所谓衰落而否定"有为政府"的作用。

郭若菲： 首先，我认为，由"政府退出哪里，哪里就繁荣"的现象，只能看出"政府退出"与"繁荣"之间的时间先后关系，而不能看出其中的因果关系，因此不能得出"政府就应该退位，这样一定能导致繁荣"的结论。正如子欣所言，政府未退出的领域，如果政府退出，情况可能更糟。另外，我认为"政府退出"与"繁荣"可能都是"产业具有了自生能力，不需要依靠政府补贴"这一根本原因的结果，所以两者才会经常同时发生。不理清之间的详细机制，确实很有可能直接得出政府退出会导致繁荣的结论。

其次，我认为许老师对于新结构经济学提出的"有为政府"的概念存在误解，认为只要有"有为政府"就一定没有有效市场，实际上两者是互补的。视频中对于自由主义与强调政府作用的学派的二元划分本来就是过于偏激的。我认为没有必要拘泥于学派的标签，对于不同的情况、不同的目标，有些问题更适合通过市场解决，有些问题更适合通过政府解决，市场与政府相互依存，没有理由陷入对市场或政府的盲目崇拜。

不过，许老师说的没有什么规划地图，政府只要给一个大的方向，对我很有启发。这其实很符合实事求是的想法。在做规划时，最重要的是树立基本的思路，例如，是发展比较优势产业还是实行赶超战略，是实行休克疗法还是渐进双轨制。只要找对大方向，应对具体问题时具体分析，就能够实现较好的发展。

林毅夫： 很高兴各位的分析都很深刻到位，不是人云亦云。从以政府替代市场配置资源的计划经济向市场经济的转型，自然是要有政府的退出，但是，如果原来的干预和扭曲是内生于保护补贴计划经济时优先发展的违反比较优势的重工业，那么，不解决造成内生扭曲的原因，而骤然取消政府的保护补贴所需要的干预和扭曲，必然会导致这些产业中大量企业的倒闭。所以，不是政府退出就一定好。另外，中国发展快的原因是放开了在计划经济时受抑制的具有比较优势的劳动密集型产业的准入，政府不仅仅是放手不管，而是因势利导，设立工业园、开发区、加工出口区，解决软硬基础设施不足的问题，积极招商引资，解决技术、资金和出口渠道的问题。具有比较优势的产业的快速发展，积累了资本，提升了中国的比较优势，使得许多原来不具有比较优势的资本密集型产业变得符合比较优势，给取消保护补贴创造了条件，政府就逐渐放弃在这些领域的干预和扭曲，放开这些产业的内外资企业的准入。这是中国能够取得稳定和快速发展的原因。政府确实会做出许多不当的干预，使经济发展付出代价，但是，从"一分析，三归纳"的方法来说，苏联、东欧绝大多数国家政府都退出了，结果是经济崩溃，危机不断，增长率比转型前低。苏东国家中能维持稳定和发展的波兰、斯洛文尼亚、乌兹别克斯坦及白俄罗斯恰恰和中国一样，政府都没有完全退出，其他转型效果比较好的国家像越南、柬埔寨也是如此。所以，我们作为知识分子，重要的是去研究政府怎么发挥作用才能使经济发展得更好，而不是因为有理论说政府会做错事，而政府也确实做了不少错事，就建议政府完全退出，那样就会犯"把婴儿和洗澡水一起倒掉"的错误。最后，由于在 2011 年时欧洲受到欧债危机影响，光伏产业的需求锐减，德国等政府取消了鼓励绿色能源的补贴，我国光伏产业出口锐减，出现全行业亏损，有些著名的领先企业像无锡的尚德倒闭，补贴光伏产业经由媒体渲染而被认为是一个失败的产业政策，但是，随着国际需求的复苏，中国的光伏产业现在已经变成非常有竞争力的全球领先的成功产业。许小年教授的这个视频应该是在 2015 年左右拍摄的，他对后面的发展不清楚。关于光伏产业的发展可参考产业信息网的《2018 年中国光伏产业发展现状分析及未来发展前景预测》一文的分析。对中国和苏东转型的经验比较感兴趣的同学，可参考我的"The Washington Consensus Revisited: A New Structural Economics Perspective"一文。

林毅夫： 转上新结构经济学研究院的博士生对许小年老师视频的讨论，供诸位参考。各位可以很骄傲，虽然他们讨论的侧重点和诸位的讨论有所不同，但各位对问题认识的深度一点不亚于他们。

新结构经济学研究院博士生的微信讨论

林毅夫： 过去几个月，许小年老师这个小视频被一转再转。作为新结构经济学研究院的学生，各位如何看待视频中提出的"中国改革开放的奇迹是政府退出的结果"，以及"政府退出哪里，哪里就繁荣"的主张？

樊仲琛： 首先这个提问本身就是以讹传讹，新结构经济学从来没有假设政府在"高瞻远瞩"，比市场聪明，这个提问就是错的。

林毅夫： @樊仲琛 这个提问确实本身就是以讹传讹，不过我的提问的重点是，如何看待视频中提出的"中国改革开放的奇迹是政府退出的结果"，以及"政府退出哪里，哪里就繁荣"的主张？

樊仲琛： 从因果的角度来说，有竞争优势的领域当然政府会退出，而政府还没有退出的领域可能是因为政策性负担而需要支持，或者有瓶颈障碍而需要政府去解决。政府退出和繁荣的关系可能是反过来的，即哪里繁荣，政府就退出哪里。政府的效率低可能就是因为政府本来就在做效率低但是有社会意义的事情，比如给大山深处修路、架电线这种。另外，他们的主张需要事实支持，历史上在发展阶段政府就退出的很多国家都经历了衰退。当然不否认有些政府在乱作为，对此新结构经济学也是反对的，乱作为的政府并不是有为政府。

林毅夫： @樊仲琛 很好，同意你的这些看法！各位是否还有其他补充？

樊仲琛：所以我感觉很多学者可能就是从记者那里听的新结构经济学是政府经济学，没有好好读过新结构经济学方面的文献。

林毅夫：@樊仲琛 那如何使学界和媒体的记者对新结构经济学有更全面的了解？

张皓辰：我认为最根本的办法就是提升新结构经济学方面文章发表的数量和质量。

樊仲琛：我觉得还是要靠一篇一篇的高质量文章发表来扩大新结构经济学的学术影响力，有时候说得再多别人也不信。如果能在顶级期刊上发表几篇论文，国内关注的人就多了，自然就会加深了解，然后跟着咱们一起沿着新结构经济学的方向做下去。媒体就是喜欢搞个大新闻，说新结构经济学是政府经济学，然后批判一番以博取眼球。我比较相信"桃李不言，下自成蹊"。发表到位了，别人自然就愿意去了解，然后持续关注。

林毅夫：@张皓辰 @樊仲琛 同意两位的看法，关键在于发表。另外，也要有心理准备，已经接受旧理论的人一般不容易接受新理论，就像马克斯·普朗克说的，一个新的科学真理不能通过说服它的反对者而使其理论获胜，它的获胜主要由于其反对者终于死去而熟悉它的新一代成长起来了。现在多在排名前五的顶级期刊发文章是必要条件，不过新结构经济学理论成为学界和媒体的主流观点有待新一代人的成长，而现在接受新结构经济学并在主流期刊发表新结构经济学论文的经济学家则会成为引领时代新思潮的经济学家。

付才辉：请问有谁见过没有争议的理论或思想？！不提出新理论，就自然不会有争议；理论越革新，争议必然越大。不发表，自然也就没有争议；发表越多，自然争议也就越多；发表级别越高，自然争议也就越大。指望通过在顶级期刊上发表来避免新结构经济学遭受争议的想法是幼稚的，一旦更多真正的新结构经济学研究成果在顶级期刊上发表，还会引起更猛烈的争议，但这种争议对新结构经济学的发展其实是更有裨益的！事实上，任何一门学科都是在质疑别的学科或之前的旧理论中诞生的，并在别人的质疑中不断成熟。就拿经济学各个流派来讲，大家不妨翻翻任何一本经济学思想史教科书，无不惊心动魄：18世纪，斯密质疑重商主义，开创了古典经济学；19世纪，边际学派质疑古典经济学，开创了新古典经济学，马克思质疑古典经济学，开创了马克思主义政治经济学；20世纪，凯恩斯质疑新古典经济学，开创了宏观经济学，当时还是学生的科斯质疑新古典经济学，开创了新制度经济学；20世纪七八十年代一些青年学者质疑新古典经济学，开创了行为经济学……不但古典经济学没有被新古典经济学全盘否定，反而当今很多经济学家还主张回归古典经济学的基本思想；同样，新古典经济学不但没有被五花八门的流派搞垮，反而因为其自身理论体系的严密和完善，甚至成为经济学中唯一可以通过公理化来表达的理论，至今依然稳坐主流经济学的江山不倒，成为今天各位同学必修的入门课。新结构经济学作为第三代发展经济学，不也是在质疑第一代结构主义发展经济学和第二代新自由主义发展经济学中诞生的吗？我甚至还一直主张新结构经济学要对新古典经济学进行结构革命。不过，新结构经济学遭到这种老掉牙的新自由主义思潮的轻蔑实属司空见惯，这种观点不但毫无建设性，而且还有误导性，确实要不留情面地驳斥。总之，新结构经济学不要怕被别人质疑和反驳，真正怕的是后续无人将新结构经济学不断推进、不断完善，乃至雕琢成新古典经济学那样严密的体系，倘若能够做到，或可流芳百世；即便如此，依然会有代代纷争！

林毅夫： @付才辉 同意你关于一个新的理论需要在和旧理论的争论中成长和完善的看法，不过 @张皓辰 @樊仲琛 两人并没有主张通过在顶级期刊上的发表来消止争论，而是说通过在顶级期刊上的发表来扩大影响，这和你主张在和旧理论的争论中成长和完善新结构经济学理论体系的观点并没有矛盾。

付才辉： 是的。

郑雅文： 各位老师和同学，我同意政府退出和行业繁荣可能存在反向因果关系（因为行业繁荣或有竞争优势，所以政府退出）。但是，我有一个小问题没太想明白，想跟大家探讨：中国政府是如何做到精确地判断哪些行业有竞争优势，从而选择退出的呢？是否存在政府退出但是行业倒退的情况？我猜测这可能是因为中国施行渐进改革（试点改革），可以通过试点来判断是否能够退出某些行业。但是同样是渐进改革，为什么乌克兰的政府不能顺利退出？

林毅夫： @郑雅文 一个行业有竞争优势代表这个行业在国内外市场都处于领先地位，比其他国家相同行业的获利能力更高，绝大多数企业都能赚钱，政府自然不再需要给予扶持，这个信息并不难获得。同时，许小年视频中所说的凡是政府退出的行业就发展得好，并不代表政府对那些行业的发展就什么事都不管。例如，改革开放之初，政府取消了对劳动密集型行业进入的管制，但是设立工业园解决软硬基础设施的不足，积极招商引资克服资金、技术、国外市场的限制等，这些行业才快速发展起来。另外，乌克兰推行的是休克疗法，而不是渐进改革。对苏东改革的比较请参考我的"The Washington Consensus Revisited"一文。

郑雅文：非常感谢林老师的解答和指正！关于苏东国家的改革，我还不是特别了解，只是看到杰弗里·萨克斯的文章里提到乌克兰、保加利亚、罗马尼亚和斯洛伐克在20世纪90年代初反对了休克疗法，就误以为乌克兰也是进行渐进改革，十分抱歉。我再看看您的文章，非常感谢您的分享！

关于自动化对美国比较优势的影响的讨论

2021 年 3 月 24—25 日

林毅夫： 以下是关于自动化对美国比较优势影响的视频资料，以及 3 月 18 日我在北京大学国家发展研究院"中国经济观察"第 56 期报告会活动上的演讲内容，分享给大家。

> **阅读材料 1：** 关于自动化对美国比较优势影响的视频（新浪视频，2021 年 3 月 20 日，https://k.sina.cn/article_6364943754_m17b61558a03300zjv3.html）
>
> **阅读材料 2：** 林毅夫：中国经济的发展潜力、新挑战与应对（"北京大学新结构经济学研究院"微信公众号，2021 年 3 月 24 日，https://mp.weixin.qq.com/s/_pWJ4Yx6qbOvleYktz_8Lw）

赵佳雯： 谢谢林老师的分享！看完视频，收获很多，也想到了很多，对很多林老师之前提过的观点（比如中日、中美的冲突，五类产业等）都结合时事有了更深的认识。印象最深的是视频最后说中国的优势在时间，在时和势。我想，顺势而为是经济持续发展的重要条件，而所谓势正是经济学家致力研究的经济规律。而时，视频中重点强调了时间长短，但我觉得，如果能够正确认识经济发展规律，即便竞选可能带来政策的不连续性，但总体方向和着力点总归是不变的。

如果方便的话，还想请问林老师一个问题。我认为对于美国，制造业外流的重要原因在于禀赋结构的升级，在资本上更具有比较优势，而承接制造业转移的国家则在劳动力上更具有比较优势。不过，如果未来将制造业与自动化、新技术结合，是不是又将形成制造业升级并对资本需求较高，从而符合发达国家的比较优势呢？

林毅夫： @赵佳雯 很好，认识很深刻，提出的问题也很好！美国制造业外流确实是由于比较优势发生了变化，美国在资本上更具比较优势，承接制造业转移的国家则在劳动力上具有比较优势。不过，由于美元是国际主要储备货币和国际贸易的计价货币，美国在金融业上比其他发达国家更具有比较优势。同时，在美元和黄金脱钩以后，美国没有爆发货币危机（金融危机的最严重层级）的风险，美国政府在货币政策的运用上不受任何限制，可以比其他国家更容易用货币政策来熨平经济的周期波动。美国增发货币的通货膨胀压力也可以经由美元外流而转嫁给其他国家，美元紧缩，利率上升会导致美元回流，造成其他国家尤其是货币非国际储备货币的国家宏观管理的困难。并且美元被认为是安全资产，在发生国际金融经济危机时，即使这个危机像2008年那样来自美国，外国资金仍然会流入美国避险，使得美国在所有发达国家中宏观经济表现最为稳定。但是，由于上述的好处，美国的华尔街成为世界金融中心，金融业的比较优势不仅在国际上高于其他发达国家，而且在国内也远高于其他行业，除了一些像加州硅谷的高科技研发、创新活动，其他行业的收益都远低于金融业。所以，在美国剩下的产业就只是华尔街的金融业、类似硅谷的高科技研发以及不可贸易的服务业，制造业的比重远低于其他发达国家，中产阶级的比重不断下降，收入分配两极分化。

至于你所提的问题，"如果未来将制造业与自动化、新技术结合，是不是又将形成制造业升级并对资本需求较高，从而符合发达国家的比较优势"，确实如此。这会提升发达国家的比较优势，尤其是在一些高附加值的制造业上的比较优势，甚至使得一些中附加值已经外流的制造业回流发达国家，但是，对于美国而言，这种新的比较优势并不能创造更多高收入的就业机会，可能仍无法解决中产阶级比重不断下降、收入分配两极分化的问题。

关于"假如《山海情》发生在印度会怎么样?"的讨论

2021年4月25—27日

林毅夫: 下面这篇17 000字的长文,把中国和印度的政治、社会的差异写得很透彻,值得花时间阅读。

> **阅读材料:** 假如《山海情》发生在印度会怎么样?("随水文存"微信公众号,2021年4月16日,https://mp.weixin.qq.com/s/GBIkNrdGSeUQwkCrtmaU5g,作者:随水)。

叶子欣: 谢谢林老师的分享!我看到文章里提到贫富差距、阶级与政治问题比较多,疑惑是否会出现这样的情况:在特定的政治氛围下,有为政府的作用几乎难以实现;政府自身有问题或者被其他利益集团绑架时,政府的理性决策并不是社会的理性决策,这时新结构经济学又该如何发挥作用呢?

林毅夫: @叶子欣 好问题!新结构经济学里讨论的有为政府确实只是"应然"并非"实然",现实世界中政府自身可能有问题,可能被利益集团绑架,政府的理性决策并不见得是社会的理性决策。如何缩小"实然"与"应然"的差距?这有赖于政府领导人的智慧。在任何条件下,政府领导人总有一定的自由决策的空间,如果知道什么是社会最优,并且有智慧,那么,如孔子所言"君子之德风,小人之德草,草上之风必偃",总可以由点及面,积小胜为大胜,做出移风易俗、改变社会的事业来。在《解读中国经济》附录一中,我对此作了些讨论。

赵佳雯: 谢谢林老师的分享!读完分析印度的那篇文章,我个人认为依据作者对印度政治的分析，政府似乎是没有激励去发展经济、解决贫困的。在这种条件下，是只能等待一个有抱负、心系国家的领导人上台来逐步推进社会的改变吗？

林毅夫：@赵佳雯 领导人想长期执政、名垂千古，达到这两个目标的最好方法是给人民带来就业、收入，实现民富国强。如果有这样的方法，领导人会有积极性去做，问题是如我在"中国经济专题"课和其他场合反复说的，来自西方发达国家的主流经济学理论未能帮助发展中国家的领导人实现这个目标，而且根据这些理论制定的政策，如教育、健康、法治、民主等，虽然出发点很好，但是推行的结果在大多数情况下并未能创造就业，促进经济增长和提高人民的收入。结果人民不满，领导人为了继续执政就只能靠给各种利益集团提供寻租的机会来获得他们的支持，导致经济发展每况愈下。这也就是为何我强调需要有根据发展中国家自己成败经验总结而来的理论来帮助发展中国家成功实现工业化、现代化。你可参考《战胜命运：跨越贫困陷阱，创造经济奇迹》以及根据我 2007 年马歇尔讲座的内容出版的《经济发展与转型：思潮、战略与自生能力》两本书里的论述。

关于 27 家中美名校借阅榜对比的讨论

2021 年 5 月 2 日

林毅夫：以下是关于中美名校借阅榜对比情况的一篇文章以及《光明日报》近期对我的访谈文章，分享给大家。

> **阅读材料 1：**美国数据库项目"开放课程"（The Open Syllabus Project）收集了各大学过去 15 年以来超过 100 万项课程和图书阅读信息，公布了美国大学学生的阅读书目数据，而中国的各大高校也公布了当年关于图书的借阅的情况。（《27 家中美名校借阅榜对比公开：差别太大了》，"浪潮数据"微信公众号，2021 年 4 月 20 日，https://mp.weixin.qq.com/s/382wUkaIMG2kU3zeIJ2pZA）
>
> **阅读材料 2：**《求索人类社会繁荣之路——林毅夫谈新结构经济学》（《光明日报》，2021 年 05 月 01 日，06 版）

黄卓楷：谢谢林老师的分享！我觉得自己在本科阶段的确需要利用自由的阅读充实自己，寻找到自己愿意为之付出一生的事业。而且这种阅读一方面对象要是相对深刻的经典作品，另一方面范围要足够广博。这种广泛涉猎也是一种深刻观察世界、理解世界本质的方式，有别于新古典理论式的说教。期待自己能为改变世界带来更多洞见。

赵佳雯：谢谢林老师的分享！看完后又回想起林老师之前在"中国经济专题"课上的很多教导！

林毅夫：@黄卓楷 作为知识分子，书籍就像花粉，阅读就像采集花粉，其目标不仅在于阅读本身，而在于要像蜜蜂那样有能力将采集来的花粉酿成自己的蜜。现代中国知识分子既要明西学，也要对中国经典智慧有所体悟和把握，只有辨中西之异同，才能在西方强势学术之前，不卑不亢，形成对自己的国家、社会面临的挑战与机遇的认识,做出"知成一体"的学问来。附上我推荐的书单供参考。

林毅夫与陆静斐的微信聊天记录

陆静斐: 如之前向您汇报的,朵云书院邀请您入驻"有态度的书架"。除了摆放您近期的几本新书,还希望您能提供 10 本左右的推荐书目(书名、作者、出版社),以及您关于阅读的一句话(50 字以内),不知妥否?明天是世界读书日,将有一系列活动。希望在此期间能隆重推出您的专属书架。非常感谢!

林毅夫: 附上推荐的 10 本书和一句话。

推荐的 10 本书:

《四书集注》(朱熹撰,中华书局 2003 年版)

《老子道德经注》(王弼注,楼宇烈校释,中华书局 2011 年版)

《坛经》(慧能著,丁福保笺注,上海古籍出版社 2016 年版)

《金刚经》(鸠摩罗什译,丁福保笺注,上海古籍出版社 2020 年版)

《传习录》(王阳明撰,邓艾民注,上海古籍出版社 2015 年版)

《中国哲学史》(冯友兰著,商务印书馆 2019 年版)

《国富论》(亚当·斯密著,商务印书馆 2019 年版)

《改造传统农业》(舒尔茨著,商务印书馆 2019 年版)

《伟大的中国工业革命》(文一著,清华大学出版社 2016 年版)

关于阅读的一句话:

读书所以明理,但理是多样的,也是不断变化的,学习如何"明明理"更为重要。所以,读书就像临摹名画,不是为了画得像,而是为了学习如何作画。

陆静斐: 林老师,收到,太感谢了!

黄卓楷: 谢谢林老师的推荐和提点!学习如何"作画"是我们希望改造现有理论的知识分子赋予阅读的更大意义!

代后记　如何学习做好新结构经济学研究（一）[1]

黄卓楷

2021年9月20日 23:28 黄卓楷电邮
尊敬的林老师：
　　您好！
　　在仔细阅读了您的点拨与评论后，我也增强了做好新结构经济学研究的信心。这一阶段的学习中，我也认识到自己还有很多困惑待解、新知待学。希望能够以此为新起点，再接再厉，精进学问！
　　祝您中秋阖家幸福！

您的学生
黄卓楷

2021年9月21日 08:02 林毅夫回信
卓楷：
　　很好！学然后知不足，只要再接再厉，必然能够有成！也祝你中秋快乐！

毅夫

　　和林老师密切交流一年以来，我深深体会到林老师在经济学方法论层面上对我们的要求甚高、期许甚高。在阅读了张皓辰师兄的学年心得后，我也从头翻阅了自己的学习心得，反思一年前自己稚嫩的思考，感受到了自己从信念到方法上的改变，深感自己这一年时间成长的思绪需要整理、散落的心得需要装订。为此，在暑假进行了一段时间的研究并阅读林老师所著的《本体与常无》后，我结合自

---

[1] 本文初稿作于2021年8月15日，修改完成于2021年9月8日，感谢文永恒师兄的大力指导。

身成长来谈谈对新结构经济学学习与研究的认识,写下这篇大二学年的学习心得。和皓辰师兄比,我还只是后辈学习者,故取题为"如何学习做好新结构经济学研究"并时刻提醒自己勿忘精进自身学问,在"事"上练,争取在下一年回顾时能够有可见的提升。【林毅夫:很好!世上无难事,只要肯攀登!】

2020年此时才刚走入"林班",我用曾经个人陈述中的"存经世之情,追经世之理"来概括那时的想法。虽是想要做好学术研究,但那时"情"在"理"先,心境也颇为浮躁。我发现自己常常难以调整进入老师的谈话节奏中,的确十分迷茫。我是在听闻了林老师"21世纪是中国经济学家辈出的时代"的论断后,立下了学习经济学的"志"。孟子曰:"志至焉,气次焉。"而等了这么久,此"气"为何迟迟没有在我心中驻扎?【林毅夫:孟子曰:"以为无益而舍之者,不耘苗者也。助之长者,揠苗者也。"需要"持其志,无暴其气"。】那段时间我对自己的学术潜力产生了极大的怀疑,甚至还闹出过把学习心得写成散文的笑话。【林毅夫:不是笑话,那篇心得以散文体的方式阐述了对"问道"的踟躇、体会、进步和决心,写得很有层次和文采,是一篇很好的心得。】

林老师常以《中庸》里的"或生而知之,或学而知之,或困而知之,及其知之,一也"来鼓励我们。的确,我没有幸运地成为"生而知之"者,但另一方面,我又很幸运地能够在朋辈的压力下不断积累,保持成长的态势,不断实现学问上的自我超越。例如,在课后与文永恒师兄和同学们的研讨中,自己努力借人之长补己之短,重新整理思路,更好地理解其中的逻辑。再比如,我通过自己不断地学习和阅读,对中国改革开放的历史形成一份改革的大事记,建立起分析中国问题的制度背景框架,从而能够对改革历程中的经济解释有自己的判断。这些学习积累的经历也是一遍一遍地告诉自己:我擅长这个领域的研究,在努力下达成的自我超越也能够使我感受到最大的乐趣。【林毅夫:在课上,我常说纵观古今中外,我尚未见过"生而知之"者,"学而知之"者也仅见六祖慧能一人,其余如孔子、孟子、佛陀、王阳明等古圣先贤也都是"困而知之"者。只要有心向学,锲而不舍,在困知勉行中或快或慢必能豁然开朗。】

我在初入"林班"时一直认为,经济学在很多情况下只能够用数学语言讲述清楚。例如关于产能过剩成因的分析,产业政策的偏向所造成的企业退出成本偏高、国有经济不完全以市场价格为信号进行生产、地方政府对企业的明暗补贴……乍一看来，这些因素都可能有影响。我就按照自然科学的思考方式，认为对于这些原因的分析必须要借助严格的数学模型，逐一讨论各个因素，看哪一个因素的影响大。回过头来看，我能找出太多这种想法的缺陷。一个严格的经济数学模型也难以完整地刻画现实，我们建立模型往往是为了更好地阐明我们的观点，所以这些模型要么是我们自己建的，那么这个模型可以有许多种形式，结果也就不会单一；要么是已有理论，那么本质上这个模型只对理论提出者当时所处时代的现象负责。因此，模型绝不是代替思考的理由。【林毅夫：这一点认识很重要，也正是基于这个原因，我强调要从真实世界的现象中去发现背后的因果逻辑，不要用现有的理论去看真实世界的现象。并且，要把现象背后的因果逻辑想清楚以后，再根据这个逻辑去构建数学模型，以满足现在主流经济学界同行和期刊发表所要求的规范。在没有把因果逻辑想清楚之前去构建数学模型，只是一个从数学家来看水平不高的数学游戏，冀图以此揭示现象背后的因果逻辑是缘木求鱼，如果碰巧揭示则是"瞎猫碰到死耗子"。】例如在国际贸易理论之中，如果依照赫克歇尔－俄林模型，那么要素禀赋丰富的所有者将从国际贸易中受益，另一方受损。资本禀赋贫瘠的国家财富差距缩小。如果依照罗伯特·C. 芬斯特拉所提出的外包理论，那么国际贸易将使得发达国家与发展中国家的贫富差距都拉大。这里两个理论模型对贸易结果的解释是矛盾的，赫克歇尔希望解释的是 18—19 世纪欧洲禀赋不同的各国的贸易结果，芬斯特拉希望解释的是 21 世纪南北贸易中出现的贫富差距扩大的现象。他们二人在提出理论前就已经有了解释目标，那么这种理论当然只能对和当时前提条件差不多的贸易现象进行解释。

所以模型的构建只是对具体的问题进行解释，以"常无"的心态思考并找到其中的决定性因素才是经济学研究应该首先完成的一步。【林毅夫：能有这点体悟很好！】例如中国发展过程中，企业对下一个具有前景的产业有着共识，但对市场上进入该行业的企业数目不确知，导致盲目过量进入。这个基本的想法和直觉提出后，我们就能够建立厂商两期博弈模型，使模型中企业等参与者在产能发展时期不具备关于参与者数目的准确信息，由此构造出来的均衡偏离完全信息下的纳什均衡。① 面对一

---

① 林毅夫，巫和懋，邢亦青. "潮涌现象"与产能过剩的形成机制 [J]. 经济研究，2010 (10): 4-19.

个需要解决的重大问题，作为一个经济学家更需要透过因因果果的迷雾去寻找决定性因素。【林毅夫：找到一个现象的决定因素对于以"知成一体"为宗旨的学者而言至关重要，这个能力不会是与生俱来的，但可以按"一分析，三归纳"的办法，不断在探索观察到的现象中来锻炼和提升。】社会科学和自然科学的区别在于，前者中可以阐明的机制很多，那么依这些机制能够建立的理论都能解释面临的问题。寻找到这个决定性的因素，需要我们站在当时决策者角度对其想要达到的目标、面临的约束、可行的选择进行思考。【林毅夫：这只是"一分析"，要确定经由"一分析"所得到的决定性因素是否真的是决定性因素，还要经由历史纵向、当代横向和多现象综合的检验。只有经得起这"三检验"，才能确定经由"一分析"所得到的确实是这个现象背后的决定性因素。】这就是从经济学的"本体"——人是理性的——出发思考问题的答案。

那么如何看待已有理论和观点呢？我认为学习现有理论最高、最重要的一个层次是学习这个理论是如何提出的。【林毅夫：这一点认识很重要！】如果说学习这个理论只是为了接受它，明白其中的机制，欣赏逻辑过程，那么很大程度上数学、物理学院的顶尖学生学起来比我们更快，用起来比我们也更熟，那么为什么是我们在从事经济学研究？我们的比较优势在哪里？第一，从天资角度看，从事经济学相关工作是我们喜爱且擅长的，对于这项工作，我们喜爱就会乐于为此奉献，擅长就会有成就感，那么这两者兼具的人就应该是学习经济学的。第二，从后天学习看，科班出身的经济学学生应该对经济学的方法论以及经济环境有着更加深刻的理解与积淀。数学推导得到的结果还需要通过理性的提炼才能够得到经济学最终的结论。如此看来，学习经济学"术"的层面是必要的，但在我们的关键能力的塑造上，"道"的层面才是我们不可替代的能力。【林毅夫：很好！只知"术"而不懂"道"，做出的研究不仅不能帮助人们认识世界，改造好世界，甚至可能误导世界。】

如果把已有的理论比作"做好的菜"，那么学习已有理论更重要的是去学习"做菜"的方法。看到现有理论，就类似看到一道道做好的菜，接受起来就像消化一样，大概都不难，但是理论的价值有高低，做菜的方法也不易看透，到了自己下手的时候发现难度很大。我们需要明白这个理论的参与者希望实现的目标、面临的约束、可行的选择，进而理解这个理论的提出过程。【林毅夫：现有的任何理论都是内嵌于理论产生的国家当时的生产结构（production structure, 包括产业结构和技术结构）、基础设施结构（infrastructure）和上层制度结构（superstructure）之中的，如果这些结构中的变量发生关键性的变动，现有的理论就失去了认识世界、改造世界的作用。】货币主义的复兴就在于，卢卡斯看到了美国20世纪70年代的滞胀现象可以归结于货币持续超发的宽松政策，根本上就是看到了民众对通货膨胀的预期会自发改变，原有的菲利普斯曲线不会继续存在。

对于已有的观点，需要有自己经过调查后得出的判断，不能盲从。例如2020年10月我曾经向林老师提问中美贸易谈判签署的文件中为何我国表现得像是"让步"更多。在老师的提点后我仔细思考得到：中国签署的这些协议要么是中国自身市场化改革需要做到的，如"负面清单"；要么是我们原本就已经做得很好的，如"知识产权保护"。在更深层次上说，要想到国家在谈判桌上依然会保持高度理性的本质特点，就能得到这样正确的结论。所以，我们作为知识分子应该对此有调查和更加审慎的思考再下结论，不要盲从。【林毅夫：是的，作为知识分子不能人云亦云，对各种观点和说法都需要经过"一分析，三归纳"后才能接受。】

新结构经济学需要研究者所务之本是"知成一体"，理论的提出是为了在完整认识世界的基础上，对其进行改造。从个人角度来思考，认识到这样的学术目标，在学术的道路上才会保持平常心和战略定力，做出开创性成果。【林毅夫：是的！本立而道生！】不会因为目前的功利需要而放弃进一步完善结论，多思考几个推论，寻找让自己信服的根本原因；不会因为担心自己的研究成果没有引起广泛关注，而生发怀才不遇之感。真正有价值的研究，既然能够揭示现实的机制，那么历史就一定会给予其证明。【林毅夫：这一心态很重要。学术研究的目的是认识世界、改造好世界。要实现这个目标，学术研究揭示的必须是所要解释的现象的本质和决定因素。这样的研究成果能在顶级期刊上发表最好，不能在顶级期刊上发表也没关系。我们在求真这一点上丝毫不能动摇，也不能打折扣。只有以此持志，才能以自己的研究推动社会的进步并对学术的发展做出贡献，也才能不辜负时代给予中国经济学家的推动理论创新、对祖国和人类的发展做出贡献的机遇。】"自反而不缩，虽褐宽博，吾不惴焉；自反而缩，虽千万人，吾往矣。"这是儒家揭示的心灵的力量。【林毅夫：不是"儒家揭示的心灵的力量"，而是"儒家勉励和要求时代精英应该要有的道德勇气"。】作为学者，明白自己前行的道路是自己所信服的，那么再大的压力都无法压倒这颗伫立的心；反过来，如果自己在研究方法论上就模棱两可，那么研究的过程中自我怀疑就会慢慢束缚住自己的思维。【林毅夫：很好，这就是孟子所说的"志至焉，气次焉"。】掌握正确的方法论，坚持践行，这样拥有了强大的心灵力量，就能够保持张皓辰师兄所言"平常心和战略定力"，沉潜到学问中去，进而做出开创性的新结构经济学研究。

从社会角度来思考，新结构经济学的研究以"知成一体"为学术目标能够实现对社会的最大价值。新结构经济学希望解释中国的发展，中国现有的发展绩效难以被主流理论系统性地解释，主流理论提出者的历史局限只能让其提出的理论对特定时代、特定地域的特定现象负责。中国的发展需要中国本土的学者以"常无"心态思考中国问题，给出中国答案。中国答案的重要性在于：其一，它能够让中国的发展得到充分的证明，使中国在世界上更加拥有话语权和软实力。例如，在中澳经贸往来之中，中国拥有的话语权和软实力就更可能对澳大利亚发出和平发展的可信承诺。其二，它能够给予世界上仍然挣扎于发展泥淖的国家新的发展方案和思路。经济的长期稳定发展是一个国家保持全面、稳定发展的重要因素。其三，新结构经济学希望解决中国的问题，中国当下面临百年未有之大变局，所面临的矛盾和挑战是前所未有的，例如要素市场化改革、垄断性行业如何在政府有效监管和市场有效运行之间找到平衡，这些矛盾重重的改革课题需要更多的理论指导与实践。【林毅夫：这些认识很到位！这三点认识也就是我在前面的批注中所指出的，只有以此持志，才能以自己的研究推动社会的进步并对学术的发展做出贡献，也才能不辜负时代给予中国经济学家的推动理论创新、对祖国和人类的发展做出贡献的机遇。】

如何提出一个好的新结构经济学理论是我希望阐述的最后一个话题，但也是最具开放性、最难的一个。我把这个过程分为选题、提出假说、验证假说这三步。【林毅夫：分成"选题、提出假说、验证假说"这三个步骤很好！】首先我们希望研究的问题应该是具有重大意义的问题，这是将经济学家有限的工作放在"刀刃"上的一个要点。【林毅夫：同意！这种重大意义的问题来自"风声雨声读书声，声声入耳；家事国事天下事，事事关心"的日常关怀和日积月累。】选题要以"一分析"——分析问题本质破题。【林毅夫：很好，"一分析"是在选定所要研究的现象之后用来破题的方法。】我常常尝试思考这一点，但并非每次都能得到结果，这里的差别主要取决于我对这个问题的背景了解如何。例如，我之前尝试思考印度为何发展绩效比中国差。那么我需要了解独立后的印度历史，包括政权更迭、政策变化、基本文化等。说实话，作为印度经济的局外人，我很难给这些因素分配权重，把握重点。在听过我的分析后，您指出两国发展绩效的差异可能需要归因于政治体制，这在"莫迪岗位转换"这个自然实验中得到更好的证明。在樊仲琛师兄的提点下，我也了解到印度的制度之中存在过多难以想象的摩擦。从这个例子中我想到，一方面，自己的背景积淀还不够深广；【林毅夫：这是平常的积淀不够，除了读书应试，未能对世界发生的事做到"家事国事天下事，事事关心"所致。】另一方面，作为中国学者，研究中国问题"近水楼台先得月"，这是我们的一个重大机遇。对这样一个现象进行解释的因素可能非常纷繁复杂，那么要找到一个根本影响因素，就需要依靠常提到的"三归纳"方法。【林毅夫：如果不具备一眼就看出所要解释的现象背后的决定性因素的能力，可以用"三归纳"的方法来寻找，不管是一眼看出还是经由"三归纳"的方法来获得，都需要再经由"三检验"来确认这个因素确实是决定性因素。】对此我更深的认识是，我们看到的纷繁的因素可能有两种表现形式：其一是"十全大补"式的原因列举，其中的内容可能能够连接成为因果，真正起作用的原因需要精练；其二是我们找到了导致现象 A 的原因 B，但是原因 B 受原因 C 所支配，根本需要改变的是原因 C。① 这两种情况都是因果链条没有描摹完整所导致的错误。要做能够改变世界的社会科学，就需要通过仔细筛选找到根本原因。【林毅夫：很好！确实如此！】

提出假说时，我们要把握的是"一个中心、三个基本点"——要素禀赋及其结构为中心，结构内生性、扭曲内生性和运行内生性为基本点。提出假说需要学者拥有洞察力，这份洞察力源于思考的出发点（"一个中心、三个基本点"）和思考的方式（把握经济学的本体，以"常无"视角观察）。【林毅夫：很好！很到位！孺子可教！】对于已有的理论不应盲从，因为它的确依赖于提出者自身的信念。【林毅夫：对于已有的理论不能盲从的看法是正确的，但是，这不完全是因为其依赖于理论提出者的信念，更多的情况是因为一个理论必然内嵌于产生这个理论的国家当时的经济、社会、政治、文化等结构之中，这些结构若发生关键性变化，这个理论就失去了在那个国家认识世界、改造世界的功能，拿到其他国家，尤其是像我国这样的发展中、转型中国家来，各种结构和理论内嵌的结构有关键差异应该是不可避免的，所以，不管

---

① 这一论断我参考了张皓辰师兄的学习心得（二）。

已有的理论由多有影响的学者提出或是多盛行，我们都不能盲从。】那么自己的思考就需要紧紧扣住内生性的原则来对解释机制进行构建。例如在1978—1988年中国经济出现过热现象时，国家依然大量发行货币，这种发放货币的行为是内生于国有经济背负政策性负担、缺乏自生能力以及地方政府需要进行大量投资所带来的财政缺口，而货币的超量发行在数据上显示没有完全流入居民的收入之中[①]，所以理性政府选择不在1988年之前完全收紧货币发放。因为经济体运行过程中所做出的决策都依然会保持理性，看似不合理的安排背后一定会有如此设计的不得已之处，而找到其中的根本约束条件来阐述清楚，就是我们得出新结构经济学理论的方式，也是按照理论做出改变的方式。【林毅夫：很好！在存在结构扭曲时，看似扭曲的政策其实是理性选择的结果，这就是"一个中心、三个基本点"中的"第三个基本点"的一个例子。】

坚持正确的方法论，努力做下去，【林毅夫：正确的方法论内生于正确的人生追求。只有以"知成一体"为"君子之本"，才会坚持以"一个中心、三个基本点"的视角来观察世界，以"一分析，三归纳"的方法来获得所观察到的真实世界现象背后的决定性因素。】这是我们作为新结构经济学学习者、研究者的道路。这种精神的独立性将使得我们的心灵不被任何外来的压力所压倒。这是一个理论创新的光明时代，不辜负时代是我们新一代新结构经济学研究者的重任。【林毅夫：有此担当，来日可期，这个时代必然属于你们！】

---

① 居民收入水平增长速度与人均GDP增长速度相似。

代后记　如何学习做好新结构经济学研究（二）

（黄卓楷　2022 年 6 月 4 日）

这篇学习心得是我在 2022 年 6 月 2 日与林老师、朱老师进行讨论之后，林老师特地嘱咐我总结的学习心得。初衷有三：第一，是为了总结自己具体的研究，为下一步进展打下基础。从最初的接触技能溢价这一话题，到寻找证据、理清思路，我经历了"认为自己想得很明白""没有完全想明白，进一步'一分析，三归纳'""阶段性地理清了作用机制"这几个过程，过程很曲折，我的"成长曲线"也很陡峭。第二，也是最重要的一点，林老师百感交集地谈了很多，作为学生，我希望总结自己这个下午乃至这一年所收获的对于新结构经济学研究的想法，把我的真实思考展示出来，接受各位老师的进一步斧正；第三，在去年夏季入门经济学研究时，我也在《如何学习做好新结构经济学研究（一）》之中做出承诺——勿忘精进学问，在"事"上练，回顾时争取能看到"从一到二"这样的提升。

一、经济学理论思考与学术研究结论的关系

我在这一年的学习和研究过程中，也在不断思考、追问新结构经济学研究的目标是什么，如何才能达到理想的学术研究的目标。我对于这些问题有了以下阶段性的答案。

重温林老师的"老三篇"之一《如何做新结构经济学的研究》后，我归纳了自己目前对于理论思考和学术研究结论关系的认识。理论思考是指对于一个逻辑自洽的机制的探索和叙述。学术研究结论是对于现象进行准确描述，陈述一个逻辑自洽的机制，给出"一检验"，形成完善的研究结论。【林毅夫：是的，内部因果逻辑自洽，以及能够用此"因"解释所关心的现象，是学术研究的初步要求。如

果不能通过这一步,就不能算是学术研究。】

理论思考的特点是逻辑自洽,这是我们能够拿来进行研讨的观点的门槛。但另一方面,理论思考放在现实中可以是正确的,也可以是错误的,因为它只需要形成一个逻辑自洽的理念即可。例如:在国有企业中,所有者不是经营者,没有剩余索取权,经营者的积极性和企业的效率就会低,所以私有化能够提高国有企业效率。这个论断本身没有错,但是这个观点没有抓住中国"三位一体"扭曲的根本原因,依此来做政策建议就会"好心办坏事"。

学术研究结论的要求更进一步,它需要我们从现象出发,给出理论思考,并且给出检验,才能形成结论。更进一步,学术研究成果不仅仅是形成一个理念,而是要将理念匹配现实,也就是在物质的基础上进行解释。我注意到,学术研究结论有好有坏,好的成果能够帮助我们认识世界、改造世界。例如,中国改革开放之后,政府实行"老人老办法,新人新办法"的渐进双轨制改革,在约束内遵循比较优势发展,实现了经济腾飞。不够好的结论只能让我们认识到世界的部分关系,依此改造世界还是很有可能"好心办坏事"。例如,很多学者认为,经济制度对于经济发展有着重要影响,更加民主、自由的制度能够使得经济发展更好。苏联解体之后,俄罗斯选择了自由民主的政体,拉丁美洲选择了自由民主的政体,但这并没有一劳永逸地解决这些国家紧迫的发展问题,甚至带来了更糟糕的后果。【林毅夫:学术研究不仅是逻辑游戏,更是以学术研究所构建的解释现象的理论,来帮助人们改进社会,所以,作为一位有社会责任感的学者,不能只满足于学术研究的逻辑自洽的要求,而必须以能够改造世界、实现"知成一体"作为自己从事学术研究的要求。因为一个现象可以由许多不同的"因"所构成的理论来解释,要实现"知成一体",则理论所揭示的"因"必须是理论所解释的现象的"根本原因"。】

理论思考是万花筒般可变、多元的,各种各样的因素都能形成一套理论。这一特点就让数理模型成为"宠儿"。正确的数理模型必然自洽,但它提出的因素是不是根本决定因素?模型本身不能回答。学术研究结论是对现实社会的描述,社会的变量那么多,我们要舍象掉一些,保留最关心的因素。而这个最关心的因素是不是根本决定因素?结论本身也无法回答。经济学研究结论好与坏的分野，就来源于理论思考的这一缺陷——我们并不能从模型本身判断它是否抓住了根本原因。这样的话，我大致可以将发表的论文分为三类：第一，提出了一个有意思的理论思考，可以发表。比如将创造性毁灭作为经济增长的源泉，信息经济学中信号理论的提出。第二，用现有理论思考解释一个经济现象，并且通过了"一检验"，不管有没有抓住本质原因，也很可能发表。显然，形成这样不够好的研究结论大概是更容易的，能用已发表的理论思考来解释当下的现象，就能做出文章。第三，思考现象的本质原因，通过"三归纳"找到根本决定因素，形成理论思考解释，再进行严谨的因果识别检验，得到好的研究结论。

【林毅夫：把学术研究和发表的论文分成这三类，很好！】

在这样的情况下，理论思考、好的和不够好的研究结论这三种论文汗牛充栋，论文市场呈现出林老师所讲的"大多数发表在知名期刊的文章观点都不一定是对的""中国学者坐在金矿上挖煤矿"等现象。

二、如何形成"好"的学术研究结论

我们新结构经济学研究要达到的目标就是形成"好"的研究结论，用这一点来认识世界，改造好世界。那么我就来谈谈好的研究结论应该如何形成。学习现有的学术成果，是学者站在前人肩膀上继续向上攀登的方法。毋庸置疑，对于"好"的研究结论这一类文章，我们需要多加吸收，从理论机制到观察的现象，再到抓根本原因，这一连串的思考都是值得玩味的。我们新结构经济学院的本科生和博士生在皓辰师兄的带领下，一同组建了"不断学习"（keep studying）小组，每周六精读大家感兴趣的一篇经典文献，从术到道，尝试临摹。学者最需要的就是各种各样形式的学习，并将其贯穿于其学术生涯，成为学术创造不竭的源泉。也希望这样的学习小组能够利用知识和方法论上的正向外溢性，抓住时代给我们的机遇，向着形成"朗润学派"的目标进发。

对于现有的理论思考，我的态度是批判性地按需学习。五光十色的理论思考是我们观察世界、进行思考的思维源泉，一种现象可能目前我们没有发现，但不代表现在或者将来不会存在。首先，只有懂了这些，我们在进行学术创作时，才能一针见血地指出竞争性假说的缺陷在何处。其次，一个知识分子培养思考方式，就是需要脑中有一些前人的"脚手架"。柏拉图在《理想国》中创造的"哲学家王"（philosophy king）的确不能存在，我们至多只能够使得 city in-reality（现实中的城邦）不断逼近 city in-speech（理念中的城邦）。而我们对这样超越时代的经典进行学习，不是让我们完全接受他的观点，成为柏拉图主义者（废除私人家庭、严格地按照"哲学家王"的安排进行生育），而是为了让我们学习他对待 just（正义）、good（善）、regime（政体）等问题的思考方式。我们学习儒家哲学，读朱子的《四书章句集注》，是为了欣赏孔孟内心的那种饱满充盈、面对任何外来压力都能够从容应对的状态，而不是为了完完全全认同整个理论体系选择"舞雩而歌"。东西方在轴心时代提出的理论有其超越时代的方面，但也不能就此下结论：善的理念（the idea of the good）仅仅柏拉图这样的哲学家能理解；"出于其类，拔乎其萃，自生民以来，未有盛于孔子也"，只有孔子这样的人能够掌握"道"。理论思考不等同于研究结论，但这些思想的"脚手架"本身就是我们思维能力的体现。回到经济学，在面对现象时保持"常无"的心态，思考问题的本质是什么，将决策者、约束和目标找到了，这样寻找根本性决定因素才正确。其中的思考过程，需要思维的"脚手架"，让我们的思考更加全面、更加有条理、更加清晰。这样说来，抱着批判性的眼光学习理论思考将对我们做研究大有裨益。【**林毅夫**：作为学者，在对"道"有彻悟，面对任何错综复杂的现象，都能一眼认识谁是关键决策者、其决策所要达到的目标和根本性决定因素及作用机制之前，学习现有的文献和前人的成果是必要的过程。在给张皓辰同学的 2022 年 5 月 23 日讨论札记的反馈意见中，我指出在学习现有的理论时不是为了把现有的理论当作知识点，将来用现有的理论来解释现象，而是像画家临摹名画那样，要从已经"构建"起来的理论去学习在将来面对一个现象时如何构建"合适"的也许是"新的"理论，这要求学习者以"解构"的方式来学习，即去了解这个理论的提出者是如何根据所观察到的现象了解其本质的，如何经过抽象的方式把根本性决定因素保留下来，哪些因素则被舍象，根本性决定因素的作用机制是什么，为了使得这个作用机制能够在数学上求解，又做了哪些简化的假设。就像学习数学定理时，需要把每个定理的推导过程重新推导一遍。这样的"解构"才能提高学习者将来面对一个现象时了解问题的本质以及运用抽象、舍象来抓住根本性决定因素和作用机制以"建构"理论的能力。也只有通过这样"解构"式的学习，才能从保留在理论模型中的决定因素和作用机制中知道其适用的范畴，从而实现"批判"式的学习。】

对于不够好的研究结论，也同样应该批判性地学习其中有用的"术"的方面。例如 D. Acemoglu 研究制度对经济发展的影响时，利用瘟疫死亡率作为工具变量的识别策略是值得学习的；Chang-Tai Hsieh 对于 misallocation（资源错配）的衡量是值得学习的。① 但是这些研究结论是否对当下有价值？这些研究结论是否能指导我们改造好世界？这些问题我们需要叩问自己，并且进一步思考这些现象更本质的原因。【林毅夫：是的，十八般武艺和兵法都是值得学习的，但是，要避免应敌时的"花拳绣腿"和实战时的"纸上谈兵"，在学习十八般武艺和兵法时，需要去体悟"制胜之道"，在临战时"遵道而行"，而不是"遵术而行"。】

的确，林老师强调过，人的思维有一种"先入为主"的特性，我们如果不加辨别地接受了错误的结论，【林毅夫：那些现有的理论、结论在当时给定的条件下可能是对的，不过，即使是对的，也都只是老子所说的"可道"，是"道"在一定条件之下的表现。因为时间、地点在变，被舍象的因素可能有质的变化而不再可以被舍象，原来被保留的根本性决定因素，可能不再是根本性的，原来被简化的作用机制也可能不再可以被简化，所以，在当时条件下即使是对的理论，也必须以"刻舟求剑"的态度来对待，如果舟不行、水不流，则理论还是对的，但是，舟若行、水若流，则理论不再是正确的。】之后的看法很难改变。林老师所强调的"三归纳"在这里就将发挥作用，对于每一个结论，我们都不能只满足于作者所进行的严谨的"一检验"，而是自己进行"三归纳"之后才能小心地接受。【林毅夫：通过"三检验"只能保证保留在理论模型中的"根本性"决定因素确实是在解释理论提出者所要解释的现象的时空下具有"根本性"地位，作用机制确实是"关键"。但是，通过"三检验"的理论，仍然只是老子所说的"可道"，而非"道"本身，所以，并非通过"三检验"的理论就可以"放诸四海而皆

---

① Acemoglu D, Johnson S, Robinson J A. Institutions as a Fundamental Cause of Long-run Growth[J]. Handbook of Economic Growth, 2005(1): 385-472; Hsieh C, Klenow P J. Misallocation and Manufacturing TFP in China and India[J]. The Quarterly Journal of Economics, 2009,124 (4): 1403-1448.

准",在面对自己所观察到的或所要研究的现象时仍然必须用"常无"的心态来对待。】

进行新结构经济学研究的确让我体会到了幸福真实的感觉。想明白一个现象的决定性因素,用这个解释把自己说服,让读者接受,这个过程本身就能让我获得强烈的心理满足感。没有什么比依靠自己的努力拨开迷雾、柳暗花明带来的这种感触更让我幸福了。【林毅夫:确实如此!】我的这种偏好应该是我坚定做学术的又一个重要原因。

江深哲老师曾经如此评价我:"你是一个做得比说得好的学生,要进一步提高你的表达能力。"这一点上我可能会吃一些亏,所以我应该要努力做到说得和做得一样好。口头表达上,我还需要勤加练习,争取能够在想透彻问题后,可以在各位老师面前清晰流畅、自信地展示出来。【林毅夫:"知不足,然后能自反也;知困,然后能自强也。"天下无难事,只怕有心人,只要努力不懈,一定可以提升自己。】

如此坚持学习与思考下去,我相信自己对于新结构经济学学理上的见解将会不断提升,抓住这个时代给我们的机遇!【林毅夫:你是醒得早的人,只要起得早,认定方向,不怕艰难,努力前进,这个时代不会辜负你。】

参考文献

1. 阿德勒. 自卑与超越 [M]. 曹晚红，译. 北京：中国友谊出版公司，2017.
2. 艾伦. 全球经济史 [M]. 陆赟，译. 南京：译林出版社，2015.
3. 比森，李福建. 中澳关系：地缘政治抑或地缘经济？[J]. 国际问题研究，2012（3）：38-49.
4. 产业信息网. 2018年中国光伏产业发展现状分析及未来发展前景预测 [R/OL]. (2018-03-29)[2021-12-22]. https://www.chyxx.com/industry/201803/624728.html.
5. 陈剑波. 人民公社的产权制度：对排它性受到严格限制的产权体系所进行的制度分析 [J]. 经济研究，1994(07):47-53.
6. 国际货币基金组织. 世界经济展望：复苏加强，但力度仍不均匀 [R]. 华盛顿：国际货币基金组织，2014.
7. 国家统计局. 1999年统计年鉴 [DB/OL]. [2022-01-11]. http://www.stats.gov.cn/yearbook/indexC.htm.
8. 国家统计局. 中国统计摘要2020[M]. 北京：中国统计出版社，2020.
9. 过文俊. 我国传统工业化的历史回顾与总结 [J]. 文史博览·理论，2006（7）：74-77.
10. 基辛格. 论中国 [M]. 胡利平，等，译. 北京：中信出版社，2015.
11. 李春琦，石磊. 国外企业激励理论述评 [J]. 经济学动态，2001(06)：61-66.
12. 厉以宁. 厉以宁经济史文集（第4卷）：工业化和制度调整 [M]. 北京：商务印书馆，2015.
13. 李志文. 华裔美国教授：重要的是，得先把北大清华浙大从三流提升为二流大学 [Z/OL].（2020-10-01）[2022-01-10]. https://mp.weixin.qq.com/s/

inkNPG3tAQiXfMRoq9D7mg.

14. 林梅. 印度尼西亚工业化进程及其政策演变 [J]. 东南亚纵横，2011（6）：11-15.

15. 林毅夫. 本体与常无：经济学方法论对话 [M]. 北京：北京大学出版社，2012.

16. 林毅夫. 从西潮到东风：我在世行四年对世界重大经济问题的思考和见解 [M]. 余江，译. 北京：中信出版社，2012.

17. 林毅夫. 繁荣的求索：发展中经济如何崛起 [M]. 张建华，译. 北京：北京大学出版社，2012.

18. 林毅夫. 后发优势与后发劣势：与杨小凯教授商榷 [J]. 经济学（季刊），2003,2(4)：989-1004.

19. 林毅夫. 解读中国经济 [M]. 3版. 北京：北京大学出版社，2018.

20. 林毅夫. 经济发展与转型：思潮、战略与自生能力 [M]. 北京：北京大学出版社，2008.

21. 林毅夫. 人民币没有必要贬值 [N]. 人民日报·经济周刊，1998-08-10.

22. 林毅夫. 新结构经济学 [M]. 北京：北京大学出版社，2019.

23. 林毅夫. 新结构经济学视角下的国有企业改革 [J]. 社会科学战线，2019（1）：41-48.

24. 林毅夫，等. 新结构经济学文集 [M]. 上海：格致出版社，2012.

25. 林毅夫，蔡昉，李周. 中国的奇迹：发展战略与经济改革 [M]. 上海：格致出版社、上海三联书店和上海人民出版社，1994.

26. 林毅夫，孟加. 战胜命运：跨越贫困陷阱，创造经济奇迹 [M]. 张彤晓，顾炎民，薛明，译. 北京：北京大学出版社，2017.

27. 林毅夫，任若恩. 东亚经济增长模式相关争论的再探讨 [J]. 经济研究，2007（8）：4-12.

28. 林毅夫，巫和懋，邢亦青. "潮涌现象"与产能过剩的形成机制 [J]. 经济研究，2010（10）：4-19.

29. 任晓猛，张一林. 最优金融结构与经济发展：一种新的度量方法与应用 [J]. 当代经济科学，2019，41（5）：1-10

30. 诺思. 经济史上的结构与变革 [M]. 陈郁，罗华平，译. 上海：上海人民出版社，1994.

31. 申广军. 比较优势与僵尸企业：基于新结构经济学视角的研究 [J]. 管理世界，2016（12）：13-24.

32. 夏立军，陈信元. 市场化进程、国企改革策略与公司治理结构的内生决定 [J]. 经济研究，2007(07)：82-95.

33. 杨小凯. 发展经济学：超边际与边际分析 [M]. 北京：社会科学文献出版社，2003.

34. 伊斯特利. 经济增长的迷雾：经济学家的发展政策为何失败 [M]. 姜世明，译. 北京：中信出版社，2016.

35. 张军，施少华. 中国经济全要素生产率变动：1952-1998[J]. 世界经济文汇，2003（2）：17-24.

36. 张维迎. 企业理论与中国企业改革 [M]. 北京：北京大学出版社，1995.

37. 赵明亮. 分工理论：从古希腊思想到新国际体系的研究述评 [J]. 产经评论，2010(03):14-23.

38. 周其仁. 纪念杨小凯 [N/OL]. 经济观察报,（2004-07-08）[2021-12-21]. http://www.eeo.com.cn/2014/0708/263100.shtml.

39. 中国社会科学院，中央档案馆. 1949—1952 中华人民共和国经济档案资料选编（工业卷）[Z]. 北京：中国城市经济社会出版社，1987：787-791.

40. Sachs J，胡永泰，杨小凯. 经济改革和宪政转轨 [J]. 经济学（季刊），2003, 2(4):1005-1008.

41. Cipolla C M. Before the Industrial Revolution: European Society and Economy, 1000-1700[M]. New York: W.W. Norton & Co, 1994.

42. Demirgüç-Kunt A, Levine R. Financial Structure and Economic Growth: A Cross-country Comparison of Banks, Markets, and Development[M]. Cambridge, MA: MIT Press, 2001.

43. Eichner A S. Why Economics Is Not Yet a Science[M]. New York: Sharpe Inc. 1983.

44. Gerschenkron A. Economic Backwardness in Historical Perspective: A Book of Essays[M]. Cambridge, Mass.: Belknap Press of Harvard University Press, 1962.

45. Heilbroner R. L, Ford A. Economic Relevance: A Second Look[M].

California: Goodyear Publishing Company, 1976.

46. IMF. World Economic Outlook[M]. Washington, DC: IMF, October 2014.

47. Lin J Y. Beyond Keynesianism: The Necessity of a Globally Coordinated Solution[J]. Harvard International Review, 2009,31(2):14-17.

48. Lin J Y. The Latecomer Advantages and Disadvantages: A New Structural Economics Perspective[J]. Martin Andersson and Tobias Axelsson eds. *Diverse Development Paths and Structural Transformation in Escape from Poverty*, Cambridge: Cambridge University Press, 2016: 43-67.

49. Lin J Y. The Washington Consensus Revisited: A New Structural Economics Perspective[J], Journal of Economic Policy Reform, 2015, 18（2）: 96-113.

50. Lin J Y. Why I Do Not Support Complete Capital Account Liberalization[J]. China Economic Journal, 2015,8(1):86-93.

51. Lin J Y, Wang X. Development Strategy and International Capital Flows[R/OL].（2019-03-21）[2020-09-22]. https://www.nse.pku.edu.cn/xzyj/gzlw/gzlw2/285839.htm.

52. Lucas R E Jr. Econometric Policy Evaluation: A Critique[M]//The Phillips Curve and Labor Markets. New York: North-Holland, 1976.

53. Risjord M. Philosophy of Social Science: A Contemporary Introduction[M]. London：Routledge, 2014.

54. Stigler G J, Becker G S. De Gustibus Non Est Disputandum[J]. American Economic Review, 1977, 67(2): 76-90.